Erich Krauß & Helmut Witticke

Die schönsten Wanderungen zwischen Rennsteig und Saale

Landschaft - Natur - Geschichte
Wanderkarten und -beschreibungen

Landkreis Saalfeld-Rudolstadt

EchinoMedia

Impressum:

Untere Zense 36, 07616 Bürgel, Tel.: 036692/3 55 78, Fax: 036692/3 55 77,
e-mail: kerstin.ramm@freenet.de, **www.echinomedia.de**

ISBN 3-937107-04-5

Herausgeber: Thüringer Wanderakademie e.V., Bad Blankenburg
Gestaltung: K. Ramm, Thalbürgel
Kartenmaterial: Verlag grünes herz, 98684 Illmenau, PF 100 564,
Tel.: 03677/6 30 25, www.gruenes-herz.de;
KKV Kartografische Kommunale Verlagsgesellschaft mbH,
Am Alten Tor 7, 99734 Nordhausen,
Tel.: 03631/90 25 95, www.kk-verlag.de
Druck: Elbe Druckerei Wittenberg GmbH

Dieses Projekt wird von der Europäischen Union kofinanziert.
Projekt Leader+

Gesamtbearbeitung: **Dr. Krauß, E. und Prof. Witticke, H.**

Autoren:

Landschaft	Faustmann, P.; Bad Blankenburg
Klima	Dr. Wuchold, H.; Erfurt
Geologie, Bergbau und Wirtschaftsentwicklung	Dr. Dr. Lange, P.; Orlamünde
Böden und Standorte	Prof. Dr. Heinze, M.; Wolfersdorf
Gewässer	Dr. Hiekel, W.; Jena
Pflanzenwelt	Dr. Heinrich, W.; Jena / Finke, L.; Volkstedt
Tierwelt	Dr. Mey, E.; Rudolstadt
Naturschutz und Landschaftspflege	Müller, H.; Etzelbach
Geschichte	Dr. Werner, G.; Saalfeld
Bau- und Kunstdenkmale	Dr. Unbehaun, L.; Rudolstadt
Denkmalpflege	Krause, D.; Bad Blankenburg
Landwirtschaft	Müller, W.; Bucha / Prof. Witticke, H.
Forstwirtschaft und Jagd	Prof. Witticke, H.; Schwarzburg
Erholung und Tourismus	Dütthorn, W.; Saalfeld
Feste und Folklore	Bujack-Biedermann, S.; Saalfeld
Übersicht zum Landkreis	Weggässer, R.; Kamsdorf
Wanderung 1, 18	Scheibe, W.; Apolda
Wanderung 2, 9, 21	Dr. Krauß, E.; Bad Blankenburg
Wanderung 3	Graumann, B.; Leutenberg
Wanderung 4	Matheß, H.; Probstzella
Wanderung 5, 6	Ludwig, D.; Leutenberg
Wanderung 7	Hirschfeld, H.; Reizengeschwenda
Wanderung 10	Wokasch, O.; Schmiedefeld
Wanderung 11	Klaus, H.; Unterweißbach
Wanderung 12	Franke, H.; Kaulsdorf / Haberland, E.; Saalfeld / Wedekind B.; Saalfeld
Wanderung 13	Beyer, G.; Reschwitz
Wanderung 14	Götze, I.; Saalfeld
Wanderung 15	Henkel D.; Unterweißbach
Wanderung 16	Kränkel, J.; Sitzendorf
Wanderung 17	Witticke, H.; Schwarzburg
Wanderung 19	Starzonek R.; Bad Blankenburg
Wanderung 20, 24	Scholz, G.; Rudolstadt
Wanderung 22	Martin, R.; Cordobang
Wanderung 23	Wiesel, B.; Uhlstädt

Weitere Wanderbücher aus dem Verlagsprogramm von EchinoMedia

Die Reihe „Naturwanderungen um Jena" befasst sich mit der Flora, Fauna, Geologie, Hydrologie, der Land- und Forstwirtschaft, Weinbau, den Sehenswürdigkeiten und der Historie in und um Jena. Die populärwissenschaftlichen Darstellungen sind geeignet, sich beim Wandern auf gut beschriebenen Routen mit den Besonderheiten der Natur vertraut zu machen. Allgemeine Zusammenhänge und regionale Besonderheiten werden unterhaltsam vermittelt.

Naturwanderungen um Jena Band 1
Heimatkundlicher Lehrpfad

L. Lepper, W. Heinrich

DIN A5, 200 Seiten, 4farbig, zahlr. Farbfotos, Strichzeichnungen u. Karten; beigelegte, illustrierte Wanderkarte DIN A2 auf Luftbildbasis, Broschur, Fadenheftung

ISBN 3-937107-00-2 (bisher 3-934146-01-5)

9,70 Euro

Band1: Anhand des aktualisierten, erweiterten und gut erschlossenen Naturlehrpfades werden Gegebenheiten der Natur und anthropogene Einflüsse vorgestellt. Auf alternative Wanderrouten wird ebenfalls eingegangen.

Naturwanderungen ... Band 2
Naturführer Leutratal

K. Krahn

DIN A5, 192 Seiten, 4farbig, zahlr. Farbfotos, Zeichnungen u. Karten; beigelegte, illustrierte Wanderkarte auf Luftbildbasis DIN A2, Broschur, Fadenheftung

ISBN 3-937107-01-0 (bisher 3-934146-02-3)

11,70 Euro

Karte A2 separat: 2,20 Euro

(Die Ausführungen auf der Karten-Rückseite geben kurz und prägnant die Hauptinformationen parallel zum Buch wieder, so dass auch die Karte allein aussagekräftig ist.)

Band 2: Beschreibt als Schwerpunkt das Naturschutzgebiet Leutratal und fünf Nebenwanderrouten. Anhand der örtlichen Gegebenheiten werden eingangs genannte Themen weiterführend dargestellt. Im Anhang findet sich eine übersichtliche Beschreibung und farbige Abbildung aller im Jenaer Raum heimischen Orchideen, so dass auch unterwegs ein schnelles Bestimmen der Pflanzen möglich ist. Daneben werden auch weniger bekannte Kostbarkeiten der heimischen Natur vorgestellt.

Inhalt

Seite

I. Früher und heute – vom Werden und Wachsen der Region

II. Die 24 schönsten Wanderouten der Region

I. Früher und heute – vom Werden und Wachsen der Region

1. Landschaft

Der **Landkreis Saalfeld-Rudolstadt** liegt im Süden Thüringens und grenzt hier an den weit nach Norden vorstoßenden bayerischen Kreis Kronach. Er wird im Freistaat Thüringen umgeben vom Saale-Orla-Kreis im Osten, dem Saale-Holzland-Kreis im Nordosten, dem Kreis Weimarer Land im Norden, anschließend im Nordwesten vom Ilm-Kreis sowie im Westen und Südwesten von den Landkreisen Hildburghausen und Sonneberg.
Nach Höhenlage und Relief gliedert er sich zu etwa gleichen Teilen in **Mittelgebirge sowie Berg- und Hügelland**. Den Mittelgebirgsanteil nimmt die imposante Nordabdachung des Thüringer Schiefergebirges ein. Das Berg- und Hügelland wird gebildet von den südlichen Randplatten des Thüringer Beckens mit ihren Talzonen. Die Trennlinie der Landschaftsteile verläuft ungefähr in west-östlicher Richtung von Königsee über Bad Blankenburg und Saalfeld nach Könitz. Die verschiedenen Gesteine des geologischen Untergrundes sowie tektonische Vorgänge, hier vor allem Bruch- und Hebungsprozesse am Gebirgsrand, prägen das Wandergebiet in besonderem Maße. Verschiedene klimatische, biotische, aber auch kultur- und wirtschaftsgeographische Elemente erzeugen ein abwechslungsreiches Landschaftsbild.
Den wohl besten Überblick über die landschaftliche Gliederung bietet der Aussichtsturm des Saalfelder Kulms in 500 m Höhe:
Im Süden und Südwesten erstreckt sich bis zum Horizont das bewaldete **Schiefergebirge**. Zwischen Saalfeld und Bad Blankenburg bildet der Gebirgsrand eine deutliche Steilstufe von etwa 300 m Höhenunterschied zum Vorland. Die wellige Hochfläche des Schiefergebirges mit einigen wenig herausragenden Kuppen ist von tief eingeschnittenen Kerbtälern zerfurcht.
Vor allem nach Osten zu dehnt sich die **Saale-Sandstein-Platte**, durchschnitten vom breiten Tal der Saale. Dieses Waldgebiet setzt sich nach Westen im **Paulinzellaer Buntsandsteinland** fort. Das wellige Buntsandsteingebiet ist ebenfalls meist von Wäldern bedeckt.
Im Norden und Nordosten sind die meist steil nach Süden abfallenden Ränder der **Ilm-Saale-Platte** deutlich erkennbar, gebildet von der Schichtstufe des (Unteren) Muschelkalkes, welche im Nordteil des Kreises wesentlich die Oberfläche bestimmt.
Die siedlungs- und verkehrsmäßig am meisten erschlossenen Gebiete bilden die **Talauen des mittleren Saaletales** und der westliche Abschnitt der **Orlasenke**.
Der Austritt der **Saale** aus dem Schiefergebirge im Saalfelder Talkessel ist deutlich zu erkennen. Der Flusslauf schwingt im „Saalebogen" weit nach Westen bis Schwarza, um vor Rudolstadt scharf nach Osten umzubiegen. Am Ausgang des Schwarzatales ist Bad Blankenburg zu sehen. Die Orlasenke, die im Süden bis Südosten verläuft, zeigt sich als dicht besiedeltes, fast waldfreies Gebiet von Saalfeld bis Könitz und zieht sich weiter nach Osten in den Saale-Orla-Kreis.
Das abwechslungsreich bunte Mosaik der Landschaften des Wandergebietes ist ein treffliches Spiegelbild Thüringens, des grünen Herzen Deutschlands, es weist folgende Eigenheiten auf:

Thüringer Schiefergebirge
Dieses thüringer Mittelgebirge ist eine nach Norden sich abdachende wellige Hochfläche - eine geologisch alte „Fastebene" aus verschiedenen Schiefern, Quarziten und Grauwacken des Präkambriums bis Karbons. Im Süden, im Grenzbereich zum Frankenwald, werden Höhen um 800 m erreicht. Der höchste Punkt

des Kreises **„Hoher Schuss"** befindet sich am Rennsteig bei Piesau in 827 m ü.NN. Der Jagdschirm am Wurzelberg bei Katzhütte erreicht 812 m, der Wetzstein bei Lehesten 792 m. Im Nordteil des Gebirgsstocks liegen die Höhen niedriger. Als Beispiel seien die Gartenkuppe bei Saalfeld mit 578 m und der Hainberg bei Bad Blankenburg mit 583 m genannt. Das landschaftlich beherrschende Element des Schiefergebirges sind seine wunderschönen Täler. Im Oberlauf der Bäche sind sie häufig relativ weit und muldenförmig. Sie verengen sich zum Unterlauf zu meist steilwandigen Kerbtälern ohne oder mit ganz schmalen Talsohlen, die oft von felsigen Steilhängen malerisch gerahmt sind.

Abb. 1.1: Im Tal der Weißen Schwarza. Weites, muldenartiges Oberlauftal (P. Faustmann).

Die Schwarza, aber auch die obere Saale, die Loquitz und die Sormitz mit ihren Nebenbächen haben mit ihren Mäandern abwechslungsreiche Landschaftsbilder mit waldbedeckten Hängen geschaffen. Große Teile davon gehören zum Landschaftsschutzgebiet Thüringer Schiefergebirge-Frankenwald. Als besondere Kleinode gelten die Naturschutzgebiete **Bohlen bei Saalfeld** und das untere **Schwarzatal**. Umfassende Fernsichten bieten viele, oft mit Aussichtstürmen versehenen Höhen, wie der Fröbelturm bei Oberweißbach, der Leipziger Turm bei Schmiedefeld, der Altvaterturm bei Lehesten, der Baropturm oberhalb von Großgölitz und die Barigauer Kuppe bei Königsee.

Abb. 1.2: Felsen im Unteren Schwarzatal. Harter Phycodenschiefer im Kerbtal (P. Faustmann).

Weitere landschaftliche Schmuckstücke stellen die Talsperren dar, von denen ein Teil der Saaletalsperre bei Hohenwarte im Kreisgebiet liegt. Im Bau befindet sich die Lichtetalsperre bei Unterweißbach. Deren Vorsperre bei Deesbach wurde von 1981-91 errichtet und ist seitdem Magnet für Wander- und Naturfreunde.

Orlasenke, Zechsteinstreifen

Nördlich des Schiefergebirgsrandes folgen jüngere Sedimentschichten, die ein Schichtstufenland aufgebaut haben. Zu unterst liegen auf dem alten Schiefergebirgsrumpf Kalk, Dolomit, Gips, Schieferton und Salze des Oberen Perm (Zechstein), die vor allem in der Orlasenke landschaftsprägend auftreten. Ein schmales Zechsteinband erstreckt sich aber auch von Saalfeld über Bad Blankenburg nach Königsee. Absenkungen der Oberfläche durch unterirdische Auslaugungen, Erdfälle und Höhlenbildungen sind in diesem Gebiet verbreitet. Die gesamte Orlasenke ist eine große Auslaugungsmulde. Es gibt im Zechsteingebiet aber auch markante Kalkfelsen, wie den Schlossberg von Könitz, den Papstfelsen bei Watzdorf oder den Heiligen Berg bei Allendorf.

Buntsandsteingebiete

Der mächtige Buntsandstein prägt im Paulinzellaer Waldland und in der Saale-Sandstein-Platte die Landschaft. Besonders in letzterem Gebiet ist eine alte, in 350-400 m ü.NN liegende Hochfläche durch Nebenflüsse der Saale zu einem abwechslungsreichen Berg- und Hügelland mit überwiegend rundlichen Bergformen zerschnitten worden. Längs des Rinnetales und nördlich der Orlasenke lassen sich auch gut Schichtstufen erkennen. Je nach Gesteinshärte und Gefälle der Bäche gibt es breitere Kerbsohlentäler oder enge Kerbtäler mit felsigen Steilhängen. Wegen der meist wenig ertragreichen Böden ist das Gebiet dünn besiedelt und dicht bewaldet, überwiegend mit anspruchslosen, heidelbeerreichen Kiefernbeständen.

Abb. 1.3: Blick ins Rinnetal bei Bad Blankenburg. Buntsandstein/Zechsteinkalke (P. Faustmann).

Ilm-Saale Platte

Zum Zentrum des Thüringer Beckens hin steigt aus dem Waldland des Buntsandsteins die markante, hier oft südexponierte Steilstufe des Unteren Muschelkalkes auf, heute meist kahl oder nur von dürftigem Trockenwald bedeckt. Nach unten wird sie von einer flacheren Böschung aus tonig-mergeligem Röt (Oberer Buntsandstein) begrenzt, der wegen relativ guter Böden und Quellenreichtum bevorzugtes Ackerbau- und Siedlungsland ist. Die steile Muschelkalkstufe begrenzt das Rottenbach- und Rinnetal im Norden. Solsdorfer Wache, Steiger und Kesselberg sind besonders markant. Im Norden des Kreises wird vor allem das Gebiet von Teichel und Großkochberg sowie der Hexengrund von der Muschelkalksteilstufe begrenzt. Nördlich dieser Stufe ist in etwa 400 m Höhe eine nur flachwellige Hochfläche ausgebildet, die von Laubwaldgruppen bedeckt ist oder ackerbaulich genutzt wird. Mehrere von Nordwesten nach Südosten verlaufende geologische Störungen haben besonders zwischen Remda und dem Kulm ein zusätzlich abwechslungsreiches Landschaftsbild geschaffen: An lang gestreckten Gräben sind durch tektonische Vorgänge Schollen des harten Muschelkalkes in weicheren Buntsandstein eingedrückt worden. Die spätere Verwitterung und Abtragung entfernte den umgebenden Sandstein und die Kalkschollen blieben als Härtlinge erhalten. Solche Reliefumkehr ist

Abb. 1.4: Steiger mit Baropturm bei Großgölitz, Muschelkalksteilstufe (P. Faustmann).

u.a. am Kulm, am Zeigerheimer Berg, am Greifenstein und am Kunitz bei Groschwitz zu beobachten.

Saaleaue

Die Saale fließt von ihrem Austritt aus dem Schiefergebirge südlich Saalfeld in einem 1 bis 2 km breiten Sohlental, das vor dem Bau der Saaletalsperren regelmäßig von Hochwässern überflutet wurde. Der Fluss bildete ausgeprägte Talmäander, die teilweise noch heute als Altwässer die Saaleaue bereichern. Über der ebenen Talsohle erstreckt sich die ca. 2 m höher liegende Niederterrasse, meist als Weide- oder Ackerland genutzt. An den 125 bis 200 m ansteigenden Hängen schließen sich nach oben zu Reste älterer Flussterrassen an. Hier haben Nebenbäche an ihren Einmündungen flache Schwemmkegel gebildet. Auf diesen und auf den hochwasserfreien Altterrassen liegen Siedlungen und verlaufen wichtige Verkehrswege. An Prallhängen hat die Saale imposante Felsbildungen herauspräpariert, so bei Remschütz, Volkstedt und Weißen.

2. Klima

Allgemeine Charakterisierung

Das Klima im Landkreis wird von Höhenlage, Geländegliederung, Strahlungs- und Windexposition sowie Bewuchs und Bebauung bestimmt.

Die Höhenabhängigkeit der verschiedenen meteorologischen Einflussgrößen ist dabei maßgebend. Ferner ist zu berücksichtigen, dass es im Schiefergebirge zu Luv- und Leeeffekten (z.B. Föhn) kommen kann, deren Auftreten und Auswirkungen im Wandergebiet klimatisch von Bedeutung sind.

Die Fluss- und Hügellandschaft des mittleren Saaletales zwischen den Saaletalsperren im Süden und der Stadt Jena im Norden mit den Nebenflüssen von Schwarza und Orla, am östlichen Rand des Überganges vom Thüringer Becken zum Thüringer Mittelgebirge liegend, besitzt ein relativ mildes und durchschnittlich feuchtes Klima.

Je mehr man sich den Höhen des Thüringer Waldes/Thüringer Schiefergebirges nähert, um so kühler, feuchter, windiger und wolkiger wird es meistens.

Über Stunden oder Tage neigen Täler und Bodensenken bei bestimmten Wetterlagen dazu, dass hier im Sommer durch Wärmestau sehr hohe Lufttemperaturen auftreten, während in den Herbst- und Wintermonaten durch sehr niedrige Luft- und Bodentemperaturen Nebel entstehen kann, der mit einer Stagnation des Luftaustausches in den sich ausbildenden Kaltluftgebieten einhergeht.

Temperatur

Im Raum Rudolstadt/Saalfeld und Umgebung beträgt die **Jahresmitteltemperatur** nach langjährigen Messungen in Abhängigkeit von der Geländehöhe zwischen etwa **7,5 und 8,5 °C** (Bad Blankenburg 8,3 °C oder Stadtilm 7,5 °C). Ein größerer Temperaturunterschied besteht natürlich, wenn man die Mittelwerte von Jena mit 9,2 °C und von Neuhaus/R. mit 5,1 °C vergleicht.

Die Monatsmitteltemperaturen sind im Juli am höchsten und betragen zwischen 16,5 °C in Schwarzburg, 17,5 °C in Pößneck und 18,2 °C in Jena. Im Januar sind sie am tiefsten und liegen zwischen 0,4 °C in Jena, -0,5 °C in Bad Blankenburg und -3,8 °C in Neuhaus/R. (siehe Abb. 2.1).

Die absoluten Höchstwerte wurden im Juli mit etwa 37 °C bis 39 °C gemessen (Schwarzburg 37,5 °C, Bad Blankenburg 39,3 °C). In höheren Lagen dürften 32 °C die maximale Grenze sein. Dieser allerdings seltenen extremen Wärme stehen ebenso nicht oft auftretende absolute Minimumtemperaturen in den Wintermonaten Dezember bis Februar von -24 °C bis -26 °C gegenüber. In Schwarzburg wurden im Februar 1956 sogar -28,4 °C registriert.

Zur weiteren Charakterisierung der Temperaturverhältnisse werden definierte Ereignistage benutzt, so z.B. die Zahl der sogenannten **Sommertage** mit Maximaltemperaturen von 25 °C und mehr oder in der kalten Jahreszeit die Anzahl der **Frosttage** mit Minimaltemperaturen unter 0 °C.

Ausgehend vom Saaletal bis in Höhen von 500 m ü.NN nimmt die mittlere Anzahl der Sommertage von 45 pro Jahr bis auf jährlich 20. ab In höheren Lagen und im Mittelgebirge gibt es durchschnittlich nur 5 bis 10 Sommertage im Jahr. In mittleren Höhenbereichen sind in einzelnen Jahren jedoch allein im Juli/ August schon je 20 bis 25 Sommertage aufgetreten.

Frosttage sind im Jahresverlauf viel häufiger. Sie sind von September bis in den Mai hinein, vereinzelt auch noch im Juni anzutreffen und betragen im Jahresmittel 90 bis 110, im höheren Mittelgebirge bis 150 Tage. Im Durchschnitt beginnt der erste Frost Anfang bis Mitte Oktober und tritt zum letzen Mal Anfang Mai auf.

Die mittlere Bodenfrosthäufigkeit liegt pro Jahr bei 120 bis 130 Tagen, im Gebirge bei bis zu 165 Tagen. Bodenfrostfrei waren bisher meist nur Juli und August.

Niederschlag und Schneedecke

In dem vorherrschend maritim beeinflussten Klima Deutschlands ist der Niederschlag ein maßgebliches Wetterelement. Jedoch ist sein Auftreten, seine Verteilung und seine Intensität recht unterschiedlich. Insbesondere die Orographie eines Geländes ist für das Niederschlagsgeschehen von Bedeutung. Nicht umsonst ist das Niederschlagsmessnetz des Wetterdienstes eines der dichtesten und umfasst beispielsweise in Thüringen über 300 Stationen.

In dem vorwiegend von 200 m bis 500 m Seehöhe untergliedertem Gebiet der Umgebung von Saalfeld/Rudolstadt ist, von den Flusstälern der Saale, Orla und Ilm ausgehend, mit **mittleren Niederschlägen von 550 mm bis 600 mm pro Jahr** zu rechnen (mm=Liter/Quadratmeter). Mit dem Geländeanstieg, aber auch schon im Schwarzatal sind es bis 650 mm, in größeren Höhen 800 bis über 1000 mm (Oberweißbach 860 mm, Neuhaus/a.R. 1120 mm).

Die einzelnen Monatsmittelwerte in Höhen bis etwa 500 m ü.NN ergeben einen eindeutigen Jahresgang mit einem Sommermaximum und geringeren Monatsmittelwerten im Herbst und Winter. Im hohen Schiefergebirge ist die Sommerspitze sekundär, weil das Niederschlagsmaximum auf die Monate November bis Januar fällt (siehe Abb. 2.2).

In Einzeljahren sind im Raum Rudolstadt/Saalfeld und in der Umgebung bis 600 m Seehöhe schon maximale Jahresniederschläge von 750 mm bis 1000 mm und in einzelnen Monaten auch 200 mm und mehr gemessen worden.

In Trockenjahren wurden aber kaum mehr als 400 mm/a erreicht.

Bei den Tageshöchstwerten spielte der 10. August 1981 in Ostthüringen und in Teilen des Thüringer Waldes eine verhängnisvolle Rolle, da an diesem Tag die Regenmengen in 24 Stunden bis 100 mm und darüber betrugen und beträchtliche Hochwasserschäden verursachten.

Einen Wanderer wird freilich mehr die Häufigkeit als die Menge von Niederschlag interessieren.

Im hier untersuchten Gebiet gab es zwischen 1961-1990 an 160 bis 190 Tagen im Jahresmittel Niederschlag mit messbaren Mengen von 0,1 mm und mehr. Diese Tage weisen im Jahresgang weniger eine Höhenabhängigkeit auf als vielmehr einen jahreszeitlichen Verlauf. Von Juli bis November sind deutlich weniger als die Hälfte jeden Monats solche **Niederschlagstage**, während ansonsten im Mittel an 15 bis 18 Tagen je Monat Niederschlag registriert wurde.

Tage mit starken Niederschlägen (10,0 mm und mehr) sind dagegen eindeutig höhenabhängig und nehmen mit 10 Tagen in Tallagen bis zu 30 Tagen im Mittelgebirge zu. Im Jahresgang starker Niederschläge dominiert der Sommer mit 2 bis 3 Tagen pro Monat.

Zu Schneefall oder Schneefall mit Regen von 0,1 mm und mehr kam es je nach Geländehöhe an 35 bis 65 Tagen, im Mittelgebirge auch an bis zu 80 Tagen im Jahresmittel.

Eine **Schneedecke** von 1 cm Höhe und mehr lag im Untersuchungsgebiet im Mittel jährlich an etwa 40 bis über 100 Tagen. Beispielsweise in Rudolstadt an 40, in Oberweißbach an 83, aber in Neuhaus/a.R. an 120 Tagen. Zwischen Herbst und Frühjahr verteilt sich der Hauptmenge von Schneedeckentagen naturgemäß auf die Monate von Dezember bis Februar. Schnee liegt in dieser Zeit an durchschnittlich 8 bis 14 Tagen in Saalfeld, 17 bis 22 Tagen in Oberweißbach und an 23 bis 28 Tagen in Neuhaus/a.R. im Monat.

Die bisher gemessenen maximalen Schneehöhen erreichten in Gebieten mit Höhen bis 400 m ü.NN meist 30 cm bis 40 cm, in Seehöhen bis 700 m 70 cm bis 100 cm, in noch höheren Lagen bis 2 m und hatten sich oft erst bis zum März ausgebildet. Die Schneehöhenmaxima traten im Gebiet um Rudolstadt/Saalfeld verbreitet in den Wintern der Jahre 1965 und 1970 auf.

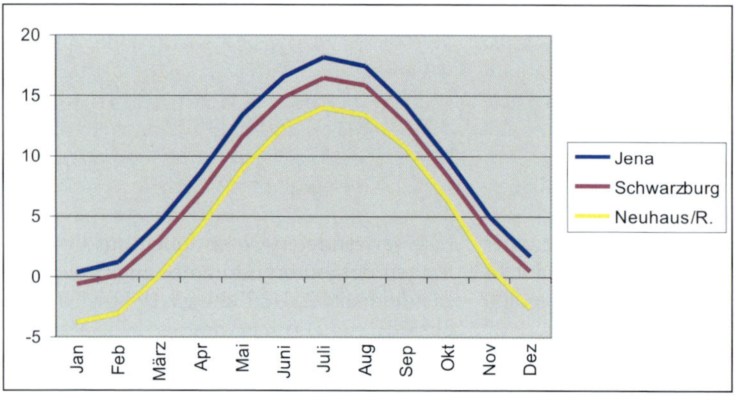

Abb. 2.1: Jahresgang der Lufttemperatur.

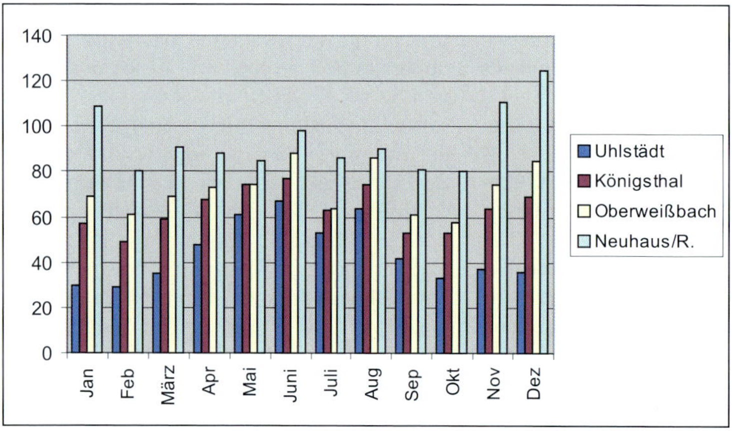

Abb. 2.2: Jahresgang des Niederschlages.

Windverhältnisse

Der Wind wird durch die zwei Parameter Richtung und Geschwindigkeit bestimmt. Neben den überregionalen Luftbewegungen können sich regionale und lokale Windsysteme entwickeln, wie Berg- und Talwinde, Hangwinde und Flurwinde.

Der bodennahe Wind wird durch die Geländegliederung, die Bebauung und den Bewuchs beträchtlich beeinflusst, sowohl hinsichtlich seiner Geschwindigkeit als auch bezüglich der Windrichtung. Über die Windverhältnisse im Gebiet von Rudolstadt/Saalfeld und in seiner Umgebung können aufgrund der stark differenzierten Landschaft wenig allgemeingültige Angaben gemacht werden.

Die mittleren jährlichen **Windstärken** liegen fast überall bei bis zu 3 Beaufort (entspricht 4-6 m/s). Im Jahresgang zeichnet sich deutlich das windstärkere Winterhalbjahr ab. Ebenso erkennbar wird auch die geringere Windgeschwindigkeit in ausgeprägten Tallagen, wie z.B. in Schwarzburg.

An 10-15 Tagen ist mit starkem Wind (6 Beaufort, 13 m/s) und an bis zu 2 Tagen mit stürmischen Wind (8 Beaufort, 20 m/s) im Jahresmittel zu rechnen. Im Thüringer Wald/ Thüringer Schiefergebirge ist die mittlere Zahl der Tage mit starken bis stürmischen Winden um das Zwei- bis Dreifache größer.

Bei der Windrichtung gilt für Thüringen, dass die Südwest-, West- und Nordwestwinde mit 50 bis 60 % Häufigkeit im Jahr vorherrschen. Am seltensten sind nördliche und südöstliche Winde. In Tälern wird die Windrichtung oft durch den Talverlauf bestimmt, wie z.B. in Schwarzburg, wo mehr östliche bis südwestliche Winde beobachtet wurden.

Sonnenscheindauer und Bewölkung

Die Bedeckung des Himmels in der Umgebung von Saalfeld/Rudolstadt/Bad Blankenburg beträgt im Jahresmittel ziemlich einheitlich 60 bis 70 %. Leichte Schwankungen weist der Jahresgang auf, mit einem Minimum im August/September und einem Maximum von Dezember bis Februar.

Die Zahl der **heiteren Tage** (Bewölkung unter 2/10 der Himmelsfläche) liegt im Jahresdurchschnitt bei 40 bis 50. In Jena z.B. ist sie durch die Dunstglocke der Stadt etwas geringer.

Im Gegensatz dazu treten **trübe Tage** (Bewölkung über 8/10 der Himmelsfläche) mit 140 bis 180 Tagen im jährlichen Durchschnitt weitaus öfter auf. Spitzenreiter sind dabei wieder schmale und tiefe Täler, wie z.B. das Schwarzatal.

In unseren Breiten kann die mittlere jährliche **Sonnenscheindauer** auf offenen, ebenen Standorten bis zu 1700 Stunden betragen (z.B. Erfurt-Bindersleben 1610 Stunden). Sie wird schnell geringer, wenn geländebedingte Abschattungen auftreten. So ergaben sich beispielsweise in Jena nur 1450 Stunden Sonnenschein und in Schwarzburg sogar nur 1150 Sonnenscheinstunden im Jahresmittel. Dabei sind etwa ein Drittel des Jahres Tage mit geringem oder keinem Sonnenschein, wohingegen nur knapp 10 % des Jahres Tage mit mehr als 10 Stunden Sonne sind.

Phänologie

Die Phänologie beschreibt den Ablauf von jahreszeitlich wiederkehrenden Erscheinungen in der Tier- und Pflanzenwelt.

Im Wetterdienst werden charakteristische, leicht erkennbare Phasen in der Entwicklung häufiger Kultur- und Wildpflanzen beobachtet. Kartierungen der Orte mit dem Datum des Auftretens gleicher phänologischer Phasen ermöglichen eine feine räumliche Differenzierung der lokalen Klimaverhältnisse.

Für den Raum Bad Blankenburg/Rudolstadt/Saalfeld liegt die mittlere phänologische Phase der **Schneeglöckchenblüte** (Frühlingsanfang) zwischen dem 5. und dem 18. März, im Schiefergebirge zwischen dem 26. März und dem 8. April.

Der mittlere Beginn der **Apfelblüte** (Frühsommer) setzt im Saalebogen zwischen Saalfeld und Rudolstadt Mitte Mai ein, im Gebirge Ende Mai bis Anfang Juni.

Der Herbst kündigt sich im Durchschnitt ziemlich einheitlich Ende September/Anfang Oktober mit der **Blattverfärbung der Birke** an.

(Die verwendeten Daten fußen auf Bearbeitungen des Autors, stammen meist aus den Zeiträumen 1951-1980 oder 1961-1990 und basieren auf den Materialien des ehemaligen Meteorologischen Dienstes der DDR bzw. ab 1991 des Deutschen Wetterdienstes).

3. Geologie

Die geologische Struktur im Landkreis ist gekennzeichnet durch das verfaltete Schiefergebirge im Süden und Osten und durch die flach gelagerten Schichtenfolgen des Zechsteins und der Trias im Westen und Norden des Gebietes. Beide Einheiten, das Schiefergebirge und die Schichten des Thüringer Beckens, weisen überwiegend Sedimentgesteine auf. Magmatische und vulkanische Gesteine sind innerhalb dieser sedimentären Schichtenfolgen nur sehr selten vorhanden (siehe Abb. 3.1).

Das Schiefergebirge besteht überwiegend aus Gesteinen, die im **Paläozoikum** abgelagert und am Ende des Unterkarbons während der varistischen Gebirgsbildung aufgefaltet und verschiefert worden sind. Dabei entstanden zwei große Strukturen mit Südwest-Nordost-Erstreckung, der Schwarzburger Sattel im Westen und die Ziegenrücker (Teuschnitzer) Kulmmulde im Osten. Im Kern des Schwarzburger Sattels treten in einem schmalen Streifen zwischen Altenfeld und Königsee auch **vorpaläozoische (präkambrische) Gesteine** auf. Diese Katzhütter und Altenfelder Schichten sind etwa 1 Milliarde Jahre alt und zählen zu den ältesten Gesteinen Mitteleuropas. In den Altenfelder Schichten finden sich pyritführende Schiefer, die als Alaunschiefer bezeichnet wurden, weil sie seit dem 16. Jh. als Rohstoff für die Alaun- und Vitriolsiederei gedient haben. Eben solche pyritführenden Schiefer, die unter reduzierenden Bedingungen, also unter Sauerstoffmangel abgelagert wurden, kommen auch in der paläozoischen Schichtenfolge als silurische, mitteldevonische und unterkarbonische Alaunschiefer vor. Die silurischen Alaunschiefer sind davon am weitesten verbreitet.

Als die altpaläozoischen Schichten, nämlich die Goldisthaler Schichten aus dem **Kambrium** und die Frauenbach- und Phycodenschichten aus dem **Ordovizium** abgelagert wurden, lag das Krustensegment dieses Ablagerungszeitraumes auf der Südhalbkugel der Erde, etwa im Bereich des heutigen Feuerlandes. Es kamen überwiegend marine Flachwassersedimente in Form sandiger Gesteine zur Ablagerung. Sie liegen heute als stark verfestigte Quarzite vor. Als Frauenbach- bzw. Phycodenquarzite bilden sie an der Kernzone des Schwarzburger Sattels markante Erhebungen mit dem Wurzelberg, der Meuselbacher Kuppe und dem Kirchberg bei Oberweißbach. Der Quarzit des Langen Berges trennt das Thüringer Schiefergebirge vom westlich vorgelagerten Thüringer Wald. Wie auch die nachfolgenden Gräfentaler Schichten sind diese Ablagerungen durch ein subpolares Klima geprägt. Gerölltonschiefer im Lederschiefer, der silikatische Eisenerzhorizont in den ordovizischen Gräfenthaler Schichten und Spuren von Gold in den Frauenbach- und Phycodenschichten des Ordoviziums weisen auf das damals kalte Klima hin.

In den nachfolgenden geologischen Zeitabschnitten wanderten die Plattenteile, die heute Mitteleuropa aufbauen, nach Norden und damit in wärmere Klimazonen. Dies wird an der Zunahme kalkiger Sedimente deutlich. Nach ersten Kalkablagerungen im **Silur** (Ockerkalk) wurden im **Devon** stärkere Kalkschichten gemeinsam mit tonigem Material in tieferen Meeresbecken gebildet. Sie liegen heute in Ostthüringen als Knotenkalke vor, in ihnen sind Kalkknoten bis zu Brotlaibgröße von einer Tonschiefergrundmasse umschlossen. Diese Knotenkalke bilden häufig steile Felswände, wie den Bohlen bei Saalfeld und den Gositzfelsen bei Fischersdorf.

Eine weitere Abtiefung des Ablagerungsraumes am Beginn der **Karbonzeit** führte zu extrem feinkörnigen Ablagerungen von Quarzen und Tonmineralien, die in der varistischen Gebirgsbildung zu Dachschiefern umgebildet wurden.

Die **varistische Gebirgsbildung** am Ende des Unterkarbons bewirkte die Heraushebung des Schiefergebirges, aber auch Verfaltungen und Zerscherungen im kleineren Bereich. Nach Südosten überkippte Falten mit einem flachen Nordwestschenkel und einem steilen Südostschenkel bei einer nach Nordwesten hin einfallenden **Schieferung** wurden zum Charakteristikum der verfalteten paläozoischen Gesteinsfolge. Die Schieferung und die ursprüngliche sedimentäre Schichtung der Gesteine bilden zumeist spitze Winkel (Transversalschieferung). Wo Rechtwinkligkeit zwischen Schichtung und Schieferung ausgeprägt ist, konnte ein guter **Griffelschiefer** entstehen, der bei Burkersdorf, Döschnitz und Leibis gewonnen wurde. Sehr engständige ebenflächige Schieferung erbrachte die **Dachschieferlager**.

Die Falten können je nach Gesteinsart ganz unterschiedliche Dimensionen haben. Neben Falten im Kilometermaßstab, treten Falten im 100 m-Bereich häufig auf, deutlich erkennbar am Bohlen. In faltungsfreundlichen feinkörnigen Gesteinen, wie den silurischen Kiesel- und Alaunschiefern, können die Falten sogar im Dezimeter- und Meterbereich liegen. Im Anschluss an die Faltung und Zerscherung der paläozoischen Schichtenfolge kam es noch während der varistischen Gebirgsbildung zu einer Zerblockung. Einzelne Bereiche der Faltenketten wurden blockförmig stärker herausgehoben, wie die Frankenwälder Querzone zwischen Lobenstein und Gräfenthal. Im Bereich der Saalfelder Höhe entstanden die Reichmannsdorfer Kippschollen. Entlang dieser Verwerfungen bildeten sich Quarzgänge, die stellenweise Roteisenstein führen. Granitisches Magma, das sich während der varistischen Gebirgsbildung in tieferen Krustenteilen gebildet hatte, ist nur an wenigen Stellen bis

ins Niveau der heutigen Erdoberfläche emporgedrungen, so bei Glasbach im Schwarzatal und bei Döhlen im Loquitztal. Diese kleinen Granitvorkommen sind Bestandteil der sogenannten Frankenwälder Granitlinie, die vom Henneberg bei Weitisberga über die Goldkuppe bei Leutenberg, den Döhlener Granit bis zum Schwereminimum bei Thälendorf reicht. In dieser Zone ist während der variistischen Gebirgsbildung eine stärkere Durchwärmung des Gebirges erfolgt, so dass sich beiderseits der Granitlinie die Schieferung sehr intensiv ausprägte und somit Dachschiefergewinnung, besonders bei Lehesten erlaubt.
Das varistische Faltengebirge ist während des Oberkarbons und des Unteren Perms über den Meeresspiegel emporgestiegen und unterlag der Abtragung. Sie erfolgte unter tropischen bis subtropischen Bedingungen. Eine intensive Rötung durch Oxidation eisenhaltiger Mineralien zu Hämatit geht auf diese Verwitterungsprozesse zurück. Sie reicht bis über 100 m unter die ehemalige Landoberfläche und ist an der Rotfärbung verschiedener Gesteine, wie der ordovizischen Frauenbach-Quarzite bei Sitzendorf oder der oberdevonischen Knotenkalke am Bohlen bei Saalfeld deutlich zu erkennen. Zeugen der Abtragung des varistischen Gebirges finden sich an der Südseite des Roten Berges oberhalb von Fischersdorf als Konglomerate des **Rotliegenden**. Vereinzelt drangen an den Verwerfungen im Unteren Perm vulkanische Schmelzen auf und hinterließen Quarzporphyrgänge.
Im Oberen Perm ist das Zechsteinmeer von Norden her eingedrungen und hat das weitgehend eingeebnete Relief überflutet. Die Kalkablagerungen dieses Meeres überdecken waagerecht die darunter verfalteten paläozoischen Schichten. Diese **varistische Diskordanz** ist nirgendwo in Mitteleuropa besser zu sehen als am Bohlen bei Saalfeld. Neuerdings sind im Großtagebau Kamsdorf und am Grauwackebruch von Döbritz bei Pößneck vergleichbare Aufschlüsse entstanden. Da sich im **Unteren Zechstein** (Werraserie) der Küstensaum des Zechsteinmeeres hier befand, ist das Vordringen des Meeres über die Ablagerung der einzelnen Schichten Zechsteinkonglomerat, Mutterflöz, Kupferschiefer, Unterer Zechsteinkalk, Oberer Schiefer und Oberer Zechsteinkalk genau zu rekonstruieren. Auf verbliebenen Untiefen siedelten sich Kalkalgen und Moostierchen (Bryozoen) an und bildeten eindrucksvolle **Riffe**, so zwischen Könitz und Pößneck sowie rings um die Königseer Bucht bei Watzdorf (Pabstfelsen), Leutnitz, Allendorf und Garsitz.
Da sich das Krustensegment des heutigen Mitteleuropa während der Zechsteinzeit im Bereich des nördlichen Wendekreises befand, verdunstete dieses Randmeer unter subtropischen Bedingungen. Die Eindampfung führte zu **Gips- und Salzausscheidungen**. Die Gipse kommen zwischen Saalfeld und Krölpa abbauwürdig vor. Das Flachmeer hat außerdem Plattendolomit und Zechsteinletten abgelagert.
Während der Unteren **Trias** kam es unter immer noch subtropischen Bedingungen zur Ablagerung des **Buntsandsteins**, dessen Sedimentstrukturen auf Flusstransport, weitflächige Schlammfluten, Trockenzeiten und Wadibildungen hinweisen. Da sich die europäische Platte in Höhe Nordafrikas befand, erfolgte überwiegend eine mechanische Verwitterung unter wüstenartigen Bedingungen. Die chemischen Verwitterungsprozesse waren wegen der Trockenheit eingeschränkt, dadurch lagerten sich feldspatführende Sandsteine ab, die später kaolinisiert als Rohstoff für die thüringische Porzellanherstellung dienten.
Nach der Buntsandsteinbildung drang das Meer erneut in die damalige Landschaft ein. In dem flachen Randmeer lagerte sich **Muschelkalk** ab. Muschelbänke und Priele im Gestein weisen auf Gezeiten hin. Im Mittleren Muschelkalk kam es teilweise wieder zu Eindampfung und Steinsalzbildung, was jedoch nur im Nordwesten des jetzigen Landkreises nachgewiesen ist.
Im **Keuper**, der letzten Abteilung der Trias, sind bei festländischer Sedimentation vorwiegend Sandsteine und Tone abgelagert worden. Während der Kreide- und Tertiärzeit unterlagen die Keuperschichten einer fast vollständigen Abtragung, Reste finden sich nur in

der Senke von Großliebringen/Nahwinden am Westrand des Kreises.

In der Kreide- und Tertiärzeit haben **Krustenbewegungen** wesentlich zur strukturellen Prägung des mitteldeutschen Raumes beigetragen. Parallel zur Auffaltung der Alpen wurden Thüringer Wald und Teile des Schiefergebirges bis zu 1000 m herausgehoben. Im Bereich der Eichenberg-Gotha-Arnstadt-Saalfelder **Störungszone** sind Krustenspäne bis zu 100 m

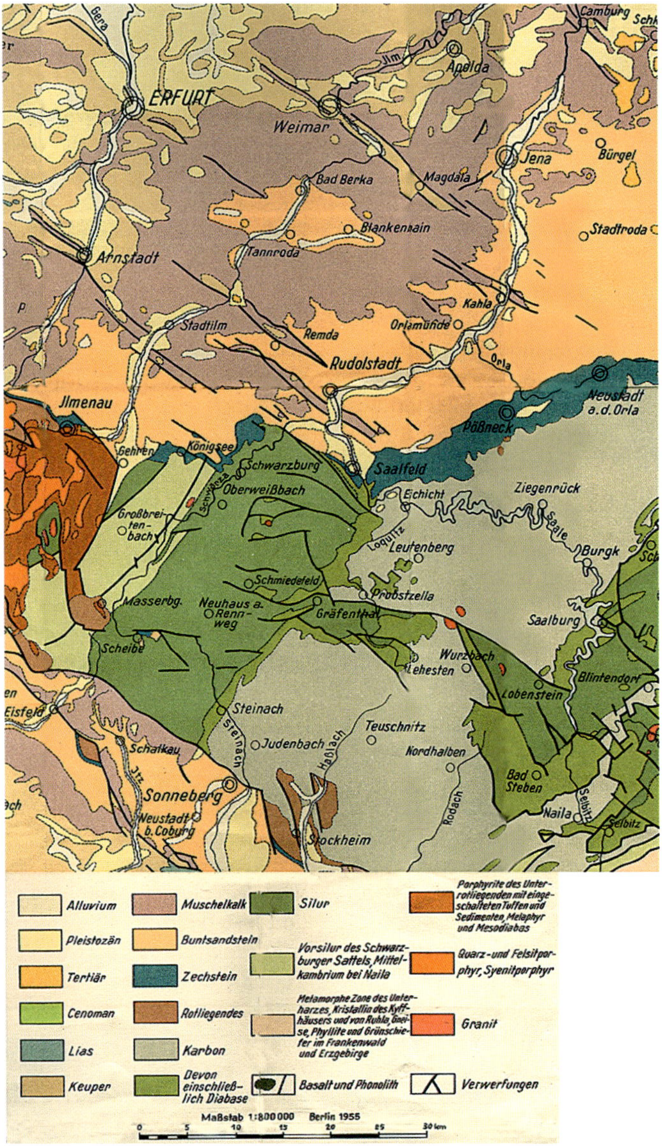

Abb. 3.1: Geologische Karte Thüringens nach H. Weber, (1955). Teilweise veränderter Kartenausschnitt.

tief eingesunken (Wachsenburggraben). Solche Einsenkungen treten auch bei zahlreichen Parallelverwerfungen auf. Beim Greifensteingraben bei Bad Blankenburg, beim Kulmberggraben im Zuge der südlichen Remdaer Störungszone, beim Leuchtenburggraben bei Kahla oder beim Ilmgraben bei Weimar ist das zu finden. Die Grabenstruktur des Kulmberggrabens zwischen Rudolstadt-Volkstedt und dem Saalfelder Kulm ist wegen der **Reliefumkehr** besonders instruktiv.

Außerdem entstanden weitspannige Aufwölbungen im Thüringer Becken, wie das Fahner Gewölbe bei Erfurt, das Gewölbe des Ettersberges bei Weimar und das Tannrodaer Gewölbe, welches den Nordteil des Kreises beeinflusst. Diese Aufwölbungen sind verbunden mit einer Salzkissenbildung in den Zechsteinsalzlagern. Eine kleinere solche Aufwölbung ist der Rudolstädter Sattel zwischen Rudolstadt-Mörla und Catharinau, in dessen Zentrum am Rudolstädter Hain Plattendolomit des Zechsteins an die Oberfläche gelangte.

Die tektonisch bedingte Zerblockung im Wandergebiet hat Bedeutung für die Bildung von Erz- und Minerallagerstätten erlangt. Die auf den Verwerfungen zirkulierenden Lösungen und die Porenwasserströmungen haben in den Gesteinen des Untergrundes verschiedene Mineralien aufgelöst und an den Beckenrändern wieder ausgeschieden, besonders dort, wo Kalksteine des Zechsteins als Reaktionspartner dienten. Deshalb konnte im Zechstein zwischen Saalfeld und Könitz ein größeres **Erzrevier** entstehen, das flözförmige Eisenspatvererzungen und gangförmige Buntmetallvererzungen aufweist. Diese Gänge in der Fortsetzung der Remdaer Störungszonen enthielten Kupfer-, Silber-, Kobalt- und Nickelerze und sind seit der Bronzezeit immer wieder abgebaut worden. Auch entlang der Randspalte des Schiefergebirges, die zwischen Bad Blankenburg und Weischwitz den Südwestrand des Saalfelder Kessels bildet, kommen derartige Erze vor. Auch die Erze rings um Königsee gehören zum gleichen Lagerstättentyp, der für den gesamten Rand des mitteleuropäischen Zechsteinbeckens charakteristisch ist.

Am Ende des **Tertiärs**, als Frankenwald und Thüringer Gebirge stark herausgehoben wurden, sind die heutigen Landschaftselemente, wie die Orlasenke, die Muschelkalksteilstufe sowie die Steilstufe des Mittleren Buntsandsteins herausmodelliert worden und die entstehenden Flüsse haben sich stärker eingetieft. Das heutige Relief ist ein Ergebnis der Talbildung in den letzten fünf Millionen Jahren. Die eiszeitlich beeinflusste Talbildung der letzten zwei Millionen Jahre spielt dabei eine besondere Rolle, denn die Ausräumung des Saaletals betrug in dieser Zeit 120 Höhenmeter.

Während der **Kaltzeiten** kam es wegen der geringen Wasserführung der Flüsse zur Terrassenbildung in den Tälern. Bei **Eisvorstößen** schotterten die Flüsse ihre Talsohle auf, bei höherer Wasserführung in den Wärmezeiten schufen sie sich ein tiefer liegendes, aber engeres Tal als zuvor. Auf diese Weise entstanden ineinander geschachtelte Talböden und **Talterrassen** in unterschiedlicher Höhe über dem heutigen Flussniveau. Während im Bereich des Saale- und Schwarzatales diese Flussterrassen besonders gut entwickelt sind, haben die Loquitz und Sormitz weniger deutliche Terrassen gebildet. Die Nebenbäche des Flusssystems und die vom Saalfelder Kessel aus in die Hochscholle des Schiefergebirges einschneidenden kurzen V-Täler von Gißra-, Arnsgereuther, Wittmannsgereuther und Wirbach weisen keine Terrassen auf. Sie sind folglich als jüngste Talbildungen einzustufen.

Die Terrassenschotter des Schwarzatales führen Gold, was eine intensive historische Goldwäscherei auslöste und die auffallenden Seifenlöcher in den Abbaugebieten hinterließ. Von allen Flussterrassen sind die der Weichsel- und Elsterkaltzeit mit 7 m bzw. 14 bis 30 m über dem heutigen Talniveau am eindrucksvollsten ausgeprägt. Auf ihnen liegen häufig Siedlungen, wie Fischersdorf, Breternitz, Teile von Kaulsdorf, das Stadtzentrum von Saalfeld, auch Rudolstadt/Cumbach und Catherinau.

Die geologischen Verhältnisse im Gebiet sind trotz ihrer Vielseitigkeit aus der Oberflächengestalt gut ableitbar. Deshalb konnte der am Rudolstädter Hof wirkende **Georg Christian Füchsel** (1722-1773) schon 1761 eine Reliefkarte vorlegen, in der Gesteinsfolgen zwischen Ilmenau, Jena und Saalfeld dargestellt sind. Sie ist die älteste gedruckte geologische Karte Deutschlands (Abb. 3.2).

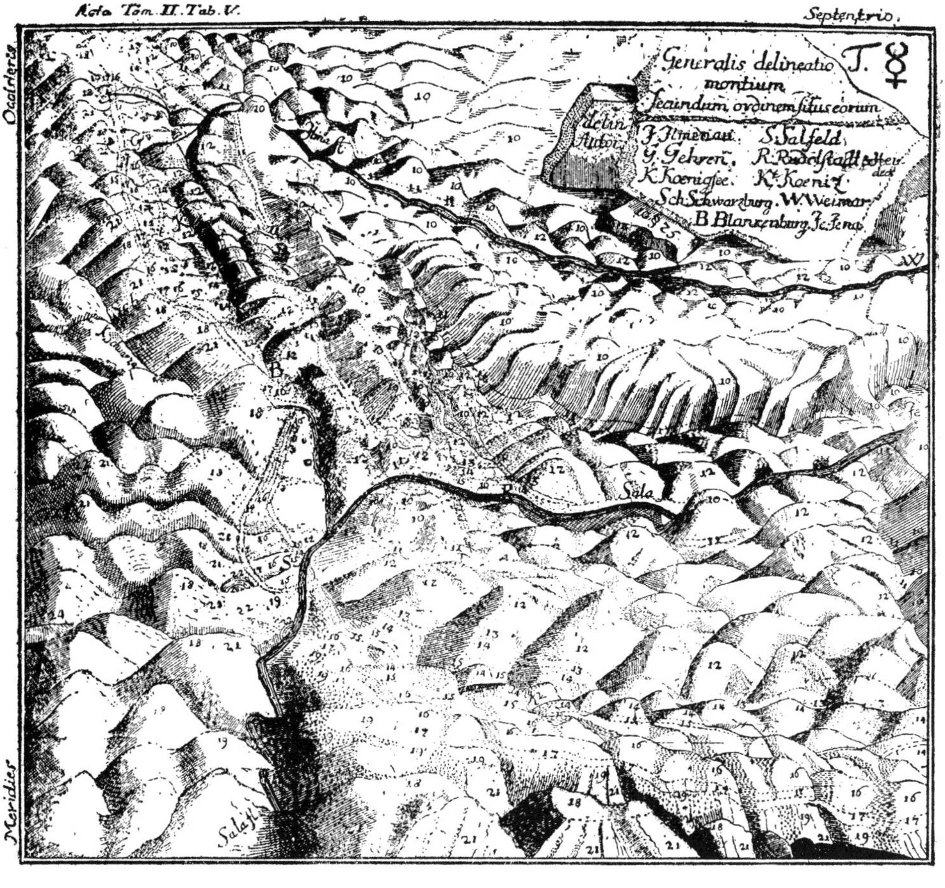

Abb. 3.2: Geologische Karte von G. Ch. Füchsel (1761)
Es bedeuten: 10 Muschelkalk, 11-13 Buntsandstein, 14-18 Zechstein, 19-20 „Rothes Sandgebürge", 21-25 Gesteine des Gebirgsanteils.

Die zahlreichen Erz- und Minerallagerstätten hatten im Kreisgebiet Saalfeld-Rudolstadt zu einem umfangreichen **Bergbau** geführt, der wesentlich zur Erweiterung der geologischen Kenntnisse beigetragen hat. Daher sind einige Aufschlüsse als Richtprofile für die länderübergreifende **Stratigraphie** wichtig geworden. Dazu gehört die Silur/Devon-Grenze von Oberloquitz, die Devon/Karbon-Grenze von Saalfeld/Obernitz und besonders die varistische Diskordanz am Bohlen bei Saalfeld.

Neben diesen international bekannten Aufschlüssen zeigen die Besucherbergwerke des Kreisgebietes interessante Einblicke in die Geologie. Während die „Feengrotten" bei Saalfeld und die „Morassina-Höhle" bei

Schmiedefeld den Aufbau und die Mineralisation der silurischen Schichtenfolge bezeugen, bietet das Besucherbergwerk Kamsdorf einen instruktiven Einblick in die Schichtenfolge des Zechsteins und dessen Mineralisation (siehe Wanderteil). Über die Geologie der unterkarbonischen Dachschieferlagerstätten informieren das Technische Denkmal Schieferbergbau Lehesten sowie das Schiefermuseum in Ludwigstadt. Die Geologie des Schwarzburger Sattels wird in der Heimatstube Katzhütte und in einem geologischen Rundweg rings um Katzhütte dargestellt.

Abb. 3.3: Bohlen bei Saalfeld. Einzigartiger geologischer Aufschluss (H.-J. Stapelfeld 2001).

Abb. 3.4: Blick über das Naturschutzgebiet Bohlen nach Süden in das Saaletal (R. Weggässer).

4. Böden und Standorte

Im Wandergebiet grenzen mehrere Naturräume und **forstliche Wuchseinheiten** aneinander. Das Ostthüringer Trias-Hügelland, das Thüringer Schiefergebirge und das Vogtland mit ihren Untergliederungen (Tabelle 1) bieten daher auf kleinem Raum eine große Vielfalt bei Geologie, Klima, Böden und Lebewelt. Das Wuchsgebiet Vogtland ragt nur mit einigen westlichen Randzipfeln in den Landkreis.

Tabelle 1:

Wuchsgebiet	Wuchsbezirk/ Teilwuchsbezirk	Relief und Landschafts-charakter	
			Jahresdurch-schnittstemp. (°C)
Ostthüringisches Trias-Hügelland (5)	Ostthüringischer Buntsandstein (5.1.0)	zertalte Platten, Schicht-stufenlandschaft	7,0-8,2
	Rudolstädter Mittleres Saaletal (5.1.1)	Talbereich der Saale und unteren Schwarza bei Bad Blankenburg	8,0-8,6
	Ilm-Saale-Platten (5.2.0)	zertalte Platten, Schicht-stufenlandschaft	6,5-8,6
	Heydaer und Paulinzellaer Buntsandstein (5.3.0)	zertalte Platten, Schicht-stufenlandschaft	6,5-8,0
	Orla-Senke (5.5.0)	Auslaugungssenke	7,5-8,6
Thüringer Gebirge (8)	Nordabdachung des Schiefergebirges (8.4.0)	tief zertalte, von SW nach NE abfallende Hochfläche	5,0-8,0
	Gräfenthal-Loquitzer Mulde (8.4.1)	Talbereiche des Loquitz- und Zoptetales	6,5-7,5
Vogtland (10)	Mittleres Vogtland (10.2.0)	Hochfläche	6,5-7,5

Klima		Geologie und Böden	Natürliche Waldgesellschaften
Besonder-heiten	Jahresnieder-schläge (mm)		
Kaltluftsee-Bildung	590-675	Buntsandstein, periglaziale Schuttdecken, Löß. Braunerden, Podsole, Pseudogleye, Stagnogleye, Parabraunerden, Pelosole	Bodensaure Hainsimsen-Eichen-Buchenwälder mit Tanne und Fichte, Eichen-Birken-Kiefern-Wälder, Eichen-Hainbuchen-Wälder
durch Leelage subkonti-nental	500-570	Unterer und Mittlerer Buntsandstein, Terrassenschotter, Auenlehme. Braunerden, Parabraunerden, Vegen, Gleye	Eichenmischwälder, Eichen-Hainbuchen-Wälder, Auenwälder
	550-650	Muschelkalk, Löß. Rendzinen, Terra fuscen, Parabraunerden, Pseudogleye, Pelosole	Waldgersten- und Orchideen-Buchenwälder, Eichen-Hainbuchen-Wälder, Steinsamen-Eichenwald, Hainsimsen-Buchenwald
Kaltluftsee-Bildung	600-700	Buntsandstein, periglaziale Schuttdecken, Löß. Braunerden, Podsole, Pseudogleye, Stagnogleye, Parabraunerden, Pelosole	Hainsimsen-Eichen-Buchenwälder mit Tanne und Fichte, Eichen-Birken-Kiefern-Wälder, Eichen-Hainbuchen-Wälder
	600-550	Buntsandstein, Zechstein, Unterkarbon, periglaziale Schuttdecken, Löß. Pelosole, Braunerden, Podsol-Braunerden, Rendzinen	Eichenreiche Hainsimsen- sowie Waldgersten-Buchenwälder, Eichen-Hainbuchenwälder, Eichen-Birken-Kiefernwälder
Leelage	590-1180	Altpaläozoikum, periglaziale Schuttdecken. Podsole, Braunerden niedriger bis hoher Basensättigung	mit abnehmender Höhenlage Fichten-Tannen-Buchenwälder mit Höhenkiefer, Hainsimsen-Buchenwälder, Waldmeister-Buchenwälder, Eichenwälder
Wärme begünstigte Devonmulde	650-750	Altpaläozoikum, vorwiegend Silur und Devon, periglaziale Schuttdecken. Braunerden	mit abnehmender Höhenlage Fichten-Tannen-Buchenwälder mit Höhenkiefer, Hainsimsen-Buchenwälder, Waldmeister-Buchenwälder, Eichenwälder
	600-690	Unterkarbon, tertiäre Verwitte-rungsprodukte, periglaziale Schuttdecken. Braunerden, Pseudogleye, Stagnogleye	Hainsimsen-Eichen-Buchenwälder mit Fichte, Kiefer und Tanne

Von den **bodenbildenden Faktoren** Klima, Geologie, Relief, Vegetation, Fauna, Mensch und Zeit treten hier die sehr verschiedenartigen geologischen Ausgangssubstrate bestimmend in den Vordergrund. Das sind die Tonschiefer, Grauwacken, Quarzite und Kalksteine des Kambriums, Ordoviziums, Silurs, Devons und Karbons als älteste Gesteine. Die Kalksteine, Dolomite und Tonsteine des Zechsteins und des Muschelkalks, die Sand- und Tonsteine des Buntsandsteins sind erheblich jünger. Tonige Verwitterungsprodukte des Tertiärs finden sich auf den Hochebenen. Die Flusskiese und -schotter, auch die Sedimente der Auen und der Schwemmfächer sind Quartärbildungen, ebenso die **periglazialen Schutt-** und **Lößdecken**. Die periglazialen Schutt- und Lößdecken entstanden in den Eiszeiten vor dem Eisrand durch Staubsedimentation, Bodenfließen (Solifluktion) und Frostaufbrüche (Kryoturbation). Sie modifizieren den Einfluss des liegenden geologischen Substrates auf die Bodeneigenschaften. Besonders im Schiefergebirge ist an Weganschnitten gut zu sehen, dass sich der Boden meist nicht im anstehenden Festgestein, sondern in veränderten Schuttdecken gebildet hat. Es ist die Aufgabe der Bodengeologie, die Schichtungen im Boden festzustellen, zu deuten und auf ihre Wirkung auf die **Bodendynamik**, die sich in der Bodenhorizontabfolge ausdrückt, hin zu untersuchen.

In den einzelnen Wuchsgebieten wechseln bestimmte **Bodentypen** zwar von Ort zu Ort, sie wiederholen sich aber in typischer Vergesellschaftung, so dass man für jedes Gebiet kennzeichnende Bodengesellschaften ausscheiden kann.

Das Schiefergebirge ist durch eine Braunerde-Podsol-Pseudogley-Bodengesellschaft geprägt. Die **Braunerden** kommen auf den Tonschiefern in nährstoffärmeren Varianten vor (siehe Abb. 4.1).

Verschiedene Kalksteine (Ockerkalk, Kalkknotenschiefer) bilden nährstoffreichere Braunerden. Wo Quarzite ausstreichen, gehen die Böden in **Podsole** über, insbesondere in den höheren, kühleren und feuchteren Gebieten.

Abb. 4.1: Schieferschutt-Braunerde auf ordovizischem Phycodenschiefer (Schwarzburg, Helenenblick) (M. Heinze).

Wenn in ebener Lage wasserstauende Schichten im Untergrund auftreten (z.B. tonige Verwitterungsdecken aus dem Tertiär), bilden sich **Pseudogleye**.

Das Schiefergebirge geht nach Osten ins Vogtland über. Dieses weist ähnliche Böden wie das Schiefergebirge auf, die Podsole gehen aber zurück, und die Staunässe nimmt wegen des höheren Anteils ebener bis flachmuldiger Bereiche mit tertiären Verwitterungsresten an Fläche und Stärke zu, so dass sich eine Braunerde-Pseudogley-Stagnogley-Bodengesellschaft herausgebildet hat.

Im Zechstein-Ausstrichbereich des Rinnetales und der Orlasenke findet sich eine Rendzina-Terra fusca-Braunerde-Pelosol-Bodengesellschaft. Typische **Rendzinen** haben sich auf den Zechsteinriffen gebildet, während die **Pelosole** (Tonböden) auf den tonigen Zechsteinletten vorkommen. Eine Besonderheit auf kleiner Fläche sind Gips-Rendzinen auf den Gipsen bei Krölpa und Oppurg.

Abb. 4.2: Podsolige Braunerde auf Buntsandstein (Kulm bei Saalfeld).

Abb. 4.3: Sandstein-Podsol auf Mittlerem Buntsandstein (Paulinzella, Schäfertal).

Der Untere und Mittlere Buntsandstein besteht aus einer Wechsellagerung von Sand- und untergeordnet Tonsteinen, die in den periglazialen Schuttdecken, in denen sich die Böden bilden, mehr oder weniger vermischt sind. Je nach Ton- und Schluff-(Löß-)Anteil im Bodensubstrat und je nach Staunässe durch tonige Schichten variieren die Böden innerhalb einer Braunerde-Podsol-Pseudogley-Gesellschaft (Abb. 4.2, 4.3).

Im Extrem bilden sich **Stagnogleye** und - trotz geringer Niederschläge - sogar kleine **Hochmoore.**
Im Oberen Buntsandstein (Röt) dominieren tonige Sedimente. Demzufolge findet sich hier eine Pelosol-Braunerde-Bodengesellschaft.
Der Untere Muschelkalk (Wellenkalk) trägt eine Syrosem-Rendzina-Terra fusca-Braunerde-Bodengesellschaft (Abb. 4.4).

Abb. 4.4: Kalkstein-Rendzina auf Unterem Muschelkalk (Kulm bei Saalfeld) (Fotos: M. Heinze).

In stärkeren Auflagen aus Löß oder Lößlehm (entkalkter Löß) haben sich neben Braunerden auch **Parabraunerden** und **Pseudogleye** entwickelt. Das gilt für das gesamte Wandergebiet.
In den Talauen sind die Böden mehr oder weniger grundwasserbeeinflusst. Sie werden bei hoch anstehendem Grundwasser als Gleye und bei tief anstehendem Grundwasser als **Auenbraunerden** (Vegen) bezeichnet.

5. Gewässer

Das Kreisgebiet wird von einer Vielzahl von Gewässern durchflossen, teilweise besitzen sie hier auch ihr Quellgebiet. Der zentrale Fluss ist die **Saale**. Ihr strömen vor allem von links zahlreiche kleinere und größere Bäche zu. Hinsichtlich ihres Erscheinungsbildes und ihrer Wasserführung bestehen erhebliche Unterschiede zwischen dem Hauptfluss Saale, den Bächen, welche aus dem Thüringer Schiefergebirge kommen und denen, die ihren Ursprung in den nördlichen Vorländern haben. Bedeutend sind aber auch große und kleine stehende Gewässer.

Die ***Saale*** entspringt im Fichtelgebirge und erreicht das Kreisgebiet in der Hohenwartetalsperre in der Nähe von Altenbeuthen. Die Landschaft des oberen Saaletales wurde durch den Bau von **Talsperren** gravierend verändert. Nachdem der Fluss die Bleilochtalsperre, die Ausgleichsbecken Burgkhammer und Wisenta im Nachbarkreis passiert hat, wird er im Kreisgebiet in der Hohenwartetalsperre und im darunter gelegenen Ausgleichsbecken Hohenwarte I aufgestaut (Abb. 5.1).
Die Hohenwartetalsperre, fertig gestellt 1944, besitzt eine 67,1 m hohe und 412 m lange Betonstaumauer, ihr Ausgleichsbecken, fertig gestellt 1946, eine Mauer von 14 m Höhe und 215 m Länge. Die Stauvolumen umfassen 182 beziehungsweise 5,21 Mill.m^3. Zusammen mit den anderen Stauwerken der **Saalekaskade** können hier im Bereich der oberen Saale insgesamt 410,39 Mill.m^3 Wasser gestaut und bewirtschaftet werden. Hinzu kommen zwei weitere Staubecken, die dem Pumpspeicherbetrieb dienen beziehungsweise dienten, der Wisentastausee mit 1,04 Mill.m^3 im Saale-Orla-Kreis sowie das 300 m über dem Ausgleichsbecken Hohenwarte I gelegene, im Jahre 1963 fertig gestellte Oberbecken Hohenwarte II bei Löhma mit 3,28 Mill.m^3 Inhalt. Beide Becken sind durch 8 Röhren von jeweils 2,6 m Durchmesser miteinander verbunden (Abb. 5.2).
Die Zwecke der Talsperren sind Hochwasserschutz, Niedrigwasseraufhöhung, Bereitstellung von Brauchwasser für Industrie und Landwirtschaft, ehemals auch Salzlaststeuerung sowie Elektroenergieerzeugung durch Pumpspeicher- und Laufwasserbetrieb. In umfangreichem Maße dienen die Talsperren der Erholung.

Ab Obernitz fließt die Saale in einem weitgehend naturnahen Flussbett. Charakteristisch dafür sind ein gewundener Verlauf (Mäander), Kies- und Schotterbänke meist aus grobem, blockigem Material, Prall- und Gleitufer mit Auskolkungen und Anlandungen sowie mehr oder weniger zusammen hängende mehrstufige Gehölzstreifen hauptsächlich aus Erlen, Weiden, Bergahorn und Eschen an beiden Ufern.
Im Stadtgebiet von Saalfeld zwischen Obernitz und Remschütz sowie von Schwarza bis Etzelbach wurde das Flussbett durch wasserbauliche Maßnahmen stark bis sehr stark verändert. Dazu gehören vor allem Begradigungen und Eintiefungen zum Schutz von Siedlungen vor Hochwasser. Dazwischen befinden sich aber auch noch Strecken mit naturnahem Charakter. Zur Nutzung der Wasserkraft wurden in der Saale im Kreisgebiet 8 Wehre angelegt: Fischersdorfer Wehr, Reschwitzer Wehr, Obernitzer Wehr, Saalfelder Teilewehr, Mittelmühlenwehr (Zeisswehr) Saalfeld, Göritzmühlenwehr, Wehr Unterpreilipp, Volkstädter Wehr und das Uhlstädter Wehr. Wehre bilden Barrieren für die Wanderung von Organismen. Daher sollten sie so weit wie möglich beseitigt

und die vorhandenen Gefällestufen in **Sohlgleiten** umgewandelt werden, wie beim Zeisswehr in Saalfeld geschehen (Abb 5.3).
Wo ein Wehrrückbau nicht möglich ist, muss die Durchgängigkeit über eine **Fischtreppe** hergestellt werden.
Die Wasserführung der Saale unterhalb der Stauseekaskade ist von deren Wasserbewirtschaftung abhängig. Der Abfluss kann vollständig unterdrückt werden, was bei extremen **Hochwasserereignissen** auch praktiziert wird. Im Durchschnitt fließen hier jedoch 16,5 m^3/s ab, und beim Höchstabfluss von 152 m^3/s wird die Saale bereits bei Kaulsdorf zu einem reißenden Fluss. Nach der Einmündung der größeren Nebenbäche, vor allem der Loquitz und Schwarza, erhält die Saale wesentliche Zuflüsse, und ihre Wasserstände werden maßgeblich von der Wasserführung der Nebenbäche bestimmt. Bei extremen Hochwassersituationen kann es daher in der Saaleaue zu Überschwemmungen kommen, selbst dann, wenn der Abfluss aus den Saaletalsperren weitgehend gedrosselt wird. Im Allgemeinen wird jedoch die Saaleaue dank der Wasserrückhaltefunktion der Saaletalsperren von Überflutungen verschont. Seit deren Bestehen wurden daher in großen Teilen der Aue die Wiesen, die ja kurzzeitige Überflutungen durchaus vertragen haben, umgebrochen und in Ackernutzung überführt. In den letzten Jahrzehnten breiteten sich zunehmend auch Siedlungs- und vor allem Gewerbeflächen in der Saaleaue aus - ein Risiko, wie die Ereignisse immer wieder zeigen.

Die **Wasserqualität** in der Saale hat sich in den letzten Jahren verbessert. Von den Talsperren bis Schwarza ist sie in die Güteklasse II (mäßig belastet) eingestuft. Auf Grund von Abwassereinleitungen im Raum Bad Blankenburg-Schwarza erfährt sie eine Verschlechterung und damit eine Umstufung in die Klasse II-III (kritisch belastet). Im weiteren Verlauf verbessert sich die Qualität durch die Selbstreinigung wieder zur Güteklasse II, die etwa ab Uhlstädt nachweisbar ist.

Die ***Bäche des Thüringer Schiefergebirges*** besitzen ein eigenes Gepräge. Viele beginnen in mehr oder weniger weit gespannten Talanfangsmulden mit verbreiteter Staunässe, mit Quellplatten und manche auch mit Niedermooransätzen. Die Quellgebiete werden durch Gräben entwässert, die sich dann zu einem Bach vereinigen. Andere Bäche wiederum entspringen in tiefen Hang- oder Talkerben in markanten Quellen oder in Quellplatten. Mit hohem Gefälle bewegen sich die Bäche teils begradigt, teils natürlich mäandrierend in schmalen, zum Teil stark vernässten Auen talwärts (Abb. 5.4).

Besonders beeindruckend sind diese **Gebirgsbäche** durch Block- und Schotterreichtum, zahlreiche Kaskaden mit rauschendem Abfluss, Prall- und Gleitufer, Kolke und Schotterbänke (Abb. 5.5).

Die Wirkungen der Tiefenerosion zeigen sich besonders deutlich in dem felsigen, von **Strudeltöpfen** geprägten Bachbett des unteren Schwarzatals.
Selbst auf ehemals begradigten Abschnitten sowohl in Grünland- als auch in Waldbereichen hat die Verwilderung wieder Fortschritte gemacht, so dass viele Fließgewässer einen überwiegend naturnahen Charakter besitzen. Im Allgemeinen gilt, dass die im Raum vorhandenen Fließgewässer in landwirtschaftlich genutzter Umgebung stärker ausgebaut wurden als die Waldbäche. Beim Durchfließen der meist lang gestreckten Ortschaften sind die Bäche radikal begradigt und ihre Ufer in der Regel mit Bruchsteinmauern befestigt worden.

In Jahrhunderte währender Tradition wird das hohe Gefälle der Gebirgsbäche zur Energiegewinnung genutzt. Zahlreiche **Wehre** stauen das Wasser und leiten beziehungsweise leiteten es in **„Mühlgräben"** den Nutzern zu, hauptsächlich Mühlen, Sägewerken, Hammerwerken, Elektrizitätswerken, aber auch Fabriken zur Brauchwassernutzung (Porzellan- und Farbwerke) oder neuerdings zur Versorgung von Fischzuchtanlagen. So gab es im Jahre 1914 an der Schwarza mit Ölze 27, an der

Loquitz mit Sormitz 9, an der Zopte 4, am Gebersbach 4, an der Gölitz 2, am Schmiedebach 1 und an der Sorbitz 4 Wehre (LANDESANSTALT FÜR GEWÄSSERKUNDE 1914).

Abb. 5.1: Die Hohenwartestaumauer von der Klinkhartshöhe (H. Hirschfeld).

Abb. 5.2: Blick auf Hohenwarte und Pumpspeicherwerk (H. Hirschfeld).

Abb. 5.3: Sohlgleite und Fischtreppe am Zeisswehr in Saalfeld (W. Hiekel).

Abb. 5.4: Mäandrierender Lemnitzbach bei Leutenberg (W. Hiekel).

Abb. 5.5: Blockreiches Bachbett der Sormitz oberhalb von Hockeroda (W. Hiekel).

Die meisten Stauanlagen sind außer Funktion, und es ist ein Anliegen des Naturschutzes, diese für viele wandernde Organismen unüberwindlichen Barrieren zu beseitigen, das heißt sie abzutragen und sie in Sohlgleiten umzuwandeln.
Die paläozoischen Festgesteine des Thüringer Schiefergebirges sind im allgemeinen grundwasserarm bis grundwasserfrei. Die minimale Wasseraufnahmefähigkeit des Untergrundes und die starke Zertalung des Gebirges tragen wesentlich dazu bei, dass ein hoher, wenig gedämpfter Oberflächenabfluss mit starken Extremen besteht. Hinsichtlich des **Abflusses** gibt es eine enge Abhängigkeit von meteorologischen Ereignissen wie Niederschlag, Schneeschmelze und Trockenperioden (HIEKEL 1989). Die mittlere Jahresabflusshöhe steigt von ca. 200 mm am nördlichen Gebirgsrand rasch auf Werte von durchschnittlich 500 mm in den höheren Lagen. In gleicher Weise steigt die Abflussspende von 6,3 auf 16 $l/s \cdot km^2$.
Hinsichtlich der **Wasserqualität** liegen unterschiedliche, im allgemeinen jedoch günstige Verhältnisse vor. Die meisten kleinen Gebirgsbäche sind unbelastet bis gering belastet in Güteklasse I bzw. I bis II eingestuft. Lichte, Schwarza ab Katzhütte, Loquitz und mittlere Sormitz sind durch kommunale Abwässer mäßig belastet (Klasse II) (THÜRINGER LANDESANSTALT FÜR UMWELT UND GEOLOGIE 2003).
Das Thüringer Schiefergebirge ist ein wichtiger Spender an **Trinkwasser** für Bedarfsgebiete in Ostthüringen. Daher wurden und werden umfangreiche Anlagen zur Trinkwassergewinnung, Ableitung und Aufbereitung geschaffen. Seit 1991 besteht die Trinkwassertalsperre Deesbach mit 3,2 Mill. m^3 Stauraum. Die Talsperre Leibis ist im Bau und soll 44,2 Mill. m^3 speichern. Nicht in Rohrleitungen, sondern in langen Stollen im Fels wird das Trinkwasser unterirdisch bis nach Bad Blankenburg geleitet. Der erste Stollen beginnt an einem kleinen Stau in der Katze oberhalb von Katzhütte und kann deren Wasser im über 9 km langen „Katzestollen" zunächst bis in das Lichtetal führen. Der 10,7 km lange „Lichtestollen" nimmt hier das Wasser der Deesbacher und Leibiser Talsperre auf und leitet es bis nach Bad Blankenburg weiter. Hier durchqueren Rohrleitungen das Schwarzatal, und auf dem jenseitigen Schenkenberg bei Zeigerheim wird das Rohwasser zu Trinkwasser aufbereitet und schließlich verteilt.
Neben den genannten Talsperren gibt es im Thüringer Schiefergebirge nur wenige stehende Gewässer, die jedoch als Wanderzeile sehr beliebt sind. Dazu gehören vor allem kleine Fischteiche, Mühlteiche sowie im oberen Schwarza- und Lichtegebiet vereinzelt ehemalige Holzflößteiche.

Die ***Bäche des nördlichen Gebirgsvorlandes*** bewegen sich in der Regel in Auen von Kerbsohlentälern. Lange Strecken der Königseer Rinne, aber auch viele Waldbäche besitzen

Abb. 5.6: Bonifatiusquelle auf dem Rötsockel am Nordhang des Viehberges bei Heilsberg (W. Hiekel).

Abb. 5.7: Ehemaliger Bewässerungsspeicher Engerda, heute Ausflugsziel und Angelgewässer (W. Hiekel).

noch ein weitgehend naturnahes Bett. Kennzeichnend sind häufig Mäander mit Prall- und Gleitufern, Kolke, Sand- und Kiesbänke sowie Ufergehölze. Auch bei begradigten Gewässern ist vielfach eine beginnende Verwilderung und Renaturierung zu beobachten.
Die Bereiche des Unteren und Mittleren Buntsandstein zeichnen sich durch verhältnismäßig gutes Einsickerungs- und ein hohes Speichervermögen aus. Daher sind in diesen Bereichen die Wasserführung der Quellen und Bäche recht ausgeglichen und die Abflussschwankungen aufgrund des hohen Rückhaltevermögens im Vergleich zu anderen Gebieten, etwa dem Thüringer Schiefergebirge, stark gedämpft.
Im Raume Rudolstadt-Remda und nördlich von Teichel-Engerda hat das Kreisgebiet Anteil am Muschelkalkgebiet der Ilm-Saale-Ohrdrufer Platte. Hier sind die hydrologischen Verhältnisse von **Karsterscheinungen** beeinflusst. Der Untere Muschelkalk ist insgesamt stark wasseraufnahmefähig und -durchlässig. Besonders am Fuße der Muschelkalkbergzüge treten auf dem stauenden Rötsockel wiederholt kleinere Quellen und Quellplatten auf (Abb. 5.6).

Kennzeichnend sind zahlreiche Trockentäler sowie in ihrer Schüttung stark schwankende oder zeitweilig versiegende Quellen und Bäche mit nur periodischer Wasserführung. Hier liegt eine **karsthydrologische Besonderheit** vor: Wie DEUBEL (1926) nachweisen konnte, treten an zwei Stellen des nördlichen Kreisgebietes Wässer aus, welche in der Ilm an der Klunkermühle bei Dienstädt und am Felsenkeller bei Griesheim versinken und in Klüften der Remdaer Störungszonen hierher geleitet werden. Die Pörzquelle zwischen Eichfeld und Schaala schüttet bis 40 l/s und trieb ehemals die Pörzmühle an. Die Quelle von Heilsberg mit etwa 40 l/s ist für Wasserversorgung gefasst. Für die starken Quellen („Riesenquelle") unterhalb von Sundremda mit einer Wasserspende von etwa 200 l/s, ebenfalls wesentlich für die örtliche Wasserversorgung, vermutet DEUBEL einen gleichen Zusammenhang zur Ilm.

Hinsichtlich der Wasserqualität liegen wechselnde Verhältnisse vor. Während die Remdaer Rinne und die obere Königseer Rinne der Güteklasse II (mäßig belastet) zuzuordnen sind, gehört die mittlere und untere Königseer Rinne zur Güteklasse II-III (kritisch belastet) (THÜRINGER LANDESANSTALT FÜR UMWELT UND GEOLOGIE 2003).
Das Gebiet ist arm an Kleinstandgewässern. Lediglich in den Tälern des Rottenbaches ober- und unterhalb von Paulinzella und der Remdaer Rinne bei Remda reihen sich einige Fischteiche aneinander. Größere **Standgewässer** sind die ehemals der Bewässerung dienenden landwirtschaftlichen Speicher Engerda, Altremda und Kirchremda (Abb. 5.7).

6. Pflanzenwelt

Die unterschiedlichen geologischen, hydrologischen und klimatischen Gegebenheiten im Landkreis bieten hervorragende Voraussetzungen für eine bemerkenswerte Vielfalt der Pflanzenwelt. Der Mensch hat in die **Vegetationsverhältnisse** durch Siedlung und Rodung, Viehweide, Ackerbau, auch mit vielfältigen Waldnutzungen sowie Bergbau und Flößerei über viele Jahrhunderte prägend eingegriffen. Das Resultat ist die heutige **Kulturlandschaft**.
Die reichhaltige Flora nutzten die **Buckelapotheker** im 17.-19. Jh. zur Herstellung ihrer Naturheilmittel, der **Olitäten**. Sie gewannen Drogen aus den Heilpflanzen des „**Thüringer Kräutergartens**", der sich über die Fluren von Königsee, Barigau bis hin nach Meuselbach, weiter über Oberweißbach, Meura und Rohrbach bis Döschnitz erstreckte. Ihre Naturmedizin trugen sie auf dem Reff, einem Tragegestell, weit über thüringische Grenzen und vertrieben so ihre Arzneien heilungs- und gewinnbringend.
Frühzeitig haben auch Floristen diesen Pflanzenreichtum erkannt und beschrieben. **Friedrich Christian Heinrich SCHÖNHEIT** (1788-1870), Pfarrer in Singen, fasste erst-

mals 1850 mit seinem „Taschenbuch der Flora Thüringens" alle früheren botanischen Kenntnisse zusammen. Der Pflanzenpastor bekam viele bedeutende Nachfolger, so dass die Lokalflora in ihrem Werdegang während der letzten beiden Jahrhunderte gut dokumentiert ist (HEINRICH & FINKE 2002).

Auf Vorkommen von etwa 1100 Pflanzenarten aus mehr als 100 Familien konnten sie verweisen. Belegt wurde, dass manche weit verbreitet waren, andere als Seltenheiten nur bestimmte Lokalitäten zierten. Erfasst wurde, welch ein Wandel sich vollzog, in dem zunächst seltene Neubürger zu häufigen oder gar lästigen Kräutern wurden, oder andererseits immer mehr in die Listen besonders geschützter (*), gefährdeter oder vom Aussterben bedrohter (^{RL}) Arten aufgenommen werden mussten. Der Bestand der Arten veränderte sich ebenso, wie das Gefüge der **Lebensräume** (Biotope) oder die Zusammensetzung der Pflanzengemeinschaften in den verschiedenen Naturräumen.

An der ***Saale*** wurden mit dem Bau der Saaletalsperren 1926-32 und 1935-44 die Fließgewässerdynamik und damit die Nutzungs- und Biotopstrukturen wesentlich verändert. Hochwässer unterblieben, Wiesen – ehemals oft großflächig ausgebildet – sind jetzt Ackerland. **Auenwälder** gab es ohnehin kaum noch, nur wenige galerieartige Gehölzbestände verblieben. Hochstauden- und Hochgrasfluren mit Rohr-Glanzgras *(Phalaris arundinacea)* oder auch dem ostasiatischen Drüsigen Springkraut (*Impatiens glandulifera*) dehnen sich aus, im Wasser fällt stellenweise Flutender Hahnenfuß (*Ranunculus fluitans*) auf.

Südlich Orlamünde, bei Rudolstadt und Saalfeld bieten einige exponierte **Trockenhänge** und Felsen am Saaleufer (Weißer Berg bei Kirchhasel, Schillershöhe bei Rudolstadt, Preilipper Kuppe, Lositz bei Remschütz, Schenkenberg bei Schwarza) botanische Besonderheiten.

Anders als das ***Mittlere Saaletal*** und das Zechsteingebiet der westlichen ***Orlasenke*** stellt sich die ***Obere Saale*** zwischen Bohlen und Hohenwarte dar. Viele charakteristische Arten wie etwa Alpen-Aster (*Aster alpinus*^{*RL}), Rasen-Steinbrech (*Saxifraga rosacea*^{*RL}), Pfingst- (Abb. 6.1) und Busch-Nelke (*Dianthus gratianopolitanus**, *D. seguieri*^{*RL}) sind aber auch dort selten geworden.

Im ***Buntsandstein*** bestimmen sanfte Bergkuppen und Plateauflächen, dazwischen enge, wasserreiche und kühle Taleinschnitte mit Resten von Bacheschen- und Bacherlenwäldern sowie eine Reihe künstlich angelegter Teiche das landschaftliche Bild. Das ansonsten wenig fruchtbare Land ist vor allem von Kiefernbeständen überzogen, deren Feldschicht vielfach von Heidel- und Preiselbeersträuchern (*Vaccinium myrtillus, V. vitis-idaea*) geprägt wird. Unter noch ärmeren Verhältnissen dominieren Moose (*Leucobryum*) und Flechten (*Cladonia*). An einigen Plätzen haben sich Heidekrautfluren (*Calluna vulgaris;* Abb. 6.2) entwickelt. Stellenweise bildet der Rote Fingerhut (*Digitalis purpurea*) (Abb. 6.3) größere Bestände. Artenarme, bodensaure Buchenwälder sind nur im Nordteil der Heide häufiger. Reste ehemaliger Niederwälder, vorwiegend aus Eichen bestehend, stocken noch an wenigen Örtlichkeiten. In den frischen und lichten Partien solcher Wälder wachsen typische Laubwaldarten wie Echte Sternmiere (*Stellaria holostea*), auch subozeanische Elemente wie Pechnelke (*Lychnis viscaria* ^{RL}) oder östliche Vertreter wie Kassuben-Wicke (*Vicia cassubica* ^{RL}). Säurezeiger wie Schmalblättrige Hainsimse (*Luzula luzuloides*) oder Wiesen-Wachtelweizen (*Melampyrum pratense*) sind oft, Wechselfeuchtezeiger wie Pracht-Nelke (*Dianthus superbus*^{*RL}), Heilziest (*Betonica officinalis*) oder Färber-Scharte (*Serratula tinctoria*) dagegen selten zu sehen. An einigen Stellen findet sich eine Orchidee, die Weiße Waldhyazinthe (*Platanthera bifolia*^{*RL}). Als Berglandart könnte man den Siebenstern (*Trientalis europaea*) erwähnen, in der Heide erscheint auch das Wollige Reitgras (*Calamagrostis villosa*), beides Relikte kälterer Perioden. In den kühl-feuchten Taleinschnitten dominiert gegenwärtig die Fichte. In einem der Täler zwischen Paulinzella und Königsee befindet sich am Rand einer kleinen Moorfläche noch ein Bestand des „insektenfressenden" Rundblättrigen Sonnentaus (*Drosera rotundifolia*^{*RL};

Abb. 6.4). Wenige, meist nur kleine Silikatmagerrasen sind noch an Felsbildungen, auf gerodeten Hängen und aufgelassenen ehemaligen **Weinbergen** anzutreffen. In ihnen blühen Heide-Nelke (*Dianthus deltoides**; Abb. 6.5) oder Berg-Sandköpfchen (*Jasione montana*[RL]), weniger auffällig ist Bleicher Schwingel (*Festuca pallens*). Die Vorkommen vom Silbergras (*Corynephorus canescens*[RL]) sind fast alle erloschen.

Abb. 6.2: Heidekraut an nährstoffarmen Standorten (R. Martin).

Abb. 6.1: Pfingst-Nelke, Charakterpflanze auf Schieferfelsen und Geröllhalden in Südexposition, Unteres Schwarzatal (L. Finke).

Abb. 6.3: Stellenweise große Vorkommen an Rotem Fingerhut im kargen Kiefernwald (H. Hirschfeld).

Abb. 6.4: Rundblättriger Sonnentau (W. Heinrich).

Abb. 6.6: Seltene Sumpf-Stendelwurz (B. Liebermann).

Abb. 6.5: Heide-Nelke, Charakterpflanze auf Wiesen im Schiefergebirge, Leutenberg (L. Finke).

Im Gebiet des ***Oberen Buntsandsteins***, dem Röt, der den Übergang zum Muschelkalk bildet, gedeiht im Vergleich zu den älteren Buntsandsteinschichten eine wesentlich artenreichere Flora. Ursachen sind zum einen die günstigeren mineralischen Zusammensetzungen, zum anderen aber auch die aus dem Muschelkalk eingetragenen alkalischen Anteile. Da im Röt an vielen Stellen Quellwasser austritt, sind **Kleinseggenriede** und **Quellmoore** mit einer bemerkenswerten floristischen Vielfalt entstanden. Neben Orchideenarten wie der Sumpf-Stendelwurz (*Epipactis palustris**RL; Abb. 6.6) erscheinen dort die blauen Blüten der Sibirischen Schwertlilie (*Iris sibirica**RL; Abb. 6.7), gedeihen Sumpf-Herzblatt (*Parnassia palustris**RL), Fettkraut (*Pinguicula vulgaris**RL) – wie der Sonnentau eine „fleischfressende" Pflanze – oder der seltene Natternzungenfarn (*Ophioglossum vulgatum* RL). Im Juli überziehen die weißen Fruchtstände des Wollgrases (*Eriophorum*RL) einige dieser Feuchtbiotope. Ende September fallen in den feuchten Wiesen die Blüten der Herbst-Zeitlose (*Colchicum autumnale*) auf. Gewöhnlicher Gilbweiderich (*Lysimachia vulgaris*) oder Gewöhnlicher Blutweiderich (*Lythrum salicaria*) wachsen mancherorts als Staudenfluren mit prächtigem Blütenreichtum.

Die trocken-warmen Bereiche des Rötsockels tragen häufig **Trockengebüsche**. Die Gehölz- und vor allem die Krautflora ist der des ***Muschelkalkhügellandes*** im nördlichen und nordöstlichen Kreisgebietes vergleichbar.

Abb. 6.6: Sibirische Schwertlilie in einigen Kalkquellmooren wie in Milbitz/Teichel (L. Finke).

Abb. 6.7: Gemeine Akelei, auf Wiesen und in lichten Wäldern von Kalkgebieten, Langes Tal bei Preilipp (L. Finke).

Abb. 6.8 (nebenstehend): Echte Kugelblume, Rarität der Magerrasen (W. Heinrich).

Die Muschelkalkhochflächen werden weitgehend ackerbaulich genutzt, leider sind Aspekte der ehemals reichen **Ackerwildkrautflora** weitgehend verschwunden. In der Ackerlandschaft haben sich Reste der ehemaligen Waldbestockung erhalten: Buchenwälder und wenige Eichen-Hainbuchen-Waldparzellen. Diese ehemaligen Mittel- und Niederwälder bezeugen frühere Brennholzwirtschaft der bäuerlichen Betriebe. Wegen geringer Holzerträge hat im 19. und 20. Jh. eine Umwandlung in Kiefern-Fichten-Forste stattgefunden.

Die frühzeitig gerodeten und mit **Trocken- und Halbtrockenrasen** bedeckten, meist südexponierten Steilhänge wurden früher vielfach für den **Weinbau** genutzt, später als **Ödländereien** mit Schafen beweidet. Inzwischen sind sie größtenteils verbuscht und mit Wald-Kiefer, Schwarz-Kiefer sowie Fichte, die überwiegend aus Samenanflug stammen, bestockt. Daraus erwächst eine akute Gefahr für den Fortbestand der floristisch interessanten Magerrasen mit ihrem wertvollen Artenbestand. Inmitten der Blaugras-Fluren (*Sesleria albicans*) oder der Rasen aus Aufrechter Trespe (*Bromus erectus*), Fieder-Zwenke (*Brachypodium pinnatum*) und Furchen-Schwingel (*Festuca stricta* ssp. *sulcata*) öffnen sich bereits im zeitigen Frühjahr die Blüten der Gewöhnlichen Kuhschelle (*Pulsatilla vulgaris**RL) oder der Akelei (*Aquilegia vulgaris**; Abb. 6.8). Der seltene und unauffällige Schmalblättrige Lein (*Linum tenuifolium**RL) sowie der neophytische Österreichische Lein (*Linum austriacum**) können bewundert werden. Als große Rarität ist die Echte Kugelblume (*Globularia bisnagarica**RL; Abb. 6.9) zu werten. Astlose (*Anthericum liliago**) und Ästige Graslilie (*A. ramosum**) – diese viel häufiger - lassen ganze Hänge weiß erscheinen. Hier gedeihen auch mehrere **Orchideenarten**, allerdings in sehr unterschiedlicher Häufigkeit und Verteilung. Rotes Waldvögelein (*Cephalanthera rubra**RL), Braunrote Stendelwurz (*Epipactis atrorubens**), Große Händelwurz (*Gymnadenia conopsea**), Bienen-, Fliegen-, Spinnen-Ragwurz (*Ophrys apifera**RL, *O. insectifera**, *O. sphegodes**RL) sowie Purpur-Knabenkraut (*Orchis purpurea**; Abb. 6.10.) kann man finden. Im Herbst zieren Berg-Aster (*Aster amellus**), Silberdistel (*Carlina acaulis**; Abb. 6.11), Fransen- und Deutscher Enzian (*Gentianella ciliata**, *G. germanica**; Abb. 6.12, 6.13) diese Flächen. Wacholderbüsche (*Juniperus communis*) sind oft ein Indiz für die ehemalige Weidenutzung. An anderer Stelle leiten Schlehe (*Prunus spinosa*), Blutroter Hartriegel (*Cornus sanguinea*), Wolliger Schneeball (*Viburnum lantana*), dann Esche (*Fraxinus excelsior*) und Ahorn (*Acer*) die Verbuschung und **Wiederbewaldung** ein. Dort, wo die Böden flachgründiger sind oder nur Schuttdecken die wärmebegünstigten Hänge bedecken, erscheinen als Pionierpflanzen Polster des Berg- (*Teucrium montanum*) und Edel-Gamanders (*T. chamaedrys*). Beim Thymian muss man genauer schauen, Feld-Thymian (*Thymus pulegioides*) ist verbreiteter, Frühblühender (*T. praecox*) gedeiht im Kalkgebiet. Nur zur Fruchtreife wird das Wimper-Perlgras (*Melica ciliata*) auffällig.

Reizvoll sind auch die Wälder. Zwischen den Gölitzwänden und Keilhau befinden sich noch größere Bestände der selten gewordenen Eibe (*Taxus baccata**). In den **Kalk-Buchenwäldern** der Kesselberge bei der Burg Greifenstein oder im Schauenforst bei Rödelwitz gedeihen Kräuter, die mit wenig Licht auskommen. Zu ihnen gehören das einzige Hahnenfußgewächs mit Beerenfrüchten, das Christophskraut (*Actaea spicata*) und die Orchideen Korallenwurz (*Corallorrhiza trifida**RL), Nestwurz (*Neottia nidus-avis**) sowie einige Arten der Gattung Stendelwurz (*Epipactis**). An etwas helleren Plätzen gedeiht die attraktive Türkenbund-Lilie (*Lilium martagon**), in frischeren Habitaten der Wolfs-Eisenhut (*Aconitum lycoctonum**).

Die Zusammensetzung der **Eichen-Hainbuchen-Wälder** ist vor allem an lichten Plätzen vielgestaltig. Bereits im zeitigen Frühjahr zeigen sich z.B. in der Strauchschicht die rosa Blüten des Seidelbastes (*Daphne mezereum**) und in der Feldschicht Busch-Windröschen (*Anemone nemorosa*), Leberblümchen (*Hepatica nobilis**) sowie Echtes Lungenkraut (*Pulmonaria officinalis*). Später folgen die Wiesen-Schlüsselblume (*Primula veris**), Wald-

Abb. 6.10: *Purpur-Knabenkraut, Wiesen und lichte Wälder der Muschelkalkgebiete, Milbitz/Teichel (L. Finke).*

Anemone (*Anemone sylvestris**; Abb. 6.14) – oft an Gebüschen und Waldrändern – und aus der Familie der Orchideen Stattliches und Blasses Knabenkraut (*Orchis mascula**RL, *O. pallens**RL), stellenweise auch Grünliche und Weiße Waldhyazinthe (*Platanthera chlorantha**RL, *P. bifolia**RL). Der Frauenschuh (*Cypripedium calceolus**RL), unsere wohl populärste Orchidee, wächst in diesen Wäldern, allerdings ist er in lichteren Buchenwäldern und **Kiefern-Fichten-Forsten** ebenso zu Hause.

Abb. 6.11: *Silberdistel auf Kalkmagerrasen, Zeigerheim (L. Finke).*

Abb. 6.12: *Fransen-Enzian im Zechstein- und Muschelkalk, Liske (L. Finke).*

Abb. 6.13: *Deutscher Enzian - ein Herbstblüher auf Zechstein- und Muschelkalk, Liske bei Zeigerheim (L. Finke).*

Abb. 6.14: *Wald-Anemone, Waldränder und -blößen, Gebüsche in Kalkgebieten, Heilsberg (L. Finke).*

Interessante Differenzierungen ergeben sich im ***Schiefergebirge***. **Lee-Effekte** bedingen geringere Niederschläge und weniger Bewölkung. Das wiederum ist die Ursache für das Auftreten wärmeliebender und subatlantisch verbreiteter Arten. An den Hängen - etwa des Schwarzatals zwischen Schwarzburg und Bad Blankenburg - stocken je nach Exposition Eiche, Winter-Linde und Hainbuche, sogar Wald-Kiefer; die Rot-Buche tritt sonnseitig zurück. An offenen Felspartien leuchten im April die weißen Blüten der wärmeliebenden Echten Felsenbirne (*Amelanchier ovalis*). Auffällig werden Großblütiger Fingerhut (*Digitalis grandiflora**), auch Schwarzwerdender Geißklee (*Cytisus nigricans*), Färber-Ginster (*Genista tinctoria*) und Salbei-Gamander (*Teucrium scorodonia*) kennzeichnen diese pflanzengeographische Situation. Im ***Loquitztal*** fällt an offenen Partien der gelbblühende Bleiche Schöterich (*Erysimum crepidifolium*) auf, er kann bis ins Saaletal herabreichen.

Die gegenwärtigen Waldbestände werden freilich von großflächigen Fichtenforsten dominiert. Natürlicher Fichtenwald tritt nur in den höchsten Lagen auf. Eichenbestände sind in spärlichen Resten erhalten und die früher häufigen Buchen-Tannenwälder sind stark geschrumpft. Dennoch trifft man gelegentlich noch auf prachtvoll gewachsene Weiß-Tannen (*Abies alba* RL), deren berühmteste Exemplare einst am Wurzelberg stockten und in den letzten zwei Jahrhunderten wegen Überalterung natürlich zusammenbrachen. Die Fichten-Monokulturen beherbergen nur eine artenarme Krautflora. Lediglich an lichten Plätzen und an Wegrändern wachsen interessante Pflanzen. Nach Holzeinschlag oder Sturmbruch erscheint flächendeckend das Schmalblättrige Weidenröschen (*Epilobium angustifolium*), an Wegrändern und auf Lichtungen lassen sich mit etwas Glück die Blüten der Breitblättrigen Stendelwurz (*Epipactis helleborine**) aus der Familie der Orchideen bewundern.

Das Offenland besteht jetzt hauptsächlich aus **Weideflächen**, die meist intensiv genutzt werden und artenarm sind. Äcker sind nicht so häufig. Extensiv bewirtschaftete oder im Rahmen des Naturschutzes gepflegte **Bergwiesen** bieten jedoch im Sommer ein farbenprächtiges Bild. Zu den Bergland-Arten gehören u.a. Arnika (*Arnica montana**RL), Perücken-Flockenblume (*Centaurea pseudophrygia*), Wald-Storchschnabel (*Geranium sylvaticum*) und Berg-Platterbse (*Lathyrus linifolius*). Während der Knöllchen-Steinbrech (*Saxifraga granulata**) stellenweise häufig auftritt, ist die Hohe Schlüsselblume (*Primula elatior**) in diesem nördlichen Teil des Schiefergebirges selten – zwei recht gegensätzliche Verbreitungsbilder als Ausdruck unterschiedlicher Niederschlagsverhältnisse! An feuchteren Stellen wächst beinah überall und gelegentlich aspektbestimmend Wiesen-Knöterich (*Bistorta officinalis*). Seltener und wiederum mit unterschiedlicher Lokalverbreitung treten Trollblume (*Trollius europaeus**RL) oder auch Verschiedenblättrige Kratzdistel (*Cirsium helenioides*) auf. Die Bergwiesen-Orchideen Grüne Hohlzunge (*Coeloglossum viride**RL), Holunder-Kuckucksblume (*Dactylorhiza sambucina**RL) und Weißzüngel (*Pseudorchis albida**RL) sind inzwischen akut vom Aussterben bedroht. Lediglich die Fuchs'sche und die Breitblättrige Kuckucksblume (*Dactylorhiza fuchsii**RL, *D. majalis**RL) erscheinen noch etwas häufiger. Eindrucksvoll präsentieren sich beispielsweise die **Feuchtwiesen** im Tal der Weißen Schwarza zwischen Cursdorf und Katzhütte. Neben Pestwurzfluren finden sich Bereiche, in denen unter den verschiedenen Feuchtezeigern Sumpf-Dotterblume (*Caltha palustris*) und Sumpf-Veilchen (*Viola palustris*) auffallen. Bemerkenswert ist auch die Schwarze Teufelskralle (*Phyteuma nigrum*).

Das vom Schieferbergbau gekennzeichnete Gebiet um Lehesten verfügt über eine Vielzahl aufgelassener Schieferbrüche, die sich zu bemerkenswerten **Sekundärbiotopen** entwickelt haben. Auf den Sohlen und Bermen sowie den ausgedehnten Halden wachsen zwischen Kiefern und Birken Zwergsträucher, oder es breiten sich erst einmal Moose und Flechten aus, die zwar selten die Aufmerksamkeit der Besucher erregen, aber durchaus als botanische Kostbarkeiten anzusprechen sind.

Im Wandergebiet haben Naturverhältnisse und dort siedelnde Menschen über Jahrtausende den **„Kreuzweg der Blumen"** geschaffen, eine Landschaft, in der sich Natur und Kultur, Geschichte und Gegenwart durchdringen. Die Reichtümer in Natur und Umwelt gilt es für die Zukunft zu bewahren.

7. Tierwelt

Die Vielfalt der naturräumlichen Ausstattung im Wandergebiet spiegelt sich in einer recht artenreichen **Fauna** wider. Weniger bei den Wirbeltieren als bei den Wirbellosen, insbesondere den Insekten, kommt das sichtbar zum Ausdruck. Seit dem frühen 18. Jh. wird die Tierwelt dieser Gegend wissenschaftlich bearbeitet, dennoch weiß bis heute niemand genau zu sagen, wie viele Tierarten insgesamt hier vorkommen. Der Kenntnisstand ist bei Vögeln, Säugetieren, Fischen, Reptilien und Amphibien am besten, während er beim Riesenheer der heimischen Gliederfüßer in vielen Fällen große Lücken aufweist. In Thüringen kann mit dem Vorkommen von mindestens 31.320 mehrzelligen Tierarten (Metazoa) gerechnet werden (GÖRNER, M. et al. 2003). Davon wird wohl mehr als die Hälfte im Landkreis zu erwarten sein.
Auf die für das unbewaffnete Auge „unsichtbaren" Einzeller (Protozoen), darunter viele Krankheitserreger, kann hier nur hingewiesen werden.
Die folgende summarische Übersicht zeigt die (noch) vorhandene Artenfülle ebenso, wie die bestehenden Wissenslücken:

Wirbellose (nach GÖRNER, M. et al. 2003)

Tiergruppe	Nachgewiesene Arten	Geschätzte Arten
Parasitische Würmer (in Weichtieren, Insekten und Wirbeltieren):	?	bis 6.000
Weichtiere (Schnecken und Muscheln)	192	
Ringelwürmer	27	90
Bärtierchen	?	80
Webspinnen	626	700
Milben	ca. 1.000	um 2.000
Krebse	217	
Tausendfüßer	ca. 150	
Insekten	ca. 16.700	um 22.200

Wirbeltiere (alle Gruppen mit Artennachweis im Raum Rudolstadt-Saalfeld)

Tiergruppe	Arten	Bemerkungen
Fische	34	davon 8 Arten zwischen 1850 und 2000 eingebürgert
Amphibien	19	5 Schwanzlurche, 11 Froschlurche
Kriechtiere	6	1 Schleiche, 2 Eidechsen, 3 Schlangen
Vögel	124	nur Brutvögel, davon 73 Singvögel
Säugetiere	60	9 Insektenfresser, 16 Fledermäuse, 18 Nagetiere, 2 Hasen, 10 Raubtiere, 5 Paarhufer

Nun zu auffälligen Gruppen und wichtigen Arten, denen im Wandergebiet begegnet werden kann, einige Erläuterungen:

Säuger

Wildschwein *(Sus scrofa)* und Reh *(Capreolus capreolus)* sind im gesamten Gebiet verbreitet, während der Rothirsch *(Cervus elaphus)* sich auf die großen Waldungen des Schiefergebirges und des Paulinzellaer Buntsandsteingebietes beschränkt. Rotwildvorkommen in Forstrevieren ist an Schälschäden – die Rinde von Jungbäumen wird abgezogen und gefressen – zu erkennen. Aus jagdlichen Gründen sind Damhirsch *(Cervus dama)* vermutlich im 16. Jh. im Hügelland und Mufflon *(Ovis ammon musimon)*, ein Wildschaf von Korsika und Sardinien, zu Beginn des 20. Jh. in der Uhlstädter Heide und im Sormitztal eingebürgert worden. Feldhasen *(Lepus europaeus)* kann man noch regelmäßig begegnen, in der Feldflur aber immer seltener, in Waldgebieten nur in geringer Anzahl. Aus der Ordnung der Raubtiere ist der größte Vertreter der Rotfuchs (*Vulpes vulpes*), der fast nirgends fehlt und seit einiger Zeit während seiner nächtlichen Streifzüge sogar im Inneren der Städte erscheint. Trotz hohen Jagddruckes, der vor 1990 stärker war als danach, hat er seinen Bestand gehalten, und es dürfte wohl nur wenige fuchsfreie

Abb. 7.1: Wühlmäuse sind wichtige Glieder von Nahrungsketten (B. Hartung).

Abb. 7.2: Eichhörnchen, rote wie schwarze, kommen im gesamten Gebiet vor (B. Friedrich).

Abb. 7.3: Buchfink-Männchen (B. Friedrich).

Abb. 7.4: Wasseramsel, Charaktervogel der Bäche und Flüsse im Schiefergebirge (B. Friedrich).

Reviere geben. Häufig ist auch der Steinmarder (*Martes foina*), der sich besonders im menschlichen Siedlungsbereich aufhält und wegen seiner eigenartigen Vorliebe für bestimmte Autokabel schon so manchen KfZ-Besitzer fast zur Verzweiflung gebracht hat. Dagegen ist in den Wäldern sein scheuer Vetter, der Baummarder (*Martes martes*), eine Seltenheit geworden. Der Dachs (*Meles meles*) gräbt überall seinen Bau, ist aber in den klüftereichen Zechstein-, Buntsandstein- und Muschelkalkgebieten stärker vertreten. Zu den Neubürgern zählen bei uns seit den 1960er und 1970er Jahren der eigentlich ostasiatische Marderhund (*Nyctereutes procyonoides*) und der nordamerikanische Waschbär (*Procyon lotor*). Von den ursprünglich heimischen Raubsäugern wurde der letzte Luchs (*Felis lynx*) 1743 bei Neuhaus a.R., der letzte Wolf (*Canis lupus*) 1767 ebendort, der letzte Braunbär (*Ursus arctos*) 1797 bei Cursdorf und der letzte Fischotter (*Lutra lutra*) um 1890 an der Saale bei Rudolstadt erlegt. Auch scheint seit Anfang des 20. Jh. (?) der Nerz (*Mustela luteola*) ganz verschwunden zu sein. Unter den Nagetieren ist seit über 80 Jahren die Bisamratte (*Ondrata zibethicus*) (Urheimat Nordamerika) und seit der 2. Hälfte des 20. Jh. an Saale und Rinne der Nutria (*Myocastor coypus*) (Urheimat Südamerika) heimisch geworden. Der einst aus östlichen Steppengebieten zu uns eingewanderte Feldhamster (*Cricetus cricetus*) siedelte noch in den 1970er Jahren im Saaletal, fehlt aber heute selbst in den optimalen Randzonen zum Thüringer Becken gänzlich im Landkreis. Auch von der Hausratte (*Rattus rattus*) gibt es, allerdings schon seit Ende des 19. Jh., keinen Nachweis mehr aus Rudolstadt und Umgebung, wogegen die Wanderratte (*Rattus norvegicus*) in den Ortschaften allgegenwärtig ist. Unter den Säugern gehören bei uns Eichhörnchen (*Sciurus vulgaris*; Abb. 7.2) und Igel (*Erinaceus europaeus*) zu den häufigsten Straßenverkehrsopfern. Der Maulwurf (*Talpa europaea*) kommt bis in die Hochlagen des Schiefergebirges vor.

Abb. 7.5: Eisvogel, fliegender Edelstein an Saale und Schwarza (B. Friedrich).

Abb. 7.6: Waldteufel (E. Mey).

Abb. 7.7: Zweigestreifte Quelljungfer, eine Großlibelle (E. Mey).

Vögel erfreuen sich im allgemeinen großer Beliebtheit unter der Bevölkerung. Es nimmt nicht Wunder, dass sie von allen Tiergruppen am besten bekannt sind. Der wohl mit Abstand häufigste und verbreitetste Brutvogel ist der Buchfink (*Fringilla coelebs;* Abb. 7.3). Mit dem überspitzten Spruch „Wo ein Baum ist, ist ein Buchfink" bestätigt der Volksmund auch im Landkreis dessen Vorkommen. Zu den seltenen Singvögeln, die nicht jedes Jahr im Schwarzatal brüten, zählen Zwergschnäpper (*Ficedula parva*) und Halsbandschnäpper (*Ficedula albicollis*). Der Uhu (*Bubo bubo*), größte heimische Eule, hat seit vielen Jahrzehnten im Saale-Schwarza-Gebiet um Rudolstadt und Saalfeld sein größtes thüringisches Vorkommen. Die kleinste Eule, der Sperlingskauz (*Glaucidium passerinum*), ist von hier seit dem 18. Jh. bekannt. Wie manch anderer Höhlenbrüter, nutzt er Spechthöhlen als Brutraum. Schwarzspecht (*Dryocopus martius*), Grün- und Grauspecht (*Picus viridis* u. *P. canus*), Bunt-, Mittel- und Kleinspecht (*Dendrocopos major*, *D. medius* u. *D. minor*) sind in unterschiedlicher Häufigkeit und Verbreitung zu erwarten, in den Gebirgswäldern kann man immer auf Schwarz- und/oder Buntspecht stoßen. An Gebirgsbächen und vor allem -flüssen, seit wenigen Jahren ja sogar an der Saale bis unterhalb Rudolstadts, siedelt die Wasseramsel (*Cinclus cinclus;* Abb. 7.4), die als einziger heimischer Singvogel in der Lage ist, unter Wasser laufend ihre Nahrung, vor allem Gliederfüßer, zu suchen. Ebenso hat sich die Gebirgsstelze *(Motacilla cinerea)* ausgebreitet und brütet wie die viel häufigere Bachstelze (*Motacilla alba*) auch abseits der Fließgewässer in Ortschaften. Der Eisvogel (*Alcedo atthis;* Abb. 7.5) ist ein Nahrungsspezialist an den Flüssen im Wandergebiet, dessen Bestände während harter und langer Forstperioden oftmals stark dezimiert werden. Charakteristisch für die Fichten- und Kiefernwaldungen ist der hier ganzjährig zu erwartende und nicht nur wegen seiner Schnabelmorphologie, sondern auch wegen seiner in den Mittwinter verlegten Hauptbrutzeit sonderbare Fichtenkreuzschnabel (*Loxia curvirostra*). Dem aufmerksamen Wanderer werden die tiefen „krok"-Rufe des Kolkraben (*Corvus corax*) nicht entgehen, der erst seit gut 20 Jahren wieder überall anzutreffen ist. Auch der Schwarzstorch (*Ciconia nigra*) ist in unsere Gebirgswälder nach über 200 Jahren zurückgekehrt und erlaubt sich zuweilen, seinen Horst auch einmal auf einer Jägerkanzel anzulegen. Doch die Bilanz ist bei vielen anderen Arten nicht so günstig. Die Brutbestände der meisten Arten sind rückläufig, manche wie z.B. die Großtrappe (*Otis tarda*) vom „Schönen Felde" bei Remda und der Steinsperling (*Petronia petronia*) sind seit Anfang des 20. Jh. ganz verschwunden, neuerdings muss man das auch u.a. für Rebhuhn (*Perdix perdix*), Steinschmätzer (*Oenanthe oenanthe*) und Haubenlerche (*Galerida cristata*) befürchten. Selbst der Haussperling (*Passer domesticus*) hat sich besonders in einigen Gebirgsorten rar gemacht, in manchen fehlt er seit Jahren.

Unter den ***Amphibien*** verdienen der auf das Schiefergebirge beschränkte Fadenmolch (*Triturus helveticus*) und die während der letzten 20 Jahre höchst selten gewordene Gelbbauchunke (*Bombina variegata*) Hervorhebung, da sie sich auch in unseren Raum an ihrer Verbreitungsgrenze befinden. Der auffällige Feuersalamander *(Salamandra salamandra)* kann als Charaktertier der Waldgebiete im Wandergebiet bezeichnet werden. Häufigste Schlangenart ist die Ringelnatter (*Natrix natrix*), unter den Eidechsen im weiteren Sinne steht ihr im Vorkommen die Blindschleiche (*Anguis fragilis*) nicht nach.

Die ***Fischfauna*** unterliegt seit langem besonderer direkter menschlicher Einwirkung. Der Fischbesatz vieler Gewässer wird heute von Angler- und Fischereiverbänden beeinflusst. Konflikte mit fischfressenden Vögeln, besonders mit hier überwinternden Kormoranen und heimischen Graureihern, stellen den Naturschutz auf eine harte Bewährungsprobe. Im Naturalienkabinett im Schloß Heidecksburg befindet sich ein Präparat eines Störs (*Acipenser sturio*) aus dem 18. Jh., der möglicherweise als einer der letzten seiner Art aus der Saale bei Rudolstadt/Saalfeld stammt. Eine der häufigsten und wirtschaftlichsten Fischarten ist gegenwärtig die Ende des 19. Jh. aus Nordamerika eingeführte Regenbogenforelle (*Oncorhynchus mykiss*). In den kühlen und schnellfließenden Flüssen des Schiefergebirges sind Bachforelle *(Salmo trutta fario)* und Äsche *(Thymallus thymallus)* heimisch. Das Stadtwappen von Saalfeld schmücken zwei Flussbarben *(Barbus barbus)*, ein Beleg für die im Mittelalter blühende Flussfischerei an der Saale, die früher auch auf Lachse *(Salmo salar)*, die zum Laichen in die hiesigen Oberläufe der Flüsse aufstiegen, betrieben wurde.

Weichtiere

Von den gegenwärtig in Thüringen lebenden 192 Molluskenarten gehören 170 zu den Schnecken und 22 zu den Muscheln. Davon wird man in unserem Gebiet mehr als 100 Arten erwarten können, doch die meisten nur nach gezielter Suche finden. Auffällig können dem Wanderer bei feuchter Witterung u.a. werden: Weinbergschnecke (*Helix pomatia*), Hain- u. Gartenschnirkelschnecke (*Cepea nemoralis, C. hortensis*) und verschiedene Wegschnecken (*Arion* spp.), von denen die aus Südosteuropa stammende Spanische Wegschnecke (*Arion lusitanicus*) in den letzten 20 Jahren im menschlichen Siedlungsraum zum Leidwesen vieler Gärtner sehr häufig geworden ist. In die Wälder der höheren Lagen des Schiefergebirges ist sie aber noch nicht vorgedrungen.

Spinnen und Insekten

Von den Webspinnen sind Kreuzspinnen mit ihren Radnetzen allgemein bekannt. Die wohl erstmals in den 1970er Jahren in Thüringen eingewanderte Wespenspinne (*Argiope bruennichi*) hat besonders von sich Reden gemacht. Sie war in den 1990er Jahren bis ins Schiefergebirge (Schwarzatal, Arnsgereuth) vorgedrungen, ist aber von dort in den letzten Jahren anscheinend wieder verschwunden. Gelegentlich trifft man an den Muschelkalkhängen bei Bad Blankenburg auf die nur im männlichen Geschlecht prächtig rot-schwarzweiße Röhrenspinne *(Eresus cinnaberinus)*. Im Hochsommer kommt es nicht selten vor, dass man an den Beinen von Stubenfliegen (*Musca domestica*) harmlose Afterskorpione feststellt, die sich daran festhalten, um sich so an einen anderen Ort tragen zu lassen.

Was unter den Wirbeltieren die Vögel sind, sind unter den Wirbellosen die Schmetterlinge (Lepidoptera), wenn man Schönheit und damit Beliebtheits- und Bekanntheitsgrad als Maßstab nehmen wollte. Allein um Bad Blankenburg konnten über 2230 Arten nachgewiesenen werden, wovon kleine, vielmals unscheinbare Formen über die Hälfte ausmachen (STEUER, H. 1995).

Der Waldteufel (*Erebia aethiops*; Abb. 7.6) ist im Hochsommer im Schiefergebirge keine seltene Erscheinung, auf Habichtskraut- und Greiskrautblüten tummeln sich die Falter zur Nektarsuche. Manche Arten, wie Admiral *(Vanessa atalanta)* und Distelfalter *(Cynthia cardui)*, unternehmen den Zugvögeln gleich regelmäßig periodische Wanderungen. Der Kaisermantel *(Argynnis paphia)* fliegt von August bis September, seine Larven leben an Veilchenarten. Ebenso zahlreich wie die Schmetterlinge ist die Ordnung der Käfer (Coleoptera) im Wandergebiet, gefolgt von den Ordnungen der Hautflügler (Hymenoptera), zu denen Bienen, Ameisen und Schlupfwespen zählen, und der Fliegen (Diptera). Von den etwa 35 im Gebiet nachgewiesenen Libellenarten ist die in klaren Bächen auf Buntsandsand und Tonschiefer als Larve vier Jahre lebende Zweigestreifte Quelljungfer (*Cordulegaster boltonii*; Abb. 7.7) einer der größten. Alle Libellen mit Ausnahme der hier seltenen Gemeinen Winterlibelle *(Sympecma fusca)* fliegen nur einen Sommer.

Die Fauna unterliegt fortwährender Veränderung, die ganz natürlich ist, aber doch in einem hohen Maße durch die vor allem lebensraumverändernde Tätigkeit des Menschen nachhaltig seit Jahrhunderten beeinflusst wird. In den letzten Jahrzehnten ist die Tendenz in der Negativbilanz bei Artenzahl, Verbreitung und Häufigkeit stärker geworden. Artenkenntnis und Kenntnis ökologischer Abläufe und Gesetzmäßigkeiten sind notwendig, um Naturschutzbestrebungen in einer stark anthropogen geprägten Landschaft zweckmäßig umzusetzen.

8. Naturschutz und Landschaftspflege

Der Landkreis Saalfeld-Rudolstadt besitzt von seiner naturräumlichen Ausstattung ein abwechslungsreiches, landschaftlich gut gegliedertes Territorium. Neben Restbeständen ursprünglicher, vom Menschen kaum beeinträchtigter Landschaftselemente, findet sich eine vielfältige **Kulturlandschaft**, die von ihm durch Jahrhunderte lange Nutzung entwickelt wurde.

Abb. 8.1: Blick vom Steinberg über Teichel (H. Müller).

An diese unterschiedlichen Bedingungen hat sich eine große Artenvielfalt von Flora und Fauna angepasst. Wesentliche Voraussetzung hierfür ist jedoch die bereits erläuterte geologische Mannigfaltigkeit des Landkreises. Die verschiedenen Grundgesteine mit ihrer vielschichtigen Bodenbildung, abwechslungsreiche mikro- und mesoklimatische Bedingungen, unterschiedliche Grundwasserverhältnisse und Nährstoffanreicherungen schufen ein Mosaik an Lebensräumen, wie es vielfältiger nur in wenigen Teilen Deutschlands vorzufinden ist. Auf Grund der geologischen Gegebenheiten hat der wirtschaftende Mensch im Nachhinein zahlreich neue Biotopstrukturen sekundär entstehen lassen, die heute als Kleinode anzusehen und zu bewahren sind. Besonders die bergbauliche Tätigkeit zur Gewinnung von Erzen, Muschelkalk, Buntsandstein, Bausand, Kies und Schiefer führte und führt immer noch zu diesen Entwicklungen. Aber auch andere Tätigkeiten schufen bestimmte **Lebensraumtypen**, welche nach den Naturschutzgesetzen als ***besonders geschützte Biotope*** ausgewiesen werden. So wuchsen durch das Ablesen von Feldsteinen **Lesesteinwälle**, die flächige Anpflanzung von Obstbäumen ließ **Streuobstwiesen** entstehen, Wegenutzung mit anschließender Bodenerosion führte zum Ausschwemmen von Hohlwegen, immerwährende **Schafhutung** wandelte Wald in **Wacholderheiden** oder sogar in Trocken- und Halbtrockenrasen.

Abb. 8.2: Von Streuobstwiesen umgebenes Dorf Schloßkulm (H. Müller).

Im Schiefergebirge schuf die regelmäßige Mahd nach **Waldrodung** artenreiche Bergwiesen. Eine Vielzahl unterschiedlichster Biotope haben aber natürlichen Ursprung. Dazu zählen u.a. naturnahe Bäche, Flüsse und Standgewässer, Moore und Sümpfe, Feuchtwiesen, Aue- und Bruchwälder sowie Zwergstrauchheiden.

All diese unter gesetzlichem Schutz stehenden Biotope sind in unserem Landkreis vorzufinden. Ein Teil ist als ***Flächennaturdenkmal*** (aus DDR-Zeit) oder nun als ***Geschützter Land-***

schaftsbestandteil ausgewiesen. Um diese Vielfalt zu erhalten, machen sich für einige besonders geschützte Biotope Pflegemaßnahmen notwendig, die durch Mahd, Beweidung und Gehölzschnitte geleistet werden. Wichtig ist dabei der richtige Zeitpunkt, damit in der Tierwelt keine Larvenstadien, kein Laichgeschehen, keine Vogelbrut oder hilflose Jungtiere beeinträchtigt werden. Auch der Zeitpunkt der Samenreife bei verschiedenen seltenen Pflanzen muss beachtet werden, um ihr Fortbestehen zu sichern. Zu diesem Zweck haben Behörden Möglichkeiten, den Land- und Forstwirten über Fördermaßnahmen (z.B. dem **Kultur- und Landschaftspflegeprogramm** = KULAP) oder spezielle Pflegevereinbarungen die entstehenden Erschwernisse auszugleichen, dabei sind im Landkreis Prioritäten zu beachten.

Großräumigere Bereiche, meist mit verschiedenen besonders geschützten Biotopen oder Lebensräumen besonders geschützter Arten

Abb. 8.3: Sicht vom Fröbelblick ins Rinnetal (H. Müller).

ausgestattet, können als ***Naturschutzgebiete (NSG)*** ausgewiesen werden. Im Landkreis Saalfeld-Rudolstadt sind das inzwischen 15 mit einer Gesamtfläche von 2 736,30 ha, etwa 2,6 % der Landkreisfläche. Zu den bekanntesten, durch gute Wanderwegführungen erschlossenen Bereichen gehören die Naturschutzgebiete „Unteres Schwarzatal", „Assberg-Hasenleite", „Meuraer Heide", „Uhlstädter Heide" und „Greifenstein-Kessel". Diese werden anschließend etwas genauer vorgestellt.

Das ***NSG „Bohlen"*** bei Saalfeld ist nicht so gut begehbar wie o.g. Gebiete, aber von größter Bedeutung (siehe Abb. 3.3). Bereits 1938 ausgewiesen, zählt es zu unseren ältesten Schutzgebieten. Mit 100 Metern Höhe und 600 Metern Länge stellt sich hier ein seltener geologischer Naturaufschluss dar, der tektonische und paläontologische Besonderheiten aufweist und durch Fachliteratur international bekannt ist. Gut sichtbar sind Verwerfungen und Schichtungen aus der Zeit des Mitteldevons bis hin zum Unterkarbon. Ein breites Spektrum seltener Tier- und Pflanzenarten bestätigt den großen Wert des NSG für wissenschaftliche Untersuchungen und den Artenschutz.
Auch das ***NSG „Unteres Schwarzatal"*** war bereits 1941 mit einer damaligen Fläche von ca. 1 750 ha unter Schutz gestellt worden, wurde aber 1981 auf 600 ha reduziert und nimmt nun den Bereich zwischen dem Schweizerhaus und Bad Blankenburg ein. Geprägt wird dieses bis zu 250 Meter eingesenkte Kerbtal vom Flusslauf der Schwarza, unter-

Abb. 8.4: Die Schwarza im Naturschutzgebiet „Unteres Schwarzatal" (K. Ramm).

schiedlichen Waldgesellschaften in den Hanglagen, geologischen Aufschlüssen und Felsformationen sowie von Schieferhalden eines ehemaligen Bergwerkes. Hier ist in den letzten zehn Jahren die Naturschutzstation „Dr. Helmut Steuer" entstanden, deren Besuch empfehlenswert ist, da hier die Artenvielfalt des Schwarzatals und alte forstliche Gewerke vorgestellt werden.

Außerdem findet man bis heute Spuren und Zeugnisse des fürstlichen **Wildgatters** an der Werre und am Eberstein, welches einen Großteil des ursprünglichen NSG bis hinauf nach Sitzendorf und Bechstedt einnahm.
Neben Rot-, Reh- und Schwarzwild kann man mit etwas Glück auch das seltene Auerwild im Schwarzatal beobachten. Seiner Arterhaltung gelten zur Zeit innerhalb des Landkreises besondere Bemühungen, wozu auch ein Aufzucht- und Auswilderungsprogramm gehört.
Drei weitere Naturschutzgebiete haben für den Schutz dieser Raufußhühner große Bedeutung und sind in touristischer Hinsicht als sensible Bereiche zu bewerten. Das gilt für das NSG „Assberg-Hasenleite" bei Reichmannsdorf, das NSG „Meuraer Heide" bei Meura und das NSG „Uhlstädter Heide" zwischen Weißbach und Birkigt. Hier laufen in Zuständigkeit der jeweiligen Forstämter Schutzmaßnahmen, mit denen besonders wichtige Bereiche für die Reproduktion dieser Tiere vor Beeinträchtigungen bewahrt werden sollen.

Das älteste ***NSG „Geifenstein-Kessel"*** erstreckt sich mit fast 50 ha im nördlichen Bereich von Bad Blankenburg. Schon 1926 unter Schutz gestellt, umfasst es den Hausberg der Burg Greifenstein und den südexponierten Steilhang des Kesselberges. Der hier anstehende Untere Wellenkalk mit dem darunter liegenden Rötsockel schaffen im Zusammenhang mit einer besonderen klimatischen Situation günstigste Bedingungen für wärmeliebende Pflanzengesellschaften seltener Ausprägung. Neben zahlreichen Orchideen bieten artenreiche Trocken- und Halbtrockenrasen günstige Lebensbedingungen für eine Vielzahl von Insekten, bei denen besonders seltene Schmetterlinge hervorzuheben sind. Durch die zunehmenden Veranstaltungen auf dem Greifenstein und verstärkte Freizeitaktivitäten im NSG entstehen Konflikte, die nur schwer zu lösen sind. Oftmals bewegen sich Besucher des Gebietes abseits der markierten Wanderwege und beeinträchtigen so den Artenbestand.
Hier kann dem fehlenden Verständnis für die heimischen Naturgüter nur durch eine breite Öffentlichkeitsarbeit der Behörden und Vereine begegnet werden.
Im Landkreis sind von den neun anerkannten Naturschutzvereinen Thüringens besonders der Naturschutzbund Deutschland e.V., der Arbeitskreis Heimische Orchideen Thüringen e.V., der Kulturbund e.V. sowie der Bund Umwelt und Naturschutz Deutschland e.V. hervorzuheben. Sie leisten ehrenamtlich und in guter Abstimmung mit der Unteren Naturschutzbehörde eine rege Tätigkeit zur Landschaftsüberwachung, zur Biotoppflege, zur Erfassung wie zum Schutz floristischer bzw. faunistischer Arten und zur genannten Öffentlichkeitsarbeit.

Im vorwiegenden Interesse des **Vogelschutzes** wurde 1973 in der Europäischen Gemeinschaft ein Aktionsprogramm für den Umweltschutz ins Leben gerufen. In der anschießenden Entwicklung erließ der Rat der EU weitere Richtlinien, die den Erhalt von natürlichen Lebensräumen sowie wildlebender Tiere und Pflanzen sichern sollen. So entstand im Zusammenhang mit der Initiative **NATURA 2000** die **Flora-Fauna-Habitat- (FFH-)** Richtlinie. Ziel ist die europaweite Einrichtung eines Schutzgebietssystems, das hochwertige Biotopstrukturen und bestehende Schutzgebiete miteinander vernetzen soll. Erste Schritte sind im Landkreis bereits umgesetzt. Die Mehrzahl der NSG wurden in die jeweiligen FFH-Kulissen und -gebiete integriert. Fünf der o. g. Naturschutzgebiete mit Vorkommen des Auerwildes wurden zusätzlich zu Europäischen Vogelschutzgebieten ***(SPA-Gebieten)*** erklärt. Auch sie gehören zum Netzwerk NATURA 2000.

Für diese europäischen Schutzgebiete besteht ein Verbot jeglicher Verschlechterung des Ausgangszustandes. Somit ist allen Vorhaben innerhalb der FFH-Kulisse ein gesondertes Prüfverfahren vorzuschalten. Möglicherweise wird dann eine abschließende Entscheidung in Brüssel notwendig. Der größte Teil der FFH-Gebiete unseres Landkreises erfasst die südexponierten Steilhanglagen der Muschelkalklandschaft des nördlichen Landkreises. In diesen Bereichen findet man den Großteil der heimischen Orchideen, Silberdisteln und Kuhschellen. Seidelbast als seltenes Gehölz und Uhu als streng geschützte Tierart kommen hier vor.
Jedoch auch außerhalb der FFH-Gebiete bestehen hohe Schutzverpflichtungen für festgelegte Biotope sowie Tier- und Pflanzenarten. Das trifft im Landkreis auf fünf Fledermausarten, das Bachneunauge, den Hirschkäfer, die Spanische Flagge und den Frauenschuh (Abb. 8.5) zu. Durch umfangreiche Bemühungen wird versucht, die Lebensräume dieser Arten zu stabilisieren und zu erweitern.

Den hohen Stellenwert des Landkreises hinsichtlich seiner Naturausstattung komplettieren 78 der bereits genannten ***Flächennaturdenkmale (FND)*** bzw. ***Geschützten Landschaftsbestandteile (GLB)***. Sie sind als kleine Ausführung eines Naturschutzgebietes zu werten. Auf entsprechenden Schutzgebietsschildern werden auch hier Verhaltensregeln für jeden Bürger bekannt gemacht. Durch ihre Kleinflächigkeit nehmen sie insgesamt nur 137 ha ein, wobei jedoch ihr Wert im Einzelnen oft sehr hoch ist.

Zu diesen FND und GLB kommen des Weiteren noch 25 ***Naturdenkmale (ND)*** hinzu. Es handelt sich bei 24 dendrologischen ND um Bäume von besonderem Wuchs, großer Seltenheit und meist hohem Alter. Das ND „Lehmgrube bei Schweinbach" stellt einen geologischen Aufschluss dar.

Weniger für den engeren Artenschutz als mehr zum Schutz ursprünglicher Landschaften und der Funktionsfähigkeit des Naturhaushaltes wurden ***Landschaftsschutzgebiete (LSG)*** ausgewiesen. Sie nehmen im Landkreis mit 35 717 ha einen Flächenanteil von 35 % ein. Das größte ist das LSG „Thüringer Wald", von dem jedoch nur ein geringer Anteil von 25 300 ha seiner Gesamtfläche (160 000 ha) in den Landkreis hineinreicht. Die weiteren fünf Gebiete sind die LSG „Obere Saale" entlang der Saaletalsperren, „Rinne-Rottenbachtal" von Königsee bis Bad Blankenburg, „Hermannstal" bei Rudolstadt, der „Gleitsch" zwi-

Abb. 8.5: Blühender der Frauenschuh (H. Müller).

Abb. 8.6: Hochwertiges Feldgehölz bei Teichel (H. Müller).

schen Saalfeld und Kaulsdorf sowie die „Kulm - Preilipper Kuppe" zwischen Rudolstadt und Saalfeld. Diese Gebiete sind für Wanderer gut erschlossen und bieten unterschiedliche Landschafts- und Naturerlebnisse.

Der Bereich des LSG „Thüringer Wald" ist weitestgehend mit dem gleichnamigen ***Naturpark (NP)*** identisch. Nur im Raum Königsee erfolgte eine Erweiterung bis nach Paulinzella und somit in das LSG „Rinne-Rottenbachtal". Mit der Ergänzung dieses reizvollen Naturraumes und eines historischen Ortes sollte den vorwiegend touristischen Interessen des Naturparkes entsprochen werden.

9. Geschichte

Archäologische Funde von Knochengeräten und einer menschlichen Schädeldecke am Giebelstein in der Flur Kamsdorf haben das Vorkommen des Menschen bereits vor 20.000 Jahren im Gebiet des heutigen Kreises Saalfeld-Rudolstadt nachgewiesen. Aus dem Magdalénien, der Spätphase der **Altsteinzeit**, sind Wohnplätze in Höhlen und unter Felsüberhängen (Abris) auf dem Gleitsch bei Saalfeld, bei Allendorf und Königsee-Garsitz durch reichhaltige Funde bekannt geworden, die ein Alter von rund 12 bis 15.000 Jahren angeben. Die Besiedlung in der **Jungsteinzeit** und **Bronzezeit** (Hortfund von Röblitz) sowie in der **Hallstatt-** und **La-Tène-Zeit** in den letzten zwei vorchristlichen Jahrtausenden konzentrierte sich auf das damals weitgehend waldfreie Gelände des Roten Berges östlich von Saalfeld, nicht zuletzt durch das bereits in der Bronzezeit bekannte Vorkommen von Kupfererz. Am Ende der La-Tène-Zeit befand sich auf dem Gleitsch als sogenanntes **Oppidum** eine umwallte keltische Befestigungsanlage.
Während aus den ersten sieben nachchristlichen Jahrhunderten kaum archäologische Entdeckungen gemacht wurden , häuften sich seit dem 8. Jh. nördlich von Rudolstadt, namentlich um Remda, Funde aus Gräberfeldern der in das wenig besiedelte Gebiet zwischen Saale und Ilm vorgedrungenen slawischen Siedler. Das von ihnen bewirtschaftete Land um „Remmidi" und „Rudolfestat" war in fränkischer Zeit **Reichsgut** und gehörte zu den ersten Schenkungen Karls des Großen an das 775 zur Reichsabtei erhobene Kloster Hersfeld.
Die Region um Saalfeld war im 9. Jh. ebenfalls **Königsland**. Die Ersterwähnung des **Grundhofes „Salavelda"** in der Urkunde des Kaisers Arnulf von Kärnten von 899 bezieht sich auf den administrativen Mittelpunkt eines umfangreichen Gebietes, das durch Markgraf Poppo aus dem fränkischen Geschlecht der Babenberger verwaltet wurde. Damals schuf man die Grundlagen für eine **Königspfalz**, welche unter den ottonischen Königen und Kaisern im 10. Jh. bestand und 1013 zusammen mit der „provincia Salaveld" in den Besitz des Pfalzgrafen Ezzo von Lothringen gelangte. Dessen Tochter Richeza, Königin von Polen, vermachte die Provinz Saalfeld und das Land Orla 1056 an das Erzbistum Köln. Die Verwaltungsfunktion für den größeren Teil übernahm ein erzbischöflicher Grundhof in Saalfeld, während ein kleiner Teil des rund 1200 km^2 großen Territoriums für die Ausstattung des 1071 gegründeten **Benediktinerklosters Saalfeld** verwendet wurde. Das Kloster bildete in der Folgezeit neben der Landesherrschaft weitgehend einen eigenen Verwaltungsbereich, wurde 1497 zur gefürsteten Abtei mit souveräner Landeshoheit erhoben und 1526 im Zuge der Reformation aufgelöst.
Durch einen Gütertausch zwischen 1167 und 1180 erwarb Kaiser Friedrich I. Barbarossa das gesamte kölnische Territorium der **Provinz Saalfeld** erneut für das Reich. Nach 1180 wurde die Stadt Saalfeld als reichsunmittelbare Stadt gegründet. Als Auswirkung des Thronstreites zwischen Staufern und Welfen gelangten jedoch Saalfeld und das umliegende Gebiet 1208 als nie wieder eingelöstes Pfand an die **Grafen von Schwarzburg**. Die neuen Landesherren förderten die am Kreuzungspunkt wichtiger Handelsstraßen gelegene Stadt als wirtschaftliches Zentrum in ihrem südlichen Herrschaftsgebiet und erbauten

nach 1300 die **Stadtburg Hoher Schwarm** als Wohnturm.

Abb. 9.1: Burgruine Hoher Schwarm (G. Werner).

Abb. 9.2: Bad Blankenburg, Gesamtansicht mit Burg Greifenstein (G. Werner).

Das zwischen 1323 und 1328 aufgezeichnete Saalfelder Stadtrecht wurde Grundlage für die Statuten von Blankenburg, Pößneck, Leutenberg und Rudolstadt.

Große Bedeutung für die historische Entwicklung der nördlich und westlich an die Provinz Saalfeld anschließenden Saale-Schwarza-Region hatten die Grafen von Schwarzburg, im Mittelalter eines der bedeutendsten Adelsgeschlechter Thüringens und benannt nach einem ihrer Stammsitze im Schwarzatal. Zu ihrem Herrschaftsbereich gehörten im 12. Jh. außerdem die Gebiete um Remda und Königsee. Mit dem Erwerb des Reichslandes Saalfeld fielen ihnen daraufhin Leutenberg, Könitz und vor allem Blankenburg zu, deren Burg, der später so genannte **Greifenstein**, im 14. Jh. als künftiger Hauptsitz der Schwarzburger Grafen großzügig als eine der bedeutendsten Wehranlagen Thüringens ausgebaut wurde. Für das in ihrer Grafschaft kurz nach 1100 gegründete **Benediktinerkloster Paulinzella** übernahmen sie die Vogteirechte.

Nördlich der Schwarzburger Grafschaft entwickelten beiderseits der Saale auch die **Grafen von Orlamünde** eine intensive Territorialpolitik, deren Hoheitsgebiet sich Anfang des 13. Jh. bis nach Rudolstadt ausdehnte, wo sie zwei Burgen unterhielten. Nach 1270 setzten sie sich, von ihrer Burg Lauenstein aus, in Gräfenthal fest und dehnten ihre Herrschaft auf das südliche Schiefergebirgsvorland aus.

Wie bereits um 1100 die Benediktinerabtei Saalfeld in Verbindung mit der Christianisierung der **Orlasorben** eine intensive Rodungstätigkeit entwickelte, die sich vor allem auf die Saalfeld-Rudolstädter Heide und das Gebiet um Lehesten im Frankenwald erstreckte, waren im späten 13. und im 14. Jh. die Grafen von Schwarzburg und von Orlamünde besonders beim Landesausbau im Schiefergebirge tätig. Viele Orte südlich von Schwarza und Saale, darunter die Dörfer auf der Steinernen Heide zwischen Loquitz und Sormitz sowie im Oberland östlich von Leutenberg sind in dieser Zeit gegründet worden.

Im Thüringer Grafenkrieg 1342-1346 erlitten die Schwarzburger und Orlamünder Grafen, durch fortwährende Teilungen ihrer Länder ohnehin geschwächt, als Verbündete im Kampf gegen die um die Vormachtstellung in Thüringen ringenden **wettinischen Landgrafen** empfindliche Niederlagen. Das Königtum von **Günther XXI. von Schwarzburg** (1304-1349), der als Nachfolger von Ludwig IV. dem Bayer (1282-1314-1347) im Januar 1349 auf den Thron gelangte, währte nur wenige Monate. Die Grafen von Schwarzburg waren gezwungen, 1389 das Amt und die blühende Handelsstadt Saalfeld an die **Markgrafen von Meißen** zu verkaufen. Von diesem Zeitpunkt an nahm Saalfeld eine eigene Entwicklung und gehörte bis 1918 zum wettinisch-sächsischen Haus. Das 1208 von den Schwarzburgern erworbene Gebiet um Leutenberg und Könitz blieb dagegen beim Grafenhaus und war von 1362-1564 sogar Sitz der Linie Schwarzburg-Leutenberg (Abb. 9.3).

Durch Landesteilungen und tiefe Verschuldung beschleunigte sich auch der Niedergang der Grafen von Orlamünde im Schiefergebirgsvorland. Die **Wettiner**, bereits Mitte des 14. Jh. mit größeren Besitzungen an der mittleren Saale um Orlamünde ausgestattet, lösten schließlich 1426 die verpfändete Grafschaft Orlamünde-Gräfenthal ein und gelangten in deren Besitz. Kurfürst Friedrich II. von Sachsen übergab sie als Lehen 1438 den Reichsmarschällen von Pappenheim; 1621 fiel das Land an das Herzogtum Sachsen-Altenburg zurück.

Fernhandel und Bergbau auf silberhaltiges Kupfererz verschafften der **Stadt Saalfeld** im 15. und 16. Jh. eine wirtschaftliche Blütezeit, aus der heute noch eine Anzahl bemerkenswerter historischer Bauwerke - Johanniskirche, Rathaus, Franziskanerkloster, Stadttore - stammen.

Eine kleine, doch einflussreiche Schicht des Handelsbürgertums führte das Stadtregiment über rund 3000 Einwohner, als größte und bedeutendste Stadt der Region war sie den Nachbarstädten mit deren bäuerlich-kleinbürgerlichem Milieu weit voraus (Abb. 9.4).

Einwohnerzahlen um 1550/70 im Vergleich:	
Königsee	1500
Rudolstadt	1100
Blankenburg	960
Gräfenthal	750
Leutenberg	600
Remda	500
Teichel	300

1551 wurde die **Saalfelder Münzstätte** eröffnet, die ab 1571 als Prägeort für alle thüringischen Fürstentümer die überregionale Bedeutung der Stadt unterstrich.

Die Niederlage des **Kurfürsten Johann Friedrich I.** von Sachsen im **Schmalkaldischen Krieg** 1547 wirkte sich auf die Entwicklung von Saalfeld und sein Hinterland für die folgenden Jahrhunderte denkbar ungünstig aus. Der Niedergang des Bergbaues Ende des 16. Jh. brachte wirtschaftliche Stagnation. Militärische Aktionen im Dreißigjährigen und im Siebenjährigen Krieg verursachten Verwüstungen und Bevölkerungsrückgang, von denen sich Stadt und Region nur langsam erholten. Da Saalfeld verkehrsmäßig und strategisch an einer wichtigen Passstraße lag, war der nordöstlich vorgelagerte Saalfelder Talkessel häufig Schauplatz **militärischer Auseinandersetzungen**, so 1640 durch ein mehrwöchiges Feldlager der kriegführenden kaiserlichen und schwedischen Hauptheere rund um die Stadt sowie 1759 und 1761 durch Gefechtshandlungen zwischen Preußen und Österreichern. 1806 fand Prinz **Louis Ferdinand von Preußen** im Krieg gegen Napoleon beim Gefecht von Wöhlsdorf den Tod. Zur Stagnation der gesellschaftlichen und wirtschaftlichen Entwicklung in den sächsischen Herzogtümern trug ebenso der häufige Wechsel der Landesherrschaft bei, hervorgerufen durch etliche **Landesteilungen**. Die Ämter Saalfeld und Gräfenthal gehörten im 16. Jh. zum Herzogtum Sachsen-Weimar, seit 1603 zu Sachsen-Altenburg und seit 1672 zu Sachsen-Gotha. Im Ergebnis der Teilung der gothaischen Länder 1680 entstand das **Herzogtum Sachsen-Saalfeld**, das aus den Ämtern Saalfeld, Gräfenthal und Probstzella bestand und 1735 mit Sachsen-Coburg zum Herzogtum Sachsen-Coburg-Saalfeld vereinigt wurde. Obwohl Saalfeld von 1680-1735 **Residenzstadt** war, blieb der Aufschwung der alten „Berg- und Münzstadt" in der kurzen Zeit aus, zumal der Landesteil Saalfeld durch die Verlegung der Residenz nach Coburg von 1735 an bis in die ersten Jahrzehnte des 19. Jh. infolge maßloser Misswirtschaft das finanziell schwächste und wirtschaftlich unterentwickelte Glied des völlig verschuldeten Herzogtums darstellte.

Die Schwarzburger Dynastie teilte bereits 1571 ihre Besitztümer. Die dabei entstandene **Grafschaft Schwarzburg-Rudolstadt** – seit 1710 Fürstentum – besaß zusammen mit dem Amt Leutenberg annähernd die bis 1918 geltende flächenmäßige Ausdehnung. Die bisher unbedeutende Ackerbürgerstadt Rudolstadt erlebte einen spürbaren Aufschwung und avancierte zur Hauptstadt des Fürstentums (um 1780: 4100 Einwohner); nach Bränden von 1573 und 1735 wurde die **Heidecksburg** als repräsentatives Residenzschloss ausgebaut (Abb. 9.5).

Das ehemalige Amt Remda im Norden des heutigen Landkreises gehörte im Mittelalter ebenfalls zum schwarzburgischen Herrschaftsbereich, wurde 1432 an die Grafen von Gleichen verkauft und fiel 1631 an die Ernestiner. Die Landeshoheit ging 1741 an das Herzogtum Sachsen-Weimar über, bei dem es bis 1918 blieb.

Eine wechselvolle Geschichte verzeichneten auch die Exklaven Kamsdorf und Goßwitz. Sie gehörten seit 1567 zum Neustädter Kreis des albertinischen Kurfürstentums Sachsen und kamen durch Beschluss des Wiener Kongresses 1815 zum neu gebildeten preußischen Kreis Ziegenrück. Als Musterbeispiel der **Kleinstaaterei** galt jedoch die Exklave Kaulsdorf. Der Ort stand zunächst unter der Herrschaft der Grafen von Orlamünde, kam 1426 an die ernestinischen Kurfürsten von Sachsen, gelangte 1776 in den Besitz der Grafen von Mansfeld, fiel 1780 an die Markgrafschaft Brandenburg-Bayreuth, wurde 1806 als französisches Territorium durch Napoleon annektiert und 1810 dem Königreich Bayern übergeben. 1866 erfolgte die Abtretung an Preußen, wonach das Dorf bis 1945 zum preußischen Kreis Ziegenrück gehörte und daraufhin dem Landkreis Saalfeld angegliedert wurde.

Die letzte, durch das Erlöschen der Gothaer Linie erbbedingte Landesteilung der sächsischen Herzogtümer fand 1826 statt. Hierbei gelangte die Landesportion Saalfeld des bisherigen Herzogtums Sachsen-Coburg-Saalfeld an das **Herzogtum Sachsen-Meiningen**, bei dem sie bis 1918 verblieb. 1868 erhielt Saalfeld den Status einer Kreisstadt. Die liberale Politik der meiningischen Landesregierung begünstigte die industrielle Entwicklung der Region. Es bildeten sich seit etwa 1860 Saalfeld und – nach dem Eisenbahnanschluss 1871 – Unterwellenborn (Maxhütte) als Industriestandorte heraus, Lehesten wurde Zentrum des mitteldeutschen Schieferbergbaues. Im **Fürstentum Schwarzburg-Rudolstadt** entstanden größere Industriegründungen in Rudolstadt erst nach 1874, dem Jahr der Eröffnung der **Saalebahn**, kleinere Unternehmen folgten in Blankenburg und Königsee.

Als nach Abschaffung der Monarchien 1918 zwei Jahre später das **Land Thüringen** gebildet wurde, entstanden 1922 die Landkreise Saalfeld und Rudolstadt, deren territoriale Ausdehnung im wesentlichen die bisherigen Herrschaftsgebiete bzw. Amtsbezirke bildeten. Im damals bedeutenden Urlaubsort Schwarzburg erholte sich 1919 der neugewählte **Reichspräsident Friedrich Ebert** im engeren Mitarbeiter- und Familienkreis. Daher kam es am 11. August 1919 in Schwarzburg zur Unterzeichnung der Weimarer Verfassung, der ersten demokratischen Verfassung Deutschlands.

Der **Kreis Saalfeld** umfasste die früheren meiningischen Ämter Saalfeld, Gräfenthal und Pößneck und den schwarzburgischen Amtsbezirk Leutenberg, ergänzt durch 16 sachsen-weimarische Dörfer im Orlagau östlich von Pößneck. Hinzu kam 1945 bei der Auflösung des preußischen Regierungsbezirkes Erfurt der gesamte damalige Kreis Ziegenrück. Den neuen **Kreis Rudolstadt** bildete seit 1922 die bisherige Oberherrschaft des Fürstentums Schwarzburg-Rudolstadt ohne die Ämter Stadtilm und Leutenberg. Dem Kreis angegliedert wurden das früher sachsen-weimarische Gebiet um Remda und vom ehemaligen Herzogtum Sachsen-Altenburg etliche Gemeinden um Uhlstädt.

Die **Gebietsreform** der DDR von 1952 zerriss jahrhundertealte traditionsgebundene Strukturen. Durch Abtrennung von Randgebieten der beiden bestehenden Kreise Saalfeld (695 km²) und Rudolstadt (592 km²) und anderer Anliegerkreise wurden neben den weiterbestehenden Altkreisen neue Kreisgebilde mit den Zentren Pößneck, Lobenstein und Neuhaus am Rennweg geschaffen. Die letzte Kreisgebietsreform von 1994 stellte nach der deutschen **Wiedervereinigung** jedoch die 1922 bzw. 1945 geschaffene Landkreisstruktur zum größten Teil (außer Region Pößneck) wieder her und vereinigte mit Wirkung vom 1. Juli 1994 beide Nachbarkreise zum Landkreis Saalfeld-Rudolstadt auf einer Fläche von 1042 km².

Abb. 9.3: Leutenberg. Schloss Friedensburg, Torhaus und Westflügel (G. Werner).

Abb. 9.4: Saalfeld. Gesamtansicht der Stadt von der Burgruine Hoher Schwarm (G. Werner).

Abb. 9.5: Rudolstadt mit Schloss Heidecksburg (G. Werner).

10. Bau- und Kunstdenkmale
(Übersicht vom Mittelalter bis zum Barock)

Der Landkreis Saalfeld-Rudolstadt ist reich an Denkmalen der Architektur und der Bildenden Kunst. Die Grundzüge der kunstgeschichtlichen Entwicklung in dieser Region sollen an einer kleinen Auswahl von Denkmälern aufgezeigt werden.

Erst für das 8. Jh. sind sichere Nachweise der Besiedlung über archäologische Funde und schriftliche Quellen bezeugt. Im **frühen Mittelalter** lebten hier die Menschen von den kargen Erzeugnissen der Feldwirtschaft und der Viehhaltung. Nur mühsam gewannen sie durch **Rodungen** in den dichten Waldgebieten weiteres Land hinzu. Dabei wurden sie häufig von schlimmen Hungersnöten und von Plünderungen durchziehender Kriegerhorden heimgesucht. Beigaben, die in einigen Gräbern bei Remda gefunden wurden, wie Geräte, Gefäße, Waffen, Schmuck und Reiterzubehör aus dem 8. bis 11. Jh., belegen eine soziale Differenzierung der hier lebenden dörflichen Gemeinschaft. Auf einen allgemeinen Wohlstand lassen sie keinesfalls schließen (Abb. 1.1). Mit der **Christianisierung** wurde die bestehende Gesellschaft hierarchisch streng gegliedert. Eine Minderheit von Kirchenmännern und Adeligen übte fortan eine nahezu unumschränkte Macht aus. Sie ließen die **Kirchen** und **Klöster** errichten, und auf sie geht auch die Stiftung bedeutender Kunstwerke zurück.

In Saalfeld gründete Erzbischof Anno von Köln im Jahre 1071 das ***Benediktinerkloster St. Peter***, das er mit Mönchen aus dem Kloster St. Pantaleon in Köln besetzte. Von der einstigen Klosteranlage blieben bis auf einige Kellergewölbe keine baulichen Reste mehr erhalten. 1676 musste das durch die Reformation säkularisierte Kloster dem herzoglichen Residenzschloss weichen. Nur noch die Schriftquellen künden von der einstigen Bedeutung des Saalfelder Benediktinerklosters.

Zu Beginn des 12. Jh. entstand in ***Paulinzella*** eine ausgedehnte **Klosteranlage**, dessen Abteikirche einen ersten Höhepunkt der **Romanik in Thüringen** darstellt (Abb. 10.2). 1105 wurde das Kloster von **Paulina**, einer sächsisch-thüringischen Adligen, gegründet. Im gleichen Jahr begannen die Arbeiten an der Ostpartie der Klosterkirche. Im Jahre 1107 schloss sich das Kloster der **Hirsauer Reform** an. Kurz darauf starb die Klostergründerin während einer Reise nach Hirsau. Ihr Sohn Werner kehrte mit einer Gruppe bauerfahrener Mönche – unter ihnen der spätere Abt Gerung – nach Paulinzella zurück. In wenigen Jahren waren der in sächsischer Bautradition stehende dreiapsidiale Staffelchor und das Querhaus mit den beidseits halbrund schließenden Apsiden aufgeführt. Schon 1114 hatte Kaiser Heinrich V. das „in doringia" gelegene Kloster bestätigt. 1122/23 wurden die Gebeine der Paulina zwischen dem Hauptaltar und dem des hl. Benedikt beigesetzt. 1124 erfolgte die Weihe der Klosterkirche. Vor der **Säulenbasilika** öffnete sich im Westen ein vierstufiges Säulenportal mit unterschiedlicher Archivoltengestaltung und frei in das Gewände gestellten Säulen in die dreischiffige zweigeschossige Vorkirche. Die Wände des Langhauses, die der Seitenschiffe, die Anlage der Vorkirche mit der ehemals wehrhaften Doppelturmanlage, lassen das Vorbild der Klosterkirche St. Peter und Paul in Hirsau erkennen. Nach der **Reformation** wurde das Kloster 1534 aufgehoben. Damit setzte ein langsamer Verfall der Anlage ein, dem erst im frühen 19. Jh. Einhalt geboten wurde. Um 1800 erlangte die Ruine der Klosterkirche für die mit dem erwachenden Nationalgefühl verbundene romantisierende Hinwendung zur Vergangenheit zentrale Bedeutung. Künstler und Gelehrte statteten der zum Denkmal umgewerteten Ruine ihren Besuch ab. Im ehemaligen **Jagdschloss**, das in der ersten Hälfte des 17. Jh. unmittelbar neben der Klosterkirche erbaut wurde, wird in einer Dauerausstellung die Geschichte des Klosters, aber auch die Forst- und Jagdgeschichte anschaulich dargestellt.

Abb. 10.1: Perlenschmuck (Karneol, Bergkristall, Glas) aus dem Reihengräberfeld von Sundremda, 8. – 11. Jh. (Fotoarchiv Thüringer Landesmuseum Heidecksburg).

Mit der Ausbildung feudaler Herrschaft in der Region um Rudolstadt und Saalfeld setzte seit dem frühen 12. Jh. auch eine intensive Phase des Dorfkirchenbaus ein. Die einfachen, zunächst aus Holz bestehenden Saalbauten wurden schon bald durch massive steinerne Kirchen abgelöst, die noch heute weithin sichtbar das Gesicht der Landschaft bestimmen. Entwicklungsgeschichtlich ist eine Reihe von Bautypen feststellbar. Am häufigsten sind der Rechteckraum, der Rechteckraum mit Apsis und der Rechteckraum mit Sanktuarium und angefügter Apsis zu finden. In der Regel treten die Kirchen mit einem Turm – als dem herrschaftlichen Machtsymbol schlechthin – in Verbindung. Er erhebt sich entweder an der westlichen Schmalseite (Querriegelturm) oder über dem Sanktuarium (Chorturm). Viele aus der Romanik entstandenen **Dorfkirchen** sind wegen des Anwachsens der Gemeinden im Laufe der Jahrhunderte erweitert und im Inneren verändert worden. Nur noch wenige vermitteln uns einen unverfälschten Eindruck von ihrem ursprünglichen Bauzustand. Ein Beispiel ist die unweit von Großkochberg auf einer leichten Anhöhe stehende ehemalige Dorfkirche von Weitersdorf.

Abb. 10.2: Vorkirche und Westportal der Klosterkirche Paulinzella, Romanik (Fotoarchiv Thüringer Landesmuseum Heidecksburg).

Abb. 10.3: *Marienaltar der Dorfkirche Zeigerheim, Spätgotik (1498) (Fotoarchiv Thüringer Landesmuseum Heidecksburg).*

Auf eine weit längere Geschichte kann die in Saalfeld-Graba gelegene Pfarrkirche St. Gertrudis zurückblicken. Sie gehörte zu jenen **Urpfarreien**, die für die Christianisierung eine außerordentliche Bedeutung besaßen. 1074 zum Benediktinerkloster in Saalfeld gehörig, war sie die Mutterkirche für viele Kirchengründungen in der Saalfelder Umgebung. Ihre bauliche Gestalt wird heute durch den bis 1520 erfolgten gotischen Chorneubau sowie das nach 1775 entstandene Langhaus be-

Abb. 10.4: *Romanische Kapitelle mit Akanthuslaub, Obere Burg von Rudolstadt (2. Hälfte des 13. Jh.) (Fotoarchiv Thüringer Landesmuseum Heidecksburg).*

Abb. 10.5: *Kreuzgang des Franziskanerklosters in Saalfeld, Frühgotik (Fotoarchiv Thüringer Landesmuseum Heidecksburg).*

stimmt. Der im Chor stehende große Flügelaltar stammt aus der Saalfelder Werkstatt des Hans Gottwalt von Lohr. Aus der gleichen Werkstatt dürfte der prächtig Marienaltar in der Dorfkirche zu Zeigerheim bei Rudolstadt stammen (Abb. 10.3).

Noch heute künden die **Burgen** wegen ihrer wehrhaften Monumentalität vom Herrschaftsstreben des hier ansässigen Adels (Abb. 10.4). Sie wurden, wie die Schwarzburg, zu deren bevorzugten Aufenthaltsorten. Darüber hinaus entstanden eine Reihe von Burganlagen, wie die Blankenburg (Greifenstein) und der Ehrenstein, die das Gebiet der adeligen Herren sicherten. Im Schutz der Burgen wurden Siedlungen angelegt und bestehende Städte und Dörfer ausgebaut. Beispiele dafür sind Leutenberg, Rudolstadt und der Greifenstein bei Bad Blankenburg. Auf Grund der Entwicklung der Feuerwaffen ging schon im 15. Jh. die Glanzzeit der mittelalterlichen Burgen zu Ende. Ein geringer Teil blieb als Sitz administrativer Einrichtungen erhalten. Andere wurden - wie die Heidecksburg - zu gesicherten Wohnschlössern aus- und umgebaut.
Zu den wenigen **Profanbauten aus romanischer Zeit** gehört das am Saalfelder Markt stehende Wohnhaus des Stadtvogtes. Der quadratische Wohnturm wurde um 1180 errichtet und seit dem 13. Jh. fanden in dem Gebäude Ratssitzungen und Bürgerversammlungen statt. Somit konnten die Interessen und Belange der Bürgergemeinde gegenüber der weltlichen und geistlichen Oberherrschaft vertreten werden.

Der Einfluss der **Gotik** in unserer Region lässt sich seit der Mitte des 13. Jh. nachweisen. Sie entwickelte sich allerdings zeitlich, räumlich und funktional in unterschiedlichen und voneinander unabhängigen Dimensionen. ***Das Saalfelder Franziskanerkloster***, in dem sich heute das stadtgeschichtliche Museum befindet, ist ein wichtiges Beispiel für diese Entwicklung. Obgleich die Kirche, die Klausur- und Wirtschaftsgebäude vor allem nach der Reformation baulich mehrfach verändert und überformt wurden, gehört der erhaltene Klosterkomplex zu den besterhaltensten franziskanischen Anlagen in Thüringen (Abb. 10.5). Gefördert durch die Grafen von Schwarzburg-Käfernburg ließ sich der Orden der **Franziskaner** wohl schon um 1250 in Saalfeld nieder. Schließlich wurde auf dem Generalkapitel in Narbonne 1260 die Gründung schriftlich erwähnt. Mit den Franziskanern hielt gleichsam eine „moderne" Frömmigkeit Einzug, die mit dem Wachsen der Bürgergemeinde korrespondierte und auf deren Bedürfnisse abgestimmt war. Der neue Orden setzte sich - neben der Seelsorge - für die Armen- und Krankenpflege ein und wurde aber auch zum Träger städtischer Bildung und Gelehrsamkeit. Die am Armutsideal gebildeten Regeln der Franziskaner spiegelt sich nicht zuletzt in der einfachen und schlichten architektonischen Formensprache wider. Die Klosterkirche, dendrochronologische Untersuchungen des Dachwerkes im Osten erlauben eine Datierung auf das Jahr 1293/94, stellt in ihrer Grundstruktur den ältesten erhaltenen Teil des Klosters dar. Demgegenüber wurden die Klausurgebäude im 15. und 16. Jh. entsprechend erweitert und ausgebaut. Darüber hinaus sind aber auch die im 18. Jh. erfolgten Um- und Einbauten von großem kunsthistorischem Wert.
Um die Mitte des 14. Jh. treten im mitteldeutschen Raum in der sakralen Architektur wieder Charakteristika der **Kathedrale** in den Vordergrund. Die Stadtkirche St. Johannis in Saalfeld macht diese Entwicklung sinnfällig (Abb. 10.6). In ihrer Raumwirkung als Halle angelegt, ist das Mittelschiff jedoch höher aufgeführt als die Seitenschiffe. Die äußere Baugestalt zeigt eine prachtvolle Schaufassade mit vorgelegten Portalen und reichem Skulpturenschmuck. Dagegen ist die 1636 geweihte Rudolstädter Stadtpfarrkirche St. Andreas in ihrer heutigen architektonischen Gestalt eng mit dem Ausbau Rudolstadts zur Residenz verbunden. Zur Kirchgemeinde gehörten in den Residenzstädten nicht nur die Untertanen sondern auch die Landesherrschaft. Den evangelischen Gottesdienst führten sie miteinander durch. Herrschafts- und Rechtsverhältnisse mussten deshalb im Kirchenraum ihren adäquaten gestalterischen Ausdruck finden.

Über die liturgische und sakramentale Bestimmung hinausgehend, wurde der Kirchenraum damit ein Ort herrschaftlicher Repräsentation. Mit dem wirtschaftlichen Aufblühen der Städte entstanden auch jene repräsentativen **Rathausbauten**, die zu den das mittelalterliche Stadtbild prägenden Dominanten gehörten. So markiert auch das von 1526-1537 errichtete Rathaus in Saalfeld eine Zeit, in der Architektur, bildende Kunst und Malerei immer stärker die Bedürfnisse des sich entwickelnden Bürgertums erfüllten (Abb. 10.7). Der dreigeschossige zweiflüglige Bau besitzt an der Front, die der Marktseite zugewandt ist, eine reiche Gliederung. Über dem Hauptsims ragen zwei hohe Zwerchhäuser auf. Beherrschendes Bauglied ist der in der Mitte der Fassade angeordnete polygonale Treppenturm. Den Haupteingang in das Rathaus bildet ein Kielbogenportal, über dem sich der Verkündigungserker befindet. Zudem wir die Fassade von einem zweigeschossigen Rund- und Kastenerker geziert.

Zwei beachtliche **Schlossbauten** des 17. und 18. Jh. prägen die Städte Saalfeld und Rudolstadt und weisen damit auf deren Residenzcharakter hin. Für die Herzöge von Coburg-Saalfeld entstand nach dem Abbruch des Benediktinerklosters nach 1677 eine dreiflügige Schlossanlage. Den imposanten Hauptflügel schuf Christian Gundermann. Der Baumeister Christian Richter vollendete den Süd- und Nordflügel mit Schlosskapelle. An der Ausstattung der Räume (Stuckarbeiten, Wandmalerei) waren auch italienische Künstler beauftragt worden (siehe Abb. 11.8, S. 61).
In Rudolstadt erhebt sich auf einem Bergsporn weithin sichtbar die **Heidecksburg** als Stadtkrone (Abb. 9.5, S. 48). Unterschiedliche Bauetappen, vom späten Mittelalter bis zum 19. Jh. reichend, lassen sich am Süd- und Nordflügel nachweisen. Nach einem Brand (1573) ließ Graf Albrecht VII. von Schwarzburg, den Vorgängerbau nutzend, eine dreiflügelige Schlossanlage durch Georg Robin (Mainz) und Christoph Junghans (Arnstadt) errichten. Als ein Brand 1735 Teile des Renaissanceschlosses zerstörte, bot sich die Möglichkeit, einen Neubau zwischen Süd- und Nordflügel einfügen zu lassen. Fürst Friedrich Anton betraute den sächsischen Oberlandbaumeister Johann Christoph Knöffel mit dieser Aufgabe. Seine nach 1737 ausgeführten Pläne lassen den für Dresden typischen **Spätbarock** deutlich werden. Knöffel hatte die beiden aus dem Renaissanceschloss stammenden Erdgeschoss-Gewölbehallen sowie die mit einem Sterngewölbe versehene Durchfahrt beibehalten. Außerdem verdoppelte er die dem Flügel hofseitig vorgelegte gewölbte Galerie, nicht zuletzt, um in den oberen Geschossen die Räume großzügiger anlegen zu können. Als sich 1742 bedenkliche Schäden an dem Neubau zeigten, war dies für den Rudolstädter Hof Anlass, den Weimarer Baumeister Gottfried Heinrich Krohne mit den weiteren Arbeiten zu betrauen. Im Mai 1743 wurde er an Stelle Knöffels zum „Fürstlichen Baudirektor" ernannt. Krohne widmete sich überwiegend dem Ausbau der Innenräume im Westflügel, die er in großer Einheitlichkeit ausbaute. Bis zu seinem Tod im Jahre 1756 war die südlich des Festsaals gelegene rote Raumfolge und der imposante Festsaal fertiggestellt (Abb. 10.9). Der Ausbau der sich nach Norden an den Festsaal anschließenden grünen Raumfolge erfolgte nach den Krohneschen Plänen durch Peter Caspar Schellschläger bis zum Jahr 1773.
Heute sind in der Heidecksburg die umfangreichen kunst- und kulturgeschichtlichen Sammlungen des **Thüringer Landesmuseums Heidecksburg** zu besichtigen. Darüber hinaus ist die Heidecksburg Sitz der Stiftung Thüringer Schlösser und Gärten und beherbergt das Thüringische Staatsarchiv Rudolstadt.

Die bäuerliche Lebensweise des 17. und 18. Jh. wird dem Besucher der **Thüringer Bauernhäuser** in Rudolstadt vor Augen geführt. Die Umsetzung der Fachwerkgebäude in den Rudolstädter Stadtpark im Jahre 1914/15 ist Ausdruck sehr früher denkmalpflegerischer Bemühungen zur Erhaltung dörflicher Architektur. Die Gebäude stammen aus Birkenheide bei Saalfeld und Unterhasel bei Rudolstadt. Die einzigartige Ausstattung der Häuser mit

Hausrat, Möbeln und Arbeitsgerät sind Ausdruck des Standesbewusstseins ihrer Bewohner und vermögen durch ihre Formschönheit und Zweckmäßigkeit bis heute den Besucher zu beeindrucken.

Abb. 10.6: *Stadtkirche St. Johannis in Saalfeld, Gotik (Fotoarchiv Thüringer Landesmuseum Heidecksburg).*

Abb. 10.7: *Renaissance-Rathaus in Saalfeld, erbaut 1529-1537 (G. Werner).*

Abb. 10.8: *Innenhof von Schloss Heidecksburg in Rudolstadt, Barock (Fotoarchiv Thüringer Landesmuseum Heidecksburg).*

Abb. 10.9: *Großer Festsaal der Heidecksburg, Barock (Fotoarchiv Thüringer Landesmuseum Heidecksburg).*

11. Denkmalpflege

Durch die Jahrhunderte währende Kleinstaaterei ist die Denkmallandschaft in Thüringen besonders vielgestaltig und reichhaltig. Die Vielzahl der Herrscherhäuser brachte eine ebensolche **Vielfalt an repräsentativen Bauwerken** hervor. Ein Großteil von ihnen hat die wechselvollen Zeitläufe überdauert und bildet heute den Grundstock des wertvollen Denkmalbestandes auch im Landkreis Saalfeld-Rudolstadt.

Der zeitliche Bogen der vorhandenen Denkmale spannt sich allerdings bedeutend weiter. Er beginnt bei den ersten Besiedlungsspuren der Altsteinzeit in Höhlen und Abris bei Garsitz, Allendorf und auf dem Gleitsch südlich von Saalfeld, zieht sich zu Befestigungsanlagen der Laténezeit ebenfalls auf dem Gleitsch sowie der Hünenkuppe bei Bad Blankenburg und reicht bis zu den Bauten der Neuzeit.

Burganlagen, Kirchen der Romanik und Gotik repräsentieren das Mittelalter. Die Denkmale der nachfolgenden Kunstepochen künden sowohl von Bodenständigkeit, als auch vom Erneuerungsstreben der hier wohnenden und wirtschaftenden Bevölkerung.
Das wertvolle Erbe gilt es zu schützen und der Nachwelt zu bewahren. Johann Wolfgang von Goethe schrieb 1799 über die Restauration von Kunstwerken:
„Alle Kunstwerke gehören als solche der gebildeten Menschheit an, und der Besitz derselben ist mit der Pflicht verbunden, Sorge für ihre Erhaltung zu tragen."

Denkmalschutz und Erhaltung ehrwürdiger Gebäude hat hier eine Jahrhunderte währende Tradition. Auf dem Territorium des heutigen Landkreises Saalfeld-Rudolstadt lassen sich Bestrebungen zum Schutz und zur Erhaltung geschichtsträchtiger Bauwerke seit langem nachweisen.
Im Jahre 1642 erging vom Schwarzburg-Rudolstädter Grafenhaus die Weisung an den Bürgermeister zu Blankenburg, das Abfahren von Bauteilen des unlängst über den Haufen gefallenen dortigen Schlosses - heute **Greifenstein** - zu unterbinden, da die Einwohner des Städtchens die Ruine als willkommenen Steinbruch nutzten. Vielleicht war das bereits ein erster Anflug von Denkmalschutz in Ehrfurcht vor der Geburtsstätte des Ahnen Günther XXI. von Schwarzburg, der 1349 in Frankfurt am Main zum Deutschen König gewählt wurde, vielleicht lediglich die Sorge um den Erhalt des herrschaftlichen Eigentums. Ab 1821 wird jedoch der weitere Verfall der Burgruine gebremst und der schrittweise Ausbau des Palas begonnen, der 1928 mit dem Wiederaufbau des 1800 eingestürzten Bergfrieds den vorläufigen Abschluss fand. Seit 1965 betreut der Greifenstein-Freunde e.V. die umfangreiche Anlage.

Ähnlich war das Schicksal des **Klosters Paulinzella**. 1105 gegründet, wurde es mit Einführung der Reformation in der Grafschaft Schwarzburg 1534 aufgehoben. Bald darauf setzte der bauliche Verfall ein. Die gut behauenen Steine der bedeutenden romanischen Anlage fanden vor allem beim Bau des Schlosses in Gehren und des Jagdschlosses nahe der Klosterkirche Verwendung. Aber schon 1800 begannen erste Sicherungsarbeiten und die Entfernung späterer, nicht stilgerechter Einbauten. Möglicherweise durch Goethes Besuch 1817 in Paulinzella und einer daraus resultierenden Abhandlung angeregt, gab es ab 1845 ernsthafte Bemühungen zur Erhaltung der Klosterkirchenruine. Nachrichten aus dem 19. Jh. berichten vom Auswechseln verschiedener Sandsteinsäulen oder von deren Sicherung durch Eisenbänder. Umfangreichere Restaurierungsarbeiten geschahen zwischen 1963 und 1969, als fünf Säulenschäfte, ein Kapitell und drei Basen im Hauptschiff erneuert wurden (Abb. 11.1 und 11.2).

Das nach Aufhebung des Klosters gebaute **Jagdschloss Paulinzella** erfuhr zwischen 1995 und 2002 eine aufwändige Instandsetzung. Neben Räumen für die dortige Kirchgemeinde und einer Gaststätte beherbergt nun das Renaissancegebäude das bereits genannte,

Abb. 11.1: Restauration von Mauerkronen der Klosterkirche (Fundus Landratsamt).

Abb. 11.2: Säulenauswechslung im Hauptschiff (Fundus Landratsamt).

sehr gut gestaltete Museum zur Geschichte des Benediktinerklosters sowie zur Jagd- und Forstgeschichte vom 16. bis zum 19. Jh.

In Rudolstadt errichteten an Stelle des abgebrannten Renaissanceschlosses ab 1737 der sächsische Oberlandbaumeister J. Ch. Knöffel, später der weimarische Baumeister G.H. Krohne das **Barockschloss Heidecksburg** (Abb. 10.8). In der ehemaligen Residenz der Fürsten von Schwarzburg-Rudolstadt haben das Thüringische Landesmuseum, das Thüringer Staatsarchiv und seit 1994 die Stiftung Thüringer Schlösser und Gärten ihren Sitz. An größeren Erhaltungsarbeiten der vergangenen 50 Jahre sind zu nennen: Reparatur des Schlossturmes, Instandsetzung der Innenhof- und Westfassade, Beseitigung dreier Mauereinstürze, Erneuerung der Ver- und Entsorgungsleitungen, Pflasterung des Schlosshofes, Sanierung der Alten Wache und der Schlossgartenmauern, Instandsetzung der Schlossaufgänge II bis VIII, Gartengestaltung der mittleren Terrasse, statisch-konstruktive Sicherung der Reithalle, Neubau des Schlosscafés, Freilegung des Tiefen Brunnens, Instandsetzung des Schönen und des Pegasus-Brunnens und seit 1994 die schrittweise Reparatur des Südflügel-Dachstuhles (Abb. 11.3).
Im musealen Bereich geschahen die Einrichtung der Waffensammlung „Schwarzburger Zeughaus", die aufwändige Festsaalrestaurierung von 1983 bis 1993 (Ergebnis siehe Abb. 10.9), die Wiederherstellung der historischen Bibliothek und der Porzellangalerie, die Restaurierung des fürstlichen Naturalienkabinetts sowie der Aufbau eines Regionalmuseums.

Die **Ludwigsburg** in Rudolstadt erfuhr nach wechselvoller Geschichte und unterschiedlichster Nutzung 1968 eine umfangreiche Instandsetzung der Dächer und Fassaden, sowie Umbauten im Inneren und wurde Sitz der Kulturakademie des Bezirkes Gera. Ab 1992 erfolgten erneut umfangreiche Bau- und Restaurierungsmaßnahmen, seitdem ist der Thüringer Landesrechnungshof Nutzer des Stadtschlosses (Abb. 11.4).

Die **Stadtkirche St. Andreas** in Rudolstadt erhielt bei Restaurierungsarbeiten ab 1966 die Raumfassung des 17. Jh. zurück. Weitere umfassende Instandsetzungen an Turm, Dach und Fassaden gelangten zwischen 1978 und heute zur Ausführung.

Die Grundsteinlegung für das **Alte Rathaus** von Rudolstadt erfolgte 1524. Der 1603 hinzugekommene Turm sitzt nur mit der Südseite auf festem Untergrund auf. Durch sein Gewicht verformten sich die Decken der darunter liegenden Geschosse ganz erheblich, so dass im Laufe der Zeit im Erdgeschoss ein ganzes Stützensystem nachträglich eingebaut werden musste. Zwischen 1993 und 2001 fand in drei Abschnitten die Sicherung der Bausubstanz und der Ausbau zum Stadtarchiv und zur Historischen Bibliothek statt.

Das alte **Schulgebäude** am Schulplatz 13 blickt auf eine wechselvolle Geschichte zurück. 1609 als „Carolinum-Schule" erbaut, zog 1664 das Gymnasium ein, welches seit 1765 den Namen „Fridericianum" führt. Mit dem Neubau eines Gymnasiums in der Weinbergstraße änderte sich 1896 die Nutzung zur Bibliothek. Dem Alter geschuldet, mussten in den 1990er Jahren aufwändige Reparaturen und Umbauten ausgeführt werden, bis hier 1998 die **Stadtbibliothek** Rudolstadt wieder eröffnen konnte (Abb. 11.5).

Das auf einem markanten Bergsporn im Schwarzatal gelegene **Schloss Schwarzburg**, Stammhaus der Grafen und späteren Fürsten von Schwarzburg-Rudolstadt sollte ab 1939 zu einem **„Reichsgästehof"** für die Naziregierung umgebaut werden. Nach Abriss von Toranlage, Torhaus, Schlosskirche und zwischen 1939 und 1942 begonnenen Umbauten verfiel die einst prächtige Anlage zur Ruine. Erste größere Sicherungsarbeiten begannen 1956, hauptsächlich am **Kaisersaalgebäude**. Bis zu dessen Eröffnung als Museum 1971 fanden umfangreiche Bau- und Restaurierungsarbeiten statt. 1988 waren Schwammschäden im Dachbereich zu beseitigen. Seit 1971 eröffneten im oberen Saal wechselnde Ausstellungen. Ab 2004 sind in den Ausstellungsräumen historische Ansichten zum Schloss Schwarzburg zu sehen.

Die Wiederherstellung des Schlosses vor 1989 scheiterte weniger an fehlenden Interessenten, sondern mehr an überhohen Kosten, ungenügenden Baukapazitäten und Materialmangel. Vom Betriebs- über Gewerkschafts- bis zum Parteierholungsheim reichten die möglichen Nutzungsvarianten. Während die verschiedensten Institutionen über die Machbarkeit diskutierten, schritt der Verfall ständig weiter fort. Lediglich Sicherungsarbeiten im Bereich der Zeughaustürme, eine Dachreparatur am Hauptgebäude, Noteindeckung des Schlosskirchenturmes nach einem Brand in der Silversternacht 1980/81 und Werterhaltung am Kastellanhaus mit mehreren Wohnungen sind zu vermelden. Am Schlossgebäude fiel an mehreren Stellen die Dachhaut flächig ein, so dass die vom früheren Umbau verschont gebliebenen wertvollen Stuckdecken starke Nässeschäden und Substanzverluste erlitten.

Im Laufe der Jahrzehnte verschlechterte sich auch der Zustand des benachbarten **Zeughauses** augenscheinlich, nach und nach brach die gesamte westliche Dachseite ein, die darunter liegende hölzerne Galerie nahm starken Schaden.

Diesem bedenklichen Zustand wird seit 1992 Einhalt geboten. Schloss und Zeughaus bekamen Notdächer, der in seiner Standsicherheit gefährdete Kirchturm ein stählernes Korsett. Seit 1994 betreut die Stiftung Thüringer Schlösser und Gärten das Denkmalensemble, die seither umfangreiche Sicherungs- und Instandsetzungsarbeiten veranlasste (Abb. 11.6).

Das durch Goethes Beziehungen zu Charlotte von Stein bekannte **Schloss Kochberg** beherbergt seit 1949 eine Goethe-Gedenkstätte. Diese war anläßlich des 200. Geburtstages des großen Dichters in fünf Räumen des

Abb. 11.3: Schloss Heidecksburg, Erneuerung des Südflügel-Dachstuhls (D. Krause).

Abb. 11.4: Ludwigsburg, Restaurierter Festsaal (D. Krause).

Abb. 11.5: Rudolstadt, Schulplatz mit Stadtbibliothek (D. Krause).

Abb. 11.6: Schlossruine Schwarzburg, Stabilisierung des Mittelrisalits (D. Krause, 1997).

Haupthauses eröffnet worden. 1956 begannen Sicherungsarbeiten an den Dächern von Schloss und Liebhabertheater. Im Park folgten Pflegehiebe und der Abbruch der Hinterlassenschaften eines jahrelang betriebenen Kinderferienlagers.
Schwere Schäden am Hohen Haus und an anderen Teilen des Schlosses zwangen zwischen 1968 und 1975 zu einer grundhaften Instandsetzung des zur Stiftung Weimarer Klassik gehörenden Bauensembles (Abb. 11.7).
Die Goethe-Gedenkstätte verfügt nun über zehn Ausstellungsräume. Nach zweckentfremdeter Nutzung und umfassender Restaurierung nahm das kleine Liebhabertheater 1975 den Spielbetrieb wieder auf. In das Schloss zog eine Arbeits- und Erholungsstätte für Schriftsteller und Künstler ein. Gegenwärtig beherbergt es neben der musealen Einrichtung ein Restaurant mit Pension.

Im Gegensatz zu Rudolstadt, wo man 1873 das letzte Stadttor niederlegte, besitzt **Saalfeld** noch vier der ehemals fünf Tortürme und einen beachtlichen Teil des südlichen Berings der 1363

Abb. 11.7: Großkochberg, Restaurierung des Wasserschlosses (Fundus Landratsamt, 1975).

erstmals urkundlich erwähnten Stadtmauer. Hier sind auch drei Mauertürme erhalten. August Trinius (1900) beschreibt das Erscheinungsbild der Saalestadt:
Saalfeld aber trägt den ganz prächtigen Namen „Die steinerne Chronik Thüringens". Mit Stolz und Recht! Wie viel auch Alter, die stille Zerstörungsarbeit der Jahrhunderte, kriegerische Verwüstung, Brand und der Ruf der Neuzeit nach Luft und Licht vernichtet und beseitigt haben – es bleibt noch ein Reichtum von öffentlichen und privaten Baulichkeiten übrig, um Saalfeld den Ruf einer interessanten und überaus malerischen Stadt zu bewahren. Von der romanischen Bauperiode an bis in unsere Tage weist Saalfeld in der That in Verbindung mit der Geschichte so viele und charakteristische Baudenkmale auf, welche den so stolzen Ehrennamen wohl rechtfertigen." (Thüringer Wanderbuch. 7. Band, S. 310/311).
Das älteste Haus, ein um 1180 als Sitz kaiserlicher Beamter erbauter **romanischer Wohnturm**, steht etwas zurückgesetzt an der nordöstlichen Ecke des Marktplatzes. Die Nutzung wechselte in der Mitte des 15. Jh. vom Verwaltungssitz zum Kaufhaus, 1681 zur Apotheke. Nach einem Schadensfeuer im Jahre 1880 errichtete man das architektonisch bedeutende Gebäude unter Verwendung der geborgenen Architekturteile neu. In den Jahren 1991 bis 1997 erfuhr das Kulturdenkmal eine umfassende Restaurierung, besonders durch Steinkonservierung und -ergänzungen an den Fassaden.
Von dem nach 1250 gegründeten **Franziskanerkloster** blieben Klausurgebäude, Kreuzgang und Kapelle erhalten (Abb. 10.5). Nach der Schließung des Klosters 1534 wurde es Schule, Münze, städtische Malzdarre und Getreidesspeicher, bis 1904 das Thüringer Heimatmuseum hier unterkam. In den Jahren 1941/42 folgte der Einbau eines Konzertsaales. Nach umfangreichen Bau- und Restaurierungsarbeiten eröffnete 1999 zur 1100-Jahrfeier der Stadt Saalfeld das „Stadtmuseum Saalfeld im Franziskanerkloster".
Um 1300 errichteten die Schwarzburger Grafen die **Wohnturmburg „Hoher Schwarm"** (Abb 10.1). Nach teilweiser Abtragung Mitte des 16. Jh. erhielt die historisch wertvolle Ruine zwischen 1995 und 1997 durch das Einbringen von Spannankern, gründliches Verfugen des Mauerwerkes und Gewölbesicherung ihre Standsicherheit für die nächsten Jahrhunderte zurück.
Ein weiteres „Blatt der steinernen Chronik" ist die um 1380 begonnene **Stadtpfarrkirche St. Johannis**, eine der größten Hallenkirchen Thüringens (Abb. 10.6). Erst 1514 erfolgte die Einwölbung des Chores. Nach einer umfassenden Renovierung erhielt 1894 die Kirche endlich ihre Turmhauben. Im Lutherjahr 1983 konnte der Innenraum nach Befunden restauriert werden. Seit der Gründung einer Kirchenbauhütte in den 1980er Jahren geschieht die kontinuierliche Instandsetzung der Sandsteinfassaden.
Das **Schlösschen Kitzerstein**, 1521/22 teilweise auf einem Wehrturm der Stadtmauer erbaut, ist seit 1955 Sitz der Musikschule Saalfeld. Auch dieses wertvolle Renaissancegebäude erhielt zwischen 1994 und 2001 eine Substanzsicherung durch Trockenlegung der Fundamente, Dach- und Fenstererneuerung sowie Fassadeninstandsetzung.
Das zwischen 1529 und 1537 im Stil der Frührenaissance errichtete **Rathaus** (Abb. 10.7) bekam zwischen 1998 und 2000 eine Generalüberholung von den Fundamenten bis zu den Turmhauben. Es ist nach wie vor Prunkstück der Bauten am Markt.
Die Kreissparkasse Saalfeld-Rudolstadt erwarb 1994 die 1602 aus dem grundhaften Umbau eines Vorgängers vom Ende des 14. Jh. entstandene **Alte Münze** in der Darrtorstraße. Im Laufe der Jahrhunderte diente der stattliche Bau als fürstliches Amtshaus, bis zum Bau des Schlosses als Residenz, danach als Wohnhaus und seit 1879 wieder als Verwaltungssitz der herzoglichen Landesregierung von Sachsen-Meiningen. Das auch als „Altes Schloss" bezeichnete Bauwerk wandelte sich nach Restaurierung 1997/98 zu einem sehenswerten Gebäude.
Der Standort des zwischen 1677 und 1726 mit Unterbrechungen erbauten **Residenzschlosses** zu Saalfeld ist geschichtsträchtig. Im Jahre 899 fand der Königshof „Salauelda" die erste urkundliche Erwähnung. Mit dem Über-

gang in den Besitz des Erzbistums Köln folgte 1056 hier die Gründung eines Benediktinerklosters. Nach dessen Säkularisierung 1526 zog ein fürstlicher Amtverwalter ein. 1674 wird Saalfeld Residenz Herzog Albrechts von Sachsen-Gotha, zwei Jahre später folgt die Niederlegung der Klostergebäude zur Schaffung von „Baufreiheit" für sein Residenzschloss. Nach der Übersiedlung des Herzogs nach Coburg (1735) zieht die Verwaltung des Amtes, später des Kreises Saalfeld ein. Die grundlegenden Umbauten der Jahre 1919 bis 1922 bedingen leider die Beseitigung oder Zerstörung der wertvollen Innenarchitekturen mit ihren Zimmerdekorationen, Stuckdecken und Freskenmalereien. Ein Dachstuhlbrand über der Schlosskapelle brachte 1953 zusätzliche Löschwasserschäden. Das erforderte von 1965 bis 1967 die umfangreiche Restaurierung der Fresken und des Stucks mit Folgearbeiten bis 1984. Seit 1990 findet eine schrittweise umfassende Sanierung des Schlosskomplexes statt (Abb. 11.8).

Stellvertretend für die vielen Kirchen, an denen in den vergangenen Jahren auch Dank finanzieller Zuwendungen des Landkreises, des Landes Thüringen und des Bundes kleinere und größere Instandsetzungsarbeiten ausgeführt werden konnten, sei die **Kirche** von **Oberweißbach** genannt. In den Jahren 1767 bis 1779 als größte Dorfkirche Thüringens erbaut, weist sie drei Emporen auf. Die Kanzel bietet Platz für zehn Erwachsene. Kurz nach der Fertigstellung des mächtigen Baukörpers traten durch Neigung des Turmes in Richtung Langhaus erste Verformungen auf. Auch die 1890 an der Ostseite aufgemauerten sieben Strebepfeiler brachten kaum Abhilfe. Zwischen 1966 und 1984 führte man Instandsetzungsarbeiten in mehreren Bauabschnitten durch. Wirksame Abhilfe der Standsicherheitsprobleme schafft erst die seit 1996 bis heute laufende grundhafte Sicherung der Kirche.

Ein schönes Beispiel für eine verantwortungsvolle Restaurierung mit interessanter Einbeziehung von alten Baubefunden bietet das **Rathaus in Bad Blankenburg**. 1334 errichtet, wurde bei späteren Erweiterungen der daneben liegende Stadtbrunnen überbaut. 1996 bei den Rekonstruktionen wiederentdeckt und freigelegt, grüßt dieses historische Brunnendenkmal unter Glas jeden Rathausbesucher beim Ein- und Ausgang.
Abschließend soll die uneigennützige freiwillige Arbeit der vielen **Freundeskreise des Kulturbundes** in den vergangenen Jahrzehnten gewürdigt werden. Ihre Mitglieder haben unter komplizierten Bedingungen die Betreuung und Pflege von Burgruinen, Wind- und Wassermühlen, Aussichtstürmen, Brunnen, archäologischen Denkmalen und vielen anderen historischen Landschaftszeugen mit Hingabe und Sachverstand übernommen und so unschätzbare Denkmalpflege betrieben. Heute wird diese gute Tradition durch eine Vielzahl von Vereinen im Landkreis mit Erfolg fortgesetzt.

Abb. 11.8: Schloss Saalfeld, heute Landratsamt (Archiv Landratsamt).

12. Bergbau

Der Abbau der zahlreichen Lagerstätten von Erzen, Industriemineralien und Gesteinen prägte die Wirtschaft der Region über lange Zeiträume hinweg. Der Beginn des Bergbaus auf **Kupfererze** am Roten Berg bei Saalfeld lässt sich über Funde schon für die Bronzezeit nachweisen. Im Hochmittelalter lebte dieser **Gangbergbau** rings um Saalfeld erneut auf, war aber überwiegend auf die Gewinnung von **Silbererzen** gerichtet. Sie wurden auf der Schmelzhütte in Saalfeld verhüttet. Dies führte zur Errichtung einer **Münzstätte**. Nach dem Schmalkaldischen Krieg 1546/47 wurde die 1551 gegründete herzogliche Münze zu Saalfeld die wichtigste Münzstätte für die Länder der ernestinischen Linie der Wettiner. Sie war neben den Münzen in Dresden, Berlin und Stettin eine der vier Münzstätten des obersächsischen Kreises. Erst 1846 ging diese Münze ein.

Zu einem wichtigen Gewerbezweig im Hochmittelalter entwickelte sich die **Goldwäscherei** an der Schwarza und ihren Nebenbächen, teilweise auch der ab 1335 nachgewiesene **Goldbergbau** im oberen Lichtetal, bei Reichmannsdorf und im Schwarzatal. Beide, Seifengold- und Berggoldgewinnung, fanden nach mehrmaligen Unterbrechungen im 18. Jh. wegen Unrentabilität ihr Ende.

Vor allem im 15. Jh., als es im „Hohen Walde" noch ungenutzte Holzvorräte zur Gewinnung von **Holzkohle** gab, wurde das Schiefergebirge zum Zentrum der mitteleuropäischen Kupfermetallurgie. Es entstanden die **Saigerhütten** in Gräfenthal (1462), Ludwigsstadt (1486), Hasenthal (vor 1488), Hockeroda (1524) und Katzhütte (1565). Auf diesen Hütten wurde Silber nach dem Saigerverfahren aus **Mansfelder Schwarzkupfer** gewonnen. Das Schwarzkupfer transportierten Gespanne auf der Kupferstraße vom Unterharz hierher. Die Saigerhütten zählten zu den größten Betrieben, die Mitteldeutschland damals überhaupt aufzuweisen hatte. Ihre Produkte, Silber und hochreines **Garkupfer**, wurden sowohl in den süddeutschen Metallverarbeitungszentren Nürnberg, Augsburg und Ravensburg, als auch in Antwerpen weiterverarbeitet, sogar nach Spanien und Portugal exportiert. Diese Technologie fand im 30-jährigen Krieg ihr Ende.

Auch die Schmelzhütte in Saalfeld wurde 1542 in eine Saigerhütte umgewandelt, so dass sich der Bergbau im Saalfeld-Kamsdorfer Erzrevier verstärkt den silberreichen Kupfererzen (Fahlerz) zuwandte und eine erste große Blüte erlebte. Es entstand daraufhin in Saalfeld ein **Bergamt**, das bis 1943 Bestand hatte und zuletzt für fast alle Bergreviere in Thüringen zuständig war. Die Silbergewinnung in Saalfeld reichte allerdings nicht an die bedeutenden Reviere Goslar, Clausthal und Andreasberg im Harz oder an die des Erzgebirges mit Freiberg, Annaberg und Schneeberg heran. Mit einer Gesamterzeugung von etwa 13 t Silber ist das Saalfelder Revier gerade einmal mit dem kleinsten Erzgebirgsrevier am Scheibenberg vergleichbar.

Nach dem 30-jährigen Krieg wurden auf diesen Erzgängen auch die vorhandenen **Kobalterze** abgebaut, so dass der Gangerzbergbau im Saalfelder Revier und rings um Königsee im 18. Jh. eine neue Blüte erlebte. Die Kobalterze verarbeitete man zu **Blaufarbe** (Smalte). In Saalfeld, Piesau bei Lichte, Gabe Gottes bei Probstzella und Sitzendorf entstanden Blaufarbenwerke, die das sächsische Blaufarbenmonopol erfolgreich attackiert haben. Die Blaufarbe wurde von den einheimischen Porzellanmanufakturen abgenommen und dringend in der Textilproduktion benötigt und deshalb bis nach Flandern exportiert. Die Blaufarbenproduktion erlosch in der ersten Hälfte des 19. Jh. Ihre Nachfolge trat die Herstellung der Erdfarben Ocker, Umbra und Schieferschwarz sowie die Produktion von Lack- und Ölfarben auf der Basis von Bleiweiß an. Das 19. Jh. ist deshalb im gesamten Kreisgebiet durch den Abbau von **Erdfarben** und die Errichtung von Farbwerken in Saalfeld, Bad Blankenburg, Königsee, Sitzendorf, Katzhütte/Oelze und Gräfenthal geprägt. Im Zusammenhang mit der Farbenproduktion ist auch der Schwerspatbergbau rings um Könitz und zwischen Bad Blankenburg und Königsee

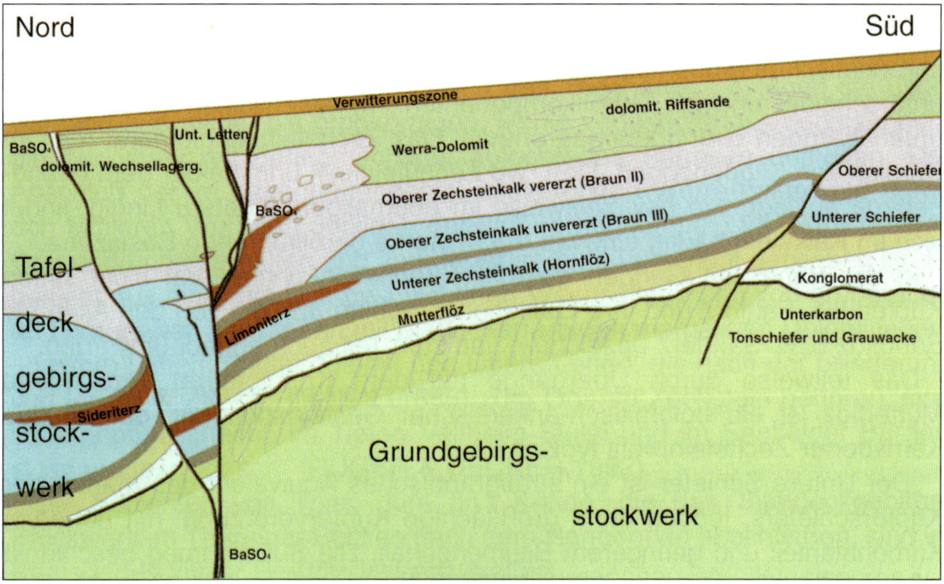

Abb. 12.1 (oben): Lagerstätte Kamsdorf, Schematischer Schnitt (aus „Der Montanlehrphad Kamsdorf").

Abb. 12.2: Schacht 04 im Kamsdorf-Könitzer Bergrevier, Schachtgebäude mit Maschinenhaus (1904) (R. Weggässer).

Abb. 12.3: Besucherbergwerk „Vereinigte Reviere Kamsdorf", Abbau von eisenschüssigem Kalkstein Anfang des 20. Jh. (R. Weggässer).

zu sehen. Zwischen 1834 und 1964 wurde im heutigen Landkreis sehr reiner **Schwerspat** abgebaut, der sich zur Herstellung von Barytweiß eignete. Zeitweise erfolgte hier 10 % der deutschen Schwerspatgewinnung.
Ein weiterer Bergbauzweig – der **Alaun-** und **Vitriolschieferbergbau** – hat hier ebenfalls eine lange Tradition. In Saalfeld, Obernitz, Fischersdorf, Gräfenthal, Schmiedefeld sowie bei Rohrbach und Döschnitz befanden sich Abbaustellen von pyritreichen Schiefern, die durch ein Lauge- und Siedeverfahren zur Herstellung von schwefelsauren Salzen (Eisensulfat, Kupfersulfat, Alaun) und von Schwefelsäure genutzt wurden. Die Schauhöhlen **„Feengrotten"** bei Saalfeld und **„Morassina"** bei Schmiedefeld dokumentieren diesen Bergbau, der – unterbrochen durch den 30-jährigen Krieg – von 1544 bis 1867 angedauert hat und seit 1760 von der Leipziger Firma Frege betrieben wurde.
Schon seit dem Hochmittelalter ist das Gebiet durch Eisenerzabbau und Stahlerzeugung gekennzeichnet. In der Frühzeit, als zur **Eisengewinnung** nach dem Rennfeuerverfahren hochprozentige Rot- und Brauneisenerze erforderlich waren, erfolgte der Bergbau auf Roteisensteingängen im Bereich der Saalfelder Höhe und des oberen Schwarzatales sowie am Ausbiss der ordovizischen Chamositerze im gleichen Gebiet. In Oberflächennähe waren die Chamositerze zu Brauneisenstein verwittert. Rings um die Saalfelder Höhe entstanden deshalb im Saale-, Loquitz-, Schwarza- und Lichtetal, auch in deren Nebentälern, zahlreiche **Eisenhämmer** als metallurgische Kleinbetriebe, wie in Obstfelderschmiede, Leibis, Bockschmiede, Schwarzburg, Wallendorf, Gabe Gottes und Hohenwarte. Auch die ehemaligen Saigerhütten Katzhütte, Hockeroda und Gräfenthal wurden in Eisenhütten umgewandelt.
Als im 16. Jh. der Bau von **Hochöfen** einsetzte, mit denen flüssiges Roheisen gewonnen werden konnte, entwickelten sich einzelne Eisenhämmer zu größeren **Hüttenwerken**, wie in Katzhütte, Gräfenthal und Hockeroda. Weil beim Hochofenbetrieb auch die Erzeugung einer flüssigen Schlacke erforderlich war, konnten die bisher genutzten kieselsäurehaltigen Eisenerze nur mit Zusatz von kalkigen Eisenerzen verhüttet werden. Deshalb wurden auf diesen Eisenhütten zunehmend basische Eisenerze aus dem Kamsdorfer Revier eingesetzt. Auf den sogenannten Eisenstraßen transportierten Fuhrleute, die man die „Eisernen" nannte, das Kamsdorf-Könitzer Eisenerz nicht nur ins Schwarzatal, sondern auch bis zu den Eisenhütten bei Ilmenau, Suhl und Sonneberg. Lediglich die Eisenhütten im oberen Saale- und Sormitztal (Ludwighütte bei Ziegenrück, Heinrichshütte bei Wurzbach, Burgkhammer) waren nicht auf Kamsdorfer Eisenerze angewiesen, weil sie Erze aus den Spateisengängen von Lobenstein zur Verfügung hatten.
Das Kamsdorf/Könitzer Bergrevier entwickelte sich also seit dem 18. Jh. zum bedeutendsten Bergrevier der Region, denn hier kam Brauneisenerz in flözförmiger Lagerung in geringer Teufenlage vor. Deshalb konnte hier ein besonders effektiver Untertagebau betrieben werden. Die großen Abbaukammern, die im Besucherbergwerk Kamsdorf gezeigt werden, legen Zeugnis vom Umfang dieses Bergbaus ab. Da hier gleichzeitig auch noch Gangbergbau auf Kupfer erfolgte, wurde zwischen Kamsdorf und Kaulsdorf 1835 eine neue Kupferschmelzhütte errichtet, die aber nur bis 1867 produzierte (Abb. 12.1-12.3).

Als 1868 der Hochofen im Eisenwerk Burgkhammer stillgelegt wurde, weil mit Holzkohle als Brennstoff keine Rentabilität mehr zu erzielen war, gab es mit Ausnahme von Schmalkalden keine Eisenverhüttung in Thüringen mehr. Jedoch führte die von der bayerischen Hüttengesellschaft Maximilianshütte 1871 gegründete Maxhütte Unterwellenborn die Eisen- und Stahlerzeugung unter Einsatz von Kokshochöfen fort, weil mit dem in Unterwellenborn erschmolzenen Roheisen die Stahlerzeugung nach dem Bessemerverfahren möglich war. Das Kamsdorfer Eisenerz hat in Deutschland diesem Verfahren mit zum Durchbruch verholfen.
Nachdem zur Stahlherstellung das Thomasverfahren zur Verfügung stand, hat sich die

Maxhütte auch dem Abbau der phosphorhaltigen Chamositerze zugewandt, so dass bei Schmiedefeld ab 1898, im Wittmannsgereuther Tal ab 1942 und am Eisenberg bei Unterwirbach ab1943 bzw. 1955 bedeutende Eisenerzgruben entstanden, die erst 1970/72 stillgelegt wurden. Auf dieser Erzbasis konnte die Maxhütte zeitweise einen Anteil von 1 % an der deutschen Roheisengewinnung erzielen und zum einzigen metallurgischen Großbetrieb Thüringens werden.

Ebenfalls auf das späte Mittelalter geht ein weiterer Bergbauzweig zurück, der durch seine Tagebaurestlöcher und Abfallhalden die Landschaft im Schwarza-, Loquitz- und Sormitztal sowie auf der „Steinernen Heide" zwischen Lehesten und Probstzella geprägt hat – der **Dachschieferbergbau**. Die Verwendung von Dachschiefer war bis zum 18. Jh. überwiegend auf Repräsentationsbauten wie Burgen, Kirchen, Schlösser, Rathäuser und Stadttore beschränkt. Im 19. Jh., als **Schablonenschiefer** für die Wandbekleidung hergestellt wurde, erhielten viele Häuser Schieferfassaden und viele Dörfer des Schiefergebirges bekamen ihr heutiges charakteristisches Aussehen. Der allgemeine Bedarf an feuersicheren Schieferdeckungen während der industriellen Revolution führte dazu, dass der Abbau von Dachschiefer in Thüringen, der zu 90 % im heutigen Landkreis Saalfeld-Rudolstadt erfolgte, am Ende des 19. Jh. auf 50.000 Tonnen pro Jahr anstieg und damit seinen Höhepunkt erreichte. Neben den vielen kleinen Schieferwerken, wie bei Böhlscheiben und Sitzendorf im Schwarzatal, bei Gräfenthal und bei Leutenberg sowie bei Gabe Gottes, entstanden in dieser Zeit in Lehesten, Schmiedebach, Probstzella und Unterloquitz Großbetriebe. So waren die Schieferwerke Oertel in Schmiedebach und die staatlichen Schieferbrüche in Lehesten mit über 500 Beschäftigten lange schon Großbetriebe, ehe in anderen Industriezweigen Thüringens (Porzellanherstellung, Kalibergbau, optische Industrie) solche Beschäftigungszahlen erreicht wurden.

Die mit 5.000 Tonnen Jahresproduktion noch heute andauernde Schiefergewinnung in den „Vereinigten Thüringer Schiefergruben" mit Sitz in Unterloquitz ist nur noch ein blasses Abbild der einstigen Fördermenge, deren Ausmaß im technischen Denkmal Schieferbergbau Lehesten deutlich gemacht wird.

Die Herstellung von **Schiefertafeln** und **Griffeln** war im Kreisgebiet bei Gräfenthal und Volkmannsdorf stets von geringerem Umfang als südlich davon in Steinach, Ludwigstadt und Wurzbach. Sie endete mit der Wirtschaftskrise um 1930. In der Zeit vor und nach dem 1. Weltkrieg hatte die Rudolstädter Firma Mohr & Loers einen größeren Teil der Schiefergriffelproduktion und des Handels mit Schiefertafeln vereinigen können.

Auf einheimischen Rohstoffen beruhte auch die thüringische **Porzellanproduktion**, die im Wandergebiet seit 1760 nachweisbar ist.

Kaolinlagerstätten bei Steinheid, Scheibe-Alsbach, Königsee, Uhlstädt und Birkigt bei Saalfeld sowie Feldspatvorkommen bei Reichmannsdorf bewirkten, dass Thüringen nach 1800 bis in die zweite Hälfte des 19. Jh. zur wichtigsten **Porzellanregion** Mitteleuropas wurde. Allein im heutigen Landkreis Saalfeld-Rudolstadt entstanden bis zur Mitte des 19. Jh. folgende Porzellanwerke:

1762	Volkstedt
1764	Wallendorf
1826	Beutelsdorf
1830	Lichte
1833	Neuhaus/R.
1837	Uhlstädt
1840	Taubenbach
1849	Rudolstadt
1850	Sitzendorf.

Meist im Zusammenhang mit der Erschließung der Region durch den Eisenbahnbau kam es weiter zur Gründung von Porzellanfabriken in Gräfenthal, Probstzella, Katzhütte, Unterweißbach, Könitz, Saalfeld, Reichmannsdorf, Oberköditz, Königsee, Garsitz, Lippelsdorf, Piesau und Rudolstadt-Schwarza, von denen die in Saalfeld nur fünf Jahre Bestand hatte.

Als letzter Bergbauzweig im Landkreis muss der Uranbergbau genannt werden. Der sehr kurzzeitige Abbau der Uranerze in der silurischen Schichtenfolge bei Dittrichshütte von

1949 bis 1956 hatte nur geringe wirtschaftliche Bedeutung. Und obgleich die Erkundungen bei Saalfeld, auf der Saalfelder Höhe, bei Gräfenthal und Schmiedefeld keine abbauwürdigen Uranvorkommen nachweisen konnten, haben sie wichtige Grundlagen für den Abbau der geologisch ähnlichen Lagerstätten bei Ronneburg erbracht.

13. Wirtschaftsentwicklung

Im Gebiet des Landkreises Saalfeld-Rudolstadt haben sich Gewerbezweige angesiedelt, die das natürliche Rohstoffpotential der Region nutzen konnten. Diese Gewerbe waren bis in das 20. Jh. hinein unmittelbar oder mittelbar mit dem Bergbau, der Nutzung von Wald sowie den Energiequellen Wasserkraft und Holzkohle verbunden. Erst im vergangenen Jahrhundert ist dieses Spektrum durch Ansiedlung von Betrieben der Optik, Medizintechnik, Mess- und Regeltechnik sowie der Lebensmitteltechnologie erweitert worden. Seitdem ist die Wirtschaftsstruktur durch große Vielseitigkeit gekennzeichnet.

Der **Bergbau** der Region bestimmte die Wirtschaftsentwicklung maßgebend. Die **Verhüttung** der gewonnenen Erze und die Weiterverarbeitung der metallurgischen Halbprodukte war wesentliche Grundlage für die hiesige Industrie.

Die Maxhütte Unterwellenborn (Abb. 12.1) sorgte dafür, dass sich die Stadt Saalfeld am Ende des 19. Jh. zu einem bedeutenden industriellen Standort entwickelte. Zahlreiche **Maschinenbaubetriebe** konnten entstehen, u.a. für Keramikmaschinen, Bohrmaschinen, Näh- und Waschmaschinen, Werke für Drahtwebstühle und Drahtgewebe. Diesen Betrieben waren größtenteils Eisengießerein angegliedert. Einige dieser Maschinenbaubetriebe erlangten internationalen Ruf und exportierten weltweit. Die Fa. August Reißmann auf dem Sektor der Keramikmaschinen, die Fa. Irmscher auf dem Gebiet der Drahtwebstühle und die Fa. Auerbach & Scheibe mit ihren Bohrmaschinen sind besonders hervorzuheben. Aus letztgenannter Firma entstand die Werkzeugmaschinenfabrik Saalfeld, die heute als Samag beste Traditionen im Maschinenbau verkörpert.

Auch einige der alten Eisenhütten, wie in Hockeroda und in Katzhütte hatten sich zu Maschinenbaubetrieben entwickelt. Die Fa. Rohrbach in Katzhütte, zuletzt eingegliedert in den VEB Thuringia Sonneberg, wurde ebenfalls zu einem weltweit bekannten Exporteur von Keramikmaschinen. Ähnliche Bedeutung erlangte auch die Werkzeugproduktion, beson-

Abb. 12.1: Eisenwerk Maximilianshütte Unterwellenborn (Historische Postkarte).

ders von Spiralbohrern in der Werkzeugfabrik Königsee. Leider hat der Betrieb die Wende nach 1989 nicht überstehen können.
Die Maxhütte Unterwellenborn ist auch als Baustofflieferant bedeutsam geworden. Neben der Hütte entstand 1907 ein **Hochofenzementwerk** als Zweigbetrieb des Zementwerkes Jena-Göschwitz, dessen Zement für den Bau der Saaletalsperren wichtig war. Außerdem schaffte die Herstellung von **Schlackensteinen** seit 1898 Ersatz für normale Ziegelsteine im Bauwesen, denn es gab nur wenige Ziegelrohstoffe im Kreisgebiet. Die Ziegeleien in Saalfeld, Eichicht, Unterwellenborn, Rudolstadt, Königsee, Cursdorf, Unterköditz, Leutenberg und Gräfenthal konnten den Bedarf an Mauersteinen nicht decken und blieben Kleinbetriebe.
Nach wie vor hat die Maxhütte bei Unterwellenborn Schlüsselfunktion für den heimischen Wirtschaftsraum. Die Errichtung einer neuen **Walzstraße** in der Maxhütte 1982 war Voraussetzung dafür, dass dieser Hüttenbetrieb die Wende 1989/90 überleben konnte. Als Stahlwerk Thüringen im Arcelor Konzern kann dieser Betrieb heute mit einem neuen **Elektrostahlwerk** und mit der inzwischen rekonstruierten Walzstraße jährlich bis zu 1 Million Tonnen Baustahl herstellen. Basis dafür ist das Schrottaufkommen der mitteldeutschen Region.
Die (Nach-)Erfindung von **Porzellan** 1760 im Fürstentum Schwarzburg-Rudolstadt durch **Georg Heinrich Macheleid** (1723-1811) in Sitzendorf und **Johann Wolfgang Hammann** (1713-1785) in Katzhütte sowie 1761 im Herzogtum Sachsen-Meiningen durch **Gotthelf Greiner** (1732-1797) in Limbach brach das sächsische Porzellanmonopol der Manufaktur zu Meißen für den mitteldeutschen Raum.
Noch heute produzieren Porzellanbetriebe in Sitzendorf, Lichte, Könitz, Rudolstadt-Volkstedt, Lippelsdorf und Reichmannsdorf. Wie schon im 19. Jh. wird dabei vorrangig Zierporzellan hergestellt. Deshalb waren im Kreisgebiet mehrere Zeichenschulen tätig, von denen die von 1862 bis nach dem 1. Weltkrieg bestehende Zeichen- und Modellierschule in Lichte überregionale Bedeutung für die Ausbildung der Porzelliner gewann. Fast alle Porzellanwerke haben für Besucher **Schauwerkstätten** eingerichtet, die zu den touristischen Attraktionen des Wandergebietes zählen.

Abb. 12.2: Thüringer Zellstoff AG in Schwarza (G. Kruse 1940).

Um den Lebensunterhalt vieler Dorfbewohner bei den zumeist kargen Böden zu sichern, war neben der Landwirtschaft auch gewerbliche Produktion vonnöten. Dazu zählte insbesondere die Spinnerei und Weberei. Vor allem rings um Königsee blieb diese **Handweberei** bis ins 19. Jh. hinein weit verbreitet. Obwohl in Bad Blankenburg und Saalfeld kleinere Textilbetriebe entstanden, zählte die Gegend nur zum Randgebiet der ostthüringisch-westsächsischen **Textilindustrie**. Das heimische Wolleaufkommen verarbeiteten die benachbarten Textilstädte Pößneck und Neustadt an der Orla.

Eine besondere Bedeutung für die Textilindustrie und die Faserforschung erlangte das Gebiet erst mit dem Bau der **Thüringischen Zellstoff AG** in Rudolstadt-Schwarza im Jahre 1934 (Abb. 12.2). Nach dem 2. Weltkrieg war dieser Betrieb unter der Bezeichnung **Chemiefaserkombinat** (CFK) „Wilhelm Pieck" neben der Maxhütte in Unterwellenborn zum wichtigsten Industriebetrieb der Region geworden. Vom ehemaligen Kombinat sind neben der traditionsreichen Kunst- und Naturfaserforschung nur noch kleinere Produktionsstätten für Textilrohstoffe in Schwarza geblieben.

Derzeit siedelt sich dort mit der Fa. Jass wieder eine umfangreiche **Papierproduktion** an, nachdem es in der Vergangenheit schon Papiermühlen in Leutenberg und Bad Blankenburg gab, ergänzt durch Holzstoff- und Pappenfabriken in Schwarza und Hohenwarte.

Der Waldreichtum im Kreis Saalfeld-Rudolstadt führte nicht nur zu einer umfangreichen **Flößerei**, sondern auch zu einer bedeutenden **Holzindustrie**. Sägewerke in Leutenberg, Hockeroda, Eichicht sowie entlang der Saale in Saalfeld und Uhlstädt verarbeiteten Stammholz zu Schnittware. Möbelproduktion existierte in Probstzella und Schwarza.

Ebenfalls durch Holzreichtum bedingt, kam es zur Gründung von **Glashütten** im „Hohen Walde" von Schwarzburg-Rudolstadt. Zuerst 1607 in Schmalenbuche, ab 1711 in Alsbach, später in Habichtsbach und Glasbach wurde sowohl Hohlglas geblasen, als auch Tafelglas gezogen. Glasmacher verarbeiteten Rohglas vielfältig: Davon sind Flaschen-, Lampenglas-, Glasperlen-, Destillationsgeräte-, Thermometerherstellung besonders hervorzuheben. Christbaumschmuck- und Zierglasbläserei kam erst im 19. Jh. auf.

Glasverarbeitung förderte die **Olitätenherstellung**, die in den Dörfern von Schwarzburg-Rudolstadt im **„Thüringer Kräutergarten"** als gewerbliche Produktion eine gewichtige Rolle spielte. Aufbauend auf der Alkoholdestillation und der Gewinnung ätherischer Öle, vor allem aus Fichtensamen und Koniferennadeln, unter Zusatz einheimischer Heilkräuter wie Arnika, Wacholder, Johanniskraut, Bärwurz und vielen anderen mehr, entwickelte sich seit dem 17. Jh. eine intensive vorindustrielle Arzneimittelproduktion, die rings um die Orte Königsee, Oberweißbach und Großbreitenbach konzentriert war. Von hier aus wurden die „Königseer Tröpfchen", wie Hiengfong oder Arnikatinktur ins gesamte deutsche Sprachgebiet vertrieben. Nachfolge hat diese Produktion im Arzneimittelwerk Mellenbach, im Ankerwerk Rudolstadt, jetzt Aeropharm GmbH, und in einigen Likörfabriken gefunden. Die Firma Siegmund in Oberhain ist mit ihrem „Siegmundiner" noch heute erfolgreich am Markt.

Wegen der geringen landwirtschaftlichen Ertragslage und wegen des hohen Waldanteils besaß die Nahrungsmittelproduktion nur einen geringen Stellenwert. Überörtliche Bedeutung hatten und haben das Brauwesen und die Milchverarbeitung. Derzeitig bestehen mittelständische **Brauereien** noch in Saalfeld, Watzdorf und Königsee, während die **Herzgut Landmolkerei** in Rudolstadt-Schwarza sich über Landesgrenzen hinaus Ruf und Markt erobern konnte. Die ehemals reichlich vorhandenen **Mahlmühlen** sind als Handwerksmühlen eingegangen, lediglich die Mühle in Sitzendorf-Blechhammer, die Linkenmühle am heutigen Hohenwartestausee und die heute noch in Betrieb befindliche Mühle Nestler in Rudolstadt-Schwarza entwickelten sich zu überörtlich bedeutsamen Mühlen. Seit dem 18. Jh. sind auch Windmühlen errichtet worden. Die ehemaligen **Windmühlen** von Dittrichshütte, heute besuchenswertes technisches Denkmal von 1865, Kleingeschwenda bei Arnsgereuth und Kamsdorf/Zollhaus markieren den Südostrand der mitteleuropäischen Windmühlenverbreitung. Da die Zahl der Windtage in Annäherung an den kontinental geprägten Klimatyp abnimmt, hat das Kreisgebiet als Standort für Windkraftanlagen auch heute keine große Bedeutung.

Weil aber an den **Wassermühlen** erhebliche Energiepotenzen bestanden, sind viele von ihnen seit Ende des 19. Jh. zur Erzeugung **elektrischer Energie** genutzt worden. Das betrifft die Saalemühlen von Saalthal, Hohenwarte, Saalfeld-Neumühle und -Göritzmühle, Preilipp, Volkstedt, Weißen und Uhlstädt sowie Mühlen an der Loquitz (Schadertal, Eichicht) und der Schwarza (Katzhütte, Meuselbach, Schwarzburg, Bad Blankenburg). Das bewirkte, dass Industriebetriebe wie die Porzellanfabrik in Katzhütte, das Elektrowerk Göritzmühle, aber auch Städte wie Bad Blankenburg, Leutenberg oder Katzhütte und Hotels in Schwarzburg schon am Ende des 19. Jh. über elektrische Beleuchtung verfügten und sich früh zu Zentren des **Fremdenverkehrs** entwickelten.

Nachdem die Überlandversorgung durch die Firma Itting 1908 im südlichen Kreisgebiet und durch die Saale-Elektrizitätswerke in Saalfeld seit 1911 im nördlichen Kreisgebiet begonnen hatte, waren bis 1925 fast alle Orte des Kreises an das Stromnetz angeschlossen. Die **Elektrifizierung** war allerdings erst 1940 mit Oberwirbach und 1941 mit Deesbach vollständig. Seit 1941 stehen auch das Pumpspeicherwerk Hohenwarte I und ab 1965 das ebenfalls fertiggestellte Pumpspeicherwerk Hohenwarte II als Großproduzent von **Elektroenergie** zur Verfügung.

Ein wichtiges Wasserkraftwerk wurde auch von der 1901 gegründeten **Schokoladenfabrik „Mauxion"** am Südrand von Saalfeld betrieben. Dieser im Zeitraum von 1911 bis 1918 von Ernst Hüther übernommene Betrieb entwickelte sich zu einem bekannten Hersteller in der deutschen Süßwarenproduktion und war schon 1925 mit 1.800 Beschäftigten der größte Arbeitgeber im Kreisgebiet. Zu DDR-Zeiten VEB „Rotstern" genannt, firmiert das heute zum Stollwerck-Konzern gehörende Thüringer Schokoladenwerk als ein führender Betrieb bei der Herstellung von Schokolade und Pralinen. Mit mehr als 800 Beschäftigten ist das Werk derzeitig der wichtigste Arbeitgeber in der Kreisstadt.

Im Zusammenhang mit der Schokoladenverpackung entwickelte sich 1919 aus der Druckerei Fa. Karl Stöckigt eine Großdruckerei, die sich insbesondere mit der Herstellung von Kartonagen befasste. Diese vormalige Fir-

Abb. 12.3: Thüringer Schokoladenwerk Saalfeld (R. Weggässer).

ma Schlutius, später VEB Verpackungsmittelwerk „Ernst Thälmann", wurde nach Verkauf durch die Treuhandanstalt an ein österreichisches Unternehmen ab 1994 geschlossen.

Die **Druckereien** Wiedemann, Niese, Hofmann, Stöckigt und Jüttner hatten ihre Gründungs-und Blütezeit im 19. Jh. Von ihnen haben die 1874 gegründete Lithographische Anstalt Schlick und Schmidt und die Firma Jüttner vor allem Schiebebilder für die Porzellandekoration hergestellt und fast alle deutschen Porzellanwerke beliefert. Auch Druckereien in Rudolstadt und Bad Blankenburg blieben nur Kleinbetriebe.

Im 20. Jh. ist in Saalfeld durch Ansiedlung der zur Zeiß-Gruppe gehörigen Optischen Anstalt das Wirtschaftsspektrum auf **Optik** und **Medizintechnik** (Operationsleuchten) erweitert worden, auch Betriebe für Mess- und Regeltechnik entstanden. Die Gründung des heute zur Siemensaktiengesellschaft gehörenden **Röntgenröhrenwerkes** 1919 in Rudolstadt und die Ansiedlung der Medizintechnikfirma Otto Bock in Königsee 1920 bewirkten, dass dieser Gewerbezweig überregionale Bedeutung erlangte und durch die Herstellung modernster Operationstische in der jetzigen Firma Trumpf Medizin Systeme noch zusätzlich Gewicht bekam.

Im Gegensatz zu Saalfeld hatte Rudolstadt bis zum 20. Jh. eine eingeschränkte Wirtschaftsentwicklung zu verzeichnen. Gewerbezweige, die dem spezifischen Bedarf einer Residenzstadt entsprachen, waren charakteristisch, wie eine Glockengießerei, die Klavierfabrik Fa. Sempert, Fabriken für Schmuck- und Dekorporzellan sowie Lederwarenherstellung.

Seit dem Mittelalter ist Saalfeld Schnittpunkt bedeutender **Fernhandelswege** gewesen: die Straßen von Erfurt nach Böhmen, von Nürnberg nach Leipzig (sogenannte Judenstraße) und die Eisenstraße über Bad Blankenburg nach Ilmenau führten durch Saalfeld. Von der Straße Nürnberg-Leipzig zweigte in Rudolstadt die Kupferstraße ab und verlief in nördlicher Richtung über Teichel und Mellingen in das Mansfelder Bergrevier. Saalfeld und in bescheidenerem Maße Rudolstadt entwickelten sich deshalb zu bedeutenden **Handelszentren** in Südostthüringen. Der umfangreiche Handel förderte auch das **Schulwesen** in beiden Städten. Saalfeld war wegen Pest in Jena 1579 kurzfristig Sitz der dort ausgezogenen Universität und beherbergte die nicht nur wissensdurstige Studentenschaft in ihren Mauern.

Die Lage an den Handelsstraßen brachte den Ortschaften in Friedenszeiten Vorteile. In Kriegszeiten erlebten die Städte und Dörfer entlang der Durchzugswege der Militäreinheiten im Schmalkaldischen Krieg 1546/47, im 30jährigen und 7jährigen Krieg sowie bei den napoleonischen Kriegen alle Jahrhunderte der Neuzeit mannigfache Verluste an Menschen und Gütern. Die Wirtschaft der Region konnte deshalb immer erst einige Jahrzehnte nach den Kriegsereignissen wieder den jeweiligen Vorkriegsumfang erreichen.

Ein allgemeiner wirtschaftlicher Aufschwung vollzog sich mit dem Eisenbahnbau. Die Fertigstellung der Bahnstrecken Gera-Saalfeld-Eichicht 1871, Großheringen-Jena-Rudolstadt-Saalfeld 1874, Probstzella-Gräfenthal-Lichte 1898, Saalfeld-Rottenbach-Arnstadt 1895, Rottenbach-Katzhütte 1900 und Hockeroda-Leutenberg-Wurzbach 1908 belebte die Region außerordentlich. Mit Fertigstellung der Strecke Eichicht-Kronach 1885 wurde der **Fernverkehr** von Berlin nach München vorrangig über die Strecke im Saaletal geleitet, was elektrischen Zugbetrieb schon ab 1940 zur Folge hatte. 1923 ist die **Oberweißbacher Bergbahn** als steilste Standseilbahn der Welt für Normalspur in Betrieb genommen worden. Die Bahn erschloss das Gebiet östlich des mittleren Schwarzatales und ist heute ein einzigartiges technisches Denkmal, welches Urlauber aus weiter Umgebung zur Erlebnisfahrt anzieht.

Die Vielseitigkeit in der Wirtschaftsstruktur im Wandergebiet hat sich als besonderer Vorteil erwiesen. Trotz nicht ausreichender Anbindung an das Autobahnnetz hat der Kreis Saalfeld-Rudolstadt seinen vorderen Platz unter den thüringischen Landkreisen in der Wirtschaftsentwicklung bisher behaupten können.

14. Landwirtschaft

Unsere Kulturlandschaft ist das Ergebnis der **Landnutzung** in den vergangenen 1.500 Jahren.

Über Rodung, Waldnutzung, Ackerbau und Viehhaltung, Gewässernutzung und Bergbau haben etwa 50-60 Generationen unserer Vorfahren das heutige **Landschaftsbild** geprägt und regionaltypische Fluren, Gehöftformen, Gebäude und Dorfansichten entwickelt. Die **Fachwerkbauten** sind im Schiefergebirge mit **Schieferdächern** und Wandverblendung aus Schiefer versehen und geben damit dem ländlichen Siedlungsraum ein charakteristisches Aussehen.

Bis in das 19. Jh. prägten mühsame Handarbeit, Kleinflächigkeit, Dreifelder-Wirtschaft, **Lehensverhältnisse** mit **Fronarbeit** sowie Waldweide die Landwirtschaft im Kreisgebiet. Besonders das Schiefergebirge und viele Bereiche des Buntsandsteinlandes wiesen eine geringe Bodenfruchtbarkeit auf (**Grenzertragsböden**). Der mittlere Kornertrag war hier „zwei- bis fünffältig" zur angewandten Saatmenge. Günstiger lagen die Ertragsverhältnisse im Zechsteinbereich, auch teilweise auf Buntsandstein- und Muschelkalkböden, wenn sie Lößdecken trugen. Als fruchtbar galten die Auen der Saale und ihrer einmündenden Zuflüsse, die aber wegen Überschwemmungsgefahr fast nur zur Grünlandbewirtschaftung genutzt werden konnten.

Zwar wurden ab dem 18. Jh. viele Ritter- und Kammergüter zerschlagen und damit erste feudale Fesseln in den betroffenen Dorffluren beseitigt, aber die endgültige Ablösung der Lehensverhältnisse begann erst 1849. Dabei wurden Fronen zum 12fachen, Erbzins und Lehen zum 15fachen und Triftrechte zum 18fachen des Jahresbetrages abgelöst. Erst dadurch entstand in vielen Dörfern bäuerliches Eigentum an Grund und Boden. Die gleichlaufende Ablösung von Weiderechten in herrschaftlichen Wäldern erbrachte den Bauern ihren kleinflächigen Privatwaldbesitz. Die längst überfällige Veränderung der feudalen Bewirtschaftungsordnung im ländlichen Raum ist ein Ergebnis der Revolution von 1848. Diese Ablösung feudaler Verhältnisse ging einher mit **Flurneuordnung** (Separation), Feldwegebau und somit veränderten Wirtschaftsbedingungen in den Dörfern. Im Fürstentum Schwarzburg-Rudolstadt lief diese Struktur- und Besitzveränderung von 1848 bis 1860, im Herzogtum Sachsen-Meiningen etwa gleichzeitig nach entsprechenden Gesetzen des jeweiligen Landtages.

Die in den tieferen, besseren Lagen über Jahrhunderte übliche **Dreifelderwirtschaft** mit ihrem Wechsel Winterfrucht, Sommerung und Brache wurde Ende 18./Beginn 19. Jh. zunehmend abgeschafft. Die bisherigen Brachflächen, auf denen herrschaftliche Triftrechte lagen oder Muttervieh mit jüngstem Nachwuchs dorfnah geweidet wurde, wandelten sich in Kartoffel- und Kleefelder. Im Bergland war Dreifelderwirtschaft kaum möglich, hier reiften nur Roggen und Hafer, außerdem war Flachsanbau üblich. Der **Kartoffelanbau** setzte sich am schnellsten im größeren Maßstab „auf dem Walde" durch, schon 1721 ist er in den höchstgelegenen Orten rings um Neuhaus/R. bezeugt, um 1740/50 allgemein verbreitet. Die Kartoffel linderte hier soziales Elend maßgeblich, besonders bei Anbaukombination mit **Flachs**. Der Leinsamen dieser Faserpflanze ergab für die Ernährung der „Wäldler" wertvolles Öl, die gerauften Flachsstängel wurden nach der Flachsröste ausgekämmt, die gewonnenen Fasern versponnen, danach zu Leinenstoffen verwebt.

Ebenso wichtig war die Einführung des **Feldfutterbaus** zu Anfang des 18. Jh.

Schon 1727 begann Johann Nikol Schwartz im Rudolstädtischen Anbauversuche mit *„Zwei Erfurter Malter Esparsette-Samen ..."*. Der Schmetterlingsblütler Esparsette als Feldfutter wurde rund um Teichel *„... schon 1735 allhier in der Menge gesäet und gebauet ...", „... und zur Vermehrung des Viehs und Besserung der Felder viele Vorteile dargab"* schreibt dazu David Heinrich Voigt (1706-1785), Chronist der Stadt Teichel.

Der eigentliche Kleeanbau (mit Trifolium-Arten), den der schwarzburgische Amtmann Fröbing im Amt Ehrenstein um 1785 begann,

danach 1790 im Städtedreieck, 1808 auch bei Stadtilm einsetzte, lieferte nicht nur wertvollstes Viehfutter, sondern regenerierte zusätzlich die Bodenfruchtbarkeit durch seine stickstoffsammelnden Wurzelbakterien.
Zwischen 1830 und 1840 hatten sich Kartoffel-, Raps-, Klee- und Runkelanbau allgemein durchgesetzt. Der moderne Feldfutterbau ermöglichte intensivere **Stallhaltung** mit entsprechender Dungbewirtschaftung über den gestapelten Misthaufen. Damit stand für den Hackfruchtanbau (Kartoffeln, Runkeln) wertvoller organischer Dünger bei ausreichender Strohernte zur Verfügung. Bessere Fütterung und Pflege des Viehs, verbunden mit Züchtung leistungsfähiger Rassen, erbrachten höhere Einnahmen bei Fleisch- und Milchverkauf. Wirkungsvollere landwirtschaftliche Geräte, erste Maschinen sowie Einsatz von Kalk- und Kalidünger im Übergang vom 19. zum 20. Jh. ließen die Ernteerträge weiter steigen. Allerdings lief diese Entwicklung in den höher gelegenen Walddörfern stark gebremst ab. Hier war Stallhaltung wegen der zu geringen Heu- und Strohmengen nur im Winter möglich, dafür wurde im Wald Bodenstreu geharkt, um für die Ställe Einstreu zu gewinnen. Das Vieh musste sich solange wie möglich im Wald Futter suchen (Waldweide). **Streunutzung** und **Waldweide** hatten enorme negative Auswirkungen auf Waldboden, auf Verjüngung und Holzzuwachs.
Die freie, mehrschlägige Wechselwirtschaft mit bodenschonender **Fruchtfolge**, unterstützt durch Misteinsatz, Kalkung, Kunst- und Gründüngung charakterisierte die Landwirtschaft in der 1. Hälfte des 20. Jh. Die Betriebsgröße und die Landschaftsstruktur begrenzten dabei die einsetzbare energetische Grundlage. Kuh-, Ochsen- und Pferdegespanne mit enormen Handarbeitseinsatz oder schon erste Traktoren differenzierten die Gehöfte in ihrer Entwicklung und Leistung. Kleinbetriebe bauten gerade das „Jahrbrot" für die Familie (Abb. 14.1 und 14.2).
In Steilhanglagen im Schiefergebirge herrschte manueller Hackfeldbau auf schmalen Terrassenäckern bis nach dem 2. Weltkrieg vor.
Bis 1945 gab es in der Region nur wenige Gutsbetriebe, so in Köditz, Groschwitz, Kuhfraß und Niederkrossen, die durch die Bodenreform enteignet wurden. Neubauern – häufig Flüchtlingsfamilien – und einheimische Kleinbauern erhielten das Land, oft auch ein Stück Wald. Die Dorffluren waren weitgehend durch die kleinbäuerlichen Strukturen mit ihren **„Handtuchwirtschaften"** geprägt.
Schwerpunkt der Landwirtschaft nach Kriegsende war die Sicherung der Ernährung der

Abb. 14.1: Heufuhre mit Kuhgespann bei Schwarzburg, etwa 1925 (Fundus Landwirtschaftsamt Rudolstadt).

Abb. 14.2: Schälen der Stoppeln mit einem Ochsen bei Allendorf, etwa 1925 (Fundus Landwirtschaftsamt Rudolstadt).

hungernden Bevölkerung weitgehend aus kreislichem Aufkommen.
In der DDR wurde die Bildung von **Landwirtschaftlichen Produktionsgenossenschaften** (LPG) mit allen Mitteln forciert, teilweise erzwangen Parteiaktivisten und örtliche Organe den Beitritt der Einzelbauern über moralischen und ökonomischen Druck. Das hatte anfangs eine erhebliche „Republikflucht" der bäuerlichen Bevölkerung „in den Westen" zur Folge. Andererseits ermöglichte die Bewirtschaftung von größeren Flurteilen ohne Berücksichtigung der bisher beschränkenden Grundbesitzgrenzen rationellen **Maschineneinsatz**, moderne Bewirtschaftungsverfahren und damit steigende Erträge. Der Nachteil der **Landschaftsverarmung** durch Wegfall von Rainen, Flurgehölzen und Feldwegen als Gliederungslinien und belebende Sonderbiotope wurde dabei in Kauf genommen. Auch die Konzentration der Viehhaltung in Großställen hatte nicht nur Vorteile. Seuchenhygienische und veterinärmedizinische Probleme waren scwer zu beherrschen, die Güllemengen kaum hälterbar und nicht immer agrotechnisch günstig auszubringen. Die Lebensverhältnisse und die sozialen Bedingungen der Landbevölkerung hatten sich aber mit der sichtbaren Aufwärtsentwicklung deutlich gebessert.
Seit Anfang der 70er Jahre bis 1989 gab es nur noch spezialisierte Großbetriebe: 8 LPG Pflanzenproduktion, 20 LPG Tierproduktion,

Abb. 14.3: Rinderweide bei Aue am Berg (Fundus Landwirtschaftsamt Rudolstadt).

1 Zwischengenossenschaftliche Einrichtung sowie 4 volkseigene Güter. In dieser Zeit entstand die meist heute noch existierende Flurstruktur.

Die grundlegenden ökonomischen und sozialen Wandlungen, die seit 1989 in der Landwirtschaft des Kreises abgelaufen sind, markieren sich in Veränderung von Aufgaben und Funktionen der Landwirtschaft. Das Schwergewicht hat sich von einer einseitigen Produktionsorientierung (Höchstertragsstreben) mehr auf die **Erhaltung und Pflege der Kulturlandschaft**, die Erhaltung der dörflichen Strukturen, vor allem aber auf Erzeugung von regionaltypischen Nahrungsmitteln mit **Selbstvermarktung** verlagert. Zunehmend gibt es in der Landwirtschaft Kombination mit anderen Erwerbszweigen, besonders mit Urlaub auf dem Bauernhof und Reittouristik. Auf lange Sicht wird diese Art der Landnutzung den sinnvollsten und rationellsten Weg darstellen, um die Attraktivität der Region zu erhalten und dabei ihre wichtigen Umweltfunktionen zu wahren (Abb. 14.3).

Auf Grund der sehr unterschiedlichen natürlichen und ökonomischen Bedingungen sind die landwirtschaftlichen Unternehmen vielfältig nach Betriebsform und Produktionsrichtung strukturiert. Dabei ging der Arbeitskräftebestand von 1989 mit etwa 4.900 Beschäftigten (=100 %) auf 830 (=16,9%) im Jahre 2001 zurück.

Die Landwirtschaft, die bis zum Jahr 1989 mit ihrer Primärproduktion und den vor- und nachgelagerten Bereichen Hauptbeschäftigungszweig im ländlichen Raum war, stellte damit die Landbevölkerung vor die schwierige Aufgabe, sich nach dem Bedarf neu zu orientieren. Sozialprogramme federten den notwendigen Arbeitskräfteabbau anfangs ab. Die gute Qualifikationsstruktur ermöglichte vielen Landarbeitern den Einstieg in andere Gewerke – ohne alle Bewerbungen bei der hier allgemein schlechten Arbeitsmarktsituation auffangen zu können.

Auch im **Erwerbsgartenbau**, der sich auf die Städte Saalfeld und Bad Blankenburg konzentriert, ist die Erzeugung von Gemüse und Zierpflanzen wegen des Preisverfalls stark rückgängig.

Im Kreis Saalfeld-Rudolstadt wirtschaften bäuerliche Betriebe im Haupt- und Nebenerwerb, außerdem Personengesellschaften sowie landwirtschaftliche Unternehmen in Form Juristischer Personen (e.G., GmbH, GmbH & Co. KG) auf insgesamt 33.400 ha (2003):

Tab. 14.1: Betriebsübersicht zur Landwirtschaft, (Landwirtschaftsamt 2004)

Rechtsform	Anzahl der Betr.		Anteil in %
GmbH & Co. KG	4	Juristische Person	
GmbH	15	Juristische Person	
e. G.	9	Juristische Person	75,0
GbR	14	Personengesellschaft	12,9
Haupterwerb	53	Natürliche Personen	7,5
Nebenerwerb	266	Natürliche Personen	4,6
Summe	**361**		**100**

Im Landkreis schwankt die **Bodenwertzahl** zwischen 18 und 46 Bodenpunkten. Bis auf die Gemarkungen Rudolstadt und Saalfeld zählt die gesamte landwirtschaftliche Fläche als landwirtschaftlich benachteiligtes Gebiet nach EU-Richtlinien.

Sowohl bei Acker- als auch bei Grünland kommen vorrangig geeignete Standorte nur selten und dabei kleinflächig vor. Das bedeutet, dass meist auf bedingt landwirtschaftlich geeigneten Flächen unter teilweise schwierigen Standortverhältnissen Marktfruchtbau betrieben wird. Die Saaleaue, die Fluren von Kamsdorf und Beulwitz, das Gebiet zwischen Remda, Teichel und Engerda zählen dazu (Abb.14.4).

Die Anbaustruktur wird bestimmt durch Kulturpflanzen, für die Ausgleichszahlungen gewährt werden, wie Getreide, Raps und Silomais. Auf den landwirtschaftlich schlecht geeigneten Standorten, die durch geringe Bodenwertzahlen, Flachgründigkeit in Verbindung mit starker Steinigkeit und Hängigkeit bestimmt sind, wird sich die Entwicklung weiter in Richtung extensive Bewirtschaftungsformen vollziehen. Die Umwidmung von Ackerflächen in Grünland setzt sich damit zukünftig fort. Diese Tendenz in der Agrikultur unterstützt das „Thüringer Programm zur Förderung von umweltgerechter Landwirtschaft, Erhaltung der Kulturlandschaft, Naturschutz und Landschaftspflege" (**KULAP**).

Im Bereich Schmiedefeld-Oberweißbach ist die Umwandlung von vorheriger Feldflur in extensives Grünland aus wasserwirtschaftlichen Gründen (Trinkwasserschutzzonen) und Naturschutzgesichtspunkten (reiche Ausstattung mit geschützten Biotopen) weitgehend abgeschlossen (Abb. 14.5). Nach dem Thüringer Wassergesetz haben die wassergewinnenden Unternehmen den Landwirten, die in Trinkwasserschutzzonen wirtschaften, die dort notwendige wirtschaftliche Beschränkung mit ihren Ertragseinbußen finanziell auszugleichen.

Der **Grünlandanteil** von 14.800 ha bei 33.400 ha landwirtschaftlicher Nutzfläche beträgt 44 %. Den Landwirten wird bei extensiven Grünlandnutzungsformen ein Einkommensausgleich gewährt. Der **Viehbesatz** lag im Jahr 2003 bei 77 Rinder/100 ha. Um eine ordnungsgemäße Flächennutzung zu gewährleisten, muss der gegenwärtige Viehbestand an Schaf- und Mutterkuhherden möglichst aufgestockt werden. Auf den Muschelkalkstandorten spielt die Schafhaltung eine große Rolle bei der Erhaltung von Trocken- und Magerrasenbiotopen, Wachholderheiden und Gebüschformationen mit ihren seltenen, daher schützenswerten Pflanzen- und Tierarten. Überhaupt stellt die Übernahme von Landschaftspflegearbeiten für die Landwirtschaftsbetriebe ein zukunftsweisendes Aufgabenfeld dar, dessen ökologische und gesellschaftspolitische Bedeutung weiter wächst. Hier eröffnet sich eine Chance auf zusätzliche Einnahmequellen.

Ein Zuwachs ist bei Pferdehaltern und Pferdebeständen zu verzeichnen. Diese Entwicklung ist eng mit dem Tourismus der Region verknüpft. Durch die meisten Pferdehalter werden für Urlauber Reiten und Kutschfahrten angeboten. Besonderen Ruf hierbei hat sich das **Haflinger-Gestüt** in Meura erworben (Abb. 14.6). Sowohl die erfolgreiche Haflingerzucht mit attraktiven jährlichen Vorführungen und Leistungsprüfungen, als auch ansprechende Programme für Urlauber und Tagesgäste sind touristische Dauerbrenner im „Dorf der Pferde".

An der Saale und ihren Zuflüssen wurde schon immer **Fischwirtschaft**, hauptsächlich mit Karpfen und Forellen, betrieben. Karpfenteiche und Fischereirechte waren und sind ein Zuerwerb für Landwirtschaftsbetriebe. Aus der staatlichen Fischerei der DDR entstanden nach 1989 drei Haupterwerbsbetriebe im Landkreis. In den vergangenen Jahren haben dazu zwei weitere Nebenerwerbsbetriebe einen Familienbetrieb im Haupterwerb aufgebaut. Mit der kontinuierlich anwachsenden Produktion gelang es, den Markt immer besser mit Fisch und Fischspezialitäten aus heimischer Produktion zu beliefern.

Mit Selbstvermarktung, insbesondere von Fleisch- und Wurstwaren, konnten hochwertige einheimische Erzeugnisse der Landwirte im Landkreis auf dem Markt verbleiben. Direktvermarktung liegt im Trend, da hier vertrauensvolle Beziehungen zwischen Landwirt und Verbraucher gefördert werden. 17 Erzeuger von Fleisch- und Wurstwaren, 5 Fischer und 20 Direktvermarkter für gemischte Produkte und Spezialitäten bieten derzeitig regionaltypische Produkte aus eigener Herstellung an.

Die Verknüpfung von ökologischer Produktion mit regionaler Verarbeitung und Vermarktung verwirklicht die 2001 eingeweihte BKK **Bio-Diesel** GmbH in Rudolstadt (Abb. 14.7). Drei im Landkreis ansässige Landwirtschaftsbetriebe haben diese Anlage für die Erzeugung von 4,5 Millionen Liter Biodiesel aus Raps der Region errichtet.

Abb. 14.4: Traktor mit Wendepflug bei Kirchhasel (Fundus Landwirtschaftsamt Rudolstadt).

Der anfallende Rapspresskuchen wird ausgewogen an einheimische Milchkühe mitverfüttert, wodurch ein nachweislich höherer Gehalt an ungesättigten Fettsäuren in der Milch entsteht.
Diese Milch verarbeitet die Landmolkerei Schwarza e.G. zu hochwertigen Erzeugnissen mit bundesweit einmaligen Qualitäten unter dem geschützten Namen HERZGUT. Die **Herzgut-Landmolkerei** ist die einzige genossenschaftliche Molkerei in Thüringen. Sie konnte seit 1990 ihre Produktpalette durch Investitionen erweitern und ihre Produktions-

Abb. 14.5: Weide mit Limousine-Rindern bei Meuselbach (Fundus Landwirtschaftsamt Rudolstadt).

Abb. 14.6: Stutenaustrieb im Gestüt Meura - ein Anziehungspunkt für Besucher (Gestüt Meura).

Abb. 14.7: Bio-Dieselanlage Rudolstadt (Fundus Landwirtschaftsamt Rudolstadt).

Abb. 14.8: Käseproduktion bei Herzgut (Fundus Landwirtschaftsamt Rudolstadt).

Abb. 14.9: Herzgutprodukte (Fundus Landwirtschaftsamt Rudolstadt).

mengen wesentlich erhöhen. Seit 2000 werden täglich 40.000 l Rohmilch der Region zu verschiedenen Trinkmilchsorten, zu Butter, Sahne, Joghurt und Käsespezialitäten verarbeitet (Abb. 14.8 und 14.9).

Ferien in ländlichen Gebieten erfreuen sich im waldreichen Thüringen seit über 50 Jahren immerwährender Beliebtheit. Industriebetriebe und andere Institutionen unterhielten bis zur Wende Betriebsferienheime, Dorfbewohner vermieteten Fremdenzimmer und Ferienwohnungen. Bedingt durch die Reisefreiheit nach der Wiedervereinigung Deutschlands, ist nach 1990 ein Einbruch des Urlauberstroms in den traditionellen Erholungsorten der Region erfolgt. Die Landesarbeitsgemeinschaft **„Ferien auf dem Lande"** in Thüringen versucht, das Urlaubswesen im ländlichen Raum wieder verstärkt zu beleben (Abb. 14.11).

Urlaub auf dem Bauernhof ist eine wichtige Einnahmequelle für Landwirte, dafür gab es mehr als 90 Anbieter in den vergangenen Jahren im Landkreis.

Abb. 14.10: Alte Hofmauer mit Immergrün (Fundus Landwirtschaftsamt Rudolstadt).

Abb. 14.11: Ferienwohnung in Fröbitz (Fundus Landwirtschaftsamt Rudolstadt).

15. Forstwirtschaft und Jagd

Das liebenswerte Thüringen wird wegen seiner Lage und seines Waldreichtums als das **Grüne Herz Deutschlands** gerühmt. Der Landkreis Saalfeld-Rudolstadt bildet mit seiner Landschaftsstruktur und seinen ausgedehnten Waldflächen einen bezaubernden Teil dieses Grünen Herzens. Auf etwa 57.000 ha wachsen hier derzeitig prachtvolle Laubwaldungen, unterschiedlich strukturierte Mischwälder, aber überwiegend massereiche Nadelholzbestände als ein kostbarer Schatz des Landkreises.
Mehr als die Hälfte des Gebietes ist mit Wäldern bestockt, der **Bewaldungsanteil** erreicht gewichtige 55 % (Baumarten und Verteilung s. Abb. 15.1).
Den Waldreichtum verdankt das Gebiet zum einen der vielfältigen geologischen und tektonischen Landschaftsausprägung, zum anderen dem weitsichtigen Handeln der einheimischen Forstleute in den letzten zwei Jahrhunderten, deren Wirtschaftsweise in den Wäldern zunehmend auf **Nachhaltigkeit** ausgerichtet war.
Die **Rodungen** des frühen Mittelalters berührten das Gebiet des jetzigen Landkreises nur auf den fruchtbarsten Flächen im Zechsteingürtel, im besseren Rötgelände und auf den Terrassen des Saalebogens zwischen Saalfeld und Rudolstadt. Diese bäuerliche Landnahme, vermutlich gestützt durch erste fränkische befestigte Anlagen, haben slawische Siedler und fränkische Bauernkrieger im 8. Jh. getragen. Die große Zurückdrängung der einheimischen Urwälder geschah erst im Hochmittelalter, gelenkt durch die Sachsenkaiser, die Salier- und Stauferherrscher, welche in ihrer Regierungszeit über das **Forst-, Jagd- und Bergregal** als wichtige Rechte verfügten. Für Landeserschließung und Rodungen in den gebannten Reichswäldern setzten die Kaiser „Rodungsgrafen" ein, die diese gewaltige Landschaftsveränderung zu organisieren und zu schützen hatten. Bauernsöhne ohne Erbrecht aus dem Rhein-Maingebiet und aus dem Thüringer Becken, aber auch slawische grenznahe Bevölkerung führten die mühsame Erstbesiedlung unter Leitung von **Lokatoren** aus. Die Namen dieser Anführer der Bauernsiedler haben sich oftmals in den neu gegründeten Dörfern verewigt (Dittersdorf, Volkmannsdorf u.a.). Im Schiefergebirge und seinen Vorländern waren auf Reichslehen die Grafen von Schwarzburg, von Orlamünde und von Henneberg dabei maßgeblich beteiligt. Außerdem rodeten die Mönche der im Gebiet gegründeten **Klöster** umfangreiche Waldgebiete. In der Vorderen Heide und im Schiefergebirge ist das vom Erzbistum Köln 1071 in Saalfeld gestiftete Benediktinerkloster St. Peter und Paul am Rodungsprozess beteiligt, im Rottenbachtal wirkt das nach 1100 entstehende Kloster Paulinzella. Aus dieser Zeit stammen erste Aufzeichnungen über **Waldnutzungsrechte**, Jagd und Rodungstätigkeit im Territorium. Für die dem Erzbistum Köln zugefallene Grundherrschaft „provincia Salaveld" ist ein nach 1125 aufgezeichnetes Hof- und Dienstrecht erhalten, aus dem die hohe wirtschaftliche Bedeutung der zugehörenden Waldungen hervorgeht. Die **Jagd** auf Bären, Rot- und Schwarzwild, die Versorgung der Jäger und Jagdhunde, die Verwertung des Wildbrets, der Pelze und Häute sind in diesem Dienstrecht geregelt. Auch die Ernte von Waldhonig und Wachs durch die **Zeidlerei** ist vorgeschrieben.
Im Mittelalter dienten die Waldungen vor allem zur Ernährung (**Nährwald**). Die Haltung und Zucht von Rindern, Pferden, Schafen und Ziegen wurde außerhalb der Flussauen weitgehend durch Waldweide bestimmt. Es entstanden lichte **Hutewaldungen**. Die intensive Bejagung von Bären, Luchsen und besonders von Wölfen sollte die schwer zu ertragenden Viehverluste bei der Waldweide in Grenzen halten. Vom Behang an Eicheln und Bucheckern in den Laubwäldern profitierte die **Schweinemast**. In den hochgelegenen Dörfern, die von „Schwarzwald" (Fichten- und Tannenbeständen) umgeben waren, ließ das Fehlen einer Mastfrucht kaum Schweinehaltung zu. Die geringen Heu- und Strohmengen, die damals geerntet wurden, reichten zur Fütterung des Hornviehs bei Schneelagen nicht aus und erzwangen daher Futterlaubgewin-

nung in Jungwäldern. Im Mittsommer schnitten die Bauern unverholzte Johannistriebe und trockneten sie zu **Laubheu**.
Das Sammeln von Beeren, Pilzen, Heil- und Teekräutern war lebensnotwendige Aufgabe. Die Jagdbeute lieferte Wildbret, Leder, Pelze, Saiten, Schmuck und Zierrat. Die **Zeidelweide** erbrachte Honig als einzigen Süßstoff und wichtiges Nährmittel sowie Wachs, das für Kirchenriten zunehmend gebraucht wurde.
Selbstverständlich dienten die damaligen ortsnahen Wälder auch als **Nutzwald**. Die allmählich wachsende Bevölkerung in den Dörfern brauchte täglich Brennholz zum Kochen, Braten und Backen und wintertags zum Heizen. Die bislang von Rotbuchen beherrschten Laubwälder wandelten sich zu **Niederwäldern**, da in Dorfnähe etwa aller 10-20 Jahre die schwachen, gefahrlos haubaren Stangenhölzer zur Brennholzversorgung zum Einschlag kamen. Durch Stockausschläge und Wurzelbrut verjüngte sich die genutzte Fläche folglich vegetativ. Besonders Eiche, Linde, Hainbuche, Ulme, Hasel und Aspe vertrugen diese Bewirtschaftungsform im Ausschlagswald, dagegen kann sich die Rotbuche nur aus Samen verjüngen und verschwand daher in den Niederwäldern. Eiche, Linde und Hasel wurden bewusst gefördert, da sie als Jungstämmchen wichtige Zweitnutzungen ermöglichten: Die unverborkte Eichenrinde (Spiegelrinde) ergab die **Eichenlohe** als wichtigstes Gerbmittel des Mittelalters, die Linde lieferte **Bast** für haltbare Schnüre und vielerlei Flechtwaren, die Haselschösslinge trugen schon ab zweitem Jahr Nüsse, die eine gesuchte Zusatznahrung abwarfen. Eichenniederwaldbewirtschaftung zur **Lohrindengewinnung** hat sich im Gebiet bis in das 20. Jh. erhalten.
Nutzholz zur unterschiedlichsten Verwendung schlugen die Bauern und holzverarbeitenden Handwerker nach Bedarf meist einzelstammweise in Hochwäldern. **Hochwälder** verjüngen sich immer generativ aus Samen. Nadelholzbestände und Rotbuchenwälder sind zur Verjüngung auf Samenjahre angewiesen, da sie keine Stockausschläge treiben.
Die Kombination von Hoch- und Niederwald, der **Mittelwald**, hat sich wahrscheinlich auch schon im Hochmittelalter herausgebildet.
Holzkohle war im Mittelalter die einzige Energiequelle zur Erzschmelze und für die Metallverarbeitung. Zwar lassen sich alle Holzarten vermeilern, die beste Holzkohle erzielten die Köhler aber aus Rot- und Hainbuchenholz. Die mittelalterlichen **Waldschmiede** waren im Schiefergebirge zugleich Erzschürfer, Köhler, Hüttenleute und Stahlerzeuger durch Ausschmieden der Eisenluppe. Den Köhlern und Schmieden, auch den Bergleuten des Spätmittelalters und der beginnenden Neuzeit verdankt das Gebiet die jüngsten Ortsgründungen weit oben im „Hohen Wald", die durch „Industrierodung" entstanden. Aber ebenso sind sie verantwortlich für das „Auskohlen" der Rotbuche im Bergmischwald.
Wegen der schwierigen Bringung ist das geschlagene Starkholz auf dem Landweg kaum über größere Entfernungen transportierbar. Ferntransporte fanden fast nur auf dem Wasserwege statt. 1258 ist die **Flößerei** auf der Saale erstmals beurkundet, die Flößerei von Scheitholz auf der Schwarza wird im Stiftungsbrief des Nonnenklosters Saalfeld 1267 bezeugt, auf der Ilm findet Flößerei erstmalig 1300 für das Nonnenkloster (Stadt)Ilm Erwähnung.
Flößerei erfordert umfangreiche Holzeinschläge im Hangbereich der Flüsse oder in Schleifnähe von Flachufern und erhebliche organisatorische Vorbereitungsarbeiten. Die frühe Flößerei in der Region lässt auf einen hohen Stand des damaligen Forstwesens und der örtlichen Verwaltung in den Grafschaften und Klostergütern schließen.
Auf dem berühmten Reichstag zu Metz im Dezember 1356 wird unter Vorsitz von Kaiser Karl IV. (1315-1347/49-1378) die Goldene Bulle ausgefertigt, die wichtigste Verfassungsurkunde des Heiligen Römischen Reiches Deutscher Nation. Auf diesem Reichstag erhalten die Grafen von Schwarzburg den Titel und das Reichsamt eines Reichsjägermeisters. Der hohe Stellenwert der Jagd kommt auch 1453 in der Ersterwähnung eines „wildreichen Tiergartens", also eines Hegegatters für Jagd-

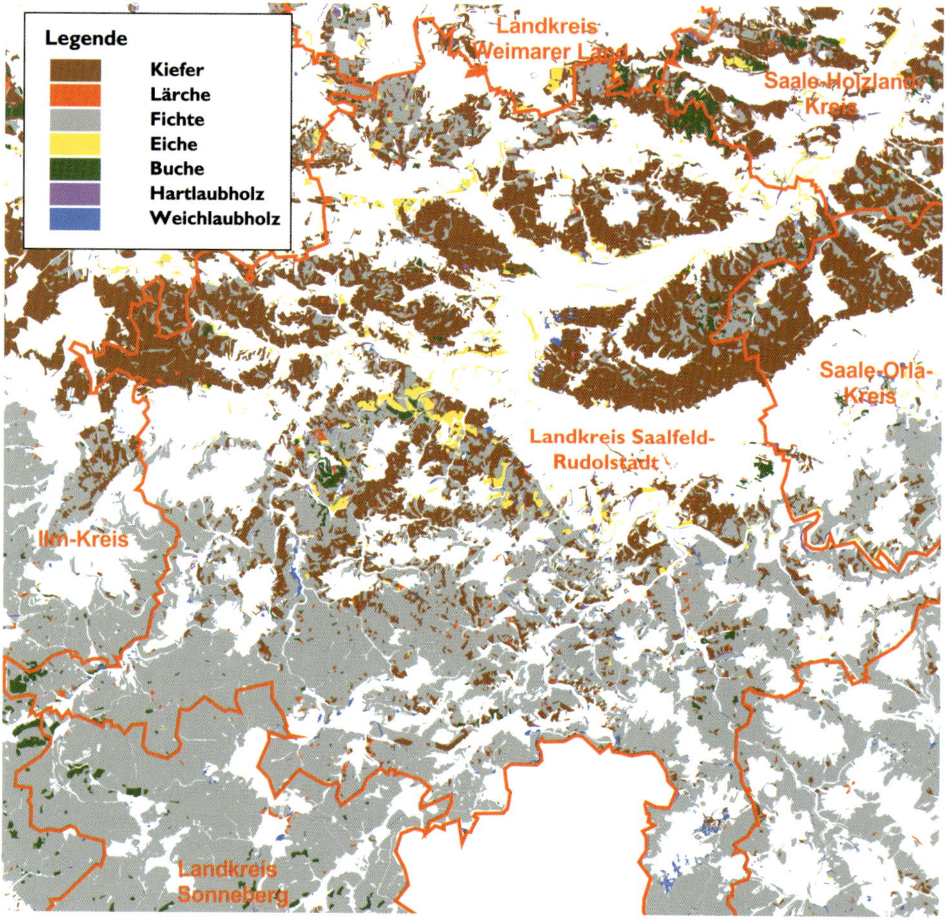

Abb. 15.1: Baumarten der Wälder im Landkreis Saalfeld-Rudolstadt (Karte: TLWJF Gotha).

Abb. 15.2: Floßrechen am Schweizer Haus, Kupferstich von Martini (Fotoarchiv Thüringer Landesmuseum Heidecksburg).

wild, bei Schwarzburg aktenkundlich zum Ausdruck.

Zu Beginn der Neuzeit, besonders nach dem Bauernkrieg 1525/26 und der Reformation, ist in der Region ein deutlicher Wirtschaftsaufschwung zu verzeichnen. Die allgemeine Entwicklung führt auch zu einem erheblichen Aufschwung im Forstwesen. Graf Günther XL. der Reiche von Schwarzburg (1499-1525-1552) schafft mit **Forsteien** die erste geregelte Forstorganisation in seiner Landesherrschaft. Diese großen Forstreviere sind den Ämtern unterstellt. Unter Leitung der Amtmänner steuern besoldete Forstmeister, Holzförster und Forstknechte die Waldbewirtschaftung. Neben fronenden Bauern arbeiten vereidigte Holzhauer, außerdem Köhler, Harzscharrer und Flößer in den Forsteien. Jäger und Jagdknechte beaufsichtigen die Wildbahn. Die steigenden Gelderträge aus der Forstwirtschaft vereinnahmen die Schösser und führen sie an die um1544/45 neugeschaffene Renterei in Arnstadt ab. Erstmals werden **Forstordnungen** für die Schwarzburger Grafschaften erlassen, deren älteste auf 1561 datiert. Berittene Kommissionen fertigen erste **Waldbeschreibungen** mit Schätzungen nutzbarer Holzvorräte an. Floßteiche und Floßrechen werden im Schwarzatal ausgebaut (Abb. 15.2). 11 Eisenhämmer und 19 Schneidemühlen sind entlang der Schwarza im Betrieb und benötigen kontinuierliche Zulieferung von Holzkohle und Sägeholz.

Der ständig steigende Bedarf an hochwertiger Holzkohle sowie der wachsende Holzeinschlag im 16. Jh. führten, verbunden mit einer übermäßigen Waldweide, zu ersten großen **Waldverlichtungen,** zu Blößen und zur Veränderung der Baumartenstruktur. Die bisherigen Naturwälder verarmten an Laubholzarten und wandelten sich zunehmend zu Fichten- oder Kiefernbeständen, da deren „stachelige" Verjüngung weniger vom Vieh abgeweidet wurde, als die Jungbäumchen von Weißtanne und Laubhölzern. Auch in den wettinischen Territorien rund um Saalfeld ist eine ähnliche forstliche Entwicklung nachweisbar.

Die bemerkenswerten Wirtschaftsfortschritte mit dem Blühen von Kunst, Kultur und Bildung (Renaissance) erstickte in der Gegenreformation, die zum verheerenden Dreißigjährigen Krieg 1618-48 führte. Während der Kriegsjahre gingen Forstkenntnisse und bislang erworbene Berufserfahrungen zur Waldbewirtschaftung weitgehend verloren. Der Wald erhielt aber ein wesentliche Erholungsphase von mehreren Jahrzehnten.

Der häufige Wechsel der Landesherrschaft und ständige Landesteilungen verhinderten in den ernestinischen Ämtern Saalfeld, Probstzella und Gräfenthal eine langfristig geordnete Forstwirtschaft, außerdem zeichnete sich ab 1735 hier eine maßlose Misswirtschaft des Herzoghauses Sachsen-Coburg-Saalfeld mit riesiger Verschuldung ab, die zur schamlosen Ausplünderung der Wälder führte. Die Fehlentwicklung konnte eigentlich erst nach 1826 abgefangen werden, als der Landesteil Saalfeld an das Herzoghaus Sachsen-Meiningen fiel. Seitdem verbesserten sich die Forstverhältnisse in den „sächsischen Wäldern".

Nach Fürstung des Grafenhauses Schwarzburg-Rudolstadt 1710 baut der prunkliebende Ludwig Friedrich I. (1667-1710-1718) eine absolutistische Herrschaft auf und versucht mit merkantilistischer Wirtschaftsweise dafür Geldquellen zu erschließen. Die Wälder werden daher im neu entstandenen Fürstentum schrankenlos ausgebeutet, veröden durch **Übernutzung** und ungeregelte **Plenterschläge** (wilde Plünderungshiebe), besonders aber durch überhöhten Vieheintrieb. Der erhebliche Viehverbiss verhindert die natürliche Verjüngung, es entstehen vermehrt Blößen. Es herrscht zunehmend **Holznot** und eine Energiekrise droht. Die herrschaftliche Jagd in den Wäldern gewinnt gegenüber einer sinnvollen forstlichen Bewirtschaftung Vorrang. Die Tiergärten auf dem Wurzelberg und im unteren Schwarzatal erfahren eine bevorzugte Sonderbehandlung, um hier außergewöhnliche Jagderfolge für das Fürstenhaus zu sichern. Im Vorwerk Sonnewalde bei Schwarzburg entsteht 1714 eine **Fasanerie**.

Dem verdienten Oberforst- und Oberjägermeister **Carl Christoph von Lengefeld** (1715-1775), der ab 1740 die Leitung der Forste der Oberherrschaft übertragen bekommt, gelingt es mit seiner Fachkenntnis, die üblen Folgen einer überzogenen Plenterung zu mildern (Abb. 15.3).

Abb. 15.3: Carl Christoph von Lengefeld (Gemälde, Fotoarchiv Thüringer Landesmuseum Heidecksburg).

Er führt eine geregelte Naturverjüngung und langfristig geplante Hiebsfolgen auf dem „Hohen Walde" ein, dabei strebt er Nachhaltigkeit an. Er legt seine Erfahrungen und Forderungen in einer Vielzahl von Schriften nieder, leider veröffentlicht er diese forstlich bedeutenden Handschriften nicht. Nur die *„Anmerkungen von denen auf dem Thüringer = Walde bekanntesten drey Arten Nadel = Hölzern; Als der Tanne, Fichte und des Kienbaums, welche zur Mehrung der Waldungen vieles beytragen möchten"* werden 1762 in Nürnberg gedruckt. Somit ist v. Lengefeld forstgeschichtlich wenig bekannt, dafür geht er in die deutsche Literaturgeschichte ein. Seine jüngere Tochter, Charlotte von Lengefeld (1766-1826), Patenkind der bekannten Charlotte von Stein, heiratet 1790 in Wenigenjena Friedrich Schiller. Seine ältere Tochter Caroline, nach ihrer zweiten Heirat von Wolzogen (1763-1851), war als hochgebildete Hofdame und gern reisende Schriftstellerin eine bemerkenswerte Frau am Hofe zu Sachsen-Weimar-Eisenach. Sie setzte ihrem Vater 1830 im 1. Band ihres Werkes „Schillers Leben" ein bleibendes Denkmal.

Die Ideen und Anregungen von Carl Christoph von Lengefeld haben schwarzburgische Forstpraktiker aufgegriffen und verwirklicht. Oberförster **Johann Andreas Kämpf** erstellte 1768/69 nach umfangreichen Forstvermessungen und Holzvorratsermittlungen eine kolorierte Großkarte des Neuhaus-Schmalenbucher Forstes mit einem aussagekräftigen Zahlenteil zu Vorrat, Zuwachs und Nutzungsmöglichkeiten in den einzelnen Forstabteilungen und schuf damit die erste **Forsteinrichtung** (Inventur und Planung der Forsten) im Schiefergebirge. Außerdem begründet er bei Neuhaus 1770 die erste künstliche Verjüngung durch **Fichtenpflanzung**. Wildmeister **Johann Stephan Röhm** führt als künstliche Verjüngungsmethode 1780 Fichtensaaten bei Katzhütte aus. **Darren** zur Samengewinnung aus Zapfen werden in Katzhütte, Sitzendorf und Paulinzella errichtet. Der rege Kulturbetrieb ergab von 1796-1810 in der Oberherrschaft eine **Kunstverjüngung** auf 2294 Acker (748 ha) durch Saat und auf 2057 Acker (671 ha) durch Pflanzung. Als neue Baumart wird die aus den Alpen oder Sudeten stammende **Lärche** angebaut, die auf vergrasten Blößen den heimischen Baumarten im Anwuchs überlegen ist (Abb. 15.4).

Ab 1830 begann die Forstbehörde in Schwarzburg-Rudolstadt mit der allgemeinen Neuvermessung der Forsten und ließ Forsteinrichtungen in allen Revieren durchführen. Damit war die Vorraussetzung für eine geplante, nachhaltigen Forstwirtschaft geschaffen. Für die Nadelholzbestände legte man damals eine Umtriebszeit von 90 Jahren, für Laubwaldungen von 100 Jahren fest.

Für die Wälder von Sachsen-Meiningen wirkte sich die Gründung der ersten **Forstakademie** in Mitteleuropa 1801/03 im ehemaligen Jagdschloss Dreißigacker bei Meiningen äußerst positiv aus. Unter Leitung des Forstrates **Johann Matthäus Bechstein** (1757-1822),

Abb. 15.4: Forstarbeiten im Schwarzatal (etwa 1790-1800) mit Holzeinschlag, Aufsetzen von Scheitholz, Köhlerei, Abfuhr von Holzkohle, Holztransport und Aufforstungsarbeiten (Gemälde, Fotoarchiv des Thüringer Landesmuseums Heidecksburg).

der schon 1795 ein Privatforstinstitut auf Burg Tenneberg bei Waltershausen betrieben hatte, gelang es, eine moderne wissenschaftliche und praktische Ausbildung von Forstleuten aus vielen deutschen und angrenzenden Staaten nach exakten Lehrplänen aufzubauen.
Bechsteins Nachfolger, Oberforstmeister von Mannsbach aus Sonneberg, konnte den guten Ruf und das hohe Ausbildungsniveau nicht halten. 1843 erlischt die Forstakademie in Dreißigacker. Thüringer Forstleute werden ab 1830 in der Höheren Sächsischen Forstlehranstalt Eisenach ausgebildet, die von **Gottlob König** (1779-1849) begründet und geleitet wurde.
Forstausbildung, verknüpft mit modernen Verfahren bei Verjüngung und Holzernte, erbrachte im 19. Jh. einen enormen Aufschwung der Forstwirtschaft. Der bisherige naturale Versorgungswald wandelt sich endgültig zu Erwerbswald und unterliegt Rentabilitätsgesichtspunkten.
Im Schwarzatal wird der fürstliche Tiergarten schrittweise 1833-44 zu einem imposanten **Wildgatter** erweitert und umfasst etwa 1.100 ha, die von hohen Zäunen umgeben sind. Ein **„Saugarten"** rund um Hünenkuppe und Eberstein ist zusätzlich eingerichtet. Der Wildhüter Oppel erhält am Floßrechen ein 1835 im alpenländischen Stil gebautes Wohnhaus als Dienstsitz. Dieses **„Schweizerhaus"** ist heute die bekannteste Ausflugsgaststätte im unteren Schwarzatal. Als Jagdschlösschen entsteht im maurischen Ruinenstil 1844 der Eberstein im Saugarten (Abb. 15.5).
Nach der Revolution von 1848 fallen feudale Hemmnisse in der Waldbewirtschaftung von Sachsen-Meiningen und Schwarzburg-Rudolstadt weg. Lehensverhältnisse und Fronarbeit werden abgelöst, Streunutzungs- und Viehtriftrechte der Bauern in herrschaftlichen Wäldern aufgehoben. Die Bauern erwerben Grund und Boden und erhalten als Ausgleich für verloren gegangene Waldweide Forstflächen, es entsteht dadurch der kleinflächige **Privatwaldbesitz** rund um die Dörfer.
Die Industrialisierung der Region führt zum verstärktem **Nutzholzbedarf**. Um die steigende Nachfrage an Bauholz, Grubenholz, Eisenbahnschwellen, Papierholz u.a. abzudecken, werden Nieder- und Mittelwälder in Hochwälder überführt und in den aufwachsenden Nadelwäldern Durchforstungen zur Zuwachssteigerung vorgenommen. Wegebau zur besseren Walderschließung war dringend notwendig und zu dieser Zeit auch bezahlbar.
Holzkohle wird bei Verhüttung und Metallbearbeitung durch Steinkohle ersetzt. Fast alle Eisenhämmer und -hütten an Sormitz, Loquitz und Schwarza gehen ein und werden zu Sägemühlen umgerüstet. Dadurch verschwindet auch der Köhlerberuf weitgehend. Die Scheit-

Abb. 15.5: Eberstein mit Schwarzwild (Historische Postkarte).

holzflößerei auf den Gebirgsflüssen erlischt, nur auf der Saale wird Langholzflößerei bis in das 20. Jh. betrieben. Die Eisenbahn übernimmt den Holzferntransport.
Die Holzpreise für die gesuchten Holzsorten steigen, Forstwirtschaft wirft erhebliche Gewinne ab. Der Etat der Herrscherhäuser in Meiningen und Rudolstadt wird zu großen Teilen über die Forstämter erwirtschaftet. Nadelhölzer erzielen die höchsten Erlöse und werden über die Kapitalisierungformeln der **Bodenreinertragslehre** verstärkt gefördert. Das führt zunehmend zu Fichten-, Lärchen- und Kiefernreinbeständen auf großer Fläche, **Kahlschläge** sind das vorherrschende Ernteverfahren, Aufforstungen durch Pflanzung bestimmen die Verjüngung dieser rentabelsten Nadelholzarten, die zu **Altersklassenwäldern** aufwachsen. Buche und Weißtanne müssen als Schattbaumarten unter Schirm verjüngt werden, das erfordert schwierigere Vorbereitungs- und Erntehiebe und hohes waldbauliches Geschick. Um 1900 entstanden verstärkt Bestrebungen zur **Mischwaldbegründung**.
Die Novemberrevolution 1918 verdrängt die Herrscherhäuser in Meiningen und Rudolstadt. Die nunmehr staatliche Forstwirtschaft des 1920 entstandenen Freistaates Thüringen war gekennzeichnet durch Reparationsleistungen, Notverordnungen und Arbeitsbeschaffung für Arbeitslose in den Forstrevieren. Aufkommende Bemühungen zur kahlschlagslosen Naturverjüngungswirtschaft (**Dauerwaldbewirtschaftung**) in den Nadelholzbeständen blieben Einzelbeispiele, kamen aber in den Laubwäldern der Rotbuche zugute. Die Weißtanne litt in der gesamten Region unter einer Komplexkrankheit, dem **„Tannensterben"** und verlor zunehmend Fläche und Marktbedeutung.
In der Hitlerzeit trieben Kriegsvorbereitungen die Holzeinschläge ab 1936 weit über die Zuwachsleistungen, seit mehr als 150 Jahren wird damit das forstlich wichtigste Handlungsprinzip der Nachhaltigkeit wegen unsinniger Eroberungspläne großflächig aufgegeben. Nochmals gesteigerte Kriegseinschläge waren von 1939-44 zu erbringen. Das Ende des Hitlerfaschismus weckte neue Hoffnungen.
Die **Bodenreform** 1945 schuf zum bisherigen Kleinprivatwald weiteren kleinflächigen bäuerlichen Waldbesitz im Landkreis. Zum Aufbau der Neubauernwirtschaften war Holz unabdingbar.
Not und Elend in schwierigen Nachkriegsjahren 1945-55 mit ihren riesigen Einschlägen zur Abdeckung der Reparationsleistungen, zum Wirtschaftsaufbau und zur Brennholzversorgung der Bevölkerung ließen die Holzvorräte in der sowjetischen Besatzungszone weiter schwinden.
Da es an Fachkräften mangelte – viele Forstleute waren im Krieg gefallen oder parteipolitisch belastet – gründete das Land Thüringen in Schwarzburg eine Landesforstschule, die später als **Ingenieurschule für Forstwirtschaft** den Forstnachwuchs für den Südteil der DDR ausbildete.
Mit der Verwaltungsreform 1952 kam es auch zur Auflösung der Landesforstverwaltung in Weimar. Im Bezirk Gera entstanden zentral gelenkte **Staatliche Forstwirtschaftsbetriebe** (StFB), von denen der StFB Saalfeld fast alle Staats- und Kommunalwälder der Region bewirtschaftete, während bis 1958 die jeweiligen Kreisforstämter die Privatwälder betreuten. Die damalige Forstwirtschaft hatte zwei Probleme zu lösen: Die riesigen Kahlflächen der Kriegs- und Nachkriegszeit wieder aufzuforsten und weiterhin hohe Holzeinschläge bei geringen Vorräten zu realisieren. Dabei ersetzte Maschinenarbeit zunehmend die schwere Handarbeit (Abb. 15.6 und 15.7).
Die Privatwaldbesitzer brachten anfangs ihren Wald in die LPG ein, schlossen sich später zu leistungsstarken Waldgenossenschaften, den Zwischenbetrieblichen Einrichtungen Waldwirtschaft (ZEW), zusammen und erreichten erhebliche Erfolge, bis diese Waldungen ab 1975 zunehmend unter staatliche Bewirtschaftung gestellt und damit die Besitzer ihrem Waldeigentum völlig entfremdet wurden.
Die DDR erließ 1953 ein Jagdgesetz, zuerst organisierten sich die Jäger vollkommen sinnwidrig über die Gesellschaft für Sport und Technik, die eigentlich für die vormilitärische Ausbildung der Jugend verantwortlich war. Ab 1962 entstanden **Jagdgesellschaften**, die

Abb. 15.6: Fällen mit Zweimannmotorsäge (Fotozirkel Schwarzburg, 1963).

Abb. 15.7: Entasten mit der Axt, Entrinden mit dem Schäleisen (Fotozirkel Schwarzburg, 1963).

dem StFB Saalfeld in Planung und Abrechnung zugeordnet waren und durch staatlich eingesetzte Jagdleiter kontrolliert wurden. Die Jagdleiter hatten auch die staatlichen Waffen und die Jagdmunition aufzubewahren und nach strengem Zeitregime an die Jäger auszugeben. Privatwaffenbesitz war selten, die Jagdwaffenausstattung insgesamt mangelhaft. Das gestreckte Wild war an den StFB Saalfeld abzuliefern, der das Verkaufsmonopol für Wildbret und Haarwildbälge hatte, Jäger konnten Schützenanteile erwerben.

Durch die Wiedervereinigung Deutschlands 1990 änderten sich das Forst- und Jagdwesen in Thüringen grundlegend. Eine völlig **neue Forstorganisation** mit der Strategie einer **naturnahen Waldbewirtschaftung** entstand. Neben erwerbswirtschaftlichen Zielen, hier vor allem Holzproduktion, werden gleichrangig gemeinnützige Ziele, wie die Erhaltung und Verbesserung der Schutz- und Erholungswirkungen der Wälder verfolgt.

Die bisherige Forstingenieurschule in Schwarzburg wurde nach einer Übergangsregelung 1993 in eine **Fachhochschule für Forstwirtschaft** umstrukturiert, seitdem betreiben die Landesforstverwaltungen von Sachsen und Thüringen diese Ausbildungsstätte für den gehobenen Forstdienst gemeinsam als interne Fachhochschule.

Das **Thüringer Waldgesetz**, das Thüringer Jagdgesetz und das Naturschutzgesetz sind die rechtlichen Grundlagen für die Handlungen der Bediensteten der Forstverwaltung auch im Landkreis.

Die Gemeinden und die vielen Privatwaldbesitzer erhielten ihr Eigentum zurück. Die gesamte Waldfläche wird seitdem durch **Einheitsforstämter** hoheitlich betreut, die den Betriebvollzug im Staatsforst ausführen. Im jetzigen Landkreis sind das die Thüringer Forstämter Rudolstadt, Paulinzella, Schwarzburg, Leutenberg, Marktgölitz und Lehesten, außerdem werden vom Forstamt Neuhaus größere Waldgebiete im Südwesten des Kreises bewirtschaftet.

Die Einheitsforstämter sind zur Beratung der Privatwaldbesitzer verpflichtet, die vom Land Thüringen weitgehend gefördert werden (Abb. 15.8, 15.9).

Die gleichrangige Wahrung der **Nutz-, Schutz- und Erholungsfunktion** der Wälder des Landkreises erfordert einen langfristigen Umbau der Kiefernwälder im Buntsandsteinland ebenso, wie die allmähliche Umwandlung der bislang dominierenden Fichtenreinbestände im Schiefergebirge. Der Laubholzanteil wird gefördert, auch der Weißtannenanteil soll steigen. Die Langfristigkeit der forstlichen Produktion, bei Nadelholz verstreichen etwa 100 bis 140 Jahre von der Verjüngung bis zur Ernte der Bestände, in Laubwäldern dauert diese Umtriebszeit um 150 Jahre, lässt dabei nur einen zeitlich weitgespannten Umbau der bisherigen Altersklassenwälder in standortgerechte, ökologisch stabil strukturierte Wirtschaftswälder zu.

Abb. 15.8: Forstämter im Landkreis Saalfeld-Rudolstadt (Karte: TLWJF Gotha).

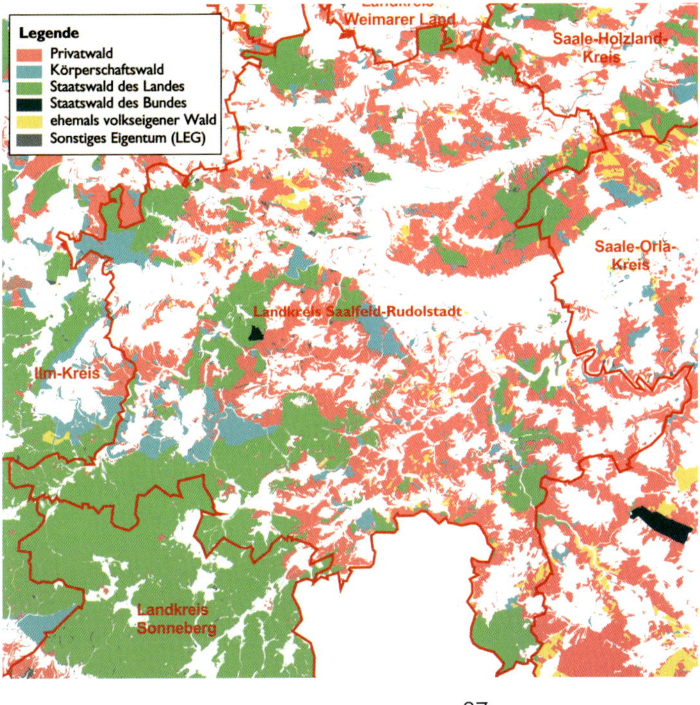

Abb. 15.9: Waldbesitzarten im Landkreis Saalfeld-Rudolstadt (Karte: TLWJF Gotha).

Tab. 15.1: Waldverhältnisse im Landkreis Saalfeld-Rudolstadt 2003 (Thüringer Landesanstalt für Wald, Jagd und Fischerei, Gotha).

Waldfläche des Landkreises	57.000 ha (55 % Flächenanteil)
Eigentumsverhältnisse:	
Kommunalwald	9,0 %
Landeswald	35,8 %
Privatwald	52,0 %
Treuhandwald	2,5 %
Sonstige	0,7 %
Summe	100,0 %
Baumartenverteilung:	
Buche	2,3 %
Eiche	2,6 %
Sonst. Hartlaubholz	0,6 %
Weichlaubholz	0,8 %
Fichte	56,1 %
Kiefer	36,5 %
Lärche	1,1 %
Summe	100,0 %

Die Riesenaufgabe dieses Waldumbaus für alle Waldbesitzarten geht aus dieser Übersicht hervor: Nur 1 % Verschiebung von Fichte oder Kiefer zu Laubholz entspricht im Kreis flächenmäßig etwa 570 ha, eine Größe, die fast ein halbes Forstrevier umfasst.

Hohe Bedeutung bei dieser Umwandlung haben die Wildbestandsdichten. Besonders Rot- und Rehwild müssen so bejagt werden, dass die Laubholzsämlinge und Voranbauten auch aufwachsen können und nicht dem Wildäser zum Opfer fallen.

16. Erholung und Tourismus

Zwischen Rennsteig und Saale befindet sich eine der abwechslungsreichsten und vielfältigsten **Tourismusregionen** Thüringens.

In dieser Region liegt der Landkreis Saalfeld-Rudolstadt - das südöstliche Eingangstor zum Thüringer Wald.

Auf dichtem Raum sind im Wandergebiet die Saale mit den Saalestauseen, dem Saaletal und dem Hexengrund, das wildromantische Schwarzatal mit seinen Seitentälern und Höhen, die Bergbahnregion mit der steilsten normalspurigen Standseilbahn der Welt, das Thüringer Schiefergebirge mit Altbergbau und noch aktiven Schieferabbau, die historischen Städte Saalfeld und Rudolstadt und der Rennsteig zu erreichen, zu durchqueren und zu erleben.

Etwa die Hälfte der Kreisfläche liegt in den beiden Naturparken **„Thüringer Wald"** und **„Thüringer Schiefergebirge/Obere Saale"**.

Das **topografische Profil** des Landkreises reicht von 169 Meter über dem Meeresspiegel in der Saaleaue bei Niederkrossen bis 827 Meter über dem Meeresspiegel am Rennsteig (Hoher Schuss) bei Piesau.

Eine große Zahl an **Tourismusstraßen** durchziehen oder tangieren diese Region (Abb. 16.1).

Die einmalige Landschaftsausstattung wird durch zahlreiche touristische und kulturelle Einrichtungen ergänzt (siehe folgende Übersicht).

Ob die hohe Dichte an **Schaubergwerken**, die vielseitige **Museenlandschaft** (Tab. 16.2), die zahlreichen Burgen und Schlösser oder so attraktive Einrichtungen wie die Schifffahrt auf dem Hohenwartestausee, die Oberweißbacher Berg- und Schwarzatalbahn, die Sommerrodelbahn in Dittrichshütte oder das Haflingergestüt in Meura – es ist für nahezu jedes Interesse und jeden Geschmack etwas dabei.

Das trifft auch auf gewünschte aktive **Erholung** zu. Ob angeln, fliegen, flößen, segeln, surfen, skifahren, tauchen, reiten, rodeln, radeln oder wandern – wer will, kann sich sportlich betätigen.

Aber nicht nur Fitness-, sondern auch **Wellnessangebote** sind für die Region typisch.
Der Thüringer Kräutergarten mit seinen Produkten bietet hierfür hervorragende Voraussetzungen.
Ein gut ausgebautes **Wanderwegenetz** mit mehr als 1.500 Kilometern und ein anspruchvolles Radwegenetz mit allen Schwierigkeitsgraden bieten für jeden etwas und machen die Wahl zur Qual.
Dazu gehören solche bekannten und traditionsreichen **überregionalen Wanderwege** wie in Tab. 16.1 aufgezählt.
Zahlreiche **Lehrpfade** vermitteln Interessantes und Wissenswertes.

Tabelle 16.1: Überregionale Wanderwege und Lehrpfade im beschriebenen Wandergebiet.

Wanderweg	s. auch Seite
Rennsteig	98
Europäischer Bergwanderweg EB/E3	159, 195
Thüringenweg	209
Goethewanderweg	233
Olitätenrundwanderweg	222
Saale-Orla-Wanderweg	
Rundwanderweg Hohenwartestausee	134
Saaleradwanderweg	
Rennsteigradwanderweg	
Lionsradwanderweg	
Lehrpfad	
Schieferlehrpfad Lehesten-Probstzella	113
Bergbaulehrpfade in Saalfeld, Schmiedefeld und Königsee/Garsitz	
Montanlehrpfad Kamsdorf	
Goldlehrpfad Reichmannsdorf	
Lehrpfad Goldbergbau Sitzendorf	
Bienenlehrpfad Saalfelder Höhe	163
Lavendelweg im Thüringer Kräutergarten	
Schillerlehrpfad in Rudolstadt	
Heinrich Cotta-Naturlehrpfad im Schwarzatal	184
der Naturlehrpfad Cursdorf	
historischer Stadtwanderweg Saalfeld	

Die durchgängige Markierung sowie das umfangreiche touristische Informations- und Kartenmaterial erleichtern die Orientierung und lassen den Besucher garantiert das Ziel finden. Aber auch ungeplant stößt der Gast mit Sicherheit auf eine schöne Gegend, interessante Einrichtungen, touristische Straßen oder einen neuen Wanderweg.
Die gute Thüringer Küche mit ihren Spezialitäten rundet einen gelungenen Urlaubstag ab. In den vielen Gaststätten, Pensionen und Hotels kann man sich verführen und verwöhnen lassen und die **Thüringer Gastlichkeit** genießen.

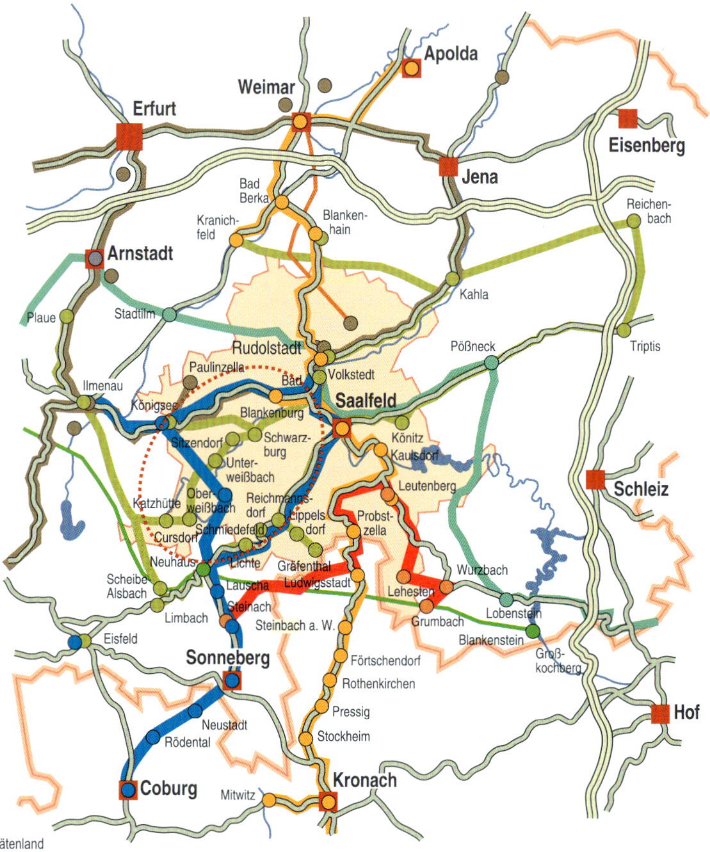

Abb. 16.2: Übersicht über Tourismusstraßen in der Region (Landratsamt Saalfeld-Rudolstadt).

Tabelle 16.2: Touristische und kulturelle Einrichtungen.

Schaubergwerke

Feengrotten Saalfeld
Morassina Schmiedefeld
Besucherbergwerk Kamsdorf
Besucherbergwerk Lehesten

Museen, Burgen und Schlösser

Thüringer Landesmuseum Heidecksburg Rudolstadt
Museum Kaisersaal Schwarzburg
Friedrich-Fröbel-Museum Bad Blankenburg

Abb. 16.2: Feengrotten, Saalfeld (Landratsamt).

Klosterruine und Museum für Kloster, Forst- und Jagdgeschichte Paulinzella
Bauernhäuser Rudolstadt
Schloss Großkochberg mit Museum, Liebhabertheater und Landschaftspark
Burg Greifenstein Bad Blankenburg mit Museum sowie Adler- und Falkenhof
Volkskundemuseum Reitzengeschwenda
Museum Rotschnabelnest Reichmannsdorf
Memorialmuseum „Friedrich Föbel" Oberweißbach
Stadtmuseum Saalfeld im Franziskanerkloster
Burgruine Hoher Schwarm Saalfeld
Schlösschen Kitzerstein Saalfeld
Schloss Wespenstein Gräfenthal
Schloss Eyba
Gasmaschinenzentrale Unterwellenborn
Regionalmuseum Dampfmaschine Sitzendorf
Bauernmuseum Sitzendorf
Flößereimuseum und Wasserkraftanlage Uhlstädt
Historische Apotheke und Laboratorium Rohrbach
Glasapparatemuseum Cursdorf
Technisches Denkmal Schieferbergbau Lehesten
Porzellanmanufaktur Sitzendorf
Porzellanmuseum Reichmannsdorf
Bergbaumuseum Schmiedefeld
Schraubenfabrik Saalfeld
Schulmuseum mit Bibliothek Keilhau

Aussichtspunkte

Leipziger Turm Schmiedefeld
Fröbelturm Oberweißbach
Altvaterturm Lehesten
Barigauer Turm
Baropturm Keilhau
Kulmberghaus
Meuselbacher Kuppe Meuselbach-Schwarzmühle
Marienturm Rudolstadt
Luisenturm Kleinkochberg
Bismarckturm Sitzendorf
Grenzturm Probstzella
Geschwister-Scholl-Turm Rudolstadt
Burgruine Schauenforst Rödelwitz

Abb. 16.3: Heidecksburg, Rudolstadt (G. Werner).

Abb. 16.4: Leipziger Turm, Schmiedefeld.

Abb. 16.5: Hohenwarte-Talsperre.

Abb. 16.7: Schwarzatal, Chrysopraswehr. (Fotos: Landratsamt).

Jagdschlösschen Eberstein Dittersdorf
Trippsteinblick bei Schwarzburg
Fröbelblick bei Bad Blankenburg

Sporteinrichtungen

Landessportschule Bad Blankenburg
Erlebnisbad Saalemaxx Rudolstadt
Allwetterrodelbahn Dittrichshütte
Haflingergestüt Meura
Thüringer Schieferpark Lehesten (Reiten)
Wassersport- und Freizeitzentrum Bucha
Ostthüringer Gleitschirmschule Leutenberg
Quadvermietung Rohrbach
Hochseilklettergarten Saalfeld
Kanuwandern auf der Saale
Mattenskipiste und Skischule Cursdorf
Skiliftanlagen in Oberweißbach, Deesbach und Cursdorf
Hallenbäder und viele Freibäder
Fahrradausleihstationen

Ausflugsziele

Oberweißbacher Berg-und Schwarzatalbahn
Thüringer Schieferpark Lehesten
Thüringer Kräutergarten
Lichtetalbahn Unterweißbach
Watzdorfer Traditions- und Spezialitätenbrauerei mit Museum
Windmühle Dittrichshütte (mit Museum)
Touristische Saaleflößerei Uhlstädt
Mühlenfähre Altenroth
Fahrgastschifffahrt Hohenwarte
Gedenkstätte Laura Schmiedebach
Naturparkhaus Leutenberg
Naturparkpavillon Bad Blankenburg
Spielhaus „Richter´sche Villa" Rudolstadt
Zeichen- und Modellierschule Lichte

Abb. 16.8: Oberweißbacher Bergbahn (Fundus Bergbahn).

Abb. 16.9: Saaleflößerei heute. (Fundus Landratsamt).

Abb. 16.10: Open Air Konzert in der Klosterkirche Paulinzella (R. Martin).

17. Feste und Folklore

In der malerischen Landschaft des Landkreises Saalfeld-Rudolstadt – mitten im grünen Herzen Deutschlands – lebt ein bodenständiges Volk, das sich seiner alten Traditionen bewusst ist und darauf Zukunft baut. Es hält das von den Ahnen überlieferte **Brauchtum** in Ehren und am Leben; es fügt aber auch das Seine in moderner Zeit dazu.

Alte Gewerke wie die Porzellanherstellung, die Glasbläserei, der Bergbau, das Schmieden und das Flößen finden heute nicht nur in Museen ihren Platz, sie werden von Generation zu Generation weitergegeben, in Vereinen gepflegt, in Schauwerkstätten und Manufakturen gezeigt. Jahrhunderte alte **Volkskunst** prägt vor allem im ländlichen Raum das Zusammenleben, traditionsreiche Trachten werden ihrer ursprünglichen Bestimmung gemäß gefertigt und getragen. Aber auch in den Städten wurzelt die **Kunstszene** in der Historie. Weit über die Region hinaus bekannt sind das Rudolstädter Folklore-Tanzensemble, die Thüringer Sängerknaben und das Rudolstädter Theater-Ensembles, die wie viele andere auch die kulturelle Vielfalt des Landkreises widerspiegeln.

Die Thüringer sind gastfreundlich und feiern nicht gern allein. Über das ganze Jahr verteilte Feste ziehen von Januar bis Dezember Gäste aus nah und fern in die Region des Städtedreiecks am Thüringer Saalebogen.

Das **Thüringer Dia-Festival**, ein beliebter Treff der Wintercamper, Fotospezialisten und Adventurefans, ist ein jährlich fest gebuchter Termin am letzten Januarwochenende und gehört inzwischen zu den größten derartigen Veranstaltungen in Deutschland. Ein ausgelassenes Fest der Superlative ist auch das **Rudolstädter Tanz&FolkFest**: Immer am ersten Juliwochenende wird die ehemalige fürstliche Residenzstadt zum Mekka der deutschen Folkszene. Einen reichlichen Monat später richtet Rudolstadt alljährlich den größten Rummel in Thüringen aus: Das **Vogelschießen** auf der Bleichwiese, das nicht nur so heißt, sondern durch den besten Schuss auf den hölzernen Vogel auch einen Schützenkönig kürt. Weitere Höhepunkte im Veranstaltungskalender setzen das **Rudolstädter Altstadtfest** und der **Saalfelder Zunftmarkt**.

In Bad Blankenburg erwatet den Gast eine Festivität, die in den hiesigen Breiten eher überraschen dürfte: Das **Lavendelfest** im August. Das ungewöhnlich milde Klima am Ausgang des Schwarzatals bietet im Kurpark ideale Wachstumsbedingungen für viele Lavendelsträucher. Auch die Umgebung hat einen Jahrhunderte alten Ruf als Kräuter- und Olitätengarten. „Kräuterhexen" setzen die Kunst der Heilkräutergewinnung bis heute fort.

Etwas weiter die Schwarza hinauf, in Sitzendorf, treiben Rasselböcke ihr heimliches (Un-)Wesen, daher feiern die Sitzendorfer diesem eigenartigem Jagdtier zu Ehren das fabelhafte **Rasselbockfest**. Über den Berg hinweg laden die Paulinzellaer jährlich um Himmelfahrt zum **Heiratsmarkt** an der Klosterruine ein. Außerdem bietet diese imposante romanische Klosteranlage eine malerische Kulisse für manches klassische Open-Air-Konzert (siehe auch Abb. 16.10.).

Musik verschiedenster Genres und Theateraufführungen unter freiem Himmel – sei es auf der Naturbühne am Saalfelder „Hohen Schwarm", im Liebhabertheater im Schloss Kochberg, im Hof der Rudolstädter Heidecksburg oder am Kaisersaal in Schwarzburg – haben im Sommer Konjunktur.

Wer stattdessen die freie Natur als Rahmen für ein kulturelles Erlebnis sucht, dem sei das Spektakel **„Stausee in Flammen"** an den Saale-Kaskaden vor Hohenwarte im August empfohlen. Unter Tage geht es dagegen zur **Feengrotten-Nacht** in Saalfeld, und auch im Feengrotten-Park gibt es während dieses Ereignisses viele musikalische Überraschungen und Gaumenfreuden.

Nach so abwechslungsreicher Feierlaune ist es fast müßig zu erwähnen, dass die Herbstwochenenden von den vielen traditionellen **Kirmesfesten** ausgebucht sind. Immer beliebter werden auch die Kneipen-Touren in Saalfeld und Rudolstadt, die nach Honky-Tonk-

Abb. 17.1: Alljährlicher Publikumsmagnet in Rudolstadt: Aus der ganzen Welt kommen Künstler und Gäste zum Tanz & Folk Fest und feiern drei Tage lang die Musik (R. Hampe).

Abb. 17.2: Traditionspflege schon bei den Jüngsten: Mitmachen ist toll! (P. Scholz).

Abb. 17.3: Das größte Volksfest Thüringens: Das Vogelschießen in Rudolstadt (J. Klein).

Abb. 17.4: Starke Vertreterinnen des Landkreises: Die Bad Blankenburger Lavendelkönigin, die Olitätenkönigin, die Lichter Porzellanprinzessin, das Saalfelder Schokoladenmädchen und die Königseer Wurstkönigin, hier mit Landrätin M. Philipp (zweite v. rechts) (S. Bujack-Biedermann).

Manier im Frühjahr und im Herbst Tausende Besucher auf die Beine bringen.

Neben dem Deutschland weit gestalteten **Tag des offenen Denkmals** im September setzen das Kreis-Erntedankfest in Bad Blankenburg und die **Rudolstädter KulTourNacht** weitere Höhepunkt im Herbst. Die KulTourNacht in der ehemaligen Residenzstadt schlägt einen Bogen zwischen theatralischer, musikalischer, musealer, architektonischer, bildender und kulinarischer Kultur.

Und selbst der Winter gibt mit dem **Grottenadvent** in Saalfeld, vielen Weihnachtsmärkten und einer Weihnachtsfeier wie zu Goethes Zeit in Großkochberg reichlich Anlässe zum Feiern.

So individuell wie die Menschen, so vielgestaltig wie die geografische und die kulturelle Landschaft, so abwechslungsreich sind die gelebten Traditionen und die ausgelassenen Feste. Diese Aufzählung kann nur annähernd eine Ahnung von der Thüringer Lebensart vermitteln – aber eines ist ihr hoffentlich anzumerken: Die Einladung zum Mitfeiern.

18. Überblick zum Kreis Saalfeld-Rudolstadt

Im Rahmen der **Thüringer Gebietsreform** entstand im Jahre 1994 aus den ehemaligen Landkreisen Rudolstadt und Saalfeld, Teilen der Landkreise Lobenstein und Neuhaus sowie der Gemeinde Lausnitz des ehemaligen Landkreises Pößneck der Landkreis Saalfeld-Rudolstadt mit der Kreisstadt Saalfeld (siehe Abb. 11.8: Schloss Saalfeld, heute Landratsamt).

Die über 1100 Jahre alten Städte Rudolstadt und Saalfeld bilden mit der Stadt Bad Blankenburg ein stetig zusammenwachsendes **Städtedreieck** – das Zentrum des Landkreises.
Die traditionsreiche **Regentschaft** der Grafen und Fürsten von Schwarzburg-Rudolstadt (1574/1599-1918), der Herzöge von Sachsen-Saalfeld (1680-1735), Sachsen-Coburg-Saalfeld (1735-1826) und danach Sachsen-Meiningen (1826-1918) aus ernestinischen Teilgeschlechtern des Hauses Wettin hat ein reiches, vielfältiges **kulturelles Erbe** hinterlassen. Zahlreiche Burgen und Schlösser, eine Vielzahl von verschiedenen Museen und Sammlungen der Adelshäuser sowie das Thüringer Landestheater Rudolstadt bezeugen die kulturelle Vergangenheit. Bewahrt, weiterentwickelt und modern ergänzt durch das Wirken der Thüringer Symphoniker Saalfeld-Rudolstadt, von Kreisvolkshochschule und Kreismusikschule, der neugegründeten Landessportschule Bad Blankenburg und weiterer Bildungseinrichtungen prägen diese alten Traditionen und jungen kulturellen Einrichtungen heute die Arbeits- und Lebenskultur des Gebietes.
Schon seit Anfang des 19. Jh. war die Region am östlichen Thüringer Wald, im Thüringer Schiefergebirge und an der Oberen Saale ein bekanntes Reiseziel für Naturfreunde, Maler und Dichter der Romantik, natürlich auch für Studenten. Im 20. Jh. zählte dieser Natur- und Kulturraum zur bevorzugten **Erholungslandschaft** für Urlauber aus dem mitteldeutschen Industriegebiet.
Die Landschaft gehört auch heute zu den am stärksten frequentierten Tourismusgebieten Thüringens. Daher ist der Fremdenverkehr hier ein wichtiger Wirtschaftsfaktor.
Als **traditioneller Industriestandort** ist der Landkreis gekennzeichnet durch über 100 bedeutende Industriebetriebe. Vor allem die Branchen Metallurgie, Bergbau, chemische Industrie, Elektrotechnik/Elektronik, Maschinenbau, Holz- und Glasverarbeitung, Porzellanherstellung, Medizintechnik, Kunststofftechnik und Nahrungsgüterproduktion sind hervorzuheben (siehe auch Kap. 13.)
Das **Wappen des Landkreises**, auf Vorschlag von Dr. Heinz Deubler, Dr. Peter Langhof und Dr. Gerhard Werner entstanden, enthält in den Feldern 1 und 4 jeweils das kleine Staatswappen der ehemaligen Fürstentümer Schwarzburg und deren Hauszeichen Kamm und Gabel. In den Feldern 2 und 3 wurde das Wappen der Sachsenherzöge aufgenommen.

Abb. 18.1: Kreiswappen.

Die **heraldische Blasonierung** lautet:
„Das Wappen ist geviertet und zeigt in den Feldern 1 und 4 auf goldenem Grund einen schwarzen, golden nimbierten, rot bewehrten Doppeladler, die Brust belegt mit einem goldenen Schild und einem Fürstenhut, über den Adlerköpfen schwebend eine Kaiserkrone mit roten Kappen, in den Fängen ein goldenes Zepter und einen goldenen Reichsapfel haltend, darunter eine rote Streugabel über einem roten Kamm; die Felder 2 und 3 sind neunmal von Schwarz und Gold geteilt, belegt mit einem schrägrechten grünen Rautenkranz."

Statistische Daten:
Der Landkreis Saalfeld-Rudolstadt befindet sich am Thüringer Saalebogen und grenzt im Süden an das Bundesland Bayern. Etwa 50 Prozent der Kreisfläche ist in die Naturparke „Thüringer Wald" und „Thüringer Schiefergebirge" integriert.
Die höchste Erhebung „Hoher Schuss" liegt bei Piesau mit 827 Meter über NN, der niedrigste Punkt befindet sich im „Saaletal" bei Niederkrossen, 169 Meter über NN.

Gesamtfläche	1034,56 Quadratkilometer
davon	
Forstwirtschaftsflächen	537,63 km^2
Landwirtschaftsflächen	369,04 km^2
Gebäude und Freiflächen	36,93 km^2
Verkehrsflächen	34,09 km^2
Wasserflächen	11,85 km^2
Betriebsflächen	2,86 km^2
Erholungsflächen	2,76 km^2
Sonstige	39,40 km^2

Kreisstadt: Saalfeld
48 politische Gemeinden, darunter 9 Städte.
30 Gemeinden gehören 5 Verwaltungsgemeinschaften an
5 Gemeinden werden von 3 erfüllenden Gemeinden verwaltet

Bevölkerung:	129.610 Einwohner = 125 pro km^2
davon:	
männlich	63.433
weiblich	66.177

II. Die 24 schönsten Wanderrouten der Region

Einführung zu den Wanderungen

Das Gebiet zwischen Rennsteig und Saale ist mit den Bergen des Thüringer Waldes und des Thüringer Schiefergebirges, mit den Saaletalsperren und den Bundsandsteinlandschaften, Zechsteinriffen und Muschelkalkhängen des nördlichen Vorlandes des Thüringer Waldes ein sehr abwechslungsreiches und vielgestaltiges Wandergebiet. Die Auswahl der Wanderwege für diese Publikation fiel deshalb besonders schwer. Neben den überregional bekannten Wanderwegen haben wir deshalb Wege gewählt, die die Vielfalt der Landschaft, die Schönheit der Natur und die Beziehungen zu den kulturellen Traditionen dieses Teils des Thüringer Landes dokumentieren sollen. Wir hoffen, dass dies gelungen ist.

Bei der Wegebeschreibung standen Informationen über das was man sehen und erleben kann im Mittelpunkt, aber gleichzeitig ging es auch darum, die Wege so darzustellen, dass sie individuell erwandert werden können. Auch wenn die Wegemarkierung im Wandergebiet insgesamt gut ist, ergeben sich im unbekannten Gelände immer wieder Probleme, wenn ein Baum mit Wegemarke gefällt, oder ein Wegweiser durch Unbefugte entfernt wurde. Die textliche Wegebeschreibung unter Bezugnahme auf Wegweisung und Wegemarkierung, die Einbeziehung der Kartenausschnitte und auch die Darstellung des Höhenprofils sollten in ihrer Einheit ausreichend sein, dass jeder Wanderer, auch wenn er die Gegend absolut nicht kennt, den Weg und auch ans Ziel findet.

Die angegebenen Entfernungen und die Höhenprofile der beschriebenen Wege wurden mittels der amtlichen topographischen Karten des Thüringer Landesvermessungsamtes, Maßstab 1:10.000 ermittelt. Abweichungen gegenüber Angaben auf den Wegweisern usw. sind möglich.
Aus Höhenangaben und Weglänge wurde ein Durchschnittswert für den Kalorienverbrauch des Wanderers ermittelt. Dieser Wert bezieht sich auf einen Wanderer, der ca. 70 kg wiegt und ohne Gepäck wandert. Für den, der seine Nahrungsaufnahme nach Kalorientabelle regelt, ist es sicher auch wichtig zu wissen, wie er zu viel aufgenommenen Kalorien wieder abbauen kann. Wandern ist dafür geeignet, aber, wie die angegebenen Werte zeigen, natürlich auch kein Wundermittel.

In den Wegebeschreibungen wurden Abkürzungen verwendet. **HWW** steht dabei für **Hauptwegweiser** (mehrere, verschiedene Richtungen angebende Wegweiser), **WW** für den einzelnen **Wegweiser** und **WZ** für das **Wegezeichen** (in der Regel ein auf einem weißen Quadrat farbig gestaltetes Zeichen wie Strich, Punkt, Dreieck). **SH** bedeutet **Schutzhütte**.

Die Verkehrsverbindungen zu Start und Ziel der Wanderungen entsprechen dem aktuellen Stand. Ausdrücklich sei darauf verwiesen, dass Veränderungen, auch zeitweiliger Art durch Straßensperrungen usw., immer möglich sind.

W1 Unterwegs auf Deutschlands bekanntestem Wanderweg

Allgemeines:

Der **Rennsteig** als ältester und wohl bekanntester Fernwanderweg Deutschlands wurde 1330 „rynnestig" genannt. Er war (auf seinem urkundlich belegten Mittelstück) wohl ein vor allem für militärische Zwecke wichtiger gedeckter Verbindungsweg für schnelle Boten auf dem Kamm des thüringisch-fränkischen Grenzgebirges. Vor allem im 17. Jh. erfolgten Erkundungen, ob und wie der Weg als Kurierpfad bis nach Böhmen verlängert werden könnte. War zunächst der gesamte Gebirgszug Grenzmark, so wurde später bei den exakten Grenzziehungen der Territorialstaaten vielfach die Linie des Rennsteiges „versteint". Die im hier beschriebenen Abschnitt anzutreffenden Grenzsteine stammen meist aus dem 17.-19. Jh. und sind teils mit den Anfangsbuchstaben der angrenzenden Staaten, teils auch mit deren kunstvoll gearbeiteten Wappen versehen.

Im Zusammenhang mit der besseren Verkehrserschließung innerhalb Deutschlands beschäftigte sich im ersten Drittel des 19. Jh. der in gothaischen Diensten stehende Hauptmann Julius von Plänckner mit dem Rennsteig, der nicht in das Schema der die Länder durchziehenden Handelswege paßte, und widmete ihm in seiner 1830 erschienenen Topographie des Thüringer Waldes ein eigenes Kapitel, welches als „Geburtsurkunde" der Rennsteigtouristik gilt. Er legte die Endpunkte relativ willkürlich (abweichend von historisch belegten Wegführungen) mit der Mündung der Selbitz in die Saale bei Blankenstein im SO und mit der Mündung der Hörsel in die Werra bei (Eisenach-) Hörschel fest.

Der 1896 im Waldhaus „Weidmannsheil" bei Steinbach am Wald gegründete Rennsteigverein übernahm diese Linie und widmete sich intensiv der Erforschung der Geschichte des Rennsteigs, genauer: der Rennsteige und Rennwege. Denn bald stellte sich heraus, dass das kein Eigenname, sondern ein Gattungsbegriff von Wegen ist. Fand man doch im deutschsprachigen Raum über 200 derartige Wege! Die Länge des Rennsteigs beträgt rund 170 km, wobei durch notwendige Wegeverlegungen die Messungen etwas variierende Längen ergaben.

Im Nachfolgendem wird der Abschnitt des Rennsteiges zwischen Steinbach am Wald und Masserberg beschrieben, der sich als Streckenwanderung in zwei Etappen bewältigen lässt.

Charakter:

Eine Streckenwanderung auf einem Teilstück des ältesten bekannten deutschen Fernwanderweges auf dem in diesem Bereich breiten Kamm des Frankenwaldes, des Thür. Schiefergebirges und des Thür. Waldes, wodurch nur relativ geringe Höhenunterschiede zu überwinden sind.

Einige waldfreie Rodungsinseln um Orte im Kammgebiet und ein Aussichtsturm gestatten weite Ausblicke bis ins Gebirgsvorland. Neben landschaftlichen Schönheiten sind hier viele sehenswerte alte Grenzsteine erhalten.

Vor allem in Ernstthal und Neuhaus vermitteln Werkstätten und Verkaufsausstellungen sowie das Heimatmuseum im Geissler-Haus einen Eindruck von den vielfältigen Gestaltungsmöglichkeiten bei der Glasverarbeitung. Die Kammorte zeigen überwiegend das typisch blauschwarze Bild schieferbeschlagener Häuser. Eindrücke vom früher die Wirtschaft der Region bestimmenden Schieferbergbau vermitteln die ehemaligen Griffelschieferbrüche beim Berggasthof Brand direkt am Weg.

Voraussetzungen:

Nur mäßig welliges Gelände und auf großen Strecken naturbelassene Wege, die aber bei Regen teilweise morastig und durch Wurzeln glatt sein können, lassen festes Schuhwerk mit Profilsohle angeraten sein. Einige Abschnitte verlaufen auf geschotterten, teils ausgewaschenen Wegen, nur wenige Abschnitte sind asphaltiert. Wie generell bei Etappenwanderungen ist eine gute Kondition erforderlich.

Wanderstrecke: 41,0 km
(Höhenprofil Abb. W1.2)
Strecke beliebig teilbar. Übernachtungen sind in allen Orten am Weg möglich.

Anstiege: 680 m,
Abstiege: 505 m,
Kalorienverbrauch: 2.850 kcal.

Start und Ziel:

Wir starten am Bahnhof in Steinbach am Wald bei km 140 der Rennsteigkilometrierung. Den Ort Steinbach am Wald erreichen wir entweder mit der Bahn - Strecke 840 Saalfeld-Kronach-Lichtenfels, etwa stündlich (im Wechsel RE und RB) oder mit dem Kfz (auf der B 85: nächster Ort nach Ludwigsstadt in Richtung Kronach).
Der Endpunkt Masserberg ist mit öffentlichen Verkehrsmitteln nur schwer erreichbar. Von dort besteht eine direkte Busverbindung nur in südlicher Richtung nach Eisfeld, Schleusingen oder Suhl. Mit dem Kfz erreicht man Masserberg, indem man das Schwarzatal von Bad Blankenburg kommend bis fast zum Ortsende Katzhütte aufwärts fährt, dort rechts ins Massertal abbiegt und sich auf der Höhenstraße links hält. Vom südlichen Thüringer Wald erreicht man Masserberg über Schnett bzw. über Gießübel.

Wegemarkierung:

Der Rennsteig ist durchgängig mit einem großen weißen R markiert (Abb. W1.1), zusätzlich

Abb.W1.1: Markierung des Rennsteigs (E. Krauß).

vom Bahnhof Neuhaus a.R. bis „Hohe Sonne" bei Eisenach auch mit einem liegenden blauen Kreuz („Andreaskreuz" X) des Internationalen Bergwanderweges Eisenach-Budapest (EB). Hinzu treten mitunter örtliche Wegemarkierungen, da auch andere Wege streckenweise den Kammweg benutzen.

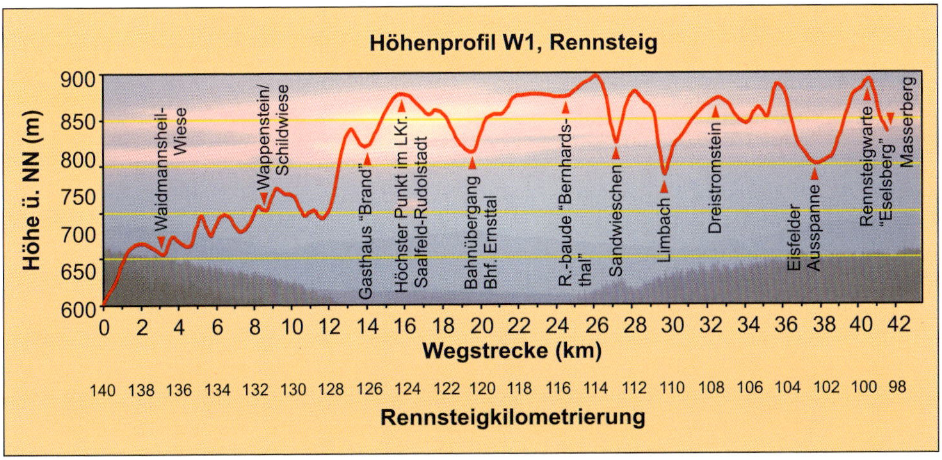

Abb. W1.2: Höhenprofil.

Wegeverlauf (vgl. Abb. W1.3a-c):
Der Rennsteig führt zuerst durch Steinbach, entlang der „Rennsteigstraße" aufwärts, etwa an der höchsten Stelle steht rechts der Wasserscheide-Obelisk von 1856 (erneuert), der auf die Wasserscheide zwischen den Stromsystemen von Elbe und Rhein hinweist.
Kurz darauf muss am Kreisverkehr die Bundesstraße 85, die „Bier- und Burgenstraße", gequert werden. An ihr, ca. 1 km nach SW abwärts, liegt der alte Ortskern von Steinbach mit der Wehrkirche „St. Johannes Baptista", um 1500 an der Stelle einer ehemaligen Turmhügelanlage erbaut. Die heutige Straße ist 1846-49 als Ersatz für die Alte Heeresstraße als Chaussee zwischen Ludwigsstadt und Rothenkirchen gebaut worden.
Gegenüber vom Schießzentrum „Am Rennsteig" trennen sich zwei Wegevarianten. Der ursprüngliche Verlauf des Rennsteigs (schon vor 100 Jahren als endlos, langweilig bezeichnet) ist zur „Frankenwaldhochstraße" ausgebaut und nicht zum Wandern geeignet. Links (südwestlich) daneben verläuft auf einer Wasserleitungstrasse ein Weg, der als Rennsteig-Radweg markiert ist und notfalls bei sehr nassem Wetter benutzt werden kann. Empfohlen wird, dem halb rechts in den Wald hinein abzweigenden schmalen Weg, der auch mit weißem R markiert ist, bis zur Schildwiese zu folgen. Er ist knapp 1 km länger, aber abwechslungsreicher und ruhiger als der Weg neben der Straße. Bei zweifelhafter Wegemarkierung darf nicht ins Tal abgestiegen werden; der Weg führt immer unterhalb der Fahrstraße entlang; im Zweifelsfall kann man sich an ihr nach Gehör (Autolärm!) orientieren.
Am Kreuz „Drei Brüder" im Forstort „Soldatenhieb" wird die „Alte Heerstraße" (auch „Alte Poststraße") Ludwigsstadt-Windheim-Hirschfeld-Rothenkirchen (Markierung rotes H) gequert. Die Bezeichnungen erinnern an Ereignisse im Dreißigjährigen Krieg.
Nachdem ein breiter Fahrweg für wenige Meter benutzt wurde, biegt der Rennsteig nach links aufwärts ab (aufpassen!), macht einige scharfe Knicke, verläuft schließlich auf einer Schneise durch den Wald und erreicht wieder den breiten Fahrweg. Links oberhalb befindet sich die Waldhauswiese mit einer Waldklimastation der Bayerischen Forstverwaltung und einer Forschungsfläche zum Kohlenstoff- und Stickstoffkreislauf. Am oberen Rand der Wiese kurz unterhalb der Straße stand das 1988 durch Brandstiftung vernichtete „Waldhaus Weidmannsheil". Hier war am 3. Oktober 1892 durch Prof. LUDWIG HERTEL aus Hildburghausen ins Gästebuch ein Aufruf zur Gründung eines Vereines zur Erforschung der Rennsteiggeschichte eingetragen worden. Am Pfingstsonntag, dem 24. Mai 1896, wurde hier der Rennsteigverein gegründet. Eine Tafel neben der Schutzhütte unterhalb der Terrasse gibt dazu Informationen. Einige Schritte abseits im Wald stehen Gedenksteine zur Erinnerung an Dr. phil. JULIUS KOBER und REINHOLD JUBELT, zwei verdienstvolle Mitglieder des Rennsteigvereins.
Die Wanderung wird unten an der Wegekreuzung an der Waldhauswiese fortgesetzt auf dem „Waldhausweg". Bald werden die Teerstraße Kehlbach-Ludwigsstadt („Bullenbachstraße") gequert und der ehemalige Jagdsammelplatz „Roter Turm" erreicht. Das ist ein rot angestrichener Baumstamm, der nach alter Überlieferung 1882-85 beim Eisenbahnbau von den Bauingenieuren als Turm angemalt wurde (erneuert).
Dem breiten Bärenbrunnenweg ist nur etwa 100 m abwärts zu folgen, in dessen deutlicher Rechtskurve zweigt der Rennsteig auf einen schmalen Weg geradeaus ab. Auf schönen Waldwegen geht es wieder allmählich aufwärts zum Wanderparkplatz östlich des Ebershügels. Nach nur rund 100 m Asphalt taucht der Rennsteig wieder in den Wald ein, um mit mehrfachem leichten Auf und Ab und Richtungsänderungen die Sitzgruppe am Wollersbrunnen zu erreichen. Nun steigt der Weg wieder an, reichlich 100 m weiter stehen bzw. liegen Steine mit den Buchstaben KW (=Königlicher Wald) beiderseits des Weges. Über eine malerische Waldwiese mit einem kleinen Weiher aufwärts wird eine Wegeeinmündung erreicht. Hier vereinigen sich beide Rennsteig-Varianten wieder. Kurz vor dem Wappenstein an der Schildwiese wird die Straße überquert. Hier wurde 2001/02 eine Wanderhütte mit einem Wetterschutzraum errich-

tet. Sie ist mittwochs, samstags sowie an Sonn- und Feiertagen von 14 bis 20 Uhr bewirtschaftet, bei Bedarf kann man die Öffnung telefonisch vereinbaren (0 92 69/16 84).
Hier an der „Schildwiese" stehen zwei Steine nebeneinander. Stein Nr. 198 von 1781 mit den Buchstaben AL (Amt Lauenstein) bzw. AG (Amt Gräfenthal) und der wappengeschmückte Stein Nr. 197. Er trägt die Jahreszahl 1725, das sächsische Rautenkranz-Wappen mit den Initialen EHZS (Johann Ernst, Herzog zu Sachsen-Coburg-Saalfeld) und den brandenburgischen Adler mit den Initialen GWMZB (Georg Wilhelm, Markgraf zu Brandenburg).
Am Waldrand (Weg nach Kleintettau) wird der ehemalige Grenzgraben entlang der innerdeutschen Grenze gequert und damit nun für 500 m im Lkr. Saalfeld-Rudolstadt gewandert. Ein schmaler Zipfel (an der schmalsten Stelle ganze 80 m breit!) Thüringen reicht hier über den Rennsteig hinweg bis unmittelbar vor Kleintettau!
Auf einem asphaltierten Weg aus Zeiten der DDR-Grenzsicherung geht es zwischen Wiesen leicht aufwärts auf die Waldecke zu, vor der erneut der ehemalige Grenzgraben gequert wird. Nun wird wieder in Franken (Freistaat Bayern) gewandert! Nach dem Durchschreiten des „Kuhwaldes" wird letztmalig die bayerisch-thüringische Grenze überwunden und wieder der Lkr. Saalfeld-Rudolstadt erreicht. Am Wiesenrand entlang sieht man noch den Verlauf des Grenzgrabens. 50 m weiter laden Tische und Bänke zur Rast. Eine Tafel erinnert daran, dass hier am 28. April 1990 die Staatsgrenze zwischen DDR und BRD für Rennsteigwanderer mit einem wahren Volksfest wieder geöffnet wurde.
Auf einer schmalen Asphaltstraße wird oberhalb der Schleifenwiese (Name vermutlich vom Hinunterschleifen des Holzes) und am Hange des Glashügels (vermutlich ehemals eine Glashütte) entlang allmählich abwärts gewandert. Ein Schild macht aufmerksam, dass nun schon wieder der Lkr. Saalfeld-Rudolstadt verlassen und im Lkr. Sonneberg gewandert wird. Alte Gemeindegrenzen haben sich als Kreis-, Landes- und eben auch zeitweilig als strengstens gesicherte Staatsgrenzen erhalten!
Am Ende des Waldes am Glashügel nach der letzten Linkskurve wird der weitere Verlauf des Rennsteigs sichtbar: Oben am Waldrand des Roten Berges steht die Clemens-Major-Schutzhütte, rechts darunter in der Senke liegt Spechtsbrunn. Doch zunächst geht es geradeaus auf die jenseits der von Tettau heraufkommende Straße zu. Dort steht eine Naturpark-Information der Gemeinde „Oberland am Rennsteig" (mit angeschlossenem Imbiss-Kiosk). Sie informiert über alle drei Naturparke des Gebirges, den bisher durchwanderten Naturpark „Frankenwald" auf bayerischer Seite und den sich in Thüringen anschließenden Naturpark „Thüringer Schiefergebirge/Obere Saale" sowie den Naturpark „Thüringer Wald". Eine ganze Reihe von Informationstafeln stehen entlang des Weges zur Straßenkreuzung an der „Kalten Küche" (L 1150 Gräfenthal-Spechtsbrunn). Hier querte die alte Heeres- und Handelsstraße (auch „Judenstraße") von Nürnberg über Coburg-Neustadt-Oberlind-Judenbach nach Leipzig über Gräfenthal-Saalfeld den Kamm. Während von Süden her die Ausspanne auf dem „Sattelpass" oder „Coburger Pass" bei Neuenbau am Ende des Steilanstiegs lag, wird hier am Ende der Steilstrecke von Gräfenthal bzw. Buchbach eine Ausspanne mit einer kleinen Schenke gestanden haben. Die Flurbezeichnung „Kalte Küche" hat sich erhalten. Das gleichnamige Gasthaus wurde 1932 erbaut und gehört zur Stadt Gräfenthal im Lkr. Saalfeld-Rudolstadt.
Auf breitem Schotterweg durch lichten Fichtenhochwald geht es bald abwärts an der ehemaligen Kaserne der DDR-Grenztruppen vorbei nach Spechtsbrunn. Hier am Gasthaus mit Pension „Am Rennsteig" (ehemals „Bauersachs") zweigt die Straße nach Hasenthal-Sonneberg ab. Der Rennsteig ist in diesem Gebiet bis zum Triniusblick mehrfach verlegt worden, auf Karten findet man daher die unterschiedlichsten Verläufe! Die jetzige Führung vermeidet die gefährliche Kurve auf der Autostraße, bietet aber nicht den Ausblick in den Talkessel von Gräfenthal. Dennoch nicht von dem am Betonmast rechts der Straße beim

Abb. W1.3a: Rennsteig, Abschnitt 1 (Kommunale Kartografische Verlagsanstalt Nordhausen).

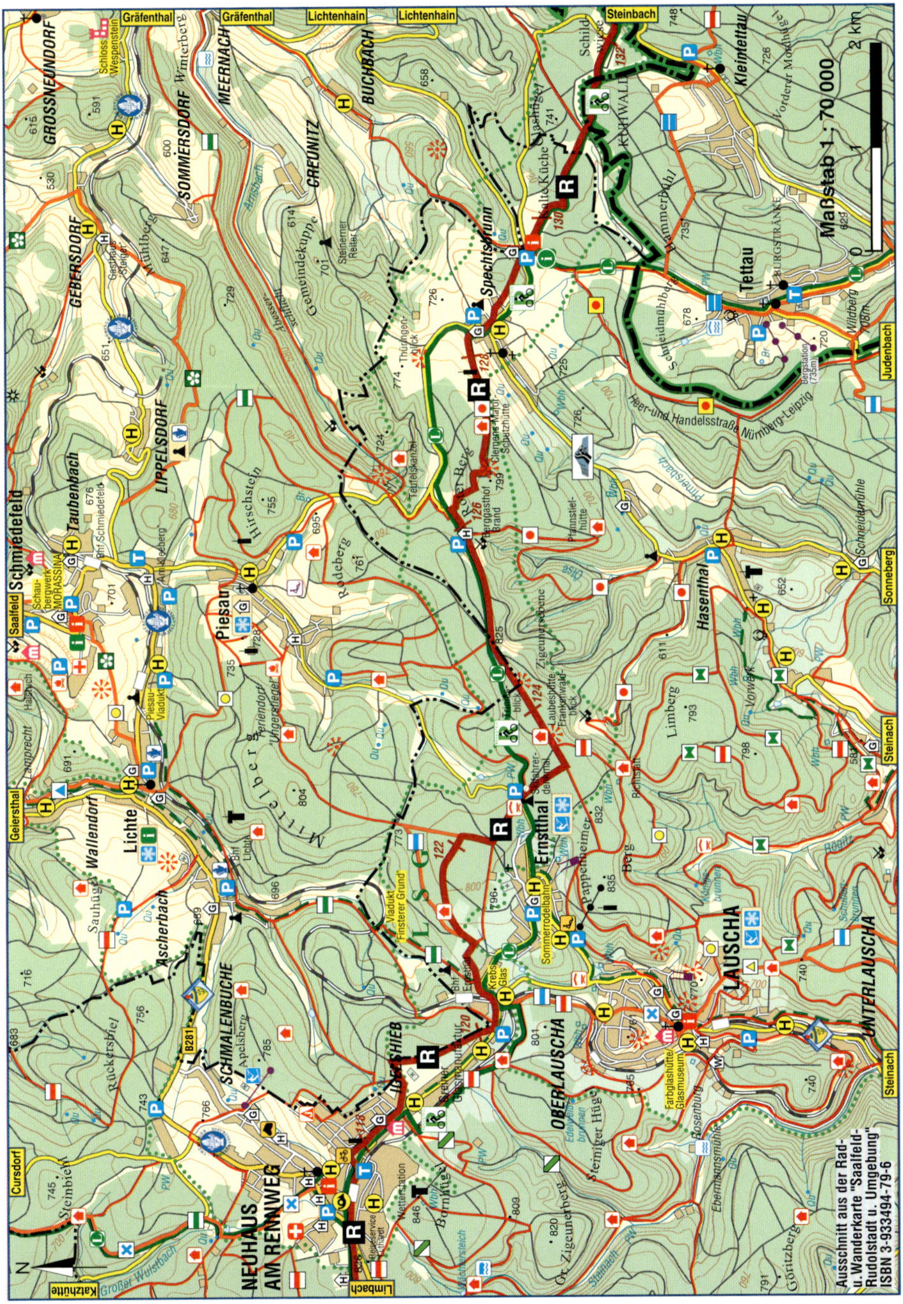

Abb. W1.3b: Rennsteig, Abschnitt 2 (Kommunale Kartografische Verlagsanstalt Nordhausen).

Aufstieg noch erkennbaren R verleiten lassen, sondern geradeaus aufsteigen (u.a. Wegweiser „Brand")! An der letzten Scheune wird nach links auf den geschotterten Feldweg am Hang des Roten Berges aufwärts eingebogen. An der massiven Clemens-Major-Schutzhütte (Abb. W1.4) sollte man verschnaufen, die Aussicht genießen und sich an der Tafel über Werdegang und Bedeutung von Clemens Major als Geograph und Kartograph informieren. Durch den Wald hindurch wird die „Bergwiese" (Abb. W1.5) erreicht, an ihrem Waldrand entlang nach links zur „Brandstraße" gewandert und nun der Asphalt-, später Schotterstraße sacht aufwärts gefolgt. Der Berggasthof Brand (Dienstag Ruhetag) bietet auch Übernachtung in Finnhütten (Abb. W1.6) und ist hervorgegangen aus einer einstigen „Großhütte" für Griffel (1905/07-1930). Das hiesige Gestein, bei dem Schieferung und Schichtung fast rechtwinklig zueinander stehen (Transversalschieferung), zerfällt stäbchenförmig und ließ sich gut zu langen gerundeten Schieferstiften („Griffel") verarbeiten, mit denen auf Schieferplatten aus der Lehestener Gegend („Schiefertafeln") geschrieben werden konnte. Das hiesige Gestein war besonders fein spaltbar und sogar geeignet zur Herstellung dünner Schieferminen, die in Bleistiftmanier in Holz eingelegt wurden.

Der Brandstraße wird zwischen den oberhalb liegenden (inzwischen weitgehend verfüllten) ehemaligen Steinbrüchen und deren Abfallhalden bis zur Wegekreuzung an der Triniusbank verfolgt (unterhalb des Weges auf einer Schieferhalde, benannt nach dem aus Schkeuditz stammenden und in Waltershausen bei Gotha ansässigen Wanderschriftsteller des 19. Jh. August Trinius, der u.a. auch den Rennsteig bekannt machte).

Hier mündet von rechts die markierte längere Rennsteig-Führung über den Gipfel (aber ohne Ausblicke!) wieder ein; ab hier ist dem schmaleren Weg halb links aufwärts entlang der Stromleitung zu folgen und nicht mehr dem Rennsteig-Radweg. Gekennzeichnet ist der höchste Punkt des Landkreises Saalfeld-Rudolstadt (826,8 m ü. NN, Abb. W1.7), denn für gut 500 m ist der Rennsteig hier wieder Kreisgrenze! Geradeaus weiter wird die Wegespinne an der „Laubeshütte" erreicht, nach links führt ein Trampelpfad zum „Frankenwaldblick" oberhalb eines aufgelassenen Schieferbruchs. Halb rechts abwärts wird an der Straße Piesau-Ernstthal das Denkmal des Thüringer Wintersportverbandes für die Gefallenen des 1. Weltkrieges erreicht. In der DDR-Ära begann die Rennsteigwanderung erst an dieser Stelle, weil bis hierher die 5-km-Sperrzone entlang der Grenze zur BRD reichte, die nur mit besonderem Ausweis oder Passierschein betreten werden durfte.

Folgt man der Straße in westlicher Richtung knapp 200 m, bietet sich vom Waldrand aus ein Ausblick auf Ernstthal, Neuhaus, Oberlauscha und Steinheid mit dem Kieferle.

Nach dem Queren der Fahrstraße wird für reichlich 100 m ein breiter Fahrweg benutzt, dann auf schmalen Waldwegen in mehreren Biegungen bis zum Waldrand vor dem Ortsteil am Bahnhof Ernstthal gewandert (Aufpassen, mehrere Richtungsänderungen!). Gegenüber vom Bhf. Ernstthal weckt die Verkaufsausstellung der Krebs-Glas GmbH weihnachtliche Gefühle. Am Bahnübergang wird die Strecke Sonneberg-Lauscha-Ernstthal-Neuhaus gequert, nach rechts der Teerweg benutzt und zwischen Wiesen links aufwärts die Waldecke am ehemaligen Dreiherrenstein „Hoher Lach" erreicht. Ab hier begleiten nun bis weit über das Ziel Masserberg hinaus alte Grenzsteine den Rennsteig. Hinter den Häusern von Neuhaus-Igelshieb am Waldrand entlang ist der Rennsteig bis kurz vor den Häusern von Neuhaus die Grenze des Landkreises Saalfeld-Rudolstadt. In der Nähe des Friedhofs vorbei führt der Rennsteig dann durch die E.-M.-Arndt-Str. zur Sonneberger Str. und auf ihr durch den Ortsteil Igelshieb aufwärts. Die Grenzsteine stehen teils in den Vorgärten, teils auf dem Fußweg. Das Heimatmuseum „Geißlerhaus" (Sonneberger Str. 106) ist das Geburtshaus des Glaskünstlers Heinrich Geissler, der als Erfinder der „Geißlerschen Röhre" Wegbereiter für die Entwicklung der Gasentladungslampen und Röntgenröhren war. Darüber informiert die Ausstellung.

Die Sonneberger Str. und dann die Rennsteigstr. (nicht der schon vorher links abbiegenden Hauptstraße folgen!) führen zum Bhf. Neuhaus a.R. Hier halten auch die Busse von/nach Rudolstadt und Saalfeld. 50 m weiter wird an der Ampel die Straße überquert. Ab hier bis zur Hohen Sonne bei Eisenach ist der Rennsteig nun zusätzlich mit dem blauen Andreaskreuz des Internationalen Bergwanderweges „Eisenach-Budapest (EB)" markiert. Er folgt dem Gebirgskamm, der um das obere Schwarzatal herum einen großen Bogen beschreibt. Die Luftlinienentferung bis Masserberg beträgt nur noch knapp 13 km, der Rennsteig hat die 1,5fache Länge! Auf unschönen befestigten und teils staubigen Wegen am Sportplatz vorbei führt der Weg am Rande des Gewerbegebietes entlang, nun in zunehmend südwestlicher Richtung. Aufpassen, innerhalb des Waldsaumes kann ein angenehm zu begehender Mulchweg benutzt werden! Hinter den Rennsteig-Wanderhütten, die zu DDR-Zeiten für die Rennsteig-Hütten-Wanderung errichtet wurden, und der Gaststätte „Rennsteigbaude Bernhardsthal" entlang wird – nun wieder auf Waldwegen – am Parkplatz kurz die Straße B 281 berührt, dann entfernt sich der Rennsteig wieder von ihr und verläuft nahezu eben bis zum Abzweig des „Weidmannsheilweges" nach halb rechts. Hier wird empfohlen, den Rennsteig vorübergehend zu verlassen und wegen der Aussicht auf den Schwarzastausee und dessen Umgebung den unbedeutenden Umweg über die Schutzhütte „Weidmannsheil" zu machen (Abb. W1.8). Es werden ganze 700 m Rennsteig „unterschlagen". Selbstverständlich könnte man auch die 500 m bis zur Aussicht und wieder zum Abzweig auf gleichem Weg zurück gehen und dann den Weg original über den Rollkopf bewandern.

Die Bilbertsleite auf ausgewaschenem Hohlweg hinunter wird der Wanderparkplatz „Sandwieschen" mit der „Steinheider Hütte" erreicht, von wo aus ein Abstecher zur Quelle der Schwarza hinunter möglich wäre (siehe Wegweiser; knapp 600 m entfernt; Quellschüttung mit konstant 6 °C). An alten Sandsteinbrüchen entlang aufwärts wird der Sandberg überquert. Tatsächlich hat sich hier oben auf dem Kamm Buntsandstein aus der Trias erhalten, der einst die älteren Steine des ganzen Gebirges überdeckt hatte, an allen anderen Stellen aber längst wieder abgetragen wurde. Hier aber war er in einem lokalen Grabenbruch eingesunken und dadurch länger vor der Verwitterung geschützt. Der kaolinhaltige Sand war Rohstoffgrundlage für die Glas- und Porzellanerzeugung in der Umgebung.

Wenn links der Wald zurücktritt, wird die alte Goldbergbau-Stadt Steinheid mit dem Berg Kieferle sichtbar. Auf einer steinigen Gastrasse geht es vom Sportplatz Steinheid am Petersberg hinunter in den Sattel von Limbach. Links in der Wiese steht das Mausoleum der Porzelliner-Familie Greiner. Auch hier in Limbach wurde (parallel zu anderen Erfindern wie Macheleidt in Schwarzburg/Sitzendorf) Thüringer Porzellan erfunden. Von der ehemaligen Porzellanfabrik steht nur noch das Gebäude, in dem jetzt die Tourist-Information ihren Sitz hat. Die nördliche Dachhälfte entwässert übrigens zum Stromgebiet Saale - Elbe, die südliche zum Stromgebiet Main - Rhein!

Aus dem Sattel geht es nach Westen wieder aufwärts auf den Alsbachsberg; der Blick schweift über den Talkessel von Scheibe-Alsbach zum Damm des Oberbeckens des Pumpspeicherwerkes Goldisthal sowie zum Sandberg und Rollkopf zurück. Nur noch allmählich aufwärts werden Dreistromstein und Dreiherrenstein am Saarzipfel erreicht. Der „Dreiherrenstein am Saarzipfel" oder auch „Kleine Dreiherrenstein" von 1733 ist ein Wappenstein an der Grenze zwischen Schwarzburg-Rudolstadt im Norden, Sachsen-Coburg-Sonneberg (später Sachsen-Meiningen) im Südosten und Sachsen-Hildburghausen (ab 1826 ebenfalls Sachsen-Meiningen) im Südwesten. Der gegenüber in einer kleinen Anlage stehende 1906 vom Rennsteigverein errichtete dreiseitige Sandstein-Obelisk des „Dreistromsteins" kennzeichnet einen hydrographisch interessanten Punkt (einzige Dreistromscheide der neuen Bundesländer). Hier grenzen die Stromgebiete von Rhein, Weser und Elbe aneinander. Die betreffenden Bäche und Flüsse sind

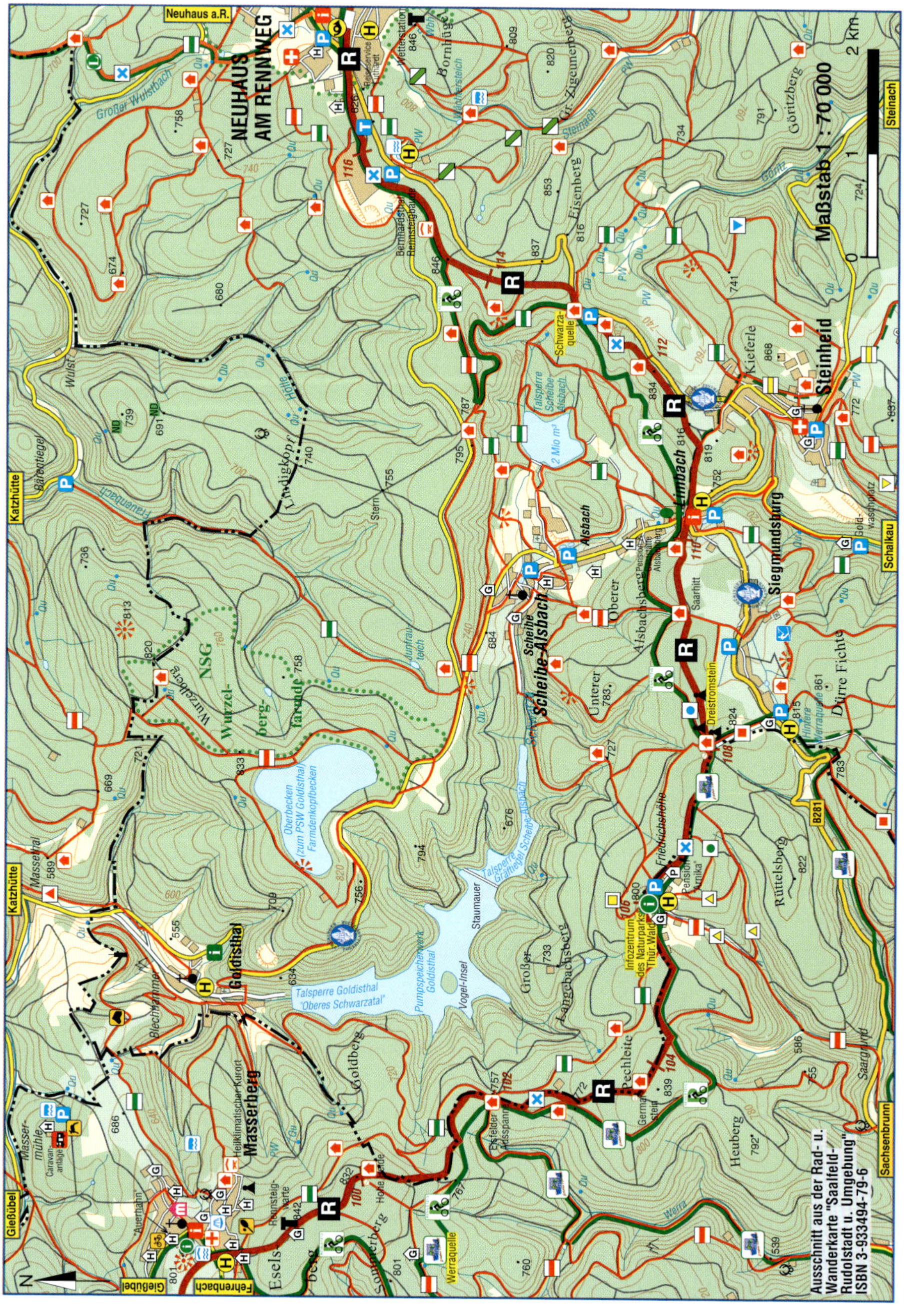

Abb. W1.3c: Rennsteig, Abschnitt 3 (Kommunale Kartografische Verlagsanstalt Nordhausen).

Abb. W1.4: Clemens-Major-Schutzhütte (E. Krauß).

Abb. W1.5: Bergwiese am Rennsteig (E. Krauß).

Abb. W1.6: Finnhütten am Berggasthof Brand (E. Krauß).

Abb. W1.7: Der höchste Punkt im Landkreis Saalfeld-Rudolstadt (E. Krauß).

Abb. W1.8: Schutzhütte „Weidmannsheil" mit Blick auf die Talsperre Scheibe-Alsbach (E. Krauß).

Abb. W1.9: Arnika am Wegesrand. Diese geschützte Pflanze steht als Zeichen für den Naturpark Thüringer Wald (E. Krauß).

vermerkt und die Wappen der damals noch bestehenden Kleinstaaten abgebildet. Der Sockel wurde aus den für das jeweilige Stromgebiet typischen Gesteinen gebildet (Elbe Granit, Weser Grauwacke, Rhein Quarz). Bis hier ist der Kamm Wasserscheide zwischen Rhein und Elbe, ab hier nun zwischen Weser und Elbe.

Wo die Straße nach Friedrichshöhe berührt wird, erinnern drei Soldatengräber an sinnlose Opfer noch am 10./11. April 1945 (darunter ein noch nicht einmal 18jähriger!), als die Amerikaner über den Gebirgskamm nach Thüringen vorrückten. Bis kurz vor Friedrichshöhe wurde anstelle des original auf der Straße verlaufenden Rennsteigs ein Ersatzweg im Wald angelegt und markiert. Friedrichshöhe - einst mit 28 Einwohnern die kleinste selbständige DDR-Gemeinde und mit der letzten Ein-Klassen-Schule der DDR - wird im großen Bogen nördlich am Waldrand umgangen. Der Ort kann jedoch auf der Straße durchquert werden, vor allem wenn man im Gasthaus rasten oder sich im Sitz des Thüringer Naturparkes über den Naturpark und interessante Details der Arbeit der Naturparkverwaltung informieren will. Vom Waldrand aus bietet sich über die z.T. moorigen Wiesen ein schöner Blick auf den Eisfelder Bleßberg mit Sendemast und Aussichtsturm. (Ein Abstecher von den Soldatengräbern aus wäre wegen der lohnenden Aussicht ins südliche Vorland mit der Veste Coburg und den Gleichbergen möglich).

Am westlichen Ende von Friedrichshöhe muss man sich entscheiden, ob man bis zur Eisfelder Ausspanne dem Rennsteig im Original folgt oder aber (bei Regen empfehlenswert) besser den Rennsteig-Radweg benutzt. Der Rennsteig verläuft weitgehend rechts neben dem breiten Schotterfahrweg in einem schmalen Hohlweg und zweigt dann über die Pechleite hinweg vom Fahrweg ab. Beim Abstieg fällt links ein weißer Quarzblock mit einer Tafel für den 1924 verstorbenen Rennsteigfreund und -forscher Bruno von Germar auf.

Etwa an der Eisfelder Ausspanne verläuft hier am Gebirgskamm die geologisch begründete Grenze zwischen dem Thüringer Schiefergebirge (mit sehr alten Gesteinen aus dem Erdaltertum) und dem Thüringer Wald (vorwiegend mit Gesteinen aus dem Rotliegenden).

Am sich über den Kleinen Sauberg allmählich aufwärts schlängelnden Rennsteig stehen bis zum Dreiherrenstein Hohe Heide (trennte einst Schwarzburg-Rudolstadt, Schwarzburg-Sondershausen und Sachsen-Meiningen voneinander) besonders kunstvoll gestaltete, wappengeschmückte Grenzsteine. Wer auf diese interessanten Geschichtszeugen verzichtet, kann von der Eisfelder Ausspanne mit einem kleinen Umweg über die „Vordere Werraquelle" (mit Baude) zum Eselsberg mit Aussichtsturm „Rennsteigwarte" und Gaststätte aufsteigen. Kurz vorher vereinen sich beide Wegevarianten wieder. Der Turm ist täglich ab 9.00 Uhr zu besteigen und bietet als einziger Aussichtsturm direkt am Rennsteig einen umfassenden Rundblick, u.a. zum Oberbecken des Pumpspeicherwerkes Goldisthal. Tafeln informieren über die umgebende Landschaft. Am Gedenkstein für Paul Clingestein, einen Rennwege-Forscher des Rennsteigvereins im 20. Jh., vorbei wird nun auf breitem Fahrweg zum Ziel abgestiegen, dem Höhenluftkurort Masserberg mit der eigenwilligen Architektur der Prof.-Volhard-Klinik.

Wer sich hier von den Strapazen einer längeren Rennsteigtour erholen will, findet in der Klinik mit Termalbad beste Bedingungen vor. Ein oder zwei Ruhetage - und die Rennsteigwanderung kann erholt in Richtung Oberhof fortgesetzt werden.

Abb. W1.10: Rennsteigwanderer (Fundus Landwirtschaftsamt).

W2 „Einsichten und Aussichten" - eine Wanderung zwischen dem Keller und dem Dachgeschoss im Thüringer Schiefergebirge

Charakter:
Rundwanderung, eine besondere Landschaft mit viel Geschichte erleben. Wenig anstrengend, für Familien empfohlen.

Voraussetzungen:
keine besonderen Voraussetzungen, außer geeignete Wanderschuhe und Bekleidung.

Wanderstrecke: 10,0 km
(Höhenprofil Abb. W2.1)

Anstiege:	170 m
Abstiege:	170 m
Kalorienverbrauch:	700 kcal.

Start und Ziel:
Am Parkplatz unweit vom Museumseingang Thüringer Schieferpark bei Lehesten.

ÖPVN: Linie 55 Leutenberg-Probstzella

Kfz: B 90 Leutenberg-Lobenstein nach der Bahnüberführung in Grünau, am Bhf. Lichtentanne rechts abbiegen, Lehesten durchfahren in Richtung Ludwigstadt bzw. Steinbach am Wald. Ca. 1 km nach Ortsende Lehesten rechts auf die alte Landstraße Richtung Museum Schieferpark, Parkplatz ist ausgewiesen.

Wegemarkierung:
Der Weg ist insgesamt gut mit Wegweisern und wechselnden Wegezeichen markiert. In der Wegebeschreibung werden dazu detaillierte Angaben gemacht.

Wegeverlauf:
Schon bei der Anfahrt vom Sormitztal nach Lehesten weisen Schieferhalden immer wieder darauf hin, dass wir uns in der Region des „blauen Goldes", wie der Schiefer hier in Thüringen genannt wird, befinden. Bevor wir aber dem Schieferabbau unsere Aufmerksamkeit schenken, wollen wir sehen, was die Landschaft hier in unmittelbarer Nähe zur bayrischen Grenze noch zu bieten hat. Unser erstes Ziel ist der Rennsteig, der hier teilweise genau an der Grenze zu Bayern verläuft und der hier auch die Bezeichnung „Schönwappenweg" führt. Vom Parkplatz aus beginnen wir unsere Wanderung in südliche Richtung. Ein HWW weist uns den Weg in Richtung Rennsteig/Schönwappenweg. Wir folgen einem schmalen Weg durch den Fichtenhochwald, der mit einem grünen Querstrich markiert ist. Auf weichem Waldboden steigen wir, der Straße in Richtung Ludwigstadt rechts im Abstand von ca. 100 m folgend, leicht bergauf. Der Weg führt uns an einen lichten Geländestreifen heran, den wir bald auf Grund der typischen Beton-Wabenplatten als Grenzstreifen erkennen. Auch wenn nach Beseitigung der Grenzsicherungsanlagen mit dem kaum zu überwindenden Zaun nun schon viele Jahre vergangen sind, die tiefen Eingriffe in die Natur, die mit dieser Grenze verbunden waren, sind und bleiben noch für viele Jahre sichtbar. Bei genauer Betrachtung der Vegetation des Grenzstreifens wird jedoch auch deutlich, warum der Grenzstreifen heute auch eine Chance für die Natur darstellt. Hier haben sich Arten angesiedelt, die im typischen Fichtenwald des Schiefergebirges ohne den vorausgegangenen Kahlschlag und die durch die Grenze bedingte Unberührtheit der Natur kaum eine Entwicklungsmöglichkeit gehabt hätten. Der Grenzstreifen, nunmehr als ein grünes Band zwischen geschützten und erhaltenswerten Landschaften quer durch Deutschland, sollte deshalb erhalten bleiben. Für Wanderer aus Ost und West ist er schon lange auf Grund seiner Unberührtheit zu einem Ziel geworden, welches heute nicht mehr trennt, sondern zusammenführt.

Unser Weg führt uns kurz den ansteigenden Plattenweg entlang, bis ein kleiner Wegweiser mit dem grünen Strich im weißen Quadrat auf

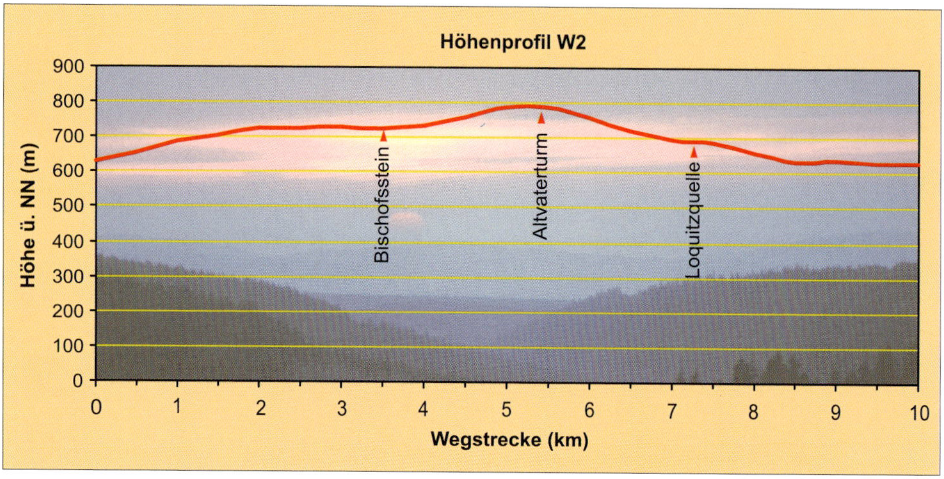

Abb. W2.1: Höhenprofil.

einen kleinen Pfad aufmerksam macht, der rüber ins Bayrische führt. Ihm folgen wir und stoßen auf den ersten Wappenstein, der hier die Grenze zwischen Thüringen und Bayern schmückt. Den als Pfad verlaufenden Rennsteig leicht aufwärts folgend, stoßen wir auf weitere gut erhaltenen Wappensteine unterschiedlichen Alters. Sie gaben diesem Teilabschnitt des Rennsteigs den Namen „Schönwappenweg" und legen Zeugnis ab für eine Geschichte, die durch feudalistische Kleinstaaterei, insbesondere in Thüringen, geprägt war. Besonders interessant sind auf unserer Wanderung zuerst der Dreiwappenstein (Abb. W2.2). Wie die Inschrift verrät, wurde er am 4. Oktober 1717 gesetzt und markierte die Grenze zwischen dem Hoheitsbereich der Wettiner, dem Bistum Bamberg und der Markgrafschaft Bayreuth. Ca. 800 m weiter, kurz bevor wir den Rennsteig wieder verlassen, steht der Bischofsstein, der fast 100 Jahre länger hier die Grenze markiert.

Abb. W2.2: Dreiwappenstein (E. Krauß).

An einem Wegweiser, der uns die Richtung Wetzstein und Stern ausweist, verlassen wir den Schönwappenweg, überqueren nunmehr den Grenzstreifen von Bayern nach Thüringen, gehen den Plattenweg eine kurze Strecke nach rechts und folgen einer längeren Strecke dem gerade verlaufenden Fahrweg, der vom Plattenweg im spitzen Winkel abbiegt. Am Ende des geraden Wegstücks gelangen wir zum sogenannten „Stern", einer Weggabelung, von der Wege in Richtung Wurzbach, Lehesten, Loquitzquelle und zum Schönwappenweg führen. Wir halten uns an die Markierung des roten Dreiecks, die den Saale-Orla-Weg kennzeichnet. Ihm folgen wir in nördlicher Richtung auf dem leicht ansteigenden, breiten und befestigten Weg. Dieser führt uns an einer Waldlichtung rechter Hand vorbei. Hier können wir bereits erkennen, dass sich der Gipfel des Wetzsteines steil ansteigend über die Ber-

Abb. W2.3: Wanderkarte (Kartographische Kommunale Verlagsgesellschaft).

ge rundum erhebt. Kurze Zeit später zeigt uns ein Wegweiser rechts einen im rechten Winkel abbiegenden Weg, der zum Gipfel des Wetzsteines führt. Ihm folgen wir bis zum Querweg unterhalb des Gipfels. Dort folgen wir der Wegweisung Aussichtspunkt und biegen leicht ansteigend nach links. Nun geht ein unmarkierter Weg links in Richtung Gipfel ab, den wir wählen. Auf ihm erreichen wir nach wenigen Metern den Punkt, wo ehemals der Bismarck-Aussichtsturm auf dem Wetzstein stand. Er wurde 1979 abgerissen, da er im unmittelbaren Grenzgebiet den Touristen nicht mehr zugänglich war und der Wetzstein als herausragender Punkt für die militärische Aufklärung und Überwachung weit ins bayrische Land genutzt wurde. Unmittelbar daneben wurde nach der Wende ein provisorischer Aussichtspunkt geschaffen, von dem man weit ins Land schauen kann.

Wir folgen dem Weg, der uns in Richtung Altvaterturm (Abb. W2.4) führt, vorbei an der Wanderhütte des Thüringerwald-Vereins Lehesten. Der Altvaterturm ist 32 m hoch. Er wurde nach dem 1957 im Altvatergebirge (Habsburgwarte/Altvaterturm) abgerissenen Original zwischen 2000 und 2004 durch den

Abb. W2.4: Altvaterturm (E. Krauß).

Altvaterturmverein hier wieder errichtet. Von oben zwischen seinen Zinnen hindurch hat man eine herrliche Aussicht über das Thüringer Schiefergebirge hinweg in den Thüringer Wald, das Erzgebirge und das Fichtelgebirge. Dass er mit seiner farbigen Sandsteinfasade und dem protzigen Baustiel der Habsburger Monarchie nicht in die Landschaft des Schiefergebirges passt, wird dabei sicher schnell vergessen sein.

Nach Besichtigung des Altvaterturmes steigen wir dem Saale-Orla-Weg steil bergab, bis wir auf einen breiten Wirtschaftsweg gelangen, auf dem der Saale-Orla-Weg links abbiegt und wieder zum Stern zurück führt. Wir bleiben jedoch nicht auf dem Saale-Orla-Weg, sondern biegen halb links auf den ebenfalls breiten unmarkierten Weg ein, der nach ca. 1 km kurz vor der Quelle der Loquitz wieder auf den Saale-Orla-Weg trifft. An der Loquitzquelle lässt sich gut rasten, bevor uns der Saale-Orla-Weg am Parkplatz vorbei zum Eingang in den **Thüringer Schieferpark Lehesten** (siehe Anhang) bringt. Da wir nur 10 km „in den Beinen" haben, reicht die Kondition, das technische Denkmal „Historischer Schieferbergbau Lehesten" (Abb. W2.5) zu besichtigen und uns über Entstehung und den Abbau des „blauen Goldes" zu informieren. Der Schieferpark liegt am nördlichen Rand des 723 m hohen Kießlich, den wir auf unserer Wanderung umrundet haben. Hier können wir, nachdem wir auf dem Altvaterturm auf dem „Dach des Thüringer Schiefergebirges" waren, nunmehr einen Blick in den „Keller" des Gebirges werfen. Die überdachten Schächte sind z.Zt. jedoch nicht zugänglich. Die 1964 stillgelegte Göpelschachtanlage, die Spalthütte, das Mannschaftshaus (in ihm befand sich nicht nur der Speisesaal der Bergleute, sondern auch die Unterkunft für Arbeiter, die aus Bayern und Franken nach Lehesten kamen, um hier ihr Geld zu verdienen) des von 1840-1973 betriebenen größten Schiefertagebaus Europas legen Zeugnis über ein Stück Handwerks- und Industriegeschichte ab. Die Arbeit im Schieferbruch brachte der Region eine Blütezeit, den hier Beschäftigten durch die staubbedingte Silikose sehr oft den frühen Tod.

Den hier gebrochenen und bearbeiteten Schiefer können wir auf den Dächern und an den Wänden der meisten Gebäude im Schiefergebirge wieder finden. Er prägt den Anblick der Dörfer und Städte der Region maßgeblich mit (Abb. W2.6).

Abb. W2.5: Historische Spalthütte (E. Krauß).

Abb. W2.6: Kunstvolle Schieferfassade (B. Graumann).

W 3 Auf den Spuren des „blauen Goldes" – Schieferlehrpfad Probstzella-Lehesten-Ludwigsstadt

Charakter:
Geologischer Wanderweg. Als Tageswanderung oder als Etappenwanderweg für 2 bis 3 Tage.

Natur und Geschichte in der Region des Schieferbergbaus erleben!

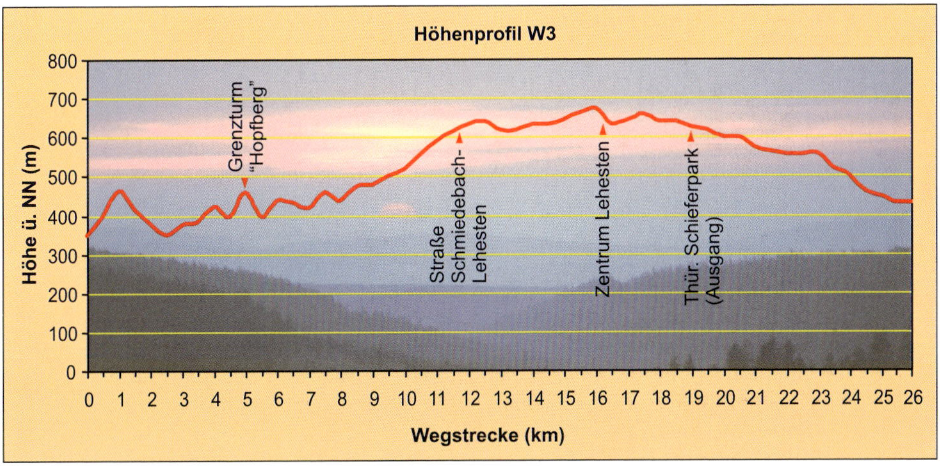

Abb. W3.1: Höhenprofil.

Voraussetzungen:
Feste Schuhe und gute körperliche Kondition.

Wanderstrecke: 26 km
(Höhenprofil Abb. W3.1)

Anstiege: 610 m,
kurzer, sehr steiler Anstieg an der Rehbachshalde
Abstiege: 525 m,
kurzer steiler Abstieg zum Bismarkstollen in Probstzella als Abstecher vom Hauptweg
Kalorienverbrauch: 1.950 kcal.

Achtung: Im Bereich des „Kolonnenweges" (ehemaliger Weg der Grenztruppen) sind Betonplatten mit Längsschlitzen gelegt, die zwar teilweise zugewachsen sind, aber doch beim Laufen etwas Standfestigkeit erfordern. Der Kolonnenweg befindet sich zwischen der Ortsverbindungsstraße Lichtentanne-Steinbach a.d.H. und der Rehbachshalde.

Start:
Am Marktplatz in Probstzella.
Bundesbahn: Nr. 840 Saalfeld-Lichtenfels
ÖPNV: Linie 47 Saalfeld-Gräfenthal; Linie 55 Leutenberg-Probstzella
Kfz: B 85 Saalfeld-Kronach

Ziel:
Am Schiefermuseum in Ludwigsstadt.
Bundesbahn: Nr.: 840 Saalfeld-Lichtenfels. Rückfahrt per Bahn zum Ausgangspunkt Probstzella oder nach Saalfeld möglich.
Kfz: B 85 Saalfeld-Kronach

Wegemarkierung:
Der Wegeverlauf ist fast durchgehend mit Wegweisern und Wegemarken gekennzeichnet. Die Wegemarken haben zwei Symbole übereinander: einmal den grünen Diagonalbalken (Lehrpfad) und das Bergmannssymbol Hammer und Schlegel in Blau als Zeichen für den Schieferbergbau.

Zu empfehlen ist das Begleitheft zum Schieferlehrpfad „Auf den Spuren des blauen Goldes", welches in den Fremdenverkehrsämtern des Naturparks „Thüringer Schiefergebirge/Obere Saale" oder bei der Naturparkverwaltung (Naturpark-Haus, 07338 Leutenberg, Wurzbacher Str. 16, Fon 03 67 34/23 09-0, www.thueringer-schiefergebirge-obere-saale.de) kostenlos erhältlich ist.

Wegeverlauf:
Beginn der Wanderung ist am Markt in Probstzella an der schiefergedeckten Orientierungstafel. Man überquert linkerhand die Straße und kommt über den Grauweg nach 300 m leicht bergauf zum Kolditzweg. Nach einem halben Kilometer erreicht man die erste Lehrpfadtafel des Schieferlehrpfades (Abb. W3.4). 1200 m weiter, verlässt man den Kolditzweg rechterhand, um einem Waldweg zu folgen. Dieser endet nach 800 m auf einer Wiesenlichtung an einer Scheune. Hier kann man geradeaus über die Wiese laufen, um das gegenüberliegende Laubwäldchen zu erreichen. Dort führt dann wieder ein bequemer Wanderweg weiter. Man kann aber auch bergauf in Richtung „Waldschänke" wandern, um den herrlichen Ausblick auf das Schieferörtchen Probstzella zu genießen. Danach erreicht man bergabwandernd ebenfalls den Wanderweg in Richtung Herrenbruch. Eine Tafel informiert hier neben einer Bank über die wechselvolle Geschichte von Probstzella. Nach wenigen Metern ist eine Halde des Herrenbruchs erreicht, eine Tafel erläutert den Abbau des Schiefers. Faszinierend ist es, das Leben zu erkunden, welches sich auf einer solchen Schiefersteinhalde entwickelt hat. Flechten, Moose, Pilze, Insekten, Reptilien und vieles mehr überraschen den interessierten Beobachter. Diese „Lebewelt" erschließt sich ebenfalls auf einer Schautafel.
Steil bergab geht es nun in Richtung Ziermannsbruch, der früher den interessanten Kalkknotenschiefer geliefert hat. Er wurde in Probstzella beim Bau etlicher Häuser verwendet.
Beim Überqueren der Ortsverbindungsstraße Probstzella-Kleinneundorf sieht man gerade-

aus schon den kleinen Wiesenweg mit dem Wegweiser „Schieferlehrpfad". Dieser Pfad führt leicht aufwärts. Entlang einer Schafweide kommt man rechterhand auf einen etwas breiteren Weg über eine Wiese. Ab da ist der Weg wieder besser sichtbar und es bietet sich eine Aussicht über den Talkessel mit Probstzella und über die umgebenden Berge. Nach 500 m Wiesenweg erreicht man einen Feldweg, der bergab bald in eine Straße mündet, vorbei an einer Info-Tafel zum Schieferbergbau in Probstzella. Nun ist man schon inmitten der ersten Häuser und hat die Wahl, entweder auf dem Lehrpfad weiterzuwandern oder aber die kleine Schieferexkursion rund um Probstzella zu beenden, indem man weiter bergab in Richtung Marktplatz läuft. Der Schieferrundweg dauert ca. 2-3 Stunden und hat eine Länge von ca. 2,5 km.

Für den Wanderfreudigen geht es jetzt erst richtig los, denn der Lehrpfad hat auf den folgenden Kilometern noch viele Überraschungen zu bieten. An der „Knirpsenakademie" biegt man links auf eine Plattenstraße ein, vorbei an der AWO-Begegungsstätte. Am Großgeschwendaer Berg läuft man ca. 200 m bis zu einem idyllischen Waldweg, der den Wanderer geradeaus (nicht den Abzweig bergab nehmen!) bis zur „Friedrichshoffnung" führt. Hier empfiehlt sich eine Rast, denn dieses kleine Gasthaus direkt am Schieferlehrpfad ist sehr zu empfehlen. Der Wirt gibt Wanderern gern Auskunft, denn er ist auch Naturführer und führt angemeldete Wandergruppen auf dem Schieferlehrpfad. In dem alten Stollen der Schieferbrüche „Ausdauer" hinter dem Haus befinden sich Fledermausquartiere (Infotafel). Hohe steile Schieferhalden bieten einen überwältigenden Anblick.

Den Wegemarken folgend, durchquert man das Grundstück der „Friedrichshoffnung" in Richtung Wald, vorbei an einem Garten mit Obstbäumen. Auf einem kleinen Waldpfad erreicht man nach kurzer Zeit eine größere Wegegabelung mit vielen Wegweisern. Hier bietet sich die Möglichkeit zu einem kleinen Abstecher vom Lehrpfad. Der Abstecher führt 400 m steil bergab z.T. über Betonwabenplatten zum Bismarkstollen, auch Ernst-Wilhelm-Stollen genannt. Der heute geschlossene Stolleneingang liegt etwas versteckt zwischen den Wohnhäusern Nr. 11e und 11d. Am Weg informiert eine Tafel genauer.

Wer sich den steilen Aufstieg nach dem Abstecher ersparen möchte, wandert gleich geradeaus vom Lehrpfad in Richtung Grenzturm auf dem Hopfberg. Auf einem breiten Waldweg erreicht man bald den ausgeschilderten Grenzturm (Abb. W3.5). Der interessierte Wanderer kann sich vor Antritt der Wanderung in der Gemeindeverwaltung Probstzella am Markt (Fon 03 67 35/4 61 11) den Schlüssel holen, um den Turm anzuschauen. Dieser Grenzturm wurde im Original erhalten und zeigt neben dem damaligen Inventar auch eine kleine Ausstellung im Obergeschoss über die Zwangsaussiedlung im DDR-Grenzgebiet. Auf einer Asphaltstraße wandert man ca. 1 km bergab bis zum idyllischen Steinbachsgrund. Ein kleiner Teich wird im Hintergrund des Weges sichtbar. Der Schieferlehrpfad biegt links in das Steinbachtal ein. Ab hier folgt man einfach dem Lauf des Steinbaches, der den Wanderer bequem auf ebener Strecke, vorbei am „Forellenhof" bis zur Steinbachsmühle führt. Beim Anblick dieser alten schiefergedeckten Getreidemühle am Bach, die übrigens noch funktionsfähig sein soll, denkt man sofort an das alte Volkslied „Im kühlen Wiesengrunde, da geht ein Mühlenrad ...". Der Steinbach hatte wirklich das heute nicht mehr sichtbare Mühlenrad angetrieben. Zur Zeit der innerdeutschen Grenze war der Steinbach Grenzverlauf, so dass diese mitten durch das Anwesen der Mühle ging. Eine Tafel informiert über die wechselvolle Geschichte der Mühle.

Der Weg im Steinbachsgrund steigt leicht an und mündet in einen Waldweg, der an einer Wegekreuzung geradeaus weiterführt in Richtung Ortsverbindungsstraße Lichtentanne-Steinbach an der Haide. Diese Straße überquert man und befindet sich nun auf dem „Kolonnenweg", einer schmalen robusten Betonstraße entlang der ehemaligen innerdeutschen Grenze.

Dieser Wegabschnitt ist etwas beschwerlich zu begehen, da die Betongitterplatten Löcher aufweisen, in die man leicht mit dem Fuß hin-

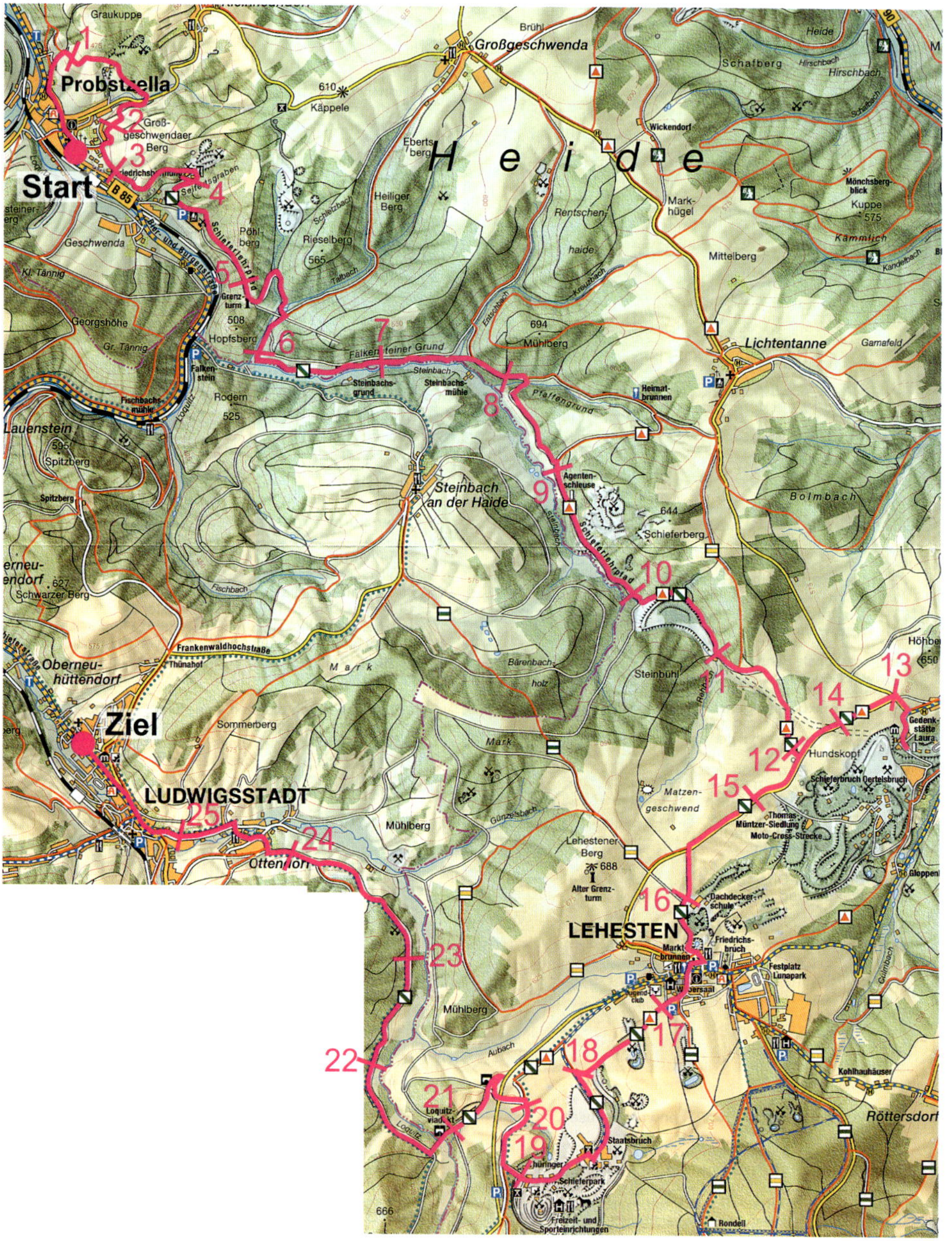

Abb. W3.2: Wanderkarte der Stadt Leutenberg.

Abb. W3.3: Wegweiser (B. Graumann).

Abb. W3.5: Grenzturm bei Probstzella (B. Graumann).

Abb. W3.4: Tafel am Schieferlehrpfad (B. Graumann).

Abb. W3.6: Schieferhalde Schmiedebach (B. Graumann).

Abb. W3.7: Schieferpark Lehesten (B. Graumann).

eingeraten kann. Vorsicht! Dafür wird man reichlich durch die wunderbare Natur entschädigt, die sich am „Grünen Band" (Infotafel) im Laufe der Jahrzehnte ganz ungestört entwickelt hat. Nach 300 m rechts am Weg taucht die „Agentenschleuse" auf, ein Tor inmitten des damals undurchdringlichen Grenzzaunes. Man hat es erhalten und dessen Funktion auf einer Tafel erläutert.
Alte stillgelegte Schieferbrüche mit zum Teil steilen Abbauen hat der Schieferberg zu bieten. Betreten ist jedoch verboten, da die Absturz- und Verletzungsgefahr zu groß ist. Folgt man dem Kolonnenweg weiter, so steht man bald vor einem riesigen Berg aus losem Schiefergestein. Das ist die Rehbachshalde, aufgeschüttet aus dem Schiefersteinabfall, der im nahegelegenen Oertelsbruch bei Schmiedebach angefallen ist (Abb. W3.6). Durch einen 1330 m langen Tunnel wurde er hierher befördert.
Nun gilt es, den sehr steilen Anstieg auf das Höhenniveau des Haldenplateaus zu bewältigen. Man biegt dazu vor der Halde links vom Kolonnenweg ab und steigt bergauf, aber nur eine kurze Strecke, dann befindet man sich neben der Halde und kann sich auf einem ebenen Waldweg erholen. Der Weg führt in Richtung Wasserhäuschen zum Rehbach. Der Eingang des o.g. Tunnels befindet sich hinter dem Wasserhäuschen und ist durch eine Tür verschlossen. Geschichte und Entstehung der Rehbachshalde werden auf Tafeln erläutert.
Ein weiterer kurzer Anstieg führt aus dem Rehbachstal heraus. Man wandert zwischen Feldern und Wiesen 1.200 m (Wasserhäuschen bis Straße) bis zur Ortsverbindungsstraße Lehesten-Schmiedebach. Hier steht man vor der Wahl, rechts in Richtung Lehesten weiterzuwandern oder links in Richtung Schmiedebach dem Lehrpfadverlauf zu folgen. Entscheidet man sich zu letzterem, gelangt man nach 1.300 m zur Gedenkstätte „Laura" im Fröhlichen Tal (geöffnet von April bis Oktober Sa, So und Feiertags von 14-17 Uhr sowie nach Vereinbarung - Infos durch Frau Gropp unter Fon 03 67 36/2 23 53). Am Bushaltestellenhäuschen oberhalb von Schmiedebach kann man sich über die Geschichte des kleinen Ortes mit dem damals weltweit bedeutenden Schieferbruch informieren. Nach der Besichtigung der Gedenkstätte in der schieferverkleideten Scheune mit buntem Schiefermotiv eines Bauern mit Sense (Abb. W2.6), kann man daneben einen Blick in den damals so bedeutenden Oertelsbruch werfen. Vom Aussichtspunkt aus kann man die Arbeiten im heutigen Tagebau Oertelsbruch beobachten. Es ist zur Zeit der letzte Abbauort dieses hochwertigen Schiefergesteins, aus dem der Dachschiefer gewonnen wird. Über die bewegte Geschichte des Schieferbruches, in dem einst fast 1000 Menschen arbeiteten und der in der Kriegszeit zum unterirdischen Waffentestplatz umfunktioniert wurde, informieren am Aussichtspunkt Tafeln. Leider durfte der Lehrpfad nicht durch den Oertelsbruch hindurchführen, auf dessen Gelände noch die alten Betriebsgebäude stehen und mittlerweile verfallen, wie z.B. die Oertelsche Villa. Deshalb macht man kehrt und wandert auf der Straße nach Lehesten weiter, wo man nach 3 km an der Dachdeckerschule ankommt.
Eine Tafel stellt dem Besucher eine der ältesten deutschen Dachdeckerschulen vor. Eine Ruhebank vor dem großen Parkplatz an der Schule lädt zu einer kleinen Rast ein und lässt den Blick des Besuchers über die kleine Stadt Lehesten schweifen, in der fast alle Häuser mit einer Schieferfassade versehen sind, zumindest aber mit einem Schieferdach. Lehesten gilt seit mehreren Jahrhunderten als das Zentrum des Schieferabbaus und der Dachschieferherstellung hier im Schiefergebirge. Das Stadtbild mit seinen Schieferhäusern zeugt von dieser Geschichte und vermittelt einen Einblick in die Kunst des Schieferdeckens. Die Handwerkskunst kann man an den Fassaden der Stadt sehen, an den farbigen Motiven, den kunstvollen Schieferkanten und den verschiedenen Deckungsarten der Dächer. Nicht ohne Grund stehen der Marktplatz und die angrenzenden Straßen unter Denkmalschutz.
Interessierte Besuchergruppen können nach vorheriger Anmeldung in der Dachdeckerschule eine Führung erhalten (Fon 03 67 53/ 2 23 08).

Weiter geht es entlang der Straße bergab. An der ersten Straßenkreuzung biegt man rechts in eine kleine Gasse ein und läuft in Richtung Kirche, welche gut sichtbar etwas oberhalb am Hang steht. An der Kirchmauer befindet sich eine weitere Orientierungstafel mit dem weiteren Verlauf des Schieferlehrpfades. In den Gaststätten der Stadt kann man gut essen und trinken.

Am Rathaus am Markt befindet sich eine Tafel, die sich mit der Geschichte der Stadt Lehesten beschäftigt. Die Touristinformation im Rathaus bietet u.a. eine kostenlose Wanderbroschüre zum Lehrpfad an. Hier bekommt man auch Informationen zu Übernachtungsmöglichkeiten in und um Lehesten. Wenn man nach der Wanderung abends müde in Lehesten angekommen ist, so hat man bereits den größten Teil des Weges absolviert. Die verbleibenden 11 km des Lehrpfades und der Besuch zweier Sehenswürdigkeiten, die man einfach gesehen haben muss, sind für einen zweiten Tag zu empfehlen.

Dieser beginnt mit einem Besuch im **Thüringer Schieferpark Lehesten** (s. Anhang), der sich etwas außerhalb der Stadt befindet und zu dem der Schieferlehrpfad hinführt. Ab der Orientierungstafel an der Kirchmauer verläuft der Weg geradeaus, überquert die Hauptstraße und geht weiter auf der Bahnhofstraße, biegt dann rechts ab und erreicht den Betrieb „Ausbau". Man geht an ihm vorbei und kommt auf einen breiten Wanderweg, der in Richtung Schieferpark führt. Bald sieht man schon erste große Schieferhalden, die auf einen gewaltigen Abbau hinweisen. Man folgt hier den Wegemarken und erreicht nach ca. 2 km die Zufahrtsstraße zum Schieferpark, der man linkerhand folgt. Nach einigen Minuten ist der Schieferpark erreicht. Ein weitläufiges Gelände und die größtenteils sanierten Betriebsgebäude des „Staatsbruches" empfangen den Besucher und geben einen ersten Eindruck von Größe und Bedeutung dieses ehemaligen Schieferbruches (Abb. W3.7). Nachdem der Wanderer dieses technische Denkmal besucht hat, folgt er dem Lehrpfad und verlässt das Terrain in Richtung Wegschranke (Wäldchen), wo er nach wenigen Metern auf eine alte Landstraße in Richtung Kreisstraße Lehesten-Ludwigsstadt kommt. Hier die Beschilderung beachten! Die Landstraße verläuft erst in Richtung Lehesten, bevor sie an einer Wegegabelung auf die Kreisstraße trifft. Diese überquert man und erreicht nach wenigen Metern eine kleine Brücke, die einen tiefen, breiten Graben überspannt, deren Sinn sich zunächst nicht erschließt. Eine Infotafel löst das Rätsel: Hier befand sich zu Zeiten der florierenden Schieferindustrie eine Bahnstrecke, die Lehesten mit Ludwigsstadt verband und auf der die Dachschiefer in alle Welt transportiert worden sind. Im Zuge von Grenzsicherungsmaßnahmen der DDR wurde 1951 diese Strecke stillgelegt. Heute kann der Wanderer auf dem alten Gleisbett wandern, indem er vor der Brücke rechts abbiegt und dem Weg in diesen Einschnitt folgt. Er führt direkt zum alten Loquitzviadukt. Dieses Eisenbahnbauwerk inmitten des Waldes mutet schon recht monumental an, wie es in hohem massivem Bogen die hier noch als kleiner Bach dahinplätschernde Loquitz überquert. Hier fuhren die Züge mit den Dachschieferladungen, von denen eine Tafel am Viadukt berichtet.

Nach dem Viadukt-Weg biegt man rechts ab. Nun folgt eine längere Strecke auf einer kleinen Teerstraße in Richtung Ludwigsstadt/Ottendorf. Links säumt die Straße ein Wald, rechts schweift der Blick über die Wiesen in Richtung der ehemaligen Grenze, von der man auch ab und an einen Rest sieht. Nach ca. 3 km erreicht man den Diabas-Steinbruch Ottendorf, wo eine Tafel über den Abbau und über die Geologie des grünlichen Steines berichtet. Nach weiteren 2 km ist Ottendorf erreicht, das bereits zu Ludwigsstadt gehört. Ab Ottendorf ist die Beschilderung des Lehrpfades etwas lückenhaft, aber wenn man der Hauptstraße in Ottendorf nach Ludwigsstadt folgt, so gelangt man ohne Schwierigkeiten bis zum Marktplatz in Ludwigsstadt, wo eine Lehrpfadtafel über die Stadtgeschichte informiert. Spätestens hier hat sich der Wanderer eine Rast verdient, zu der die vielen kleinen Gasthäuser einladen. Danach ist man gut ausgeruht, um noch knapp einen Kilometer ent-

lang der B 85 in Richtung Ortsausgang (Probstzella) bis zum **Schiefermuseum** (siehe Anhang) weiterzuwandern. Das Museum ist am Ende der Ladenstraße rechterhand am Hang zu finden. Davor zeigt eine Orientierungstafel das Ende des Lehrpfades an.
Der Schieferlehrpfad ist ein Wanderweg an der Thüringisch-Fränkischen Schieferstraße.

W 4 Zum sagenumwobenen Kolditzberg

Charakter:
Rundwanderung durch einsame Wälder und Wiesentäler.

Voraussetzungen:
Feste Schuhe und etwas Ausdauer.

Wanderstrecke: 9,5 km
(Höhenprofil Abb. W4.1)

Aufstiege:	295 m
Abstiege:	335 m
Kalorienverbrauch:	800 kcal.

Start:
Am Marktplatz in Probstzella.

Bundesbahn:	Nr. 840 Saalfeld-Lichtenfels
ÖPNV:	Linie 47 Saalfeld-Gräfenthal; Linie 55 Leutenberg-Probstzella
Kfz:	B 85 Saalfeld-Kronach

Ziel:
Haltepunkt Marktgölitz der Bundesbahn im Loquitztal (eine Station vor Probstzella) von Saalfeld kommend in Richtung Lichtenfels.

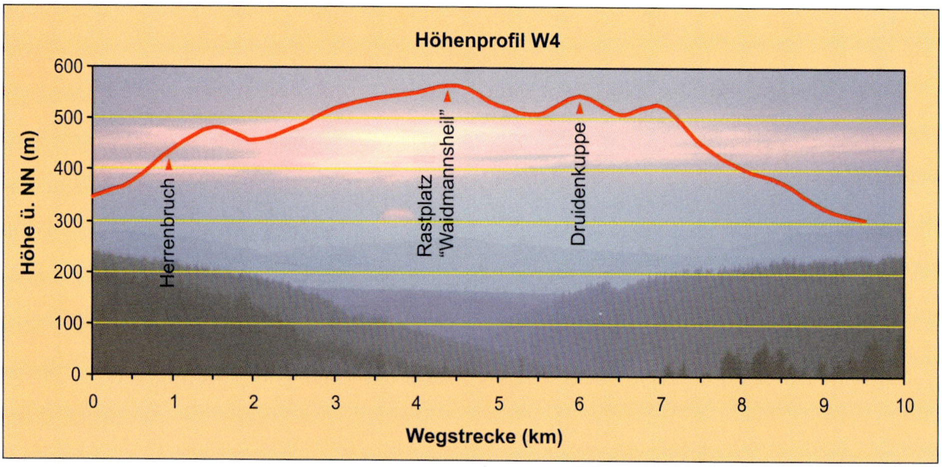

Abb. W4.1: Höhenprofil.

Abb. W4.2: Wanderkarte.

Vor Antritt der Wanderung sollte man sich über die Abfahrtzeiten informieren, da nur alle 2 Stunden ein Zug in Richtung Probstzella fährt, der in Marktgölitz hält.

Wegemarkierung:

Markierung mit gelbem Querbalken bzw. gelbem Punkt, nur teilweise Wegweiser mit Ortsangaben.

Wegebeschreibung:

Obwohl sich die Entstehung von Probstzella (Abb. W4.3) fast 900 Jahre zurück verfolgen lässt, wurde der Ort erst deutschlandweit be-

Abb. W4.3: Historische Lorenzkirche in Probstzella (E. Krauß).

kannt, als hier einer der wenigen Bahnübergänge zwischen der ehemaligen DDR und der Bundesrepublik Deutschland errichtet wurde. Probstzella lag bis Ende 1989 im Grenzgebiet und war damit nur für wenige zugänglich. Die Einsamkeit des Gebietes in den Bergen rund um Probstzella hat sich trotz seiner wunderbaren Landschaft, die vor allem für Wanderer und Naturliebhaber viel zu bieten hat, erhalten. Derzeit bemühen sich die Kommunalverwaltung und die Ortsgruppe Probstzella des Thüringerwald-Vereins, die lohnenden touristischen Ziele bekannt zu machen.

Die Wanderung beginnt am Markplatz von Probstzella. Die Markierungen grüner Diagonalbalken und Bergmannssymbol (Hammer und Schlegel) in Blau weisen dem Besucher den Weg in Richtung Kleinneundorf. Man bleibt auf der Landstraße nach Kleinneundorf bis ca. 300 m nach dem Ortsausgangschild. Dort kreuzt der Schieferlehrpfad die Landstraße. Man biegt links ein (WW Schieferlehrpfad Herrenbruch) und kann sich gleich zu Beginn der Wanderung am Ziermannsbruch über Alter und Besonderheiten des hier vorkommenden Schiefers informieren.
Leicht bergauf durch einen abwechslungsreichen Mischwald wandernd, erreicht man bald danach den Herrenbruch. Aus dem hier abgebauten Schiefer wurden zu Anfang des 20. Jahrhunderts unzählige Schiefertafeln (später stellte man Dach- und Wandschiefer her) gefertigt, mit deren Hilfe unserer Groß- und Urgroßeltern Rechnen und Schreiben lernten.
Der Weg führt am Hang der Graukuppe entlang zu einer großen Wiese, von der man einen herrlichen Blick auf Teile von Probstzella und die Berge im Grenzland zwischen Thüringen und Bayern sowie ins Zoptetal (Abb. W4.4) genießen kann. Von hier über die Wiese zum gegenüberliegenden Waldrand (Achtung, der Weg über die Wiese ist kaum zu erkennen!) steigt man nur allmählich bergan. An einer Hütte am Waldrand findet sich die Wegmarkierung wieder, der man nun durch Wald und Wiesen folgt. Ca. 500 m nach der Hütte gelangt der Wanderer in ein sich abwärts ziehendes Wiesental (Abb. W4.5). Hier verlässt man den Schieferlehrpfad und folgt der gelben Querstrichmarkierung, die immer wieder an den Bäumen zu erkennen ist. Links und rechts des Weges befinden sich Halden und

Brüche, in denen bis vor ca. 80 Jahren Schiefer gebrochen wurde. Die Natur hat von den Halden Besitz ergriffen und sie in extrem trockenwarme Biotope verwandelt. Hier sind nunmehr viele seltene Pflanzen anzutreffen, die sich im Laufe der Jahrzehnte selbst angesiedelt haben. Einige Reptilien, Insekten und Spinnen finden hier besonders gute Lebensbedingungen.

Da der Schiefer sowohl im Tagebau, als auch in Stollensystemen betrieben wurde, sind Einbrüche von Stollen nicht auszuschließen. Abgrenzungen und Betretungsverbote sollten deshalb unbedingt beachtet werden.

Nun folgt man der gelben Markierung und gelangt vorbei an einer mit Bäumen bestandenen Felsgruppe auf einen Karrweg, der rechts von Kleinneundorf zum Kolditzberg herauf führt. Ihm folgt man bis zu einer großen Waldwiese. Man bleibt am Wiesenrand und genießt von der Höhe den Blick auf die Orte Großgeschwenda und Schweinbach. Nach einer kurzen Strecke durch Hochwald gelangt man wiederum zu einer Wiese am Hang des Kolditzberges. Hier befindet sich an der Hütte „Waidmannsheil" (Abb. W4.6) ein Rastplatz, der zum Verweilen einlädt. Die Rast kann genutzt werden, um von hier einen kurzen Abstecher zur „Gehlersruh" (Abb. W4.7) zu unternehmen (Markierung gelber Punkt). Hier an einer Felsgruppe hat der Thüringerwald-Verein einen ehemaligen Wanderfreund 1938 einen Gedenkplatz geschaffen.

Um die Wanderung in Richtung Druidenkuppe fortzusetzen, überquert man die schmale Waldwiese an der Hütte „Waidmannsheil". Der Markierung folgend (etwas unübersichtlich, an einer Wiese geht man am Waldrand abwärts), gelangt man zu einer Wegespinne mit Wegweisern. Man folgt der angegebenen Richtung Druidenstein/Marktgölitz und bleibt auf dem gut gepflegten Karrweg bis an einer leichten Kurve ein Weg steil bergan steigt. Hier zeigt ein Wegweiser zum Druidenstein, den man sich an einer weiteren Abzweigung links haltend, nach ca. 300 m erreicht. Hier auf der Druidenkuppe befindet sich ein Felsgebilde (Abb. W4.8), das mit seiner spitzen Nadel an alpine Gesteinsformationen erinnert. Von der Druidenkuppe zwischen den Rotbuchen hindurch, schaut man ins Loquitztal auf den Ort Oberloquitz, der von den knapp 600 m hohen Bergen im Norden umrahmt wird. Der Blick reicht bis zum Grenzberg/Gartenkuppe südlich von Saalfeld, die sich mit dem Fernmeldeturm eindeutig erkennen lassen.
Jetzt geht man wieder die 300 m abwärts zum Karrweg und setzt auf ihm die Wanderung fort. Der Weg führt nun in einem großen Bogen, am Anfang nochmals ein Stück ansteigend, dann aber nur noch bergab, rund um die Druidenkuppe ins Tal der Loquitz. Durch eine Unterführung und über eine Brücke gelangt man zur Bundesstraße 85 und zu den ersten Häusern des Ortes Gabe Gottes. Bachaufwärts, nach 300 m, erreicht man den Haltepunkt Marktgölitz, von wo aus man mit dem Regionalzug in wenigen Minuten zurück nach Probstzella gelangen kann.

Abb. W4.4: Blick auf Teile von Probstzella und die Berge im Grenzland zwischen Thüringen und Bayern sowie ins Zoptetal (H. Mattheß).

Abb. W4.5: Waldwiese in Richtung Loquitztal (E. Krauß).

Abb. W4.7: Gehlersruh (E. Krauß).

Abb. W4.6: Hütte „Waidmannsheil" am Kolditzberg (E. Krauß).

Abb. W4.8: Felsgebilde auf der Druidenkuppe (E. Krauß).

W5 Sormitztalwanderung

Charakter:
Rundwanderung mit schönen Aussichten.

Voraussetzungen:
Zweckmäßige Kleidung, vor allem Wanderschuhe mit Profil.

Wanderstrecke: 14,7 km
(Höhenprofil s. Abb. W5.1)

Anstiege:	335 m
Abstiege:	335 m
Kalorienverbrauch:	1.100 kcal.

Start und Ziel:
Die Wanderung beginnt und endet auf dem Marktplatz von Leutenberg.

Bahnverb.:	Saalfeld-Lobenstein-Blankenstein
ÖPNV:	Linie 54 Saalfeld-Leutenberg-Löhma; Linie 182 Saalfeld-Ebersdorf
Kfz:	B 90 Saalfeld-Lobenstein, Parkplätze an der B 90 und am Schwimmbad.

Wegemarkierung:
Der Weg ist mit Wegweisern ausgestattet, die am hinteren Ende ein Zwergensymbol und die Ziffer 6 haben.

Wegbeschreibung:
Die Wanderung vom Markt der Stadt Leutenberg (Abb. W5.3) führt uns durch die Altstadt zur B 90, an die Brücke über die Sormitz ins Kalkgrubental. Der etwa 2 Kilometer lange Aufstieg auf den Schleifberg (504 m über NN) zum Siebentälerblick ist etwas anstrengend, aber lohnend. In der Nähe der ersten am Weg aufgestellten Ruhebänke beeindruckt ein Blick zurück ins Tal mit der Friedensburg auf der anderen Seite des Sormitztales. Der Weg durch das Kalkgrubental ist auch ein Teilstück des „Bergbau-geologischen Wanderweges" um Leutenberg. Er ist in mehreren Abschnitten angelegt und bietet vielfältige Informationen über spezifische geologische Bedingungen im Raum Leutenberg und die Leutenberger Bergbaugeschichte. So kommt der Wanderer im Kalkgrubental an einer stillgelegten Kalkgrube vorbei. Hier wurde früher Knotenkalkstein abgebaut. Diese Kalkgrube gab diesem Kerbtal

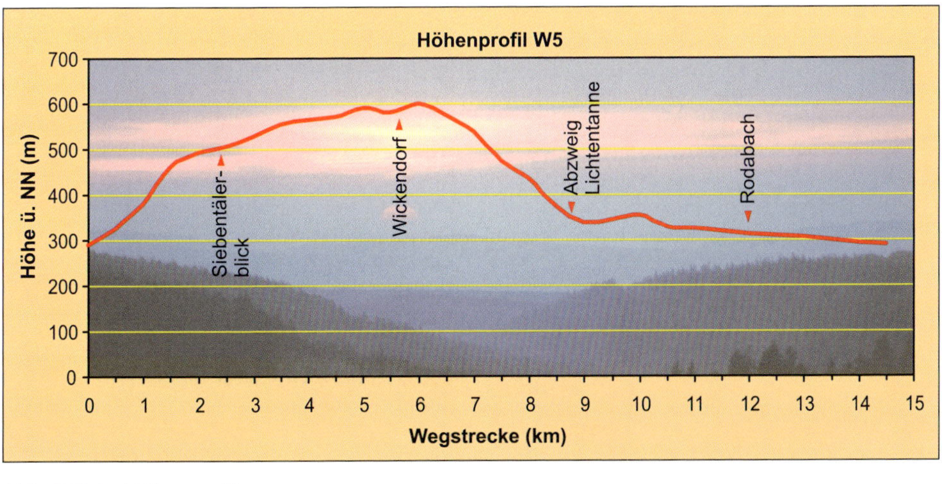

Abb. W5.1: Höhenprofil.

mit seinen steilen Flanken und der stark abfallenden Sohle seinen Namen. Vor einer scharfen Linkskurve sind bergbauliche Überreste der ehemaligen Dachschiefergrube Kalkgrubental zu erkennen. Hier wurde in 3 Stollenabteilungen von insgesamt 450 m Länge bis zum Jahr 1950 Dachschiefergestein abgebaut, das anschließend in einer Spalthütte zu Dachschiefer verarbeitet wurde. Auf Hinweistafeln bzw. an Schauobjekten erfahren wir Wissenswertes über dieses Abbaugebiet.

Danach kann man 2 verschiedenen Wegen folgen, die unterschiedlich steil, beide zum Siebentälerblick (Abb. W5.5) führen. Dort angekommen wird der Wanderer für seinen Aufstieg vom Sormitztal mit einer herrlichen Aussicht auf Leutenberg (Abb. W5.6) belohnt. Von hier aus können wir die 7 Täler erkennen, nach denen Leutenberg den Beinamen „Stadt der sieben Täler" erhalten hat. Das Sormitztal bildet dabei das Haupttal in südöstlicher Richtung. Als Seitentäler erkennen wir nördlich des Sormitztales, von Südosten beginnend, das Herschdorfer Tal, das Hinktal, das Ilmtal sowie das Lemnitztal. Südlich des Sormitztales liegen die Seitentäler Kalkgrubental und Hüttengrund.

Am Siebentälerblick beeindruckt auch eine 380 kV-Überlandleitung, die das Sormitztal überspannt und die darauf hinweist, dass wir uns in der Nähe der Saaletalsperren befinden. Nach einer kurzen Rast setzen wir unsere Wanderung in Richtung Roda, einem Ortsteil der Einheitsgemeinde Probstzella, fort. Nach ca. 1,5 km noch leicht bergan erreichen wir die asphaltierte Straße, die Roda mit Großgeschwenda verbindet. Ihr folgen wir, bis sie nach rechts abbiegt. Wir wählen den Weg in Richtung Wickendorf. Hier am Abzweig lohnt es sich, kurz zu verweilen, um sich das Landschaftspanorama in der Region Leutenberg in nördlicher Richtung anzusehen.

Auf den folgenden zwei Kilometern sind nur etwa 25 Höhenmeter zu überwinden. Auf einem gut begehbaren Feld- bzw. Waldweg führt die weitere Route zunächst leicht abwärts in einen Wiesengrund und steigt dann leicht bergan durch Hochwald bis zu einem weiteren Ausblick in die freie Flur. In etwa 500 m Entfernung erkennen wir die zwei Gehöfte der Ansiedlung Wickendorf. In gleicher Richtung ist der Ort Lichtentanne mit seinen schiefergedeckten Häusern und dem Kirchturm erkennbar. Auf dem weiteren Weg nach Wickendorf befindet sich links des Weges eine idyllisch gelegene Teichanlage, deren Wasser über den Schafbach in die Sormitz fließt.
Die Wandertour führt an den beiden Gehöften in Wickendorf vorbei weiter in Richtung Lichtentanne. Etwa 400 m nach dem letzten Anwesen, noch vor zwei elektrischen Überlandleitungen, zweigt der Wanderweg fast rechtwinklig ab und führt links bergab in Richtung Hochwald zum Kandelbachtal hin. Hier am Abzweig wird der höchste Punkt der Sormitztalwanderung mit 600 Höhenmetern erreicht.
Nach weiteren 800 Metern des Weges zum größten Teil durch Hochwald erreichen wir eine Wegkreuzung. An dieser Stelle eröffnet sich wieder ein schöner Blick über die freie Flur auf Lichtentanne. Die Wanderung führt geradeaus über die Kreuzung hinweg weiter auf einem breiten Forstweg. Nach ca. 250 m zweigt der Wanderweg durch den Kandelbachgrund rechts von diesem Forstweg ab. Nach etwa 100 m am Waldrand entlang laufend, führt der weitere Weg mit einer scharfen Linksabbiegung unmittelbar an einer starken doppelstämmigen Buche vorbei, direkt in das Kandelbachtal. Auf dem Weg bergab erkennen wir rechts noch die Reste einer Teichanlage. Der Weg führt jetzt ca. 1,5 km immer bergab auf unterschiedlichen Neigungen des Weges durch dieses stille Tal. Nicht immer führt der Bach Wasser. In regenarmen Jahreszeiten ist er völlig ausgetrocknet. Fast unten im Sormitztal angekommen, treffen wir auf eine Treppenstufenanlage aus Holz, an deren oberen und unteren Ende Wegweiser aufgestellt sind, die dem Wanderer die weitere Orientierung ermöglichen.

Soll die Route in Richtung Bahnhof Lichtentanne fort führen, um z.B. in der Waldgaststätte nahe des Bahnhofes einzukehren, muss die Wanderung noch etwa 600 m in diese Richtung fortgesetzt werden. Auf dem Weg dorthin sind die an der Sormitz bzw. an der Bundestrasse B 90 gelegenen Gebäude von Grünau, einem Ortsteil der zur Einheitsgemeinde Stadt Leutenberg gehört und in dem etwa 15 Einwohner leben, zu erkennen. Der weitere Weg führt entlang der Bahnschienen direkt zur Waldgaststätte, die zu Lichtentanne bzw. Probstzella gehört. Nach ca. 9 km Wanderung kann man eine Einkehr bei guter Gastronomie nur empfehlen. Ausgeruht und frisch gestärkt kann dann die Wanderung nach Leutenberg durch das Sormitztal fortgesetzt werden.

Um wieder auf den an der Sormitz entlang führenden Wanderweg zu gelangen, muss der Weg von der Waldgaststätte die 600 m zurück zu der Treppenanlage im Kandelbachtal gegangen werden.

Der Name des Flusses Sormitz lässt auf eine slawische Besiedlung dieser Region schließen, die um die Zeit zwischen 900 und 1100 nach Christi erfolgt sein soll. Viele Bezeichnungen von Flüssen, Orten und Fluren enden z.B. auf „-itz", wie Loquitz, Wilschnitz, Unterlemnitz, Munschwitz, Burglemnitz, Unter- bzw. Oberloquitz, um nur einige zu nennen. Bei der Wanderung durch das Sormitztal wird deutlich, wie sich im engen Talgrund der Fluss, der Wanderweg (auch als Holzabfuhrweg genutzt), der Schienenstrang der Regionalbahn und die Fernverkehrsstraße B 90 den vorhandenen Platz teilen.

Die Eisenbahnstrecke von Saalfeld über Hockeroda, Leutenberg, Wurzbach, Lobenstein nach Blankenstein an der Saale (Beginn des Rennsteigs) wurde mit hohem finanziellen Aufwand saniert, da diese Strecke vorrangig dem Transport von Holz und Holzprodukten dient. Allein im Abschnitt von Leutenberg nach Lichtentanne Bahnhof wurden 5 neue Bahnbrücken über die Sormitz gebaut, da die bisherigen Brücken nach etwa 100 Jahren Nutzung (1907 erfolgte die Einweihung dieser Bahnstrecke) den technischen Anforderungen nicht mehr genügten. Auf dem Weg nach Leutenberg werden folgende Seitenbäche der Sormitz überquert: Der Kandelbach, der Schafbach, der Hirschbach, der Rodabach und der Schmiedebach.

Das Wasser der Sormitz diente jahrhundertelang den Menschen als Energiequelle, z.B. zum Betreiben verschiedener Mühlen entlang des Baches, wie Mahl-, Loh-, Schneide- und Papiermühlen. Der Weg nach Leutenberg führt beispielsweise an der heute nicht mehr genutzten Hofmanns-Schneidemühle vorbei.

Schon etwa 500 m vor der Naturparkverwaltung wird der Wanderer am Wanderweg mit vielfältigen Objekten und Hinweistafeln auf das Anliegen des Naturparks Thüringer Schiefergebirge/Obere Saale aufmerksam gemacht: Die Menschen sollten im Einklang mit der Natur und Umwelt ihr Leben gestalten.
Der Wanderweg führt direkt durch das Gelände der Naturparkverwaltung. Aktuelle Ausstellungen und interessante Schauobjekte im und um das Hauptgebäude geben wichtige Informationen.

Über die Brücke der Sormitz führt der Weg zur B 90. Den Fußweg an der Straße folgend, erreichen wir nach wenigen Minuten wieder den Markplatz.

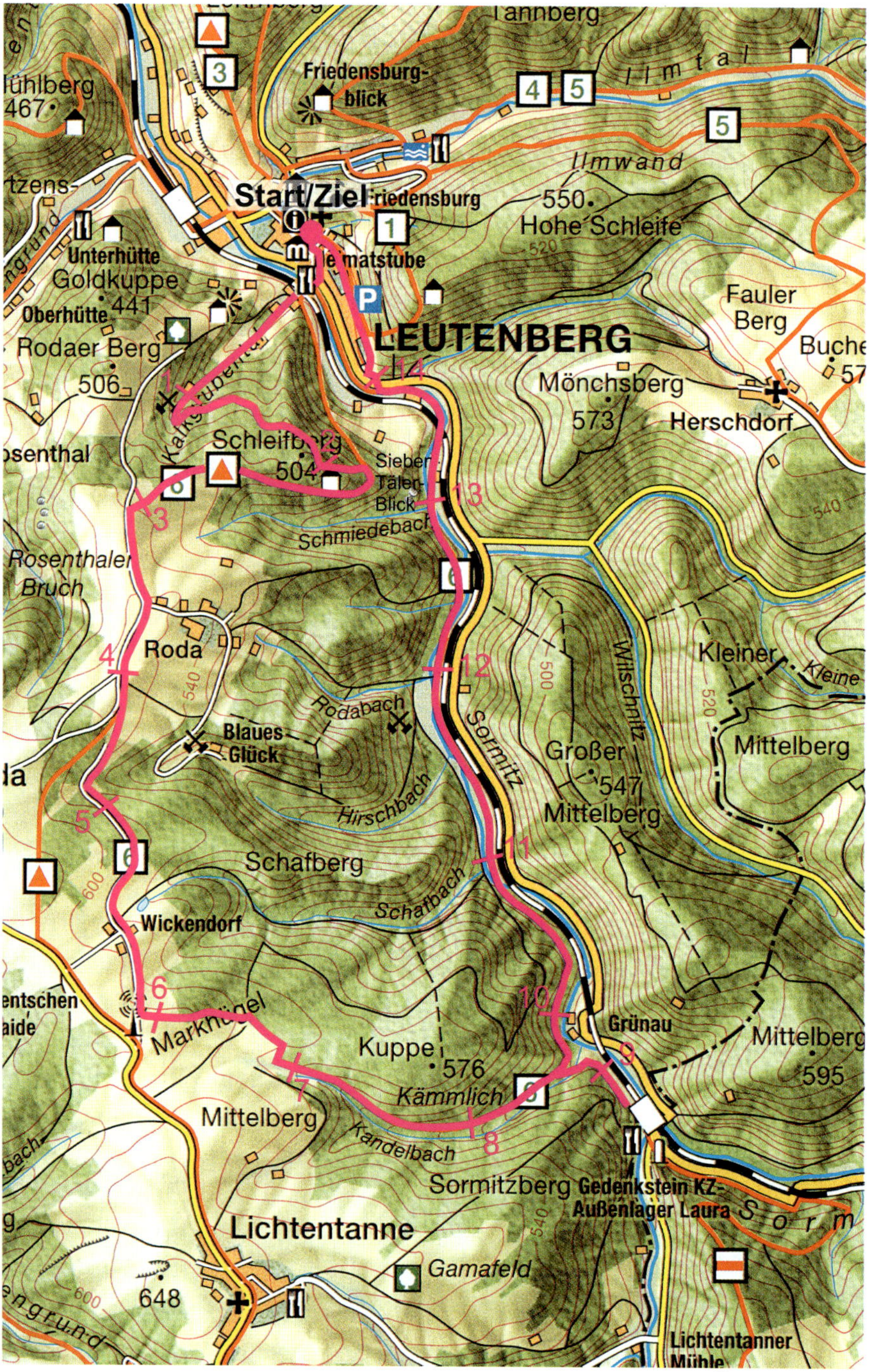

Abb. W5.2: Wanderkarte. © grünes herz

Abb. W5.3: Marktplatz Leutenberg (D. Ludwig).

Abb. W5.4 (unten): Rathaus in Leutenberg (E. Krauß).

Abb. W5.5: Überlandleitung am Siebentälerblick (E. Krauß).

Abb. W5.6 (unten): Blick auf Leutenberg (E. Krauß).

W6 Ilmtalwanderung

Charakter:
Rundwanderung mit schönen Aussichten.

Voraussetzungen:
Zweckmäßige Kleidung, vor allem Wanderschuhe mit Profil.

Wanderstrecke: 13,5 km
(Höhenprofil Abb. W6.1)

Anstiege:	285 m
Abstiege:	285 m
Kalorienverbrauch:	1.000 kcal.

Start und Ziel:
Die Wanderung beginnt und endet auf dem Marktplatz von Leutenberg (Abb. W5.3, W5.4).

Bahnverb.:	Saalfeld-Lobenstein-Blankenstein
ÖPNV:	Linie 54 Saalfeld-Leutenberg-Löhma; Linie 182 Saalfeld-Ebersdorf
Kfz:	B 90 Saalfeld-Lobenstein, Parkplätze an der B 90 und am Schwimmbad.

Wegemarkierung:
Der Weg ist mit Wegweisern ausgestattet, die am hinteren Ende ein Zwergensymbol und die Ziffer 4 haben.

Wegbeschreibung:
Die Wanderung vom Markt der Stadt Leutenberg ins Ilmtal führt über die Markttreppen, rechts an der Stadtkirche und der ehemaligen Schule vorbei, entlang der Wandelbahn in Richtung Sportplatz/Alexandrabad. Von der Wandelbahn aus am Fuße des Schlossberges gibt es schöne Ausblicke auf das Stadtzentrum und auf den Löhmberg mit der Leutenberger Grundschule als dominantem Objekt.
Vorbei am Freibad „Alexandra", einem modernen, solarbeheizten Schwimmbad in idyllischer Lage, geht es zunächst auf asphaltierter Straße etwa 300 m durch das Wohngebiet Ilmtal, das auf der linken Seite mit dem Forstamtsgebäude endet. Am Ortsende setzt sich der Weg als Feld- und Waldweg, der anfänglich etwas steinig ist und in früherer Zeit als Ortverbindungsstraße von Leutenberg nach Dorfilm (7 km durch das Ilmtal) genutzt wurde, fort. Die Wanderung führt hier größtenteils durch schattiges Waldgebiet, immer am Ilmbach entlang.
Rechts des Wanderweges, am Nordhang der Ilmwand, schließt sich ein 3,5 ha großes Naturschutzgebiet an. Hier atmet der Wanderer reine Luft des herzynischen Bergmischwaldes, der mit Weißtannen durchsetzt ist.
Nach etwa 2 km, vom Ortsausgang gerechnet, erreicht man die Schutzhütte an der „Lustigen Weide".
Von hier besteht die Möglichkeit, die Wanderung nach Kleingeschwenda etwa um 2 km abzukürzen und dem steilen Aufstieg durch das Birkental zu folgen.

Wer die Wanderung weiter durch das Ilmtal entlang des Ilmbaches in Richtung Dorfilm fortsetzt, erreicht nach etwa einem weiteren Kilometer den Abzweig nach Kleingeschwenda.
Bis hierher war die Wegstrecke von Leutenberg aus gesehen nur ganz allmählich ansteigend (auf 4 km etwa 120 Höhenmeter). Nach etwa 1,5 weiteren Kilometern auf einem stärker ansteigenden Waldweg verlässt der Wanderer das Hochwaldgebiet. Auf der folgenden Wegstrecke bis Kleingeschwenda durch die Flur laden Ruhebänke zum Verweilen ein.
Bei guter Sicht lohnt sich ein Blick zurück des Weges, wo u.a. im Ilmtal die Friedensburg erkennbar ist. In der Ferne liegen die Steinerne Heide und die nördlichen Ausläufer des Frankenwaldes.

In Kleingeschwenda, einem Ortsteil der Einheitsgemeinde Stadt Leutenberg, heute etwa 90 Einwohner zählend und 1449 erstmals urkundlich erwähnt, angekommen, liegt gleich am Ortseingang das von den Bürgern des Ortes in den 50iger Jahren des 20. Jahrhunderts errichtete Kulturhaus. Hier befindet sich die empfehlenswerte Gaststätte „Zum Ilmtal". Nach erholender Einkehr und Rast führt die Wandertour auf der Ortsstraße durch den Ort vorbei an Dorfteich (Abb. W6.2) und Dorfkirche in Richtung Steinsdorf.

Nach etwa 300 m Wanderung über asphaltierte Dorfstraße folgt man am Ortsausgang, in der Nähe des Dorffriedhofes, einem neu errichteten Wanderweg parallel zur Ortsverbindungsstraße Kleingeschwenda-Steinsdorf. Dieses Wegstück der Wanderung führt auch entlang des internationalen „Europäischen Fernwanderweges E 3" bzw. des internationalen Bergwanderweges „Eisenach-Budapest" mit dem blauen Andreaskreuz als Markierungszeichen (WZ). Auf dem Weg nach Steinsdorf hat man bei guter Sicht in Richtung Nordosten Ausblick auf die Region des Hohenwartestausees und erkennt die Orte, die auf den Höhen um den Stausee liegen. Weiter nach Steinsdorf unterwegs, hat man bei vorhandener Fernsicht im Südwesten einen wunderbaren Panoramablick auf die Höhenzüge des Thüringer Waldes und des Thüringer Schiefergebirges.
In südlicher Richtung ist mit bloßem Auge der neu errichtete Altvaterturm auf dem Wetzstein (792 m über NN), der höchsten Erhebung im beschriebenen Wandergebiet nahe der Schieferstadt Lehesten, zu erkennen. Die Windkraftanlage (Abb. W6.3) bei Steinsdorf (Turmhöhe 50 m, durchschnittliche Leistung 600 kW/h) zieht magisch den Blick des Wanderers auf sich.

Am Wanderparkplatz in Steinsdorf angekommen, empfiehlt es sich, die Kreisstraße in den Ort hinein als Wanderweg zu meiden, da dieser am Ortseingang sehr eng an der stark befahrenen Straße verläuft. Der empfohlene Weg führt vorbei an Stallanlagen, die an der Peripherie von Steinsdorf liegen, und am neu errichteten Feuerwehrgerätehaus bis kurz vor die Ortverbindungsstraße von Steinsdorf nach Löhma. Scharf links abbiegend, erreicht man nach ca. 200 m das Dorfzentrum mit Dorfkirche und Dorfteich (Abb. W6.4). Die Entstehung des Ortes Steinsdorf reicht bis in die Zeit der Rodungen um 1050 bis 1300 zurück. Die erste urkundliche Nennung dieses Angerdorfes erfolgte erst 1413, damals mit der Ortsbezeichnung „Steynszdorff". Die 1716 erbaute schlichte Dorfkirche mit wohlklingender Orgel steht heute unter Denkmalschutz.

Nach Überquerung der Ortsstraße führt die Wanderung nach Leutenberg über den Tannberg. Der Wegemarkierung folgend, erreicht man nach ca. weiteren 300 m den Ortsausgang. Die Wanderung führt jetzt auf einem Feldweg in freier Flur an einem Damwildgehege und am Ortsfriedhof vorbei. Westlich des Weges erkennt man bei ausreichenden Sichtverhältnissen den zur Einheitsgemeinde Stadt Leutenberg gehörenden Ort Munschwitz mit dem oberen Ortsgebiet Sankt Jakob (am quer durch Europa führenden Jakobusweg gelegen).
Nach einem weiteren Kilometer leicht ansteigenden Weges durch die Feldflur erreicht man das Hochwaldgebiet des Tannberges, dessen höchste Erhebung in der Wanderkarte mit 557 m ausgewiesen ist.
Auf einem gut begehbaren Waldweg führt der Weg nach ca. 1 km bergab nach Leutenberg. Bevor man jedoch ins Ilmtal gelangt, trifft man zunächst auf den Aussichtspunkt und die Schutzhütte „Dellwigsruh" (Abb. W6.5). Aussichtspunkt und Hütte wurden nach Paul Dellwig - er lebte von 1861 bis 1923 - benannt. Der Diakon Paul Dellwig war langjähriger Sommergast in Leutenberg und spendete hier dem Verschönerungsverein eine Bank.

Nach erholsamer Rast führt der Wanderweg in südlicher Richtung links auf dem so genannten Zick-Zack-Weg bergab ins Ilmtal. Auf der asphaltierten Ortsstraße angekommen, schließt sich die Runde und der Wanderweg führt zurück zum Markt von Leutenberg.

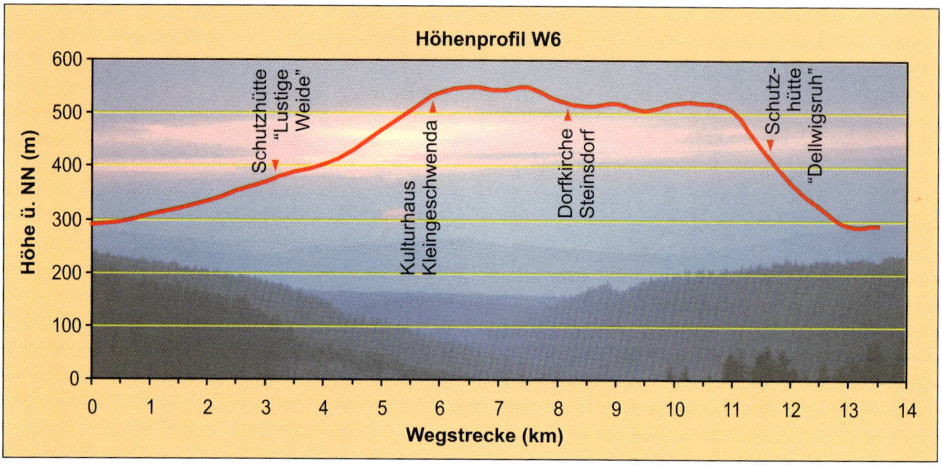

Abb. W6.1: Höhenprofil.

Abb. W6.2: Dorfteich in Kleingeschwenda (E. Krauß).

Abb. W6.4: Dorfzentrum Steinsdorf (E. Krauß).

Abb. W6.3: Windkraftanlage bei Steinsdorf (E. Krauß).

Abb. W6.5: Schutzhütte „Dellwigsruh" (E. Krauß).

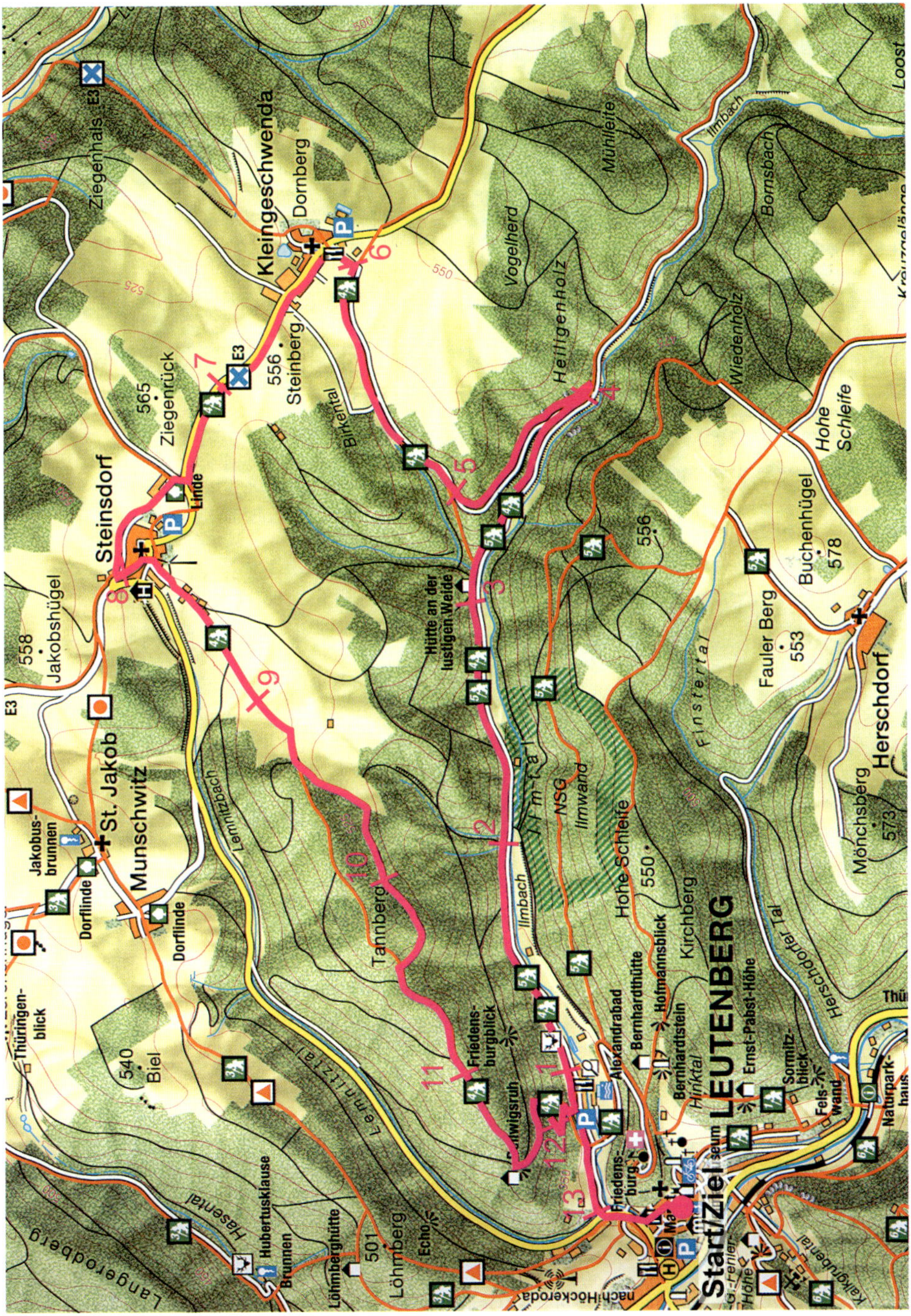

Abb. W6.6: Wanderkarte.

© grünes herz

W7 Rund ums „Thüringer Meer" - der Rundwanderweg Hohenwartestausee

Allgemeines:

Die Region der oberen Saale zwischen Saalfeld und Blankenstein war bereits Ende des 19. Jahrhunderts ein beliebtes Erholungs- und Wandergebiet. Die Saale mit ihren vielen Windungen und Seitentälern, meist mit Nadelwäldern bestandene Steilhänge, die tiefe Stille und gesunde Luft, zogen immer mehr Gäste an. Der Eisenbahnbau (zwischen 1871-1908 wurden die Bahnlinien Gera-Saalfeld-Eichicht; Triptis-Ziegenrück-Marxgrün und Eichicht-Wurzbach-Lobenstein gebaut) sowie die Planung und der Bau der Saaletalsperren (1924-1932 die Bleilochtalsperre als größter Stausee in Deutschland und 1934-1941 die Hohenwartetalsperre, Abb. W7.2) verstärkten die touristische Erschließung und Entwicklung des Gebietes. Die Flusslandschaft hatte sich durch den Anstau in eine Seenlandschaft verwandelt, die besonders reizvoll ist. Kenner sagen dem Hohenwartestausee nach, dass er den Fjorden Norwegens vergleichbar sei.

Die touristische Entwicklung setzte sich dann erst nach dem 2. Weltkrieg und nach Überwindung der Kriegsfolgen besonders intensiv fort. Ab Mitte des 20. Jahrhunderts entstanden Campingplätze und erste markierte Wanderwege wurden angelegt, so der Saale-Orla-Wanderweg und örtliche Wanderwege. Seit 1983 führt der „Internationale Bergwanderweg" Eisenach-Budapest durch das Talsperrengebiet. Was bis in die jüngste Vergangenheit fehlte, war ein Wanderweg rund um die gesamte Hohenwartetalsperre. Das änderte sich in den Jahren 1999 und 2000. Im regionalen Entwicklungskonzept der Umlandgemeinden wurde die Anlage des „Hohenwartestausee Rundwanderweges" zur Entwicklung der touristischen Infrastruktur beschlossen und mit Hilfe von Arbeitsförderprogrammen realisiert. Im August 2000 wurde in Ziegerück im Rahmen des 2. Hohenwarte-Stauseefestes der Wanderweg eröffnet.

Der Rundwanderweg „Hohenwartestausee" ist ein sehr abwechslungsreicher Weg mit vielen herrlichen Aussichten, der mit einer Länge von ca. 74 km und einem ständigen bergauf und bergab hohe Ansprüche an die Kondition der Wanderer stellt, die ihn in mehreren Tagesetappen hintereinander bewältigen wollen. Der Wanderweg führt teils am Seeufer entlang, erklimmt Höhen mit Felsen und wunderschönen Aussichten, führt durch Wälder und Wiesen, berührt die Straßen, die zum See führen und durchquert die kleinen Ortschaften, die trotz touristischer Entwicklung ihren ländlichen Charakter behalten haben. Dieser Wegeverlauf bietet somit auch die Möglichkeit, Halbtages- und Tageswanderungen auf dem Rundwanderweg zu gestalten, da man mit öffentlichen Verkehrsmitteln bzw. dem PKW Anreisemöglichkeiten hat. Für Übernachtungen sind Hotels, Campingplätze und eine Jugendherberge vorhanden. Gaststätten bieten dem Wanderer Stärkung und Erholung, Museen und Kirchen laden zur Besichtigung ein.

Charakter:

Rundwanderweg, Mehrtagestour, anspruchsvoll auf Grund der Gesamtlänge und der vielen An- und Abstiege.

Voraussetzungen:

Gute Kondition. Geeignete Wanderbekleidung für jedes Wetter, vor allen Wanderschuhe mit Profil. Die Benutzung von Wanderstöcken wird empfohlen.

Wanderstrecke gesamt:	**74,7 km**
Anstiege:	1.770 m
Abstiege:	1.770 m
Kalorienverbrauch:	5.600 kcal.

Wegemarkierung:
Die Strecke ist sehr gut markiert. Viele Wegweiser zeigen den Weg zu den an der Strecke liegenden Ortschaften, Aussichtspunkten, touristischen Sehenswürdigkeiten. Der Weg ist durchgehend mit dem Wegezeichen roter Punkt markiert.

Start und Ziel:
Parkplatz direkt an der Staumauer des Hohewartestausees.
ÖPNV: Linie 46 Saalfeld-Drognitz-Altenbeuthen
PKW: B 85 Saalfeld in Richtung Ludwigstadt bis Kaulsdorf, dort links abbiegen, am rechten Saalufer, vorbei an der Talsperre Eichicht durch den Ort Hohenwarte bis zum Parkplatz an der Staumauer (rechts).
Es wird empfohlen, die Rundwanderung in 4 Tagesetappen zu bewältigen. Nachfolgend wird der Wegeverlauf für diese Etappen beschrieben.

1. Etappe: Hohenwartestaumauer-Wilhelmsdorf

Wanderstrecke: 17,5 km
(Höhenprofil Abb. W7.1)

Aufstiege:	590 m
Abstiege:	420 m
Kalorienverbrauch:	1.450 kcal.

Die Wanderung beginnt am Parkplatz direkt neben der Hohenwartestaumauer (Abb. W7.2). Wir laufen flussabwärts bis der Pfad rechts über eine Fußgängerbrücke über die Saale führt. Über Stufen erreichen wir die Straße, die weiter flussabwärts durch den Ort Hohenwarte verläuft. Dort beginnt der Aufstieg mit mehreren Richtungsänderungen über Gössels Graben, Tannberg, durch mit Laubbäumen durchsetzten Nadelwald bis zum großartigen Ausblick „Klinkhardtshöhe" (Schutzhütte, 516 m). Die Staumauer liegt hier direkt unter uns. Von hier geht es wiederum mehrfach abbiegend, z.T. steil bergab zum „Waldhotel", dann weiter abwärts zum Seeufer. Von hier aus halten wir uns südlich und gelangen zur „Preßwitzer Spitze", einer Landzunge, an deren Ende einst das Örtchen Preßwitz lag, das mit dem Bau der Hohenwartetalsperre aufgegeben werden musste. Nach einem kurzen Aufstieg steigen wir wiederum hinab zum Seeufer und erreichen den Campingplatz „Alter", dem größten Campingplatz am Stausee (Abb. W7.3). Am Ufer entlang führt uns der Weg zum Koßdorfsbach und von dort stetig bergan zur Schutzhütte und Aussichtspunkt „Mooshäuschen". Auf leichter Strecke geht es von hier zum Ort Wilhelmsdorf, in dem unsere erste Tageswanderung endet.

2. Etappe: Wilhelmsdorf-Ziegenrück

Wanderstrecke: 16,6 km
(Höhenprofil Abb. W7.4)

Aufstiege:	255 m
Abstiege:	425 m
Kalorienverbrauch:	1.150 kcal.

Durch die Wilhelmsdorfer Feldflur, dann durch Nadelwald, kommen wir - teilweise steil abwärts steigend - zum Campingplatz Portenschmiede (früher Hammerwerk und Mühle). Wir überqueren diesen und steigen danach wieder bergan bis zum großartigen Ausblick am „Bockfelsen" (436 m), den wir auf einem rechts vom Rundwanderweg abbiegenden Pfad erreichen.
Zurück auf dem Rundwanderweg geht es nun wieder bergab zum 5-Sterne-Campingplatz „Neumannshof" und dem Bogen des Stausees folgend am schönen Uferweg entlang bis zur Gaststätte „Linkenmühle", wo wir eine kurze Rast einlegen können. Hier in Linkenmühle verbindet die einzige Autofähre Thüringens die Straße von Paska (im Norden vom Stausee) nach Altenbeuthen (südlich des Stausees). Von hier kann man sich auch mit einem Fahrgastschiff, dem „Drachenschwanz", den Stausee „aufwärts" bis kurz vor Ziegenrück bringen lassen.

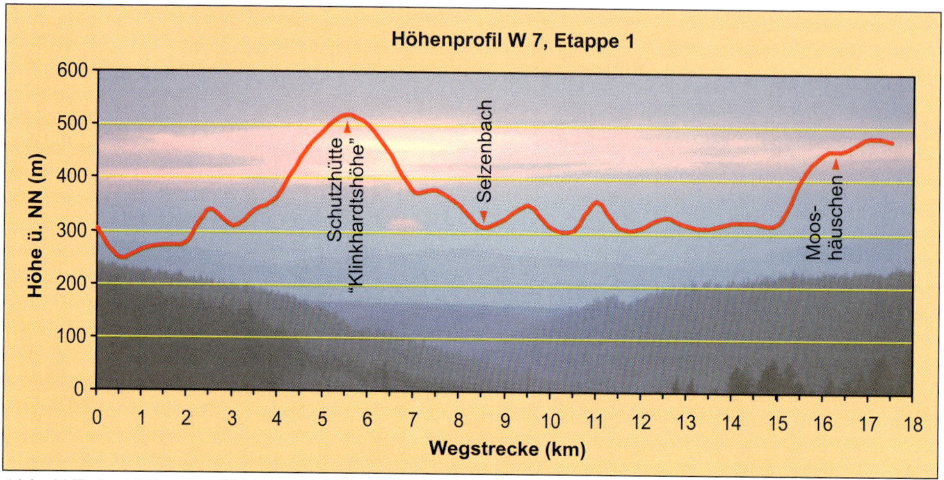

Abb. W7.1: Höhenprofil Etappe 1.

Abb. W7.2: Hohenwartestaumauer (H. Hirschfeld).

Abb. W7.3: Campingplatz Saaletal/Alter (H. Hirschfeld).

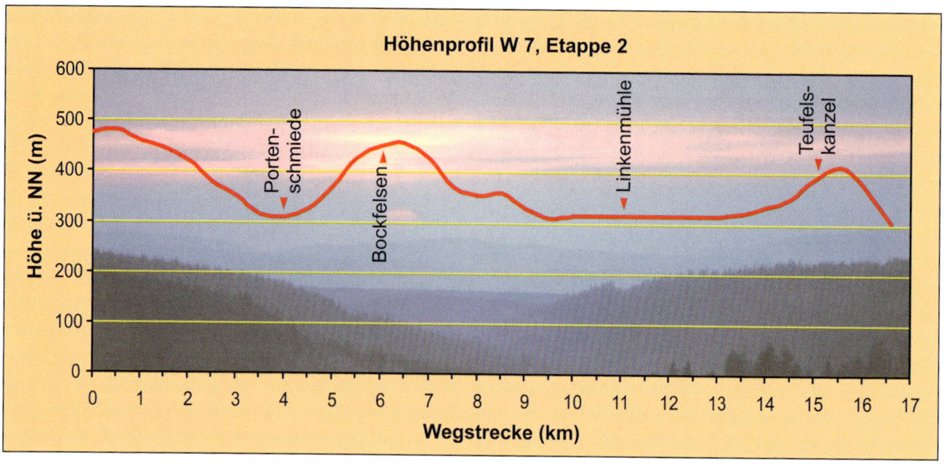

Abb. W7.4: Höhenprofil Etappe 2.

Abb. W7.5: Blick von der Schutzhütte „Reißertsruh" auf die Saale und Ziegenrück (H. Hirschfeld).

Abb. W7.6 (rechts): Geologisches Naturdenkmal in Ziegenrück (H. Hirschfeld).

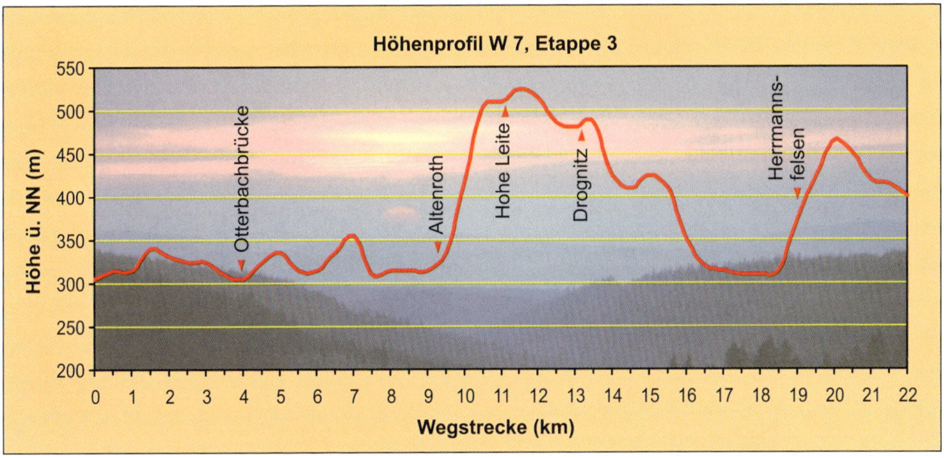

Abb. W7.7: Höhenprofil Etappe 3.

Abb. W7.8: Blick von der Hohen Leite bei Altenbeuthen (H. Hirschfeld).

Abb. W7.9: Fahrgastschiff am Hermannsfelsen (H. Hirschfeld).

Wir jedoch setzen unsere Wanderung fort, indem wir die nach Norden führende Bucht im Schlingengrund umgehen und zum Campingplatz Linkenmühle gelangen. Entlang am Stausee, dann ansteigend, führt uns der Weg zum sagenumwobenen Felsgebilde „Teufelskanzel", einer alten Opferstätte. Vor uns können wir das Conrod-Kraftwerk erkennen.
Nun steigen wir wieder bergan zur Schutzhütte „Reißertsruh", die auf einem Felsen über der Talsperre thront und uns den Blick auf den idyllisch gelegenen staatlich anerkannten Erholungsort Ziegenrück am Hohenwartestausee freigibt (Abb. W7.5). Nach dem Abstieg erreichen wir am Ortseingang von Ziegenrück ein steinernes Naturdenkmal (Abb. W7.6). Hier endet unsere 2. Etappe auf dem Rundwanderweg. Mehrere Hotels und Gaststätten in Ziegenrück laden zur Stärkung und Entspannung ein, die wir uns nach nunmehr ca. 35 km wohl verdient haben. Besonders der technisch interessierte Wanderer sollte es jedoch nicht versäumen, dem Wasserkraftmuseum in der ehemaligen Fernmühle einen Besuch abzustatten. Hier kann er sich über die Saalestauseen, die Kraftwerksanlagen und viele interessante Details aus der Region der Saalestauseen informieren.

3. Etappe: Ziegenrück-Neidenberga

Wanderstrecke: 22,0 km
(Höhenprofil Abb. W7.7)

Aufstiege:	495 m
Abstiege:	400 m
Kalorienverbrauch:	1.600 kcal.

Unsere 3. Etappe beginnt in Ziegenrück an der Saale-Brücke in unmittelbarer Nähe vom Schlossberghotel. Der Hohenwartestausee-Rundwanderweg verläuft auf dieser 3. Etappe über längere Strecken auf dem internationalen Fernwanderweg „Eisenach-Budapest" (EB). Im Vergleich zu den Fernwanderern, die dem blauen Andreaskreuz folgen, haben wir nur noch eine bescheidene Wegstrecke zurück zu legen und somit Grund genug, uns über die herrliche Landschaft, die schönen Ausblicke und die intakte Natur zu erfreuen. Nachdem wir die Brücke überquert haben, befinden wir uns auf der linken Seite des Stausees und unsere Hauptwanderrichtung führt uns nunmehr westwärts. Entlang des Stausees geht es vorbei an der Anlegestelle des „Drachenschwanzes" zur Bacheinmündung des Schweinbaches, an der wir zum 2. Mal die Bahnlinie der stillgelegten Bahn Ziegenrück-Lobenstein überqueren. Nachdem wir die nächste Bacheinmündung (Otterbach) erreicht haben, überschreiten wir den Bergrücken des Eichenberges und setzen unsere Tour auf dem bequemen Uferweg bis zur Bungalowsiedlung „Altenroth" fort. In der Gaststätte „Zum Vorwerk" empfiehlt sich eine kurze Rast, bei der wir das Anlegen der Autofähre, nunmehr auf der anderen Stauseeseite, beobachten können. Hier verlassen wir den EB, steigen stetig bergan, vorbei am sauberen Höhenort „Altenbeuthen" in Richtung Drognitz. Der Weg bietet schöne Aussichten auf die nördliche Seite des Stausees (Abb. W7.8). Kurz vor Drognitz stoßen wir wieder für 600 m auf den EB, verlassen ihn aber am Ortsbeginn, um ein Wiesental hinab zu steigen zum Campingplatz Mutschwiese mitten im Walde. Diesen umrunden wir in Richtung Stausee und gelangen zum Campingplatz Hopfenmühle, direkt am Seeufer. Hier sind wir wieder auf dem EB und bald geht es wieder bergauf bis wir auf einen kleinen Pfad stoßen, der uns rechterhand nach wenigen Metern zum Hermannsfelsen (Abb. W7.9) führt. Ein großartiger Ausblick auf die „Fjorde" am gegenüberliegenden Ufer belohnt uns dafür, dass wir diesen kurzen Abstecher vom eigentlichen Wanderweg genommen haben.
Zurück auf dem Hauptweg ist kurz danach, in der Nähe der Schleifenberghütte, wieder ein Abstecher empfehlenswert: Zum wunderschönen Volkskundemuseum Reitzengeschwenda (Abb. W7.10), wo man sich sehr gut über Land und Leute informieren kann. Der Weg dahin ist ausgeschildert und verlängert die Wanderstrecke um 3-4 km.
Über den Hausberg geht es abwärts zum Steinkreuznest Neidenberga (Abb. W7.11),

Abb. W7.10: Volkskundemuseum Reizengeschwenda (H. Hirschfeld).

bevor wir im ehemaligen „Schloss", in der Jugendherberge unsere Wanderung für den heutigen Tag beenden.

Abb. W7.11: Mittelalterliche Steinkreuze bei Neidenberga (H. Hirschfeld).

4. Etappe: Neidenberga-Parkplatz Hohenwarte-Staumauer

Wanderstrecke: 18,6 km
(Höhenprofil Abb. W7.13)

Aufstiege:	430 m
Abstiege:	525 m
Kalorienverbrauch:	1.400 kcal.

Die 4. Etappe unseres Rundwanderweges führt uns vom Stauseeufer hoch auf den Bergrücken zwischen Stausee und Leutenberg. Am Bodendenkmal Steinkreuznest wandern wir zunächst durch die Flur leicht bergan, dann aber wieder talwärts bis zur Bungalowsiedlung „Schäferwiese". Am Seeufer entlang führt der Weg (auch hier noch der EB) in die Lothrabucht und kurz vor ihrem Ende leicht ansteigend zur Straße zwischen Staumauer und Reitzengeschwenda. Der Straße ca. 500 m abwärts folgend, erreichen wir die Lothramühle mit dem Hotel „Waldgasthaus Lothramühle". Von hier führt der EB den Lothrabach aufwärts nach Kleingeschwenda, wir aber folgen der Straße weitere 200 m und steigen jetzt links abbiegend steil bergan, um über die Klingkuppe zum „Neuen Saaleblick" zu gelangen. Von hier, und kurze Zeit später auch vom „alten Saaleblick", den wir auf einem kleinen Abstecher nach rechts erreichen können, haben wir wieder herrliche Ausblicke auf die Talsperre, insbesondere auf die Staumauer Hohenwarte und den Badestrand Alter.
Nachdem wir den Wald verlassen haben, gelangen wir zum Ort Steinsdorf, von dort zur kleinen Siedlung St. Jakob und danach zum Ort Löhma. Hier, unmittelbar am Oberbecken des Pumpspeicherwerkes können wir am „Thüringenblick" weit ins Thüringer Land schauen, bevor wir durch Löhma hindurch, dann das Oberbecken halb umrundend, zu den Rohrbahnen des Pumpspeicherwerkes Hohenwarte II gelangen und diese auf einer Rohrbrücke überqueren. Hier können wir uns über technische Details des Pumpspeicherwerkes informieren. Zugleich bietet sich von hier ein herrlicher Rundblick ins Saaletal mit dem Ort Hohenwarte, dem Ausgleichbecken Eichicht und nach rechts zur Staumauer im Hintergrund (Abb. W7.2). Leicht absteigend erreichen wir den Gedenkstein „Amalienhöhe", bevor uns ein steiler Abstieg über den Hohenwarteblick zum Ausgangspunkt unserer Rundwanderung, zum Parkplatz an der Stauseemauer führt. Haben wir vor unserer Rundwanderung die Bezeichnung „Thüringer Meer" noch für eine maßlose Übertreibung gehalten, wissen wir nun nach ca. 75 km, dass sie ihre Berechtigung hat.

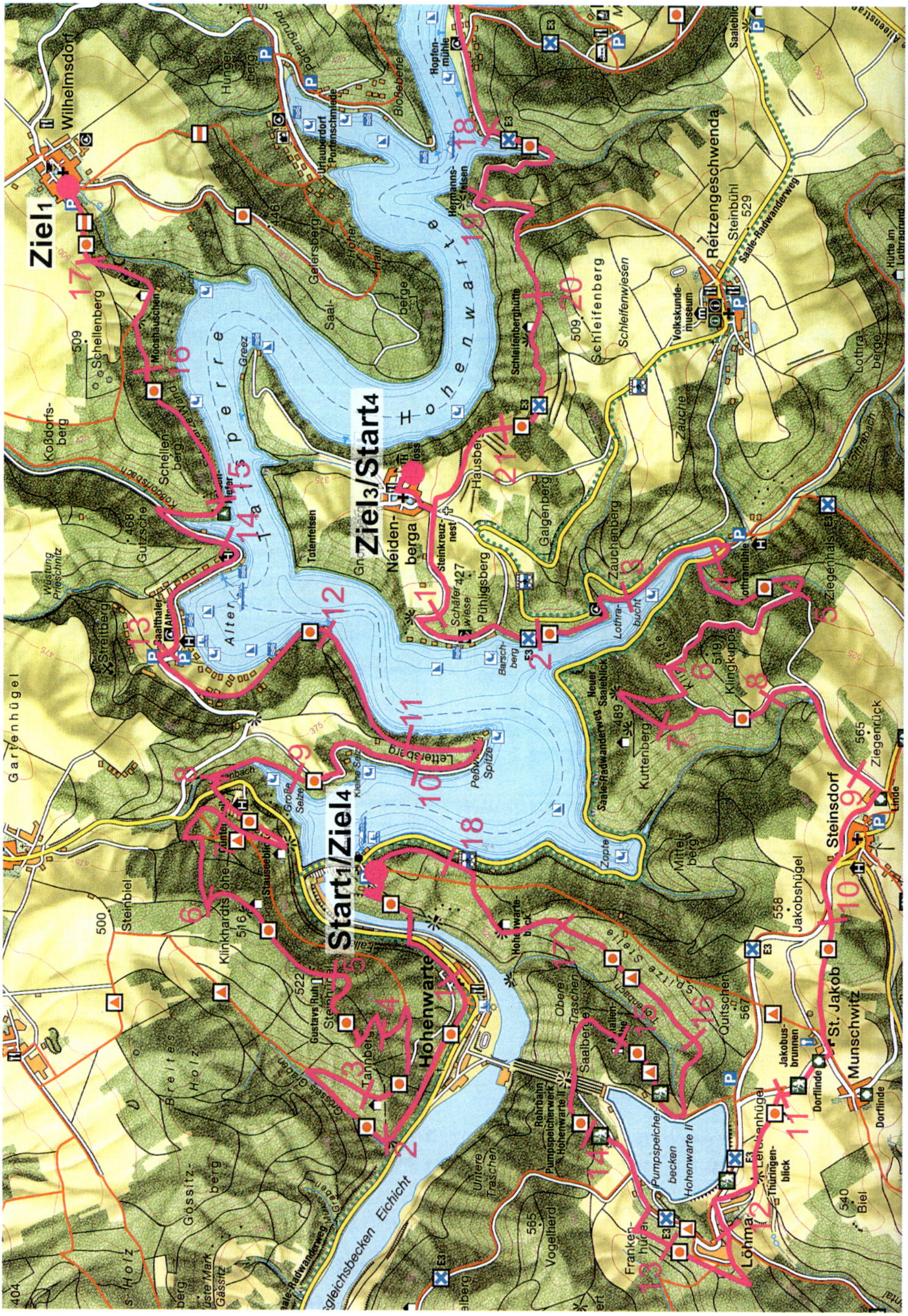

Abb. W7.13a: Wanderkarte. © *grünes herz*

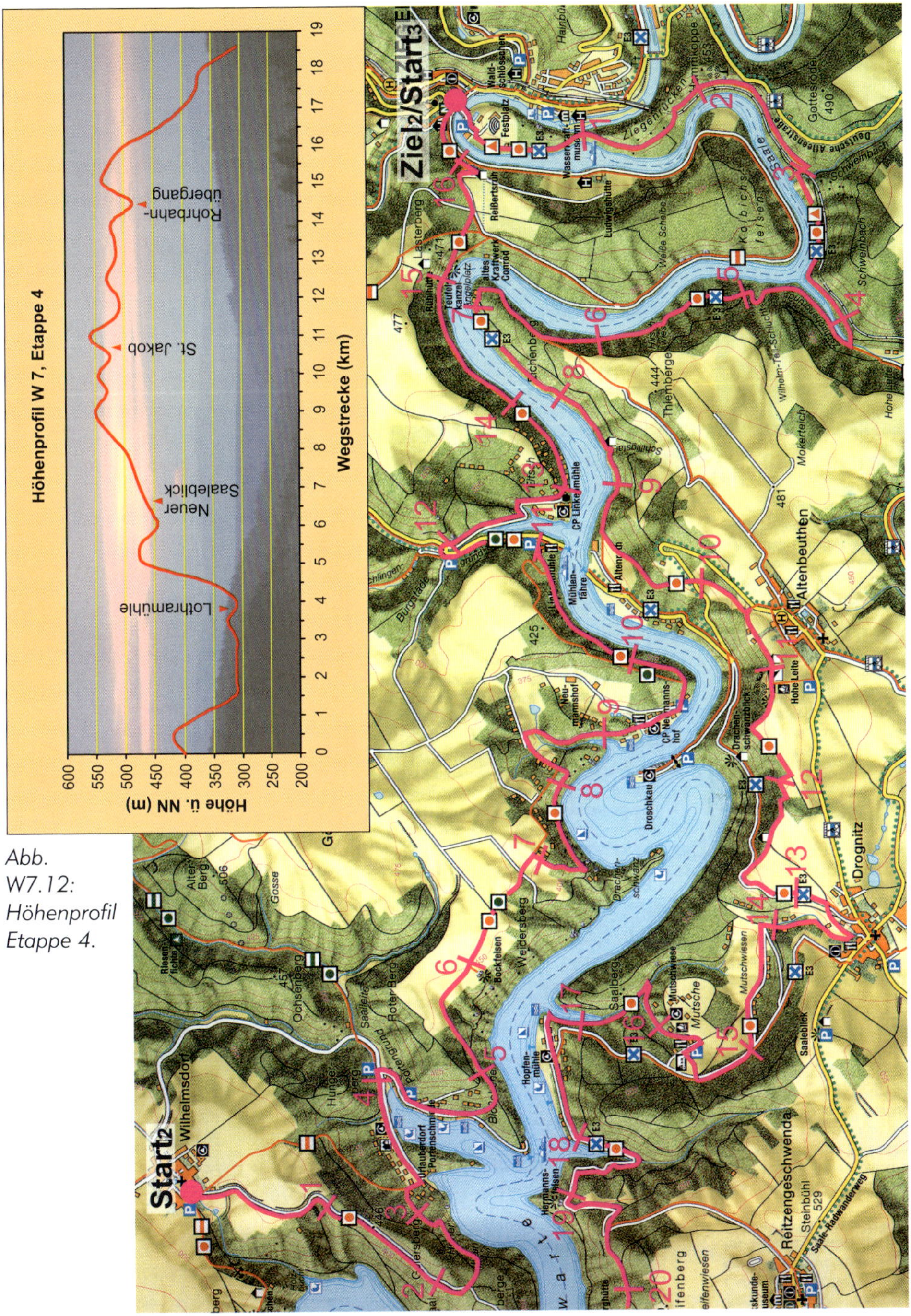

Abb. W7.12: Höhenprofil Etappe 4.

Abb. W7.13b: Wanderkarte.

© grünes herz

W8 Durch die „Steinerne Heide" – über „blaues Gold" ins Grenzland

Charakter:
Streckenwanderung.

Voraussetzungen:
Festes Schuhwerk mit Profil, gute Kondition, Verpflegung aus dem Rucksack.

Wanderstrecke: 16,5 km
(Höhenprofil Abb. W8.1)

Anstiege:	610 m
Abstiege:	510 m
Kalorienverbrauch:	1.400 kcal.

Start:
Bahnhof Hockeroda

Bahnlinie:	Saalfeld-Lichtenfels
ÖPVN:	Linie 47 Saalfeld-Probstzella-Gräfenthal; Linie 54 Saalfeld-Leutenberg-Löhma:
Kfz:	B 85 Saalfeld-Kronach; B 90 Saalfeld-Leutenberg-Lobenstein, Parkplatz in Bahnhofsnähe

Ziel:
Bahnhof Probstzella

Bahnlinie:	Saalfeld-Lichtenfels
ÖPNV:	Linie 47 Saalfeld-Probstzella-Gräfenthal; Linie 54 Saalfeld-Leutenberg-Löhma in Verbindung mit Linie 55 Probstzella-Leutenberg.
Kfz:	B 85 Kronach-Saalfeld, Parkplatz Nähe Bahnhof.

Wegemarkierung:
Der Wanderweg ist nicht bzw. selten mit Wegezeichen markiert. Nachfolgende Wegebeschreibung und eine Wanderkarte sollten mitgeführt werden.

Wegeverlauf:
Wir verlassen den Bahnhof Hockeroda und folgen der Bundesstraße B 85 in Richtung Kronach bis zum Bahnübergang. Dort biegen wir links ab, und folgen zunächst der B 90 in Richtung Leutenberg, um nach 50 m rechts über den unbeschrankten Bahnübergang zu gehen. Hier befinden sich noch einige zum Ort gehörende Häuser. Rechterhand sehen wir das Gasthaus „Zum Sormitztal" und damit auch zunächst die letzte Möglichkeit zur Einkehr. Wir biegen, von den Gleisen her kommend, nach links ab und gehen dann rechts über die Brücke. Wir haben das Flüsschen „Sormitz" überquert. Der erste Anstieg der Wanderung steht an. Der Wanderer hat nun auf einer Strecke von 2800 m einen Höhenunterschied von 232 m zu überwinden. Wir verlassen Hockeroda auf einem steinigen Feldweg, der am linken Rand einer großen Wiese entlang führend, bis zum Waldrand ansteigt. Dort angekommen, bleiben wir auf dem ansteigenden Weg. Dieser führt hier terrassenartig und über teilweise große Steine nach oben. Nach einer letzten, steilen Linkskurve haben wir diesen ersten Anstieg bewältigt und der Weg führt uns nun durch Hochwald mit leichter bis mittlerer Steigung weiter in Richtung Bergkamm. Von rechts schließt sich ein gut beschaffener Weg dem unseren an. Von nun an lässt es sich sehr gut laufen, der Weg ist breit, ohne größere Steine und er verläuft immer flacher. Ein etwa 100 m breiter Streifen mit Jungwuchs, den wir überqueren, gibt zur Linken einen Blick auf das Sormitztal und den gegenüberliegenden Langerodberg frei. Wir befinden uns am Pfaffenberg (475 m). Der Weg fällt dann leicht ab und wir können bereits die Wiesen der Hirzbacher Höhe sehen. Sobald der Weg den Wald verlässt, erschließt sich uns ein herrlichen Rundblick über die umliegenden Berge und Täler des Thüringer Schiefergebirges. Rechts, zwischen den Bergen eingebettet, sehen wir das kleine Örtchen Laasen. Der sich malerisch durch die Wiesen-

landschaft schlängelnde, leicht ansteigende Weg führt uns nach Hirzbach. 1398 erstmals urkundlich erwähnt, soll das Örtchen seinen Namen dem Gutsherren Heinrich von Hyrsbach zu verdanken haben.
Im Ort folgen wir der Straße bergabwärts, halten uns rechts und laufen, die große Linde auf den Rondell links liegen lassend, oberhalb des Dorfplatzes entlang. Jetzt aufpassen! Die scharfe Linkskurve wird nicht durchlaufen, da wir vorher geradeaus über den Pflasterweg in Richtung Ortsausgang gehen. Orientieren kann man sich hier an einem sehr nah am Weg stehenden, großen Gebäude. Am Haus vorbei führt der Weg waldwärts und wir folgen der Beschilderung in Richtung Schlaga. Es geht bergab durch Mischwald und nach zirka 200 m treffen wir auf ein verlassenes Haus, inmitten einer Lichtung. Auch hier ist wieder Aufmerksamkeit gefragt: Am rechten Zaun beginnt, durch Büsche etwas verdeckt, ein Hohlweg, dem wir folgen. Nach einem kurzen, steilen Aufstieg verlassen wir den Wald und haben linkerhand einen wunderschönen Ausblick auf den Rodaberg. Zu dessen Fuß liegt das Rosenthal mit dem gleichnamigen Ortsteil von Leutenberg. In nördlicher Richtung erkennt man Ortsteile von Munschwitz. Etwas weiter links befindet sich das Oberbecken des Pumpspeicherwerkes Hohenwarte (Abb. W8.3). Hier wieder aufgepasst: Mit Blick bergan, zweigt nach der Hochspannungsleitung links ein unscheinbarer, schmaler Pfad ab, der in den Wald führt. Eine Buche rechts des nun eingeschlagenen Weges zeigt uns, dass wir richtig sind. Nach ungefähr 400 m kommen wir erneut an eine große Wiese. An deren linken Rand, neben dem Pflanzgarten entlang laufend, treffen wir auf einen Schotterweg. Wir biegen nach rechts ab und folgen an der Weggabelung erneut dem Wegweiser in Richtung Schlaga. Wir nutzen den gelb markierten Wanderweg (WW). Auf das kleine Örtchen treffen wir nach etwa 15 min. Wir befinden uns nun auf einem geschichtlich sehr interessanten Abschnitt unserer Wanderung. Schlaga befand sich während der Zeit der deutschen Teilung im Sperrgebiet, d.h., wer sich im Ort aufhalten oder Verwandte besuchen wollte, musste im Besitz eines gültigen Passierscheines sein. An der Stelle, an der der Feldweg auf die Straße mündet, befand sich der Schlagbaum und ein Kontrollhäuschen. Davon ist heute allerdings nichts mehr zu erkennen. Mit 559 m ist hier auch der höchste Punkt unserer Wanderung erreicht. Der Name Schlaga stammt von der, ursprünglich als „das dorff zum schlage" genannten, slawischen Ansiedlung. Im Jahr 1414 wurde der Ort erstmals urkundlich erwähnt - er soll allerdings schon im 13. Jahrhundert als Rodungssiedlung der Grafen zu Orlamünde entstanden sein. Die Kirchenglocke ist laut Inschrift im Jahre 1447 gefertigt worden und kommt vermutlich aus der abgebrannten Kirche des nicht mehr existierenden Nachbarortes Messelrode.
Wir verlassen das etwa 50 Einwohner zählende Dörfchen am unteren Ortsausgang (Abb. W8.4) Richtung Reichenbach bzw. Kleinneundorf und folgen weiter den gelben Wegemarkierungen. Vorbei an der Kläranlage, verlassen wir den erst eingeschlagenen Weg und biegen mit dem markierten Wanderweg nach rechts ab. Der künstlich angelegten Pflanzgarten bleibt dabei links am Hauptweg liegen. Durch das malerische, saftgrüne Tal begleiten wir den kleinen Bach bis zu den Fischteichen. Dort verlassen wir ihn rechter Hand und laufen den steil ansteigenden, aber gut ausgebauten Weg nach Kleinneundorf hinauf. 1324 erstmals erwähnt, soll es ein Gut des Herrn von Klein gewesen sein. Den Ort durchwandern wir talwärts auf der asphaltierten Straße. Eine geheimnisvolle Geschichte dreht sich um zwei in Kleinneundorf stehende Eiben. Unter ihnen soll während des Dreißigjährigen Krieges im 17. Jahrhundert der Geldschatz des Ortes vergraben worden sein. Die sagenumwobenen Bäume stehen auf einer Freifläche rechts, oberhalb der Straße, etwa in der Mitte des Dorfes. Einkehren ist im Gasthaus „Fridolin" nur nach Voranmeldung möglich. Kleinneundorf in Richtung Probstzella verlassend, biegen wir nach zirka 100 m links ab. Zur Orientierung: Links oben thront eine Schieferhalde. Wir wählen den linken, leicht ansteigenden Weg. In dem nun folgenden Teil unserer Route trifft der Wanderer ständig Spuren und Relikte der ehemaligen Grenzregion und des einstigen Schieferbergbaus. Das Schiefergestein

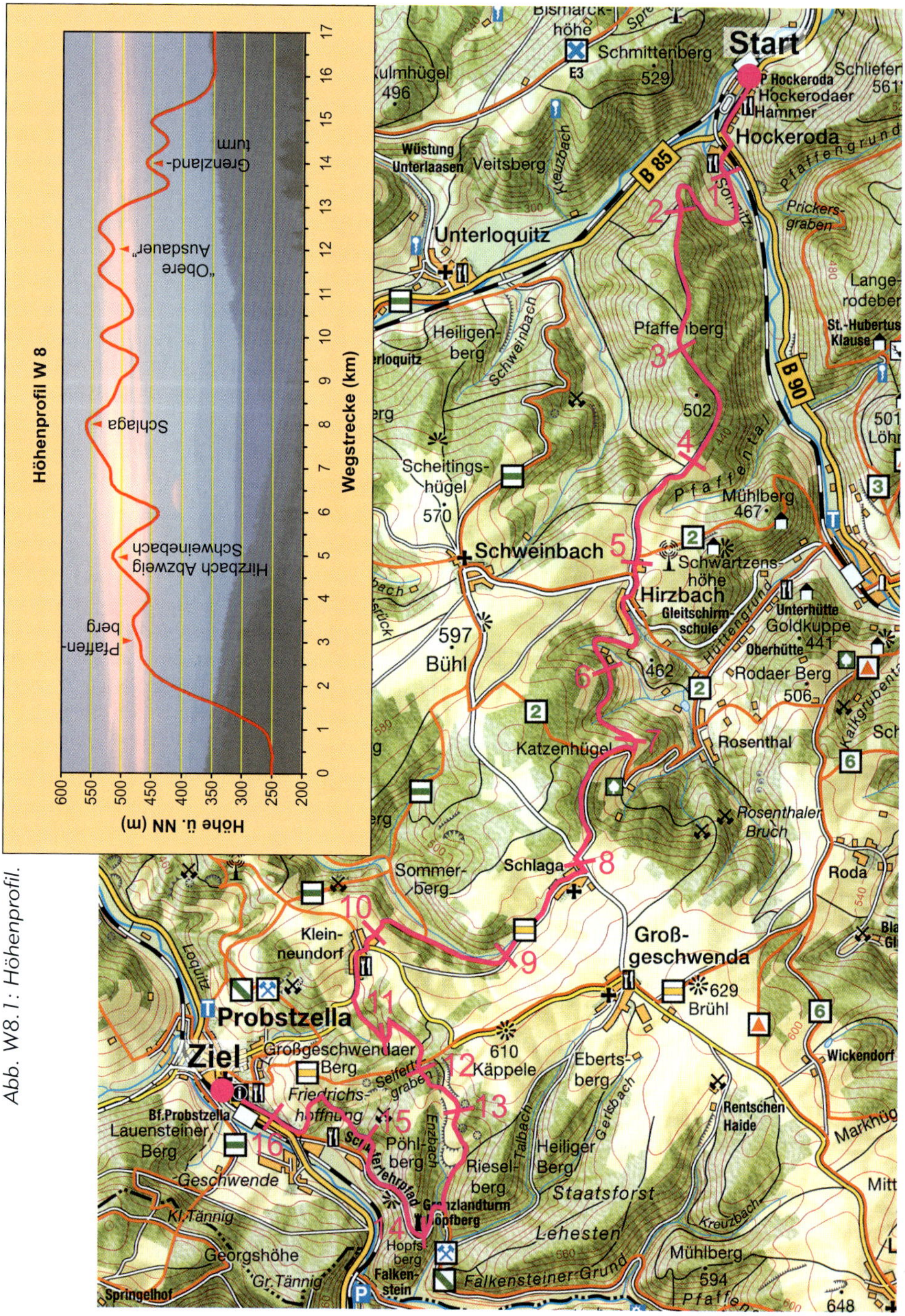

Abb. W8.1: Höhenprofil.

Abb. W8.2: Wanderkarte.

© grünes herz

– auch blaues Gold genannt – prägt das Gebiet sowohl landschaftlich als auch kulturell.
Bevor wir in den lichten Hochwald kommen, betreten wir die Wiese zur Rechten und folgen, mit Blick auf den gegenüberliegenden Wald, den Fahrspuren. Am Waldrand angekommen, fällt eine Schiefermauer auf - die Überreste von Gebäuden eines ehemaligen Schieferbruchs. Wir treffen im rechten Winkel auf einen schmalen Waldweg und biegen nach rechts ab. Linker Hand kann man einen Blick auf das Mundloch eines alten Stollens werfen, dessen Zugang noch gut erkennbar ist, rechts befindet sich eine Abraumhalde. Über den schmalen, mit Gras bewachsenen Weg kommen wir an eine alte Antennenstation. Hier folgen wir dem steinigen, vom Tal kommenden und erneut gelb markierten Weg bergauf und haben nach ungefähr 200 m die Möglichkeit auf einer Bank zu rasten. Rechts beginnt hier ein gut ausgebauter Weg mit Schiefersplitt, dem wir folgen. Nach wenigen Schritten eröffnet sich auf der rechten Seite ein erster Blick nach Probstzella. Wir sehen die Häuser der Lehestener Straße mit der Villa des einstigen Industriellen Christian Kern. Die Firma Kern stellte Schiefertafeln für Schulen und allgemeinen Gebrauch her.
Der Weg führt bergab durch einen Birkenwuchs und endet auf einer kleinen Wiese. Kurz davor sollte man den Blick schweifen lassen. Von rechts aus dem Tal kommend zieht sich schnurgerade eine Schneise über den Weg hinweg, hinauf zum Berg und dahinter verschwindend. Ein historischer Ort, denn hier verlief ein Grenzsicherungszaun - kurz Signalzaun genannt - der bei Berührung ein Alarmsignal an den nächsten Grenzturm übermittelte. Er war dem eigentlichen Grenzzaun vorgelagert und verlief parallel zu ihm. Wir folgen diesem Streifen bergaufwärts. Nach zirka 100 m kreuzt ein Weg die Schneise und wir biegen nach rechts ab. Nach wenigen Metern befinden wir uns auf dem Gelände der „Oberen Ausdauer", dem ehemaligen größten Schieferabbaugebiet bei Probstzella, hoch auf 507 m ü.NN. Die gewaltigen Schieferhalden, bewachsen mit Birken, Fichten und Kiefern verleihen diesem, sich über drei Ebenen erstreckenden Areal sein charakteristisches Aussehen. Hier wurde seit dem 19. Jahrhundert Schiefer abgebaut, die Stillegung der Grube „Obere Ausdauer" erfolgte 1951. Inmitten von all dem Grün kann man sich nur schwer die Ausmaße des damaligen Schieferbetriebes vorstellen. Sie waren gewaltig. Neben den Anlagen für den Schieferabbau über Tage gab es ab Ende des 19. Jahrhunderts auch Abbaue unter Tage. Hier standen Spalthütten, Wohn- und Schlafhäuser. Ein Rundgang auf diesem historischen Gelände ist lohnenswert. Beim Betreten der Fläche ist Vorsicht geboten, es besteht Absturzgefahr! Vorsicht auch vor Schnittverletzungen durch abrutschendes Gestein und herumliegende Metallteile. Die Grundmauern der damaligen Gebäude sind noch immer gut zu erkennen, aber auch diverse Arbeits- und Haushaltsgeräte zeugen von der einstigen Betriebsamkeit. Die Häuser auf der „Oberen Ausdauer" waren teilweise bis Anfang der sechziger Jahre bewohnt, wurden aber wegen der Nähe zur innerdeutschen Grenze im Rahmen der Aktion „Schlupfwinkelbeseitigung" dem Erdboden gleich gemacht.
Zurück auf dem Weg geht es weiter talwärts bis zu der asphaltierten Straße. Ein Wegweiser mit der Aufschrift „Grenzturm" weist uns den Weg auf den Hopfberg. Der Anstieg ist zwar kurz – jedoch noch einmal kräftezehrend. Oben angekommen treffen wir auf einen übriggebliebenen **Grenzturm** (siehe Anhang). Wir befinden uns in 455 m Höhe auf dem Sattel zwischen Hopfberg und Pöhlberg. Auch hier lohnt sich ein Rundgang auf dem Areal, denn der Interessierte kann noch zwei Grenzsteine und ein Stück des originalen Grenzzaunes entdecken.
Wir gehen weiter der Beschilderung in Richtung Probstzella. Links unten im Tal erkennt man nun den ehemaligen Grenzort mit Bahnstrecke, B 85 und dem ehemaligen Industrieviertel. Am gegenüberliegenden Berg kann man den weiteren Verlauf des Grenzstreifens verfolgen. In der nächsten Linkskurve biegen wir auf den „Schieferlehrpfad Friedrichshoffnung" ab, welcher grün markiert ist. Da wo der Weg schmaler wird, überqueren wir zum zweiten Mal, diesmal allerdings in umgekehrter Richtung, den Streifen des Signalzauns. Er ist inzwischen schon etwas schwer zu erken-

nen. Einige verrostete Relikte und der unterschiedliche Baumwuchs verraten den geschichtsträchtigen Standort.
Der Weg führt nun bequem durch Mischwald auf das Plateau der Friedrichshoffnung. Der ehemalige Bergbaubetrieb ist heute ein beliebtes Ausflugsziel. Der Gastwirt weiß viel über die Geschichte der innerdeutschen Grenze und der umliegenden Schieferbrüche zu berichten. Bei Kaffee und Kuchen kann man im gemütlichen Ambiente so manches interessante Gespräch führen. Am Beginn des talwärts führenden Weges finden wir außerdem eine Informationstafel des Schieferlehrpfades.

Im Tal kommen wir am stillgelegten Industrieviertel von Franz Itting vorbei. Es befindet sich links vom Weg. Franz Itting, ein Pionier der Elektrotechnik und engagierter Sozialdemokrat, prägte den Ort sehr. Ihm ist es zum Beispiel zu verdanken, dass im September 1909 Probstzella zum ersten Mal mit Strom aus eigenem Kraftwerk versorgt wurde. 1913 waren es bereits über sechzig Gemeinden, die ihre Elektrizität aus Probstzella bezogen. 1925 begann er mit dem Bau des „Haus des Volkes", einem Gebäude im Bauhausstil, das für Freizeit- und Großveranstaltungen genutzt wurde. Wir folgen der Bundesstraße in Richtung Ortsmitte. Das vierstöckige, leerstehende Haus zur Linken beherbergte die DDR-Zollabfertigung für den grenzüberschreitenden Reiseverkehr (Güst). Die vergitterten Fenster und Türen zeugen noch immer davon. Das Bahnhofsgebäude schließt sich daran an. In der Gaststätte „Gleis 1" kann man nun die vergangenen Stunden Revue passieren lassen, bevor man die Heimreise antritt.

Abb. W8.3: Der kleine Ort Schlaga, im Hintergrund Löhma (N. Kochanek).

Abb. W8.4: Durch dieses sanfte Tal verlassen wir Schlaga in Richtung Kleinneundorf (N. Kochanek).

Abb. W8.5: Blumenwiese bei Schlaga (N. Kochanek).

W9 Zu Fuß durch´s Land der Pferde

Charakter:
Rundwanderung. Natur- und Kulturerleben. Wohlfühlwege.

Voraussetzungen:
Feste Schuhe mit Profil.

Wanderstrecke: 13,5 km
(Höhenprofil Abb. W9.1)

Anstiege:	355 m
Abstiege:	355 m
Kalorienverbrauch:	1.050 kcal.

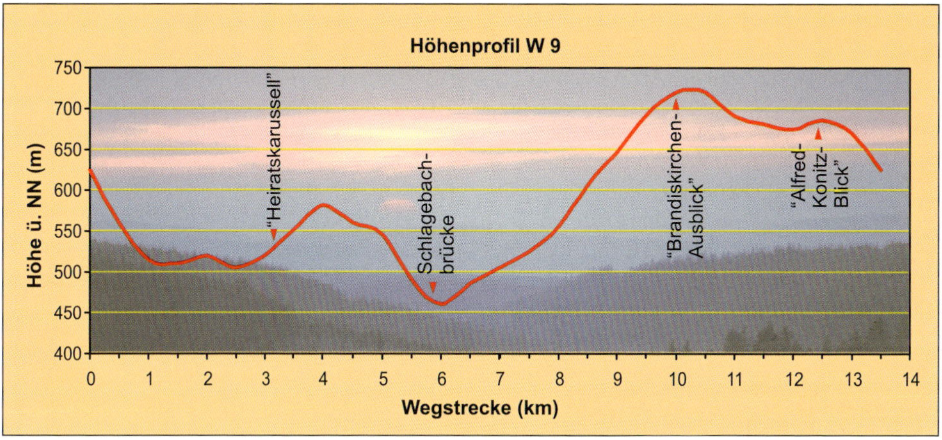

Abb. W9.1 (oben): Höhenprofil.

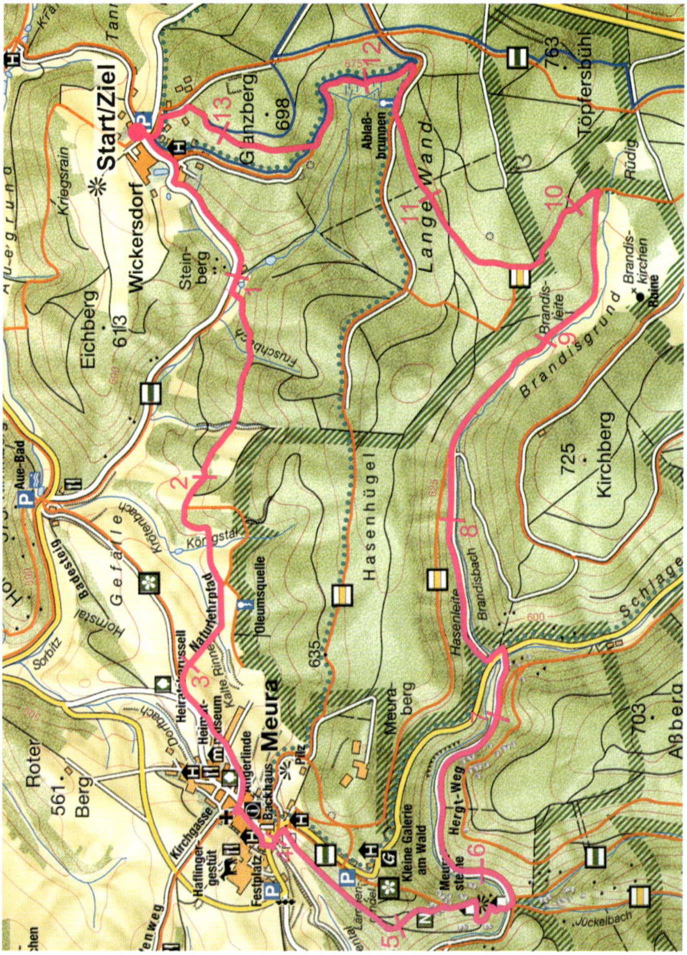

Abb. W9.2: Wanderkarte.
© *grünes herz*

Start und Ziel:
Ortszentrum Wickersdorf
ÖPNV: Buslinie 52 Saalfeld-Arnsgereuth-Wickersdorf
KfZ: B 281 Saalfeld-Neuhaus/Rennsteig von Saalfeld kommend ca. 500 m nach Ortschaft Hoheneiche (Gaststätte „Zum Roten Hirsch im grünen Wald") rechts abbiegen.

Wegemarkierung:
Der Wanderweg ist fast durchgehend mit Wegweisern (WW) gekennzeichnet. Da jedoch gleiche Ziele auf unterschiedlichen Wegen erwandert werden können und die Ausstattung mit Wegezeichen (WZ) unbefriedigend ist, ist es erforderlich, nachfolgende Wegebeschreibung zu beachten bzw. den Wegeverlauf der Karte zu entnehmen.

Wegeverlauf:
Im Ortszentrum von **Wickersdorf** (s. Anhang) folgen wir dem WW in Richtung Meura (WZ grünes Dreieck), rechter Hand vorbei an der ehemaligen **Freien Schulgemeinde Wickersdorf** (s. Anhang) - jetzt Lebensgemeinschaft Wickersdorf e.V. - dem ehemaligen Gemeindebackhaus (links) und dem Gasthof „Glanzberg", wo wir in ein Wiesental absteigen. Nach ca. 850 m erreichen wir die Kläranlage von Wickersdorf. Wir lassen sie links liegen. 250 m nach dem letzten Klärteich biegen wir links über eine kleine Brücke aus aufgeschichteten Steinen in den Wald ein (WW Meura). Der Weg führt im leichten Bergauf und Bergab vorbei an einer Waldwiese zu einer kleinen Holzbrücke über den Fruschbach. Vor der Brücke teilt sich der Weg (kein WW). Wir halten uns rechts und erreichen bald danach die „Stockwiese". Hier treffen wir auf den heimatkundlichen Lehrpfad von Meura, der von vorn kommend nach links abzweigt. Wir gehen geradeaus und stoßen schon bald auf kleine Tafeln, auf denen die typischen heimischen Pflanzen am Wegesrand vorgestellt werden. Entlang der Pferdeweiden geht (Abb. W9.2) es in einem kurzen Hohlweg bergauf und wir gelangen, nachdem wir ca. 30-40 Minuten unterwegs sind, zum sogenannten **„Heiratskarusell"** kurz vor dem Ortseingang **Meura** (s. Anhang). Am Ortseingang gabelt sich die Straße, wir gehen links bergauf und sehen bald danach viele Porzellantafeln mit Hinweisen und Informationen zur Gemeinde Meura. Kurz danach erreichen wir das Heimatmuseum (geöffnet montags und mittwochs 14.30-16.00 Uhr, bzw. nach Vereinbarung, Tel.: 03 67 01/ 3 10 36). Danach erreichen wir an der aus dem Tal steil aufsteigenden Hauptstraße die Angerlinde. Dieses Naturdenkmal ist ca. 500 Jahre alt. Hier befand sich der Pranger des Dorfes. Mit einem Halseisen wurden die „Sünder" an die Linde gekettet und öffentlich zur Schau gestellt (angeprangert).
Der Hauptstraße folgen wir nun aufwärts. Links sehen wir die aus dem 18. Jahrhundert stammende **Dorfkirche Meura** (s. Anhang), deren Besichtigung lohnend ist. Nach dem Gasthof „Zum Haflinger" können wir das noch funktionsfähige Dorfbackhaus bestaunen. Nach dem Brunnen und einem Denkmal erreichen wir eine Straßenkreuzung. Rechts führt der Weg vorbei am **Hafliger-Gestüt** (Abb. W9.3, s. Anhang) von Meura hinab ins Schwarzatal und links in Richtung Reichmannsdorf. Wir folgen der Straße links und biegen nach ca. 120 m auf einem kleinen Pfad ab, der aus unserer Richtung kommend kaum erkennbar, leicht abwärts auf einen Wiesenhang führt. Aus der Gegenrichtung kann man an einer Hauswand die Wegweiser in Richtung **Meurasteine** (s. Anhang) erkennen.
Einige Bänke laden zur Rast ein, um den schönen Blick ins Tal und zum Fröbelturm zu genießen. Danach gelangen wir in den Fichten- und Kiefernwald des Meurastein-Gebietes.
Wir erreichen einen ersten Felsen, an dem sich der Weg gabelt. Rechts geht es ins Schlagetal und links leicht bergauf zu den Meurasteinen. Wir halten uns links und können nach weiteren 400 m ein Felsgebilde mit unterschiedlichsten Formen bewundern (Abb. W9.4).
Wir steigen den Bergrücken abwärts, vorbei an einer Schutzhütte auf einem der Felsen (leider gibt es hier wegen der Höhe der Bäume keine schöne Aussicht mehr), den Serpentinen fol-

gend hinab ins Schlagetal. Am Bach finden wir einen Rastplatz und eine Schutzhütte, die zur Brotzeit einladen (Abb. W9.5).

Gestärkt überqueren wir den Bach und gelangen auf einen Forstweg, der den Schlagebach begleitet. Einige hundert Meter bachabwärts werden wir in einigen Jahren auf das Wasser des Lichtestausees treffen, dessen Staumauer z.Zt. vollendet wird.

Wir aber setzen unseren Weg talaufwärts fort und können ca. 200 m weiter, direkt am Ufer der Schlage die älteste Rotfichte Südthüringens bewundern. Vor ca. 200 Jahren gepflanzt, sind es vor allem ihre Wurzeln, die von Hochwasser z.T. freigelegt, unsere Aufmerksamkeit auf sich ziehen.

Dem breiten Forstweg folgend, erreichen wir nach ca. 15 Minuten die Verbindungsstraße zwischen Meura und Reichmannsdorf. Hier teilt sich das Tal, rechts das Tal der Schlage und links das des Brandisbaches. Wir überqueren die Straße und folgen dem Brandisbach aufwärts. Hier beginnt das Naturschutzgebiet rund um Hasenleite, Kirchberg und Töpfersbühl, das vor allem wegen der äußerst seltenen Auerhühner eines besonderen Schutzes bedarf. Das mag vielleicht auch der nicht ganz verständliche Grund für fehlende Wegweiser und Wegzeichen sein, denn nach ca. 1 km bachaufwärts an einer Weggabelung ist die Markierung wieder in Ordnung und wir setzen unsere Wanderung in Richtung Reichmannsdorf fort. Unmittelbar nach der Weggabelung finden wir einen gut erhaltenen Grenzstein aus dem Jahre 1731 mit den Wappen der Fürstentümer „Schwarzburg-Rudolstadt" und Sachsen-Saalfeld-Coburg" (Abb. W9.6).

Nach einem weiteren Kilometer öffnet sich an einem versumpften Teich das Tal zu einer großen Wiesenfläche (Abb. W9.7), an deren Rand wir weiter bergauf wandern. Unmittelbar vor dem „**Brandiskirchen**s-Ausblick" (am gegenüber liegenden Waldrand kann man die Reste der Grundmauer einer Wallfahrtskirche aus dem hohen Mittelalter erkennen, s. Anhang) verlassen wir die Wiese nach links und folgen dem WW Richtung Wickersdorf. Der Weg, leicht ansteigend, führt uns an mehreren Ameisenhaufen der unter Naturschutz stehenden Roten Waldameise vorbei in Richtung Wickersdorf. Links zweigen mehrfach Wege in Richtung Meura ab. An einem breiten Forstweg, den wir in Höhe Ablassbrunnen erreichen (Trinkwasser-Schutzgebiet), halten wir uns auf der Forststraße rechts bergan, bis nach ca. 200 m links der erste Weg nach Wickersdorf abzweigt (WW Wickersdorf). Diesen folgen wir (Achtung: An einer Wegabzweigung nach ca. 600 m sind weder WW noch WZ!). Wir wählen den leicht ansteigenden, mittleren Weg und gelangen unmittelbar unter dem Gipfel des Glanzberges an einen schönen Aussichtspunkt, dem man den Namen „Alfred-Konitz-Blick" (Abb W9.8) gegeben hat. Von hier hat man einen gute Sicht über den sogenannten Kräutergarten Thüringens. Deutlich ist im Vordergrund Meura mit seiner Dorfkirche und den Dächern der Pferdeställe erkennbar, links oben grüßt der Fröbelturm von Oberweißbach.

Den Weg weiter folgend, erreichen wir schon bald die ersten Bungalows von Wickersdorf. Links absteigend führt uns der Weg zurück zu unserem Ausgangspunkt.

Mit einer Schlussrast in einer der Gaststätten von Wickersdorf lassen wir einen Wandertag inmitten einer herrlichen Natur ausklingen.

Abb. W9.6: Grenzstein von 1731 (E. Krauß).

Abb. W9.2: Blick auf Meura mit seiner schönen Dorfkirche (E. Krauß).

Abb. W9.3: Die Herden des Haflinger-Gestüts bei Meura (E. Krauß).

Abb. W9.4: Meurasteine (E. Krauß).

Abb. W9.7: Romantisches Wiesental bei Brandiskirchen (E. Krauß).

Abb. W9.5: Rastplatz im Schlagetal (E. Krauß).

Abb. W9.8: Alfred-Konitz-Blick (E. Krauß).

W10 Vom Rauhhügel zur Leibis/Lichte-Talsperre

Charakter:
Streckenwanderung, Aussichten, Wald und Wasser.

Voraussetzungen:
Festes Schuhwerk mit Profil, gute Kondition, Rucksackverpflegung für unterwegs, da keine Einkehrmöglichkeiten bestehen.

Wanderstrecke: **19 km**
(Höhenprofil Abb. W10.1)

Anstiege: 145 m
Abstiege: 585 m
steiler Abstieg/ca. 25% zwischen Bielstein und Unterweißbacher Ortsteil Quelitz (km 17-17,5)

Kalorienverbrauch: 1.250 kcal.

Start:
Rauhhügel/Leipziger Turm bei Schmiedefeld
ÖPNV: Buslinie 505 Saalfeld-Neuhaus a.R. Haltestelle Schmiedefeld/Tanne (1 km bis Start)
KfZ: B 281 Saalfeld-Reichmannsdorf-Schmiedefeld-Lichte-Neuhaus a.R.-Eisfeld/BAB 73
Parkplätze in Schmiedefeld/Ortseingang von Saalfeld kommend.

Ziel:
Parkplatz/Bushaltestelle Unterweißbach
ÖPNV: Buslinie 503 Sitzendorf-Neuhaus a.R. Haltestelle Unterweißbach
DB: Linie 562 Katzhütte-Rottenbach (Saalfeld-Erfurt); Haltepunkt: Sitzendorf-Unterweißbach (2 km vom Ziel)
KfZ: Landstraße Schwarzatal-Sitzendorf-Unterweißbach-Oberweißbach-Neuhaus

Wegemarkierung:
Der Wanderweg ist nur zum Teil mit Wegweisern (WW) und Wegezeichen (WZ) gekennzeichnet. Da sich zur Zeit der Drucklegung dieses Wanderführers die Trinkwassertalsperre noch im Bau befand und als Folge dieser umfangreichen Baumaßnahme die Wegebeschilderung als unzureichend eingestuft werden muss, ist es erforderlich, nachfolgende Wegebeschreibung zu beachten bzw. den Wegeverlauf der Karte zu entnehmen.

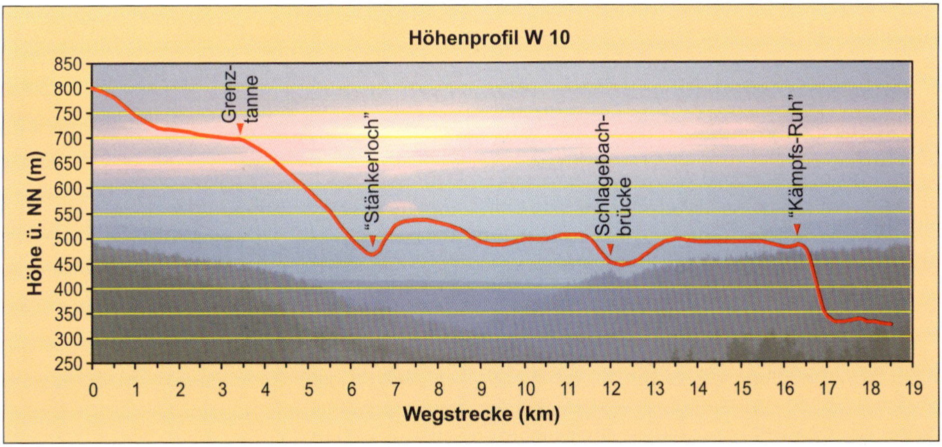

Abb. W10.1: Höhenprofil.

Wegeverlauf:

Bevor wir unsere Wandertour beginnen, sei an dieser Stelle der Besuch des **Schaubergwerkes „Morassina"** (s. Anhang) mit Bergbaumuseum empfohlen, welches nicht direkt an der beschriebenen Wanderroute liegt, sondern ca. 1 km unterhalb von **Schmiedefeld** (s. Anhang) im Schwefelloch-Tal. Insbesondere für geologie- und bergbaugeschichtlich Interessierte lohnt der Besuch auf jeden Fall.

Unsere Wanderung beginnt auf dem 802 m hohen Rauhhügel-Massiv am **Leipziger Turm** (Abb. W10.2, s. Anhang). Sollte gute Fernsicht herrschen, lohnt hier noch vor Wanderbeginn ein kurzer Aufstieg auf den Aussichtsturm (Gaststätte des Thüringerwald-Vereins, geöffnet ab 10.00 Uhr).

Der Panoramablick reicht vom südöstlichen Teil des Rennsteiggebietes im Thüringer Schiefergebirge bis zum Frankenwald und einigen Bergen des Fichtelgebirges.

Jetzt wandern wir zunächst in nordöstliche Richtung los und folgen dem WW „Olitätenwanderweg" in den Wald hinein. Nach ca. 300 m biegt unser Weg rechtwinklig nach links ab und führt auf einer langen Geraden, z.T. etwas vergrastem Waldweg leicht abwärts. Immer geradeaus wandelt sich der Weg zu einem schmalen Pfad. Ein kurzes Stück geht es etwas steiler bergab. Hier ist bei Nässe Vorsicht geboten.

Nun mündet der Pfad auf einen von links kommenden breiten Forstweg, welcher nach rechts weiter leicht bergabführt. Bis zur Grenztanne ist dies jetzt unser Weg (WW „Olitätenwanderweg" und „Grenztanne").

Vorbei am „Kantorseck" und „Börnle" erreichen wir nach etwa 40 Minuten die **Grenztanne** (s. Anhang). An diesem Wegekreuz lädt eine Wanderhütte zu einer kurzen Rast ein.

Wir folgen nun dem WW „Drahtwerksweg" (WZ: grüner Punkt). 5 Minuten später ein schöner Ausblick in das tief eingeschnittene Stänkerlochstal. Aus Nordwest grüßt uns der Fröbelturm bei Oberweißbach.

Abwärts gehen wir weiter bis zur nächsten Wegekreuzung. Hier zweigen wir scharf rechts ab (WW Stänkerloch/WZ: blauer Punkt) und steigen in vielen Kurven hinab ins Stänkerlochstal. Interessant sind hier die am rechten Wegesrand immer wieder ins Auge fallenden verschiedenen Formationen des Schiefer- und Eisenerzgesteines.

An einer Schranke nehmen wir den linken, weiter nach unten führenden Weg und kommen nach 8 min zu einer kleinen Bucht der Vorsperre Deesbach (Abb. W10.3, s. Anhang). Ebenso wie ihre „große Schwester" die **Lichtetalsperre** (s. Anhang), dient sie zur Trinkwassergewinnung. Angler warten hier bei Ruhe und Entspannung u.a. auf Forellen. Die Angler- und Wanderhütte „Villa Brown trout" lädt auch hier unten nahe am Wasser zum kurzen Verweilen ein.

Ausgeruht steigen wir ca. 600 m den gleichen Weg wieder bergan, bis zur Wegschranke. Ab hier gehen wir scharf links. Dieser Hangweg am steilen Ostufer oberhalb der Sperre Deesbach verläuft nun nahezu eben, immer wieder gibt es schöne Ausblicke auf die steilen mit Misch- und Nadelwald bewachsenen Hänge dieses Stausees. Am Horizont in westlicher Richtung sehen wir einzelne Häuser der Ortschaft Deesbach, von wo aus das Deesbächle dem Stausee zurinnt.

Etwas weiter des Weges sehen wir tief unten im Tal jetzt auch den Staudamm der Vorsperre, der als Schüttdamm angelegt ist und gleichzeitig von Norden her die Stauwurzel der Hauptsperre im Lichtetal darstellt. Die andere Stauwurzel weiter östlich im Schlagetal erreichen wir auf unserer Wanderung etwa 45 Minuten später.

Doch zuvor haben wir wieder einmal Gelegenheit zu einer Rast. Eine Sitzgruppe mit Blick zur großen Talsperre und zur Urian-Wanderhütte links oben am gegenüberliegenden Bergsporn lädt zum Verweilen und zur Brotzeit ein. Mit gut 9 km haben wir bis hierher etwa die Hälfte unserer Tour erwandert.

Nach der nächsten Wegbiegung, geht es ein kurzes Stück bergauf. Wir umwandern den Mühlberg in einer langgezogenen Rechtskurve. Jetzt bieten sich schöne Ausblicke ins Schlagetal mit seinen Seitentälern Haselbachtal und Rosental.

Ein paar Minuten später grüßt oben am Berg das Haflingerdorf **Meura** (s. Anhang) herüber. Wir stoßen auf den Forstweg „Nasse Schlaufe", der uns hinab ins Schlagetal führt. Hier gelangen wir an das andere Stau-Ende der Talsperre.

Von hier aus empfiehlt sich ein kurzer Abstecher zu den **Meurasteinen** (s. Anhang; Entfernung ca. 800 m; rechts am Schlagebach noch 400 m entlang, am Rastplatz den Bach überqueren, und auf dem Pfad mit steilem Aufstieg bis zur Felsformation).

Über eine kleine Brücke führt unser Weg wieder in nordwestliche Richtung direkt an der Stauwurzel entlang bis zur Wegegabel Rosental. Wir bleiben auf dem Weitermarsch in Stauseenähe, steigen aber wieder aufwärts und kommen nach einer Viertelstunde zu einem weiteren idyllischen Talsperrenblick. Von diesem Bergsporn aus schauen wir auf das gestaute Wasser im unteren Schlagetal. Etwa 1 km vom Aussichtspunkt entfernt, wo das Schlagetal und das Lichtetal zusammentreffen, lag vor dem Bau der Trinkwassertalsperre der Ort **Leibis** (s. Anhang).

Wir bewegen uns weitere 300 m auf der leicht bergabführenden alten Landstraße, die von Meura nach Leibis verlief, bis zur Linkskurve. Ab hier benutzen wir die nahezu eben angelegte neue Asphaltstraße. Diese Hangstraße wurde unterhalb des NSG „Meuraer Heide" als eine der Baustraßen für den Talsperrenbau errichtet.

Nach ca. 25 Minuten kommen wir zu einem der beiden Informations- und Aussichtspavillons der Thüringer Talsperrenverwaltung. Kurze Zeit später sind wir am imposanten Sperrwerk, der riesigen Betonmauer angelangt. Diese Talsperrenmauer mit einer Höhe von 102 m gehört zu den höchsten dieser Bauwerke in Deutschland (Abb. W10.4a, b). Hier ist Zeit zum Informieren, Schauen und für eine letzte Pause, bevor wir die letzten 3 km bis Unterweißbach in Angriff nehmen.

Achtung: Wie allgemein üblich, darf auch die Baustelle Lichtestaumauer nicht betreten werden. Während der Bauzeit ist es deshalb erforderlich, die Baustelle und den Bereich der Kabelkrananlage zu umgehen. Dazu müssen wir im lichten Hochwald von der Baustraße ca. 50 Höhenmeter emporsteigen, bevor wir auf einen Weg unmittelbar über der Krananlage gelangen, der uns dann leicht abwärts zum Felsen „Kämpferts Ruh" (Abb. W10.5) führt. Vom Felsen mit seiner Schutzhütte hat man noch einmal einen schönen Blick in Richtung Lichtetal (Abb. W10.6), bevor wir nach links dem Wirtschaftsweg ca. 300 m abwärts bis zum HWW „Am Bielstein" folgen. Dort weist uns ein Wegweiser in Richtung Quelitz. Auf dem Wasserwanderweg geht es nun durch eine Schonung abwärts, bevor wir dann im Hochwald am HWW „Am Quelitzfelsen" den Wasserwanderweg verlassen und den steilen Abstiegspfad hinunter zum Unterweißbacher Ortsteil Quelitz benutzen. (Vorsicht, Rutschgefahr bei Nässe!) Unten angekommen, gelangen wir zwischen einigen Häusern zur Brücke über den Lichtebach. Auf der Talstraße, schwenken hier nach rechts. Bald kommen wir am Schwimmbad vorbei und erreichen unser Tagesziel **Unterweißbach** (s. Anhang). Die heimische Gastronomie lädt uns ein, verlorene Energien wieder „aufzutanken" und uns zu erholen.

Wegvariante I:

Von Kilometer 3,5/Grenztanne geradeaus über Rehhecke/Waldhaus-Mühlberg-„Nasse Schlaufe"-Forstweg (siehe Karte Abb. W10.7). Diese Abkürzung reduziert die Gesamtlänge der Wanderung um 4 km auf 15 km, ist jedoch nicht so interessant und abwechslungsreich.

Wegvariante II:

Als Rundwanderweg wie beschrieben bis Einmündung auf „Nasse Schlaufe"-Forstweg, von hier aus rechts hinauf über Mühlberg, Rehhecke und Grenztanne wieder zurück zum Leipziger Turm (Streckenlänge 18,5 km).

Abb. W10.2 (rechts): Der Leipziger Turm auf den Rauhhügel bei Schmiedefeld (O. Wokasch).

Abb. W10.3: Herbst an der Talsperre Deesbach (O. Wokasch).

Abb. W10.4a,b: Ein imposantes Sperrwerk, die Leibis/Lichte-Talsperre, entsteht (E. Krauß/O. Wokasch, November 2003).

Abb. W10.5: Kämpferts Ruh (E. Krauß).

Abb. W10.6: Blick auf Unterweißbach (E. Krauß).

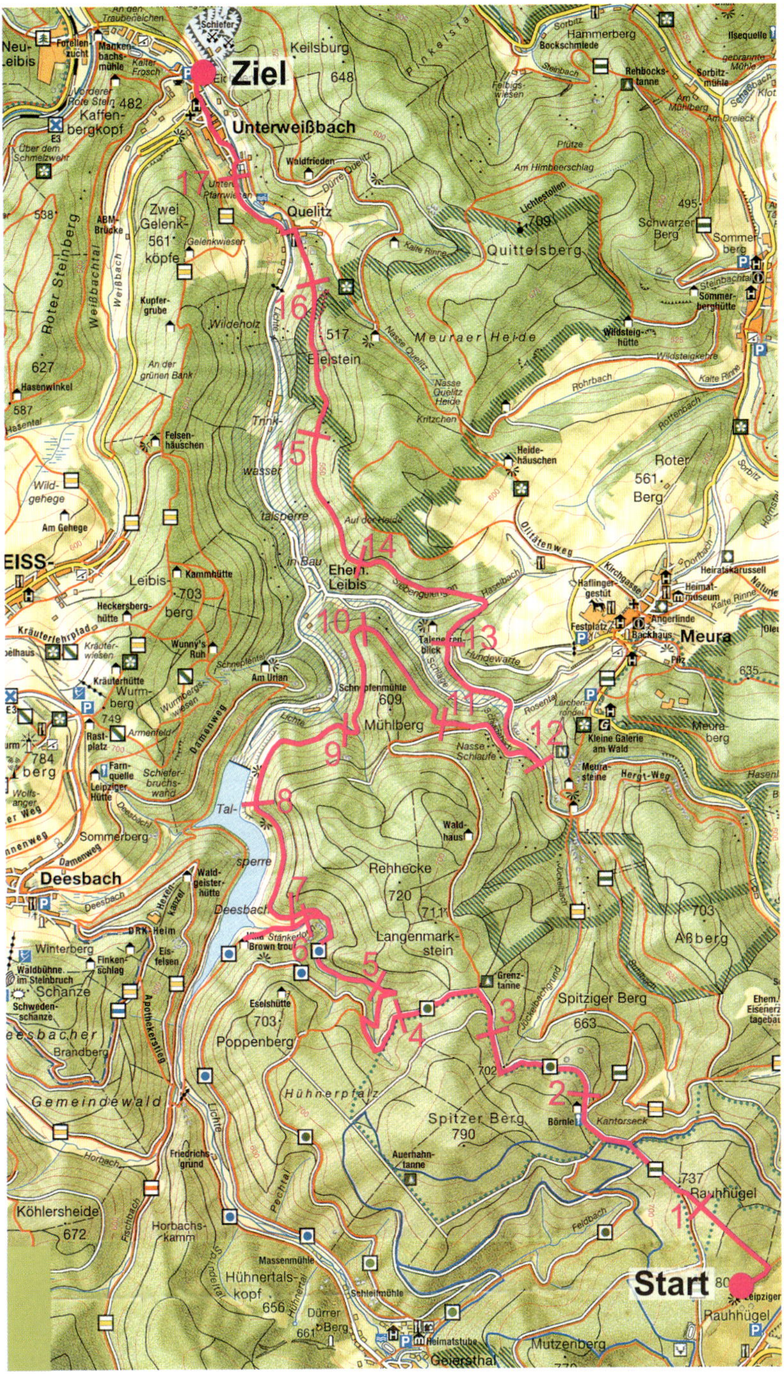

Abb. W10.7: Wanderkarte. © *grünes herz*

W11 Ins Tal der „Weißen Schwarza"

Charakter:
Streckenwanderung, Entspannung in schöner Landschaft, für Familien geeignet.

Voraussetzungen:
Feste Schuhe mit Profil, für Abstieg Wanderstöcke empfohlen.

Wanderstrecke: 9,5 km
(Höhenprofil Abb. W11.1)

Anstiege:	105 m
Abstiege:	365 m
Kalorienverbrauch:	650 kcal

Start:
Beliebiger Bahnhof der Schwarzatalbahn. Mit Bergbahn und elektrischem Triebwagen bis Bahnhof Cursdorf. Dort Start zur Wanderung.

ÖPNV: Buslinien 503 Neuhaus-Meura und 504 Sitzendorf-Oberweißbach-Katzhütte

Kfz: Von Bad Blankenburg Landstraße Schwarzatal aufwärts in Richtung Katzhütte, ca. 800 m nach dem Ortsausgangsschild Sitzendorf links abbiegen, Richtung Neuhaus. Unmittelbar nach Ortsbeginn Cursdorf rechts in das Zentrum einbiegen. Parkplatz in Bahnhofsnähe (rechts).

Ziel:
Bahnhof Katzhütte. Von hier kann die Heimfahrt bzw. die Rückfahrt zum Auto in Cursdorf mit der Schwarzatal- und Bergbahn angetreten werden.

Wegemarkierung:
Der Wanderweg ist fast durchgehend mit Wegweisern (WW) gekennzeichnet. Im ersten Abschnitt bis Talmühle wird ein Vergleich des Wegeverlaufes mit der Karte und nachfolgender Wegebeschreibung empfohlen.

Wegebeschreibung:
Vom Bahnhof **Cursdorf** (s. Anhang) hält man sich rechts, Richtung Ortsmitte, bis zur Hauptverkehrsstraße. Man folgt dieser nach rechts in Richtung Meuselbach-Schwarzmühle. Hier im Ortszentrum findet der Besucher die Touristinformation und das **Historische Glasapparatemuseum** (s. Anhang). Man folgt der Hauptstraße bis zum Ortsende, vorbei am linkerhand liegenden Friedhof, und biegt links in Richtung Meuselbacher Kuppe ein.
Nach ca. 500 m erreicht man den Waldrand und steigt aufwärts zur Meuselbacher Kuppe. Vom Waldrand hat der Wanderer einen schönen Blick zurück auf Cursdorf und den Kirchberg oberhalb von Oberweißbach, auf dem sich der Fröbelturm befindet (Abb. W11.2). Der Karrweg führt nach einigen hundert Metern auf den Gipfel der **Meuselbacher Kuppe** (s. Anhang). Hier empfiehlt sich ein Besuch des Turmes, um das Panorama des Thüringer Schiefergebirges zu genießen. In der Gaststätte kann man sich stärken, bevor man den Weg in Richtung Katzhütte fortsetzt.

Der Abstieg von der Meuselbacher Kuppe erfolgt in Richtung Meuselbach steil bergab durch Kiefern und Fichten. Am Waldrand bleibt man im Wald, indem man sich links in süd-östliche Richtung hält. Weiter abwärts wandernd erreicht man nach ca. 1 km eine Straße, der man aufwärts bis zu einem stillgelegtes Sägewerk folgt.
Nun biegt der Weg rechts ab, durch das alte Sägewerk. Hinter dem Sägewerk muss man sich wieder rechts halten und erreicht den Wanderweg durch das herrliche Tal der Weißen Schwarza. Ein fester und gut begehbarer Waldweg liegt einem nun zu Füßen.
Reizvolle, zum Teil recht steile Berg- und Wiesenhänge sind jetzt die Wegbegleiter. Geprägt von Nadelwald, aber auch mit Mischwald bestockt, ist dieses Tal eines der schönsten dieser Umgebung.

Mit Vorsicht und etwas Glück kann man hier Rot- und Rehwild, zahlreiche Vogel- und

Abb. W11.2: Blick nach Oberweißbach (H. Klaus).

Schmetterlingsarten sowie zahlreiche vom Aussterben bedrohte Pflanzen entdecken. So zum Beispiel den Frauenschuh, die Arnika oder seltene Farnarten.

Jetzt bleibt man immer auf diesem Wanderweg, der Sitzgelegenheiten und Schutzhütten zum Rasten und Ausruhen bietet. Wegweiser zeigen stets, dass man auf dem richtigen Weg ist. Gleich zu Beginn des Talweges kommt man an der Talmühle vorbei. Die ehemalige Mühle wurde zu DDR-Zeiten als Ferienheim genutzt. Heute ist der ELAN e.V. Hausherr, ein Verein, der Outdoor-Aktivitäten für Jugendliche anbietet. Auf der Bergseite fällt ein Ski-Abfahrtshang auf, der mit einem Kunststoffbelag ausgestattet ist und somit Skitraining auch im Sommer ermöglicht.

In einer Linkskurve, in der sich eine Schutzhütte befindet, gabelt sich der Weg noch einmal in Richtung Meuselbacher Kuppe, Oberweißbach. Man folgt jedoch weiter dem Weg talabwärts zum Forellenhof und in Richtung Katzhütte.

Nach ca. 2 km lädt dann der Forellenhof von Freitag bis Sonntag und an Feiertagen von 11.00-20.00 Uhr zum Genießen und Verweilen ein.

Von hier aus sind es nur noch ca. 1,2 km bis zum Bahnhof Katzhütte. Man erreicht ihn an der Blauen Villa in Katzhütte, indem man sich rechts in Richtung Ortsausgang hält.

Die Schwarzatalbahn, die tagsüber alle 30 Minuten in Richtung Rottenbach fährt, bringt den Wanderer schnell zurück zum Ausgangspunkt der Wanderung.

Abb. W11.3: Bergbahn (H. Klaus).

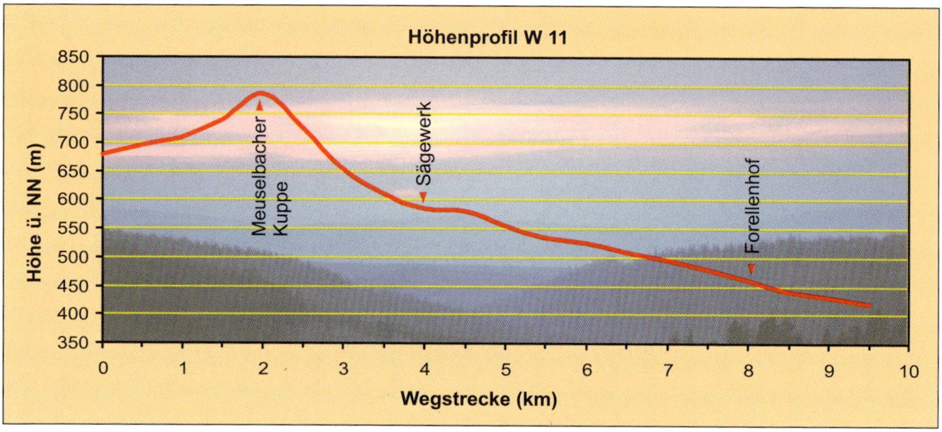

Abb. W11.1 (oben): Höhenprofil.

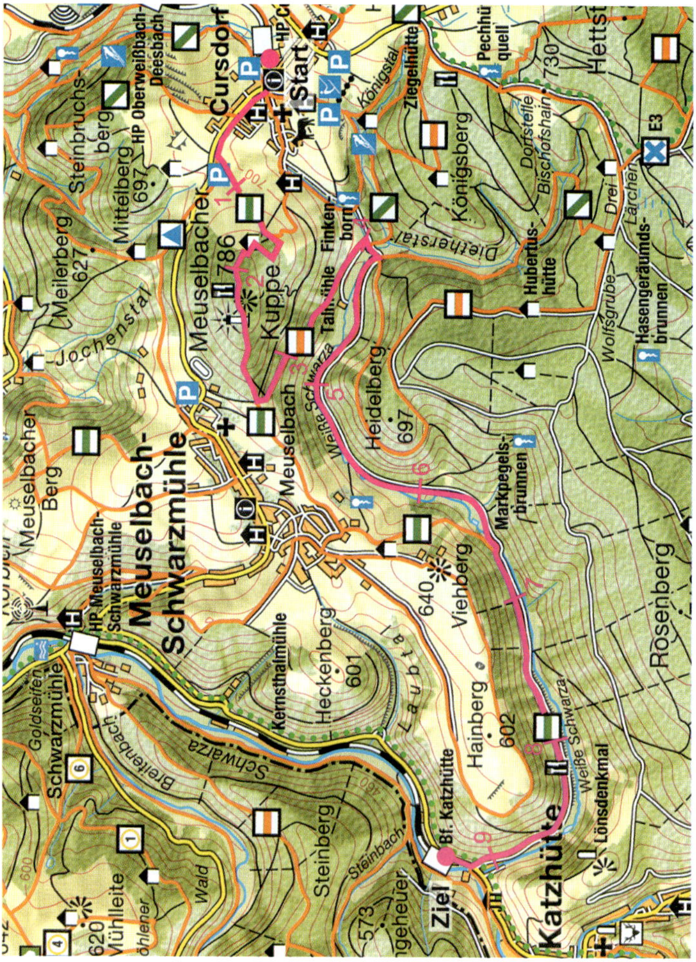

Abb. W11.4: Wanderkarte.

© grünes herz

W12 Rechts und links der Saale

Charakter:
Rundwanderung.

Voraussetzungen:
Feste Schuhe, Trittsicherheit, Wanderstöcke werden für Abstiege empfohlen.

Wanderstrecke: 19,2 km
(Höhenprofil Abb. W12.1)

Anstiege: 395 m
Abstiege: 395 m
Kalorienverbrauch: ca. 1.400 kcal

Start und Ziel:
Bahnhof Saalfeld.

DB: Saalfeld liegt an der Eisenbahnhauptstrecke Berlin-München. Mit folgenden Bahnstrecken erreicht man Saalfeld: 555 von Gera über Weida, 557 von Blankenstein über Lobenstein, 560 von Leipzig über Jena, 561 von Erfurt über Arnstadt, 840 von Lichtenfels über Kronach

Bus: ÖPNV zum Bahnhof Saalfeld

Kfz: Nach Saalfeld gelangt man auf der B 85 Kronach-Weimar, B 88 Ilmenau-Jena in Rudolstadt, B 281 Eisfeld-Gera. Parkplätze sind rund um den Bahnhof Saalfeld vorhanden. Bitte die örtliche Ausweisung der Parkplätze beachten.

Wegemarkierung:
Der Weg ist streckenweise mit der Markierung des EB/E3 (blaues Kreuz) und Saaleradwanderweg (Radsymbol) markiert. Geplante Markierungen auf Teilen des Weges, die nach Redaktionsschluss erfolgen, konnten nicht berücksichtigt werden (Infos dazu über (03671/ 51 14 24).

Wegeverlauf:
Vom Bahnhof **Saalfeld** (s. Anhang) aus wandern wir auf der linken Seite der Straße in Richtung Zentrum. Wir überqueren die **Saale** (s. Anhang). Am Ende der Saalebrücke führen links Stufen hinunter zum Saaleufer.

Abb. W12.2: Blick auf die Saale im Wandergebiet (H. Franke).

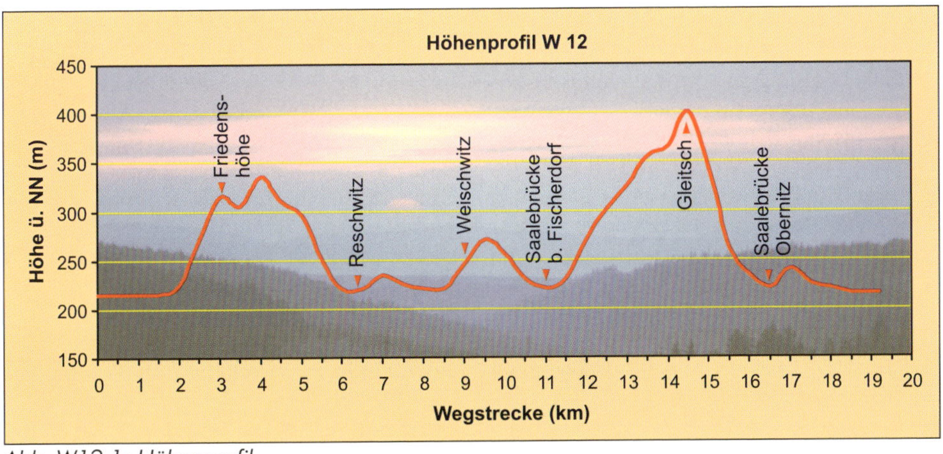

Abb. W12.1: Höhenprofil.

Wir wandern flussaufwärts auf dem EB/E3 am Stadion vorbei bis zur nächsten Straßenbrücke. Hier wenden wir uns nach rechts und nach wenigen Metern wieder nach links vorbei an einer Gartenanlage bis zur Straße.
Wir verlassen den EB/E3 und wandern die Straße bergauf bis zur nächsten Kreuzung am Caravanparkplatz neben dem Freibad Saalfeld. Am Parkplatz beginnt die Straße in Richtung Reschwitz. An der Straße zweigt halbrechts ein Weg ab. Den gehen wir geradeaus bergauf. Nach ca. 150 m sehen wir rechts ehemalige Buntsandstein- und Zechsteinbrüche.
Nach wenigen Metern kommen wir an eine Weggabelung, hier geht es nach rechts und bergauf. Wir gelangen an der Reha-Klinik links vorbei und kommen zum oberen Teil des Bergfriedparkes. Auf der linken Seite sehen wir eine Felswand, die Bohlenwand, an der wir am Ende der Wanderung noch vorbeikommen. Im Park biegen wir auf den ersten Weg nach rechts ab und wandern geradeaus bis zum nächsten WW. Hier geht es nach links auf die asphaltierte Straße. Nach ca. 30 m, am WW in der Kurve, verlassen wir die Straße und wandern auf dem Feldweg weiter leicht bergauf. An der nächsten Wegkreuzung biegen wir nach rechts ab und werden mit einem wunderschönen Blick auf Saalfeld und Umgebung überrascht. Wir wandern geradeaus weiter bis zum nächsten WW, um nach links den Berg hinab zu wandern. Vor uns sehen wir zur Linken den Holzberg und rechts davon den Schwarzen Berg. Hier und im Bereich der Gartenkuppen wurde vom Mittelalter bis ins 19. Jh. hinein Bergbau betrieben.
In der Talsohle befindet sich ein betonierter Platz. Dort biegen wir nach links ab.
Geradeaus geht's weiter an einer Streuobstwiese entlang bis zum Ortseingang von Reschwitz. Hier wenden wir uns nach rechts und gehen in den Ort hinein. Weiter geht es auf dem EB/E3 durch den Ort, vorbei am „Mühlgut zu Rodeswitz". Am Ortsende zweigt der EB/E3 nach links einen kleinen Anstieg hinauf von der Ortsstraße ab. Kurz danach begeben wir uns auf einen schmalen Pfad oberhalb der Saale und kommen am Mühlfelsen vorbei. Unmittelbar nach diesem Weg eröffnet sich vor uns eine bezaubernde Wiesenlandschaft. Auf einer malerisch gelegenen Anhöhe sehen wir die Kirche von Weischwitz. Wir wandern am Saaleufer entlang bis zum Ortseingang von Weischwitz. Schauen wir kurz zurück, so sehen wir eine Waldlichtung auf der Bergkuppe. Dort befindet sich ein Startplatz der Gleitschirm- und Drachenflieger. Haben wir Glück, so sehen wir das bunte Treiben der Sportflieger.
Wir gehen geradeaus weiter und treffen auf eine Eisenbahnbrücke, vor der wir rechts abbiegen und auf der Straße bis zur Ortsmitte von **Weischwitz** (s. Anhang) weiterlaufen. Eine schön gewachsene Dorflinde lädt zum Verweilen ein. Nun geht es auf der Dorfstraße nach links in Richtung Breternitz und Fischersdorf bergauf. Dabei verlassen wir den Wanderweg EB/E3.
Ab hier folgen wir der Markierung Saaleradwanderweg. Am Ausgang von Weischwitz sehen wir links auf der anderen Seite des Saaletals die Erhebung des Gleitsch, sowie den ehemaligen Fischersdorfer Steinbruch. Daran schließt sich der Hang eines Weinberges an. Im Mittelalter war in Fischersdorf neben Fischfang und Getreideanbau der **Weinanbau** (s. Anhang) von besonderer Bedeutung. Wir laufen geradeaus weiter hinein nach Breternitz bis zu einer Straßenkreuzung, hier verlassen wir den Saaleradwanderweg. Ab hier ist der Weg nicht markiert. Nun geht es nach links zum Bahnhof mit Bahnunterführung.
In Breternitz und Fischersdorf gibt es für hungrige Wandersleute verschiedene Einkehrmöglichkeiten.
Über die Saalebrücke führt uns der Weg nach Fischersdorf. Gleich hinter der Brücke biegen wir nach rechts ab und gehen auf der Dorfstraße geradeaus bergauf an der kleinen Kirche vorbei. Wir verlassen Fischersdorf und gehen ca. 100 m ohne Fußweg die Bundesstraße hinauf (Vorsicht, starker Verkehr!). Dann biegt ein Feldweg zum Weinberg ab. Am Anfang des Weges steht rechts im Gestrüpp ein **Steinkreuz** (Abb. W12.3, s. Anhang). An der nächsten Weggabelung müssen wir links abbiegen,

Abb. W12.3: Steinkreuz Fischersdorf (H. Franke).

dann geradeaus bergauf wandern. Wenn wir von hier zurück schauen, so sehen wir links im Hintergrund über den Orten Fischersdorf, Breternitz und Weischwitz die Ausläufer des Thüringer Schiefergebirges. Wir kommen am einzigen noch existierenden Weinberg vorbei. Kurz vor der Höhe macht der Weg einen scharfen Rechtsbogen. Es geht weiter bergauf. Der Anstieg wird mit einem herrlichen Ausblick über das Saaletal zur rechten sowie zur linken Seite über den **Roten Berg** (s. Anhang) nach Saalfeld belohnt. Bei guter Wetterlage erkennen wir die Burg Greifenstein oberhalb von Bad Blankenburg sowie den Kulmberg mit der Gaststätte und dem Aussichtsturm oberhalb von Saalfeld-Remschütz.

Auf unserem Berg befindet sich eine Wegkreuzung. Hier halten wir uns links. Nach ca. 500 m kommen wir zu einem WW-Standort. Dort führt uns der Weg nach links über die Wiese zum Waldrand. Am Eingang des Waldes beginnt das Landschaftsschutzgebiet **Gleitsch** (s. Anhang). Wir wählen den linken Weg.

Auf der linken Seite des Weges befinden sich Hünengräber. Nach ca. 150 m sehen wir rechts vom Weg 3 Erdwälle. Sie stammen aus der Zeit der Keltenbesiedlung und dienten als Schutzwälle.

Der Weg führt uns nun nach rechts zu einem Aussichtspunkt. Er gibt uns den idyllischen Blick auf den links gelegenen Holzberg und die Gartenkuppen frei. Daran schließt sich nach rechts der Breite Berg an. Die Berge gehören zum Thüringer Schiefergebirge. Zu unseren Füßen, eingebettet zwischen Berg und Tal, sehen wir die Stadt Saalfeld. Rechts des grünen Gebäudes (Lager des Schokoladenwerkes) sieht man wieder die Bohlenwand, zu der wir im Laufe der Wanderung noch kommen. Vom Aussichtspunkt aus laufen wir zur sogenannten Teufelsbrücke hinunter. Vor der Felsformation können wir anhalten und unserer Fantasie freien Lauf lassen, um uns vorzustellen, wie hier wohl die Steinzeitmenschen gelebt haben (Abb. W12.6).

Nun geht es weiter an der Hangkante entlang abwärts nach Saalfeld-Obernitz. In Obernitz kurz vor der Kirche und dem Schloss befindet sich eine alte Mauer, in der ein Mühlstein eingelassen ist. Das Schloss war ehemaliger Rittersitz und gehörte auch zur Benediktinerabtei Saalfeld. Es wurde1534 auf verbrannten Resten einer alten Burg gebaut und ist weitgehend aus dem 16. Jahrhundert erhalten geblieben. Es wird seit Jahrzehnten als Wohnhaus genutzt.

Wir laufen hinunter zur B 85. Am Ende der Brücke ist eine Fußgängerampel. Hier überqueren wir die Brücke. Wenn wir nach rechts schauen, sehen wir die **Bohlenwand** (Abb. 3.3 und 3.4, s. Anhang) in ihrer ganzen Vielfältigkeit. Links befindet sich eine Infotafel über die Geologie der Bohlenwand.

Vor dem Eingang des Schokoladenwerkes geht links ein Fußweg nach oben und führt am „Haus **Wetzelstein**" (s. Anhang) vorbei. Oben an der Straße angekommen, biegen wir rechts in Richtung WW Stadtmitte ab. Auf der Straße geht es am **Schokoladenwerk** (s. Anhang) vorbei. Wir laufen geradeaus bis zum Caravanparkplatz am Freibad. Von dort aus führt eine Straße bergab über die Saale zur B 85. Wir gehen an der B 85 entlang in Richtung Stadt und sind nach ca. 15 Minuten wieder am Bahnhof Saalfeld, unserem Ausgangspunkt.

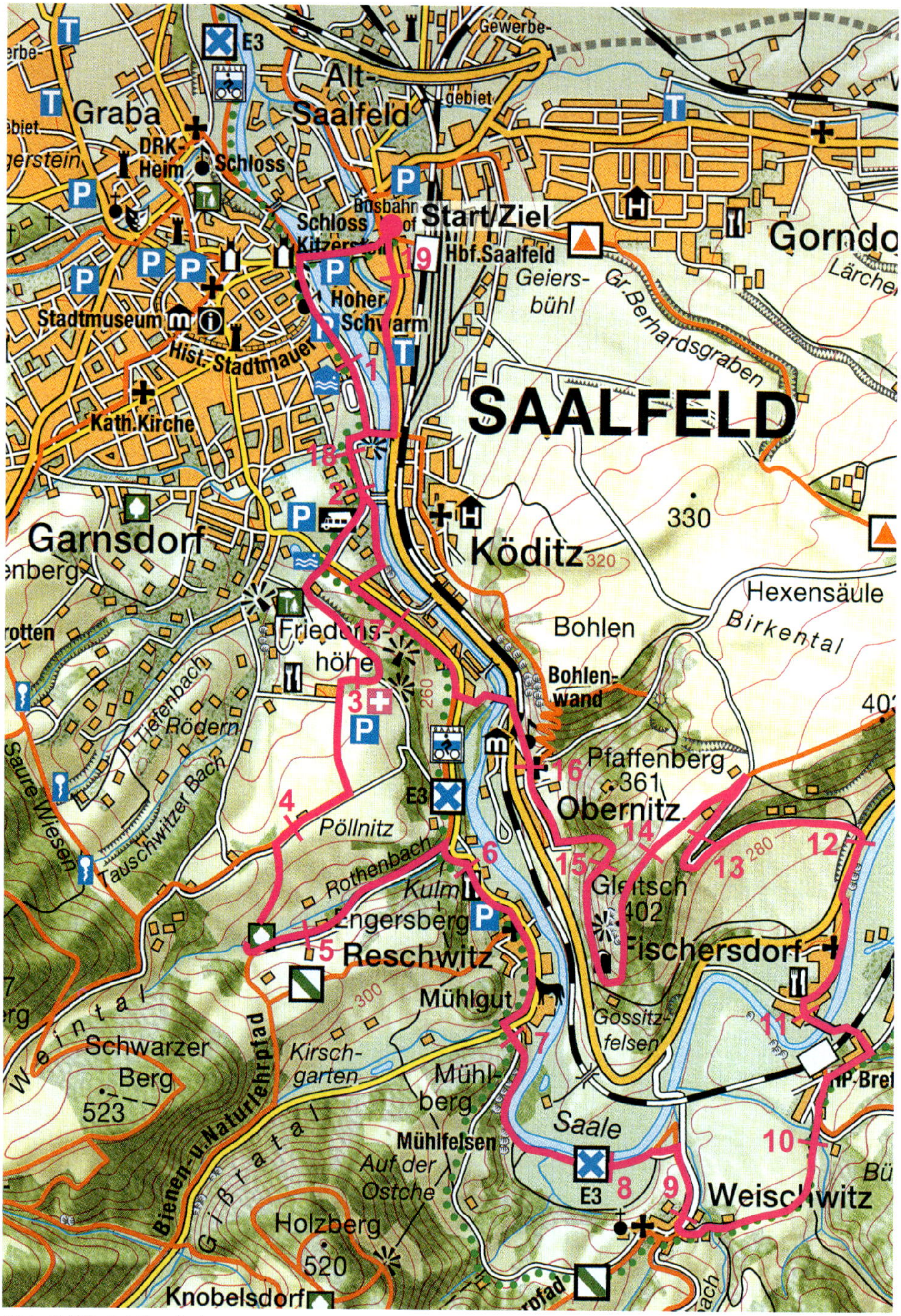

Abb. W12.4: Wanderkarte. © grünes herz

Abb. W12.5: Aussicht vom Gleitsch (H. Franke).

Abb. W12.6: Die Teufelsbrücke (H. Franke).

W13 Auf dem Bienen- und Naturlehrpfad durchs Gisratal

Charakter:
Rundwanderweg durch eine abwechslungsreiche Landschaft mit vielen Informationen über die Natur, speziell über das Leben und den Nutzen der Bienen.

Voraussetzungen:
Feste Schuhe mit Profil.

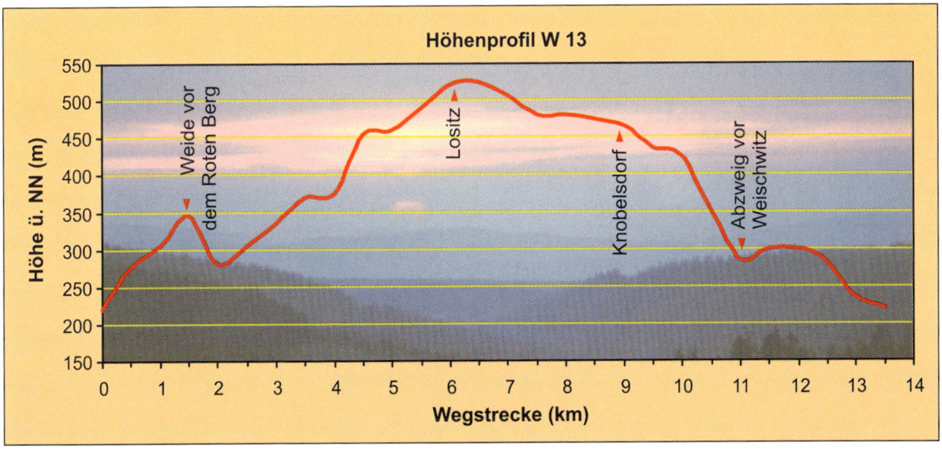

Abb. W13.1: Höhenprofil.

Wegstrecke: 13,5 km
(Höhenprofil Abb. W13.1)

Anstiege: 385 m
Abstiege: 385 m
Kalorienverbrauch: 1.050 kcal.

Start und Ziel:

Dorfplatz (Kirche) Reschwitz.
ÖPNV: Linie 58 Dorfkulm-Saalfeld-Reschwitz - Knobelsdorf
Kfz: Vom Bahnhof Saalfeld B 85 in Richtung Kronach, in Köditz rechts über die Saale-Brücke (Richtung Schwimmbad Saalfeld). An Gabelung nach links (1 km bis Reschwitz). In der Nähe des Dorfplatzes gibt es genügend Parkmöglichkeiten.

Wegemarkierung:

Die Wegstrecke ist fast durchgehend mit Wegweisern (grün mit gelber Umrandung, gelber Schrift: „Bienen- und Naturlehrpfad" sowie Zeichnung einer Biene) gekennzeichnet. Diese von den Markierungsrichtlinien abweichende Markierung wurde sehr sparsam eingesetzt (Wegezeichen fehlen), so dass auf die Ortsausschilderung geachtet werden muss. Bitte die Wegebeschreibung beachten!

Wegebeschreibung:

Der kleine Ort Reschwitz liegt in einem Talkessel, nur 3 km von der Kreisstadt Saalfeld entfernt. Mit 225 m über NN ist Reschwitz das Dorf der Gemeinde Saalfelder Höhe mit der niedrigsten Lage. Der Anger (Abb. W13.3), umgeben von schönen Fachwerkhäusern und der Kirche, sowie der 1350 erbaute „Edelhof" prägen heute das Ortsbild. Urkundliche Ersterwähnung fand Reschwitz im Jahre 1114. Das milde Klima, die Nähe zur Saale, das von Bergen und rauschenden Wäldern umgebene Gisratal – all das verspricht Entspannung und Erholung. Hier in Reschwitz, wo früher in jedem Haus einige Bienenvölker gehalten wurden, beginnt der Lehrpfad.
Wir starten am Dorfplatz in Richtung „Schwarzer Berg". Vorbei am HWW „Baumgarten" geht es bergauf durch eine Streuobstwiese, vorbei am Wasserwerk, hoch auf die Weideflächen vor dem Roten Berg. Dort angekommen, hat man einen ausgezeichneten Blick auf den gegenüberliegenden Gleitsch. Für Informationen sorgen auf dem gesamten Wanderweg zahlreiche Hinweistafeln, auf denen man nicht nur das Thema Bienen und Honig, sondern auch Wissenswertes über verschiedene Waldbewohner finden kann.
Der Weg führt weiter auf dem Höhenrücken an Wiesen und Hecken vorbei bis zu einer Wegegabelung, an der man den Weg nach links fortsetzt. Taleinwärts durch den Wald gelangt man nun ins Gisratal, sicher eines der schönsten Bachtäler in der Umgebung von Saalfeld. Man bleibt rechts vom Bach und steigt sacht auf einem gut gepflegten Pfad bergan. Die links vom Bach verlaufende Landstraße ist fast unbefahren, so dass den Wanderer nur das Gemurmel des Wassers und das Singen der Waldvögel begleitet.
Nach ca. 1 km führt der Pfad auf die Landstraße, der man nur ca. 20 m folgt, um dann rechts in den einmündenden Weg einzubiegen. 50 m weiter steigt links über einige Stufen wieder ein kleiner Pfad empor, dem man entlang einer Wiese folgt, bis man wieder auf die Landstraße stößt. Hier weist ein WW zum Bienenstock, man bleibt aber ca. 100 m auf der Landstraße und biegt dann rechts auf einen Weg ein, der an einem kleinen Bienenhaus vorbei, immer dem Verlauf des Gisrabaches folgt und in den wohl schönsten Teil des Gisratales führt.
Hier im oberen Gisratal (Abb. W13.4) findet man uralte Bäume, vor allem Rotbuchen, und mächtige Felsvorsprünge. Ruhebänke laden zum Verschnaufen ein und erlauben, die umliegende Natur zu genießen.
Über eine kleine Brücke gelangt man nach links an den Rand einer lang gestreckten Waldwiese, die an zwei Teiche unterhalb der Ortschaft Lositz führt. Ein Wildbienenstand am Waldrand (Abb. W13.5) bietet den nützlichen Waldbewohnern Unterkunft und kann als Anregung dienen, im eigenen Garten Lebensraum für Nützlinge zu schaffen. An den Teichen hält man sich links und steigt einen steil

ansteigenden Wirtschaftsweg nach Lositz empor.
Landschaftlich schön, zwischen Wäldern und Bergen mit reiner Höhenluft gelegen, wurde Lositz 1410 erstmalig urkundlich erwähnt. Es liegt 525 m ü. NN und hat eine schöne Kirche mit sehenswerter Innengestaltung. Im Gasthaus Hessel gibt es gute Hausmannskost und Übernachtungsmöglichkeiten.
Nach einer Stärkung im Gasthaus geht die Wanderung in Richtung Knobelsdorf weiter. Über sanfte Hügel führt der Weg zunächst an Feldern vorbei. Schaut man zur linken Seite, genießt man den Blick über das Gisratal und seine Seitentäler. Auf der Höhe dahinter erkennt man das Dorf Eyba mit seinem Renaissanceschloss und seiner Kirche.
Romantisch führt der Weg weiter, sich um die Bergrücken windend, abwechselnd durch Wiesen und durch den Wald, bis man nach ca. 50 Minuten das kleine Dorf Knobelsdorf erreicht. Dort gibt es nur 10 Häuser mit 70 Einwohnern. Einige Bänke und Tische in der Dorfmitte laden zur Rast ein. Die kleine Kirche im 550 Jahre alten Knobelsdorf ist mit ihrem dunkelgrauen Schieferdach (Abb. W13.6) ein schönes Fotomotiv.
Man lässt das Dorf hinter sich und geht zunächst an Wiesen vorbei bergab, bis man den Wald erreicht. Verlässt man den Wald wieder, eröffnet sich ein wunderbarer Ausblick auf das Saaletal. Die Orte Weischwitz, Breternitz und Fischersdorf sind zu sehen.
An den Südhängen des Saaletals wurde viele Jahrhunderte **Wein** angebaut (s. Anhang).
Gut 200 m vor der Kirche von Weischwitz mündet unser Wanderweg in den Saale-Radweg ein. Hier fehlt jedoch die Markierung des Bienenlehrpfades, deshalb ist besondere Aufmerksamkeit geboten. Im ganz spitzen Winkel biegt man nun links in Richtung Reschwitz ab. Es geht fast eben an Kirschbäumen vorbei. Schaut man nach rechts, erkennt man von weitem Reschwitz und Saalfeld. Von der Ostje – so nennt sich diese Gegend – hat man nochmals einen wunderschönen Blick ins Saaletal. Zwischen Laubbäumen geht es nun auf der asphaltierten Straße steil bergab ins Gisratal.
Nach einer Wanderung von ca. 3 ½ - 4 Stunden stößt man kurz vor dem Ausgangspunkt der Wanderung auf die Saale.
Vorbei an einem Landwirtschaftsbetrieb und der Reschwitzer Kulturscheune erreicht man wieder den Ort Reschwitz. Nach einem halben Tag auf den „Spuren der Bienen" kann man in der Imkerei Beyer eine lehrreiche und genußvolle Schlussrast bei Honigwein einlegen.
Bienen und Honig, wer mehr davon erfahren will, sollte durchs Gisratal wandern. Insbesondere Familien sei diese Wanderung empfohlen.

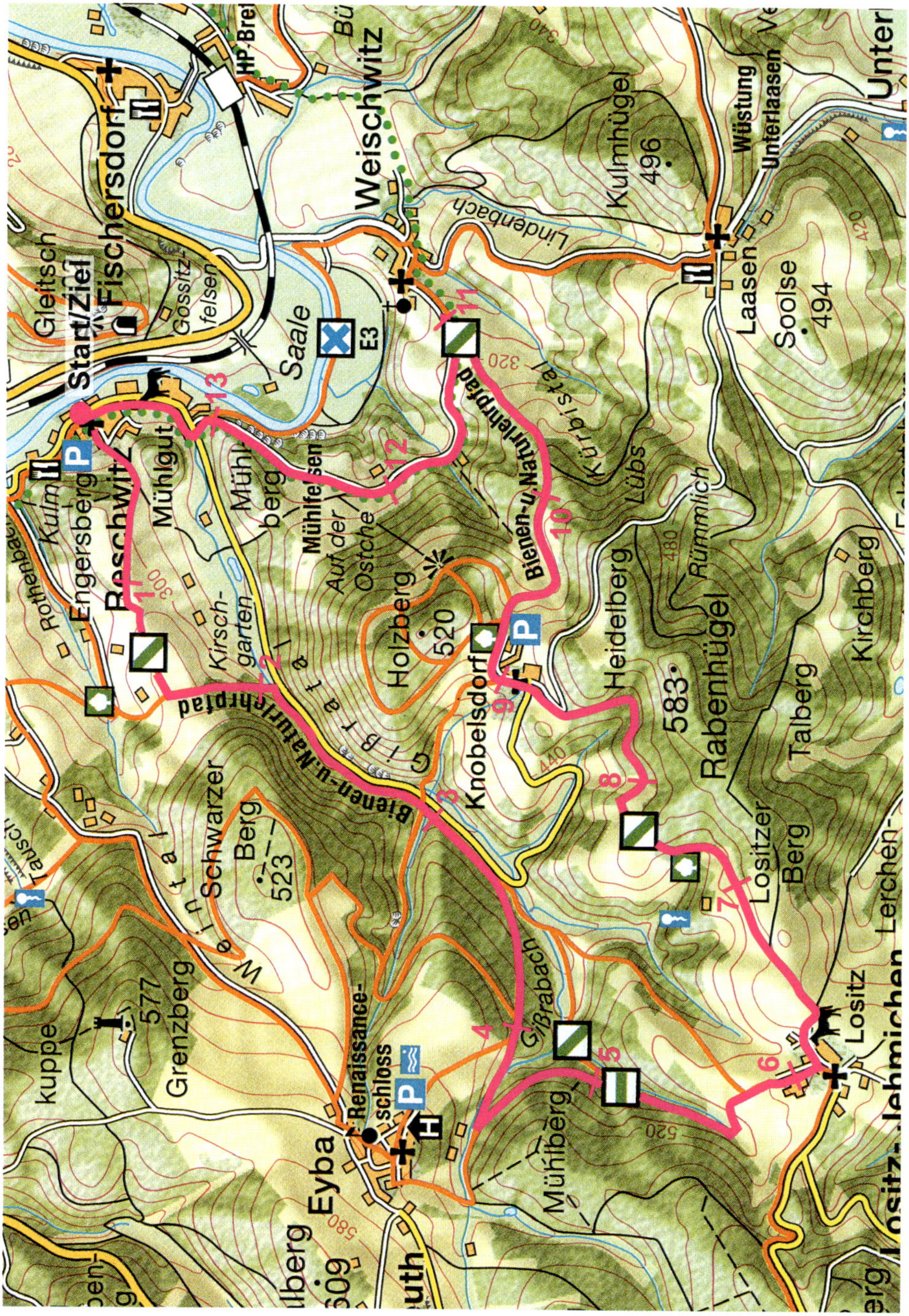

Abb. W13.2: Wanderkarte. © grünes herz

Abb. W13.3: Am Anger von Reschwitz (E. Krauß).

Abb. W13.4: Unterwegs im oberen Gisratal (E. Krauß).

Abb. W13.5: Wildbienenstand am Bienenlehrpfad (E. Krauß).

Abb. W13.6: Dorfkirche Knobelsdorf (E. Krauß).

W14 Natur- und Kulturvielfalt zwischen „Saalfelder Höhe" und „Unterem Schwarzatal"

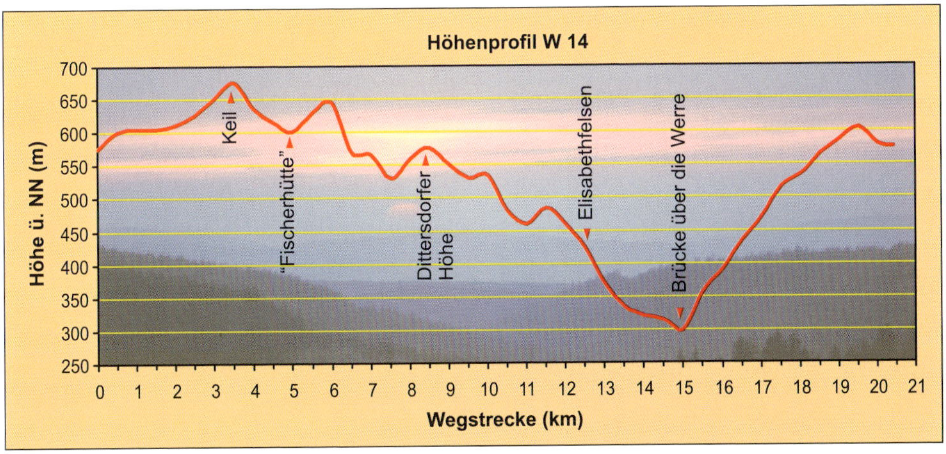

Abb. W14.1: Höhenprofil.

Charakter:
Rundwanderung. Stets wechselnde Landschaftsformationen, schöne Aussichten.

Voraussetzungen:
Festes Schuhwerk, gute Kondition.

Wanderstrecke: 20,4 km
(Höhenprofil Abb. W14.1)

Anstiege:	525 m
Abstiege:	525 m
Kalorienverbrauch:	1.550 kcal.

Start und Ziel:
Einfahrt des Kinder- und Jugenddorfes Dittrichshütte.

ÖPNV: Buslinie 17 Rudolstadt-Dittrichshütte-Dittersdorf

Kfz: B 88 von Rudolstadt oder Ilmenau kommend in Bad Blankenburg am Bahnhof abbiegen, über die Bahnschranken nach Unterwirbach. An der Kirche geradeaus nach Dittrichshütte. Dort auf der links abbiegenden Hauptstraße bleiben. Das Kinder- und Jugenddorf befindet sich dann rechter Hand vor dem Ortsausgang. Von Saalfeld oder Neuhaus kommend (B 281) in Arnsgereuth in Richtung Dittrichshütte. Nach dem Ortseingangsschild liegt das Kinder- und Jugenddorf links.

Wegemarkierung:
Der Wanderweg ist teilweise mit unterschiedlichen Wegezeichen versehen. Wegweiser und Standort-Hinweistafeln sind auf dem größten Teil der Strecke vorhanden, jedoch nicht generell, so dass es erforderlich ist, die nachfolgende Wegbeschreibung zu beachten.

Wegeverlauf:
Die Wanderung beginnt am Wegekreuz vor der **Kinder- und Jugenderholung Dittrichshütte** e.V. (s. Anhang). Unser Weg führt an der Straße auf dem linken Bürgersteig, ebenfalls links zwei Bushaltestellen und ein Verkehrsdreieck passierend, in die Mitte des Ortes **Dittrichshütte** (s. Anhang). Wir befinden uns auf dem gekennzeichneten Olitätenrundwanderweg (WZ blaues Drweieck). Der Verwaltungssitz Dittrichshütte der Gemeinde **Saalfelder Höhe** (s. Anhang) zeigt sich sauber und gepflegt. Weiter geht es steil bergan auf dem linken Bürgersteig, die Hohe Gasse hinauf. An der kleinen Stützmauer angelangt, haben wir einen Einblick in Gestein und Schichtung des Thüringer Schiefergebirges. Wir sehen unterschiedlich gefärbtes Gestein, was auf verschiedene Einlagerungen hindeutet. Es ist schräg aufgefaltetes und geradlinig spaltbares Material, hier schon verwittert, mit einer nur geringen Bodendeckschicht darüber. Wenige Schritte weiter haben wir bereits die Höhe des oberen Ortsteiles mit einer guten Übersicht erreicht. Über den Gebäuden der Agrarerzeugergemeinschaft Dittrichshütte erkennen wir die hochgelegenen Häuser des Dorfes Wittmannsgereuth, dem Bergrücken folgend nach links die Zipptannskuppe und weiter links unten den Gipfel des Eisenberges (früher Abbau von Eisenerz). Hinter dem Dorf sehen wir den Ortsteil Birkenheide, einst ein Rittergut. Blicken wir hier auf der Anhöhe nach links sehen wir die 1865 errichtete Turmwindmühle, davor das alte Müllerhaus. Es folgen ehemalige Wismutgebäude auf der linken Seite der Straße, gesäumt von 4 uralten Bäumen, zwei riesigen Linden und zwei alten Kastanien. Am Ende der Straße, die rechtwinklig nach links führt, liegt das letzte Gebäude von Dittrichshütte, die ehemalige „Dittrichshütter Schenke".

Wenige Schritte weiter beginnt das seit 1954 eingemeindete, früher als Kirchspiel und Hauptort bedeutende Braunsdorf mit seiner schönen alten Kirche, die nach einem Brand im Jahre 1802 von 1803-1806 im Barockstil wiedererrichtet wurde.

Wir gehen nun rechts immer geradeaus in die Kirschallee hinein und folgen den alten Kirschbäumen dorthin, wo die blumengesäumten Felder (Abb. W14.2) am weitesten in den Wald hineinragen. Von einigen Punkten unseres Weges erkennen wir am Horizont den Fröbelturm, der sich zwischen Oberweißbach und Deesbach befindet. In einer leichten

Rechtskurve des Weges steht auf der linken Seite eine sehr alte Linde, aus der in Höhe von etwa 2,50 m ein Holunderbusch herauswächst. Am Waldrand angekommen stehen sechs Linden in gerader Reihe am Wegesrand. Offensichtlich war das die Dorfstraße des ehemaligen Örtchens Bernsrod, das in älteren Karten als Wüstung an dieser Stelle eingezeichnet ist. Der Weg teilt sich hier in fünf Wege. Wir halten uns an den Linden entlang auf dem oberen Weg in westlicher Richtung. Hier verlassen wir den Olitätenrundwanderweg und folgen geradeaus dem Weg in den Wald hinein. Er führt uns leicht bergan und kurz vor dem nächsten Abzweig entdecken wir rechterhand eine alte bewachsene Schieferhalde. Hier haben wir die Möglichkeit einen ehemaligen Griffelschieferbruch für die **Schiefergriffelherstellung** (s. Anhang) zu besichtigen. Wir halten uns auf dem unteren Weg in Richtung Döschnitz immer weiter in den Wald hinein, an unserer rechten Seite weitere alte Schieferhalden passierend, bis an eine weitere Abzweigung.
Hier nehmen wir für nur wenige Meter den leicht links bergab führenden Weg. Jetzt gehen wir links in den Wald hinein und gelangen hinter der Absperrung an einen großen alten Steinbruch (wir befinden uns jetzt oberhalb einstiger Griffelschieferbrüche). Hier können wir ahnen, in welch großen Dimensionen der Abbau von Griffelschiefer erfolgte. Diese Brüche gehören zur Gemeinde und Flur Döschnitz, dem Ort, in dem sich die erste Thüringer Griffelschieferfabrik befand. Der Ausblick zeigt die „Hohe Straße" bei Kleingeschwenda zwischen Goldberg und Hoheneiche. Nach der schönen Aussicht gehen wir den letzten Teil der zurückgelegten Strecke wieder zurück bis zur Abzweigung.
Hier folgen wir dem Weg nach links bergan, bis wir an die nächste Wegkreuzung gelangen. Die Wegetafel nennt uns den „Ritzberg". Vom Schild aus gehen wir nach links weiter und bleiben auf dem geradeaus führenden Weg. Auf dem folgenden Wegabschnitt begleiten uns rechts alte Grenzsteine aus Schiefer mit Kennzeichnungen. Wir befinden uns auf dem alten Grenzweg zwischen der Burkersdorfer und der Döschnitzer Flur, der etwas später links abwärts führt. Wir bleiben jedoch auf dem sich verjüngenden Pfad geradeaus und gehen leicht bergan.
Nach einer Krümmung an einem Buchenstumpf halten wir uns auf dem schwer erkennbaren Pfad rechts, um dann geradeaus leicht aufwärts zu steigen. Links des Weges haben wir Hochwald und rechts einen dichten jüngeren Baumbestand. Oben angekommen treffen wir auf den Kammweg. Hier steht umzäunt ein kleines Häuschen und ein eisernes Türmchen. Am Wegesrand finden wir in unserer Richtung eine Bank zum Rasten. Im dichten Wäldchen hinter uns, befindet sich der trigonometrische Meßpunkt. Wir sind auf dem höchsten Punkt unserer Wanderstrecke, dem „Keil" mit rund 677 m Höhe ü. NN angelangt.
Nach kurzer Rast folgen wir dem Kammweg, der sich bequem bergab windet. Dabei bleiben wir immer auf dem Hauptweg, in den erst links und dann rechts Wege aus dem Walde einmünden. Es geht hinab zu dem nächsten ausgeschilderten Wegekreuz „Unterm Keil". Dieses passieren wir im spitzen Winkel, wieder leicht bergan gehend nach rechts in Richtung Burkersdorf/Dittersdorf. Beeindruckend auf den letzten Kilometern ist die große Stille und die Abgeschiedenheit der Wälder, Lebensraum für die hier vorkommenden wenigen Exemplare des scheuen und vom Aussterben bedrohten Auerhuhns.
Wir folgen jetzt erst eben und dann leicht abwärts dem Hauptweg bis zu der Abzweigung, die links bergab nach Burkersdorf (noch 0,7 km) führt und verlassen somit den Weg geradeaus, der auch nach Burkersdorf (1,5 km) ausgeschildert ist. Vorbei am WW Burkersdorf (0,5 km) erreichen wir den Parkplatz der „höchstgelegenen **Fischerhütte** Deutschlands" (s. Anhang). Diese Gaststätte liegt in der unteren Ortslage von **Burkersdorf** (s. Anhang), einem schönen kleinen Urlauberort mit 2 Hotels. Unterhalb der Fischerhütte lädt an dem kleinen Teich eine Bank zur Rast ein und wir können dabei den Blick zum Schwarzburger Schloss sowie in die Ferne zum Thüringer Wald und seines Vorlandes genießen.

Abb. W14.2: Blühende Feldraine am Weg (E. Krauß).

Abb. W14.3: Ginster in den einsamen Wäldern des Auerhuhns (E. Krauß).

Abb. W14.4 (links): Am Elisabethfelsen (E. Krauß).

Abb. W14.6 (oben): Eine Rarität im ganzen Umkreis, die 1865 erbaute dreigeschossige Turmwindmühle in Dittrichshütte auf 607 m ü. NN. (R. Martin).

Abb. W14.5 (links): Blüten des Storchschnabels im Tal der Werre (E. Krauß).

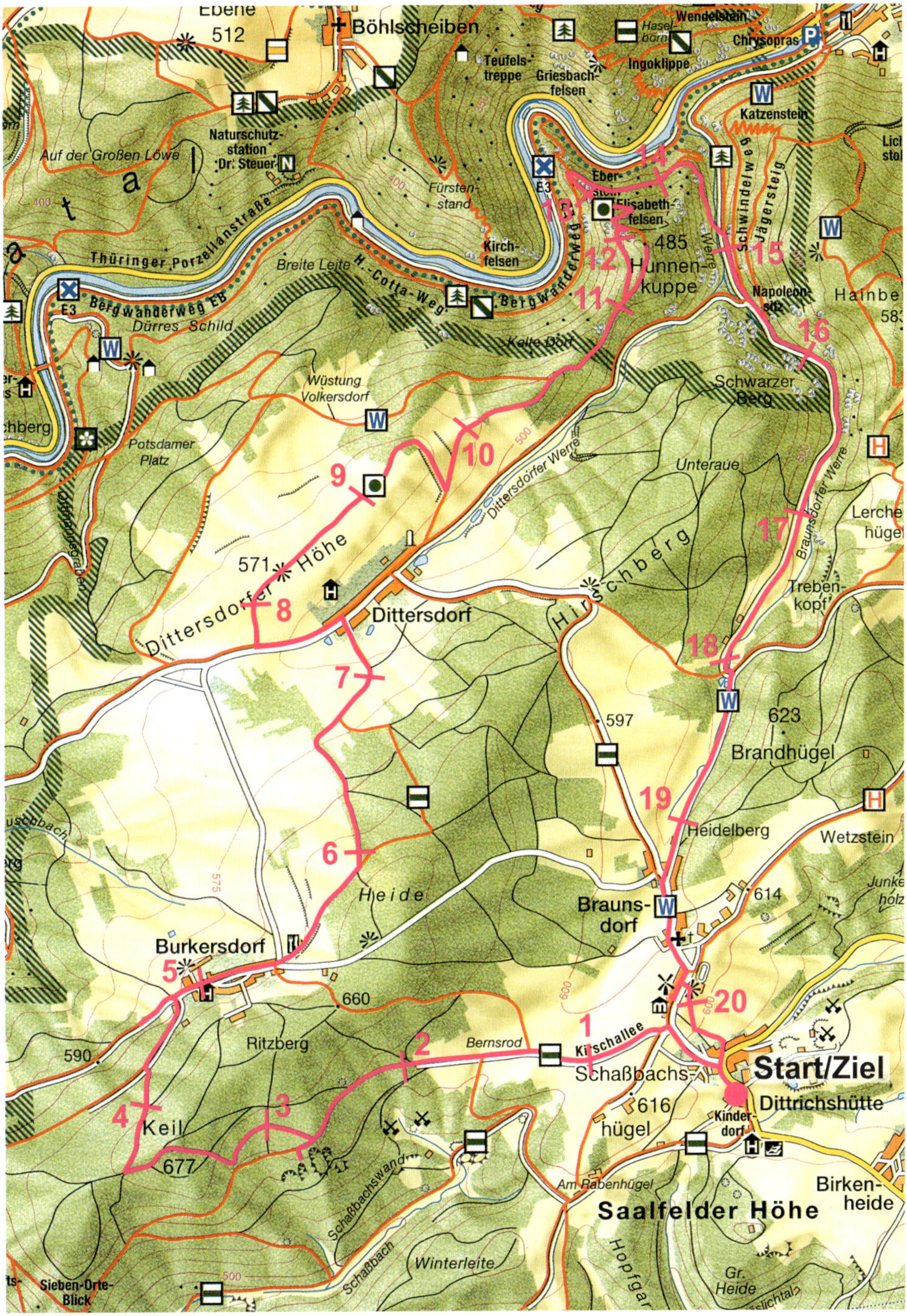

Abb. W14.8: Wanderkarte.

Dann gehen wir wieder zurück und folgen nun der Hauptstraße durch den ganzen Ort Burkersdorf, bis wir an der Einmündung zur Hauptstraße (Braunsdorf-Abzweig Burkersdorf-Dittersdorf) bei einem Rothirsch und anderen nachgestalteten Wildarten unserer Wälder ankommen.

Links am Zaun vorbei gehen wir bis zur Hauptstraße und queren diese, um gegenüber den Weg zwischen einer Investruine und einem großen offenen Scheunendach fortzusetzen. Wir steigen wieder sanft bergan, nicht ohne uns hin und wieder umzuschauen und den herrlichen Panoramablick zu genießen. Bei guter Sicht erkennen wir den Schneekopf und den Kickelhahn, auch Stadtteile von Ilmenau, den Singer Berg und manchmal sogar mit bloßem Auge weiter rechts hinten den Inselsberg. Wir folgen dem Weg zwischen Feld und Waldrand bis zum Wegekreuz „Heide-Eck". Hier halten wir uns links und folgen dem Weg steil abwärts bis wir an der Tafel „Am Biotop" ankommen. Nun geht es nach rechts in Richtung Dittersdorf. Die nächste Wegetafel ist mit „Ried" bezeichnet. Wir folgen dem Weg, zuerst geradeaus, dann links hinunter in den oberen Teil von **Dittersdorf** (s. Anhang). Es gibt hier, ebenso wie in Burkersdorf, viele schöne alte Häuser. An der Ortsstraße biegen wir nach links ab, gehen vorbei am schönen oberen Teich des Ortes und weiter aus dem Ort hinaus auf der Straße bis zur Anhöhe. Dort führt uns rechts an der Kennzeichnung „Am Dungweg" genannter Weg in großem Bogen über freies Feld und weiter hinauf bis auf den höchsten Punkt, die „Dittersdorfer Höhe". Hier befindet sich ein verglaster, wettergeschützter Pavillon, der einen wunderschönen Rundumblick gestattet. Dittersdorf selbst können wir nicht sehen, da es in der Senke unter der Anhöhe liegt, wohl aber das hoch gelegene Burkersdorf mit dem Keil dahinter. Wenden wir uns nach Norden, sehen wir die alten Dörfchen Cordobang und Böhlscheiben auf der Höhe jenseits der Schwarza, heute Ortsteile von Bad Blankenburg. Das tief eingeschnittene Tal der unteren Schwarza können wir nur erahnen.

Nach Rast und Aussicht gehen wir den Dungweg weiter geradeaus, dem Bergkamm folgend, bis wir dann bergab in den Wald eintauchen. Kurz darauf verlassen wir diesen wieder und folgen dem Weg weiter nach rechts. Dann im spitzen Winkel an der Weggabelung links wieder etwas bergan. So gelangen wir zum Wegekreuz „An der Eiche". Der Weg gabelt sich hier, links zur Wüstung Völkersdorf und zum Schweizerhaus, geradeaus bzw. leicht nach rechts zum Kammweg in Richtung Hünenkuppe (auch Hunnenkuppe) und Elisabethfelsen. Wir nehmen letzteren Weg.

Beachtenswert auf dem letzten Kilometer waren die vielen alten Lesesteinwälle, die andernorts meist nicht mehr vorhanden sind.

Es geht nun etwas bergauf und bergab, dann aber stetig abwärts und direkt in das Naturschutzgebiet des unteren Schwarzatales hinein. An einem scharfen Knick nach links, an einer alten Holzhütte nach rechts, geht es weiter bergab.

Wo links am Wege der Rest eines alten steinernen Pfostens steht, entdecken wir eine stufenartige Platte auf dem Weg und die noch erkennbaren Reste eines alten Begrenzungszaunes mit steinernen Pfeilern; wir passieren gerade ein ehemaliges Tor des alten „Wildgatters" – auch Saugehege genannt – und befinden uns fortan im ehemaligen fürstlichen Jagdgebiet derer von Schwarzburg-Rudolstadt.

Weiter unten dann, einen schmalen Sattel überquerend, finden wir den Wegweiser „An der **Hunnenkuppe**" (s. Anhang). Diesen Berg erreichen wir auf dem Weg rechts vom Schild, der bis zum felsigen Gipfel führt. Hier haben wir allerdings nur in der unbelaubten Jahreszeit einen schönen Blick nach Bad Blankenburg. Wir gehen den gleichen Weg, den wir gekommen sind, zurück zur Tafel „An der Hunnenkuppe".

Jetzt folgen wir links des Schildes einem Pfad erst ein wenig aufwärts, später steil bergab. In steiler Hanglage führt er uns in Serpentinen durch Misch- und Laubwald. Wir erreichen den **Elisabethfelsen** (Abb. W14.4, s. Anhang) und genießen einen wunderschönen Ausblick, das untere Schwarzatal flussaufwärts. Aus schwindelerregender Tiefe glitzert uns das

Wasser der Schwarza entgegen. Bänke laden hier zum Rasten ein.
Weiter führt uns der schmale Zick-Zack-Pfad steil abwärts, bis wir endlich das Plateau des **Jagdhauses Eberstein** (Abb. 15.5, s. Anhang) erreichen. Dieses im historisierenden Stil errichtete kleine Bauwerk diente der Herrschaft als Domizil während der Jagd. Auf dem Plateau vor dem Schlösschen sind ausreichend Plätze für mehrere Wandergruppen vorhanden, so dass sich hier die Mittagsrast unserer Wanderung mit der Verpflegung aus dem Rucksack anbietet. Infotafeln geben uns Aufschluss über diesen Ort.
Nach der Rast gehen wir den breiten Fahrweg schwarzaabwärts Richtung Bad Blankenburg (rechts den Berg und links den Hang) entlang, vorbei am alten Ansitzhäuschen und an der Remise für herrschaftliche Kutschen, die die Jäger einst hierher brachten. Wir bleiben immer auf dem Fahrweg, der rechts um den Berg herum führt (nicht den Steilabstieg nach Bad Blankenburg nehmen!) und gelangen an einen anderen ehemaligen Eingang des Wildgatters im Talbett der Werre. Über eine Brükke kommen wir auf eine ehemalige Fahrstraße (Bad Blankenburg-Dittersdorf), der wir nun geradeaus bergauf folgen. Es wird ein anspruchsvoller Marsch, der uns alle abgestiegenen Höhenmeter wieder aufsteigen lässt.
Rechts sehen wir unten den Zusammenfluss der Dittersdorfer Werre mit der Braunsdorfer Werre. Beide Bäche waren übrigens im Sommer und Herbst 2003 auf Grund der großen Hitze vollständig ausgetrocknet.
Etwas weiter schwenkt die alte Fahrstraße nach rechts ab in Richtung Dittersdorf. Hier „Am Katzensteig" gehen wir weiter steil bergan, links der Braunsdorfer Werre folgend bis nach kurzer Zeit „Am Schwarzen Berg" der Weg auf die rechte Seite des Baches aufwärts wechselt. Nun folgt das steilstes Stück des Weges. An der Waldgrenze verlassen wir das Naturschutzgebiet unteres Schwarzatal. Die Wiesenaue mit dem nun kleinen Rinnsal weitet sich bis zum Waldrand auf dem anderen Ufer der Braunsdorfer Werre. In diesem wunderschönen Tal wurde in den 30er Jahren des vergangenen Jahrhunderts der UFA-Film „Das Tal des Lebens" gedreht, ein Beweis dafür, dass man schon damals die beeindruckende Natur des Wiesentals zu schätzen wusste (Abb. W14.5).
Der Weg wird langsam flacher und weniger anstrengend. Vorbei an den Resten der ehemaligen „Braunsdorfer Schneidemühle" biegen wir über einen Damm am angestauten Teich nach links ab. Vorbei an der Wegetafel „An der Schneidemühle" gabelt sich der Weg. Nach links geht es bergan nach Oberwirbach, wir aber gehen nach rechts bergan in Richtung **Braunsdorf** (s. Anhang). Nach wenigen Metern sehen wir weit oben vor uns schon die ersten Häuser. Der unbequeme, geschotterte Weg zieht sich jedoch zwischen Waldrand und Wiesenaue bis hinauf nach Braunsdorf. An der Wegetafel gleichen Namens gelangen wir auf die asphaltierte Fahrstraße (Dittersdorf-Burkersdorf-Braunsdorf-Dittrichshütte) und gehen diese nach links den Ort hinauf auf dem rechten Bürgersteig, vor uns die Kirche im Blick. Links vor der Kirche das „Rüstzeitheim", rechts vorbei am „Bauernstüb´l", links die Barockkirche passierend. Weiter oben liegt dann in der rechtwinkligen Rechtskurve die „Dittrichshütter Schenke". Danach passieren wir die vier mächtigen alten Bäume bis zur zweiten Riesenlinde.
Von hier ist ein kleiner Abstecher (ca. 100 m) zur Windmühle Dittrichshütte und evtl. deren Besichtigung möglich (Abb. 14.6). Wir queren an dieser Stelle die Straße durch die Pyramidenpappelreihe und wandern nun auf dem Pflasterweg zwischen Fußballplatz und Parkplatz hindurch, rechts vorbei an der Sporthalle. Wir folgen einem Gitterplattenweg zwischen den Äckern hindurch abwärts zur zentralen Ortslage von Dittrichshütte. Am Zaun entlang weiter abwärts, dann rechtsschwenkend weiter auf dem Weg, der uns genau zum Straßendreieck in Ortsmitte führt. Nun haben wir höchstens noch zwei Minuten, um am Endpunkt unserer Rundwanderung, dem Kinder- und Jugenddorf anzugelangen. Es lohnt sich, die Einrichtung zu besichtigen und sich in seiner Gaststätte zu stärken.

W15 Zur Talsperre Leibis/Lichte

Charakter:
Streckenwanderung, Historisches und Aktuelles, für Familien geeignet.

Voraussetzungen:
Festes Schuhwerk mit Profil, Wanderstöcke für Abstiege empfohlen.

Wanderstrecke: 9,6 km
(Höhenprofil Abb. W15.1)

Anstiege:	125 m
Abstiege:	485 m
Kalorienverbrauch:	700 kcal.

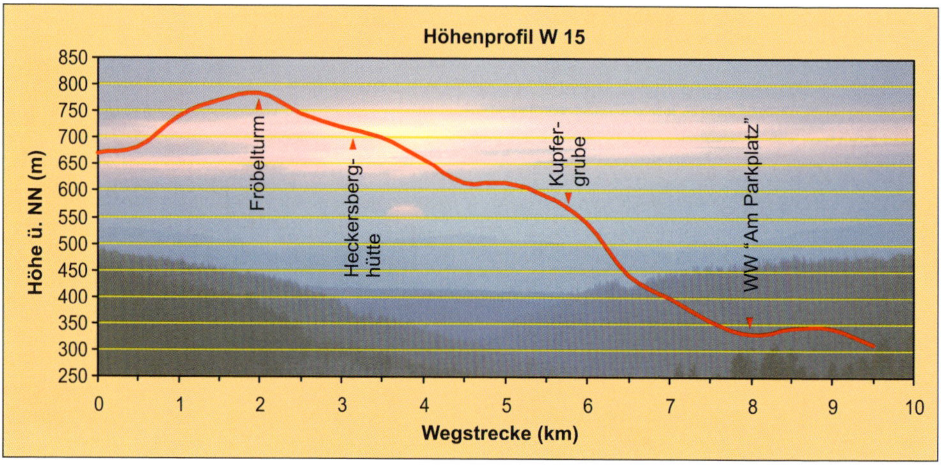

Abb. W15.1: Höhenprofil.

Start:
Beliebiger Bahnhof der Schwarzatalbahn. Mit Bergbahn und elektrischen Triebwagen bis Bahnhof Oberweißbach/Deesbach. Dort Start zur Wanderung.

ÖPNV: Buslinien 16 Rudolstadt-Oberweißbach-Meura, 503 Meura-Oberweißbach-Neuhaus, 504 Sitzendorf-Oberweißbach-Katzhütte.

Kfz: Von Bad Blankenburg Landstraße ins Schwarzatal aufwärts in Richtung Katzhütte, ca. 800 m nach Ortsausgang Sitzendorf links abbiegen, Richtung Neuhaus. In Oberweißbach steil

Abb. W15.2a, b: Bergbahn (T. Rudolph).

bergan durchs Zentrum, ca. 600 m nach dem Fröbelhaus einbiegen zum Bahnhof. Parkplatz am Sportplatz.

Ziel:

Bahnhof Sitzendorf/Unterweißbach. Von hier Heimreise bzw. zurück zum Kfz. mit der Schwarzatal- und Bergbahn.

Wegemarkierung:

Mit Wegweisern und Wegezeichen blaues Kreuz und gelber Querbalken gut markiert.

Wegebeschreibung:

Zuerst hält man sich rechts, in Richtung Cursdorfer Bahnhof und folgt der Markierung gelber Querbalken auf weißen Untergrund. Vorbei an einem kleinen Bahnübergang, den man rechter Hand passiert, erreicht man nach ca. 750 m die Hauptverkehrsstraße nach Neuhaus/Rwg. Die Straße wird der Markierung folgend überquert. Der schmale Waldweg führt mittelsteil bergan zu einer Berghütte.

Abb. W15.3: Fröbelturm (H. Klaus).

Abb. W15.4: Blick zur Meuselbacher Kuppe (E. Krauß).

Abb. W15.5: Kräuterhütte (T. Rudolph).

Abb. W15.6: Kupfergrube (T. Rudolph).

Hier hat man die Möglichkeit eine Rast einzulegen. Rechts vom WW „An der Allee" entdeckt man bei guter Sicht die höchstgelegene Kreisstadt der ehemaligen DDR, die Stadt Neuhaus/Rwg.
Auf dem gut begehbaren Weg zum Fröbelturm hat man immer wieder bemerkenswerte Aussichten. Der Weg wird umsäumt von Ebereschen, anderen Laubbäumen und Brombeersträuchern.
Am **Fröbelturm** (Abb. W15.3, s. Anhang) angekommen, kann man sich erneut von der Thüringer Gastlichkeit verwöhnen lassen, bevor man den Aussichtsturm ersteigt. Der Aufstieg lohnt sich, nach allen Seiten bietet sich dem Wanderer ein herrlicher Panorama-Blick (Abb. W15.4), begrenzt durch die Berge des Thüringer Waldes, des Schiefergebirges und durch die Kalkberge des nördlichen Vorlandes des Thüringer Waldes. Oberweißbach liegt, einer Spielzeugstadt gleichend, im Tal. Im Südwesten kann man deutlich die schurgerade Kante des Oberbeckens des Pumpspeicherwerkes Goldisthal erkennen.

Nach Abstieg vom Turm setzt man die Wanderung in nord-östliche Richtung auf einem naturkundlichen Lehrpfad hinab zum Parkplatz am Wurmberg fort. Auf der rechten Seite des Platzes steht eine Hütte mit interessanten Lehrtafeln.
Man läuft nun gerade aus in Richtung Unterweißbach. Der gut ausgeschilderte Weg führt durch einen lichten Hochwald. Nach ca. 1 km erreichen man eine kleine Wanderhütte, die als Kräuterhütte (Abb. W15.5) ausgestaltet wurde. Sie weist darauf hin, dass man sich im Olitätenland, auch Thüringer Kräutergarten genannt, befindet. Hier erfährt man viel Wissenswertes über einheimische Kräuter. Stabile Sitzgruppen laden zum Verweilen ein.

Weiter führt der Weg zur „Heckersberghütte." Hier informieren Tafeln über den biologischen Kreislauf und über die Lebensgemeinschaft von Tieren und Pflanzen im Wald. Von hier aus hat man erneut eine sehr schöne Aussicht auf den Ort Oberweißbach.

Man wendet sich weiter nach rechts. Mit sanften Gefälle verläuft der Weg durch einen gut geräumten Wald in Richtung Solwiesen, Kupfergrube, Unterweißbach. An den Solwiesen angekommen, erwartet den Wanderer eine kleine überdachte Rundbank zum Ausruhen. Das nächste Ziel ist die **Kupfergrube** (s. Anhang). Sie ist mit Drahtseilen abgesperrt und wurde zum Teil aufgefüllt (Abb. W15.6). An der Schutzhütte „Kupfergrube" biegt der Weg rechts über die Wiese steil talwärts über dem Geläng ab. Der Weg führt zum Plateau der jetzigen Baustelleneinrichtung und der zukünftigen **Trinkwassertalsperre Leibis/Lichte** (s. Anhang). Wenige Meter rechts kann man die zur Zeit noch im Bau befindliche Staumauer sehen.
An der linken Seite des Plateaus am Wegweiser „Pfarrwiesen" geht eine steile Treppe nach unten in Richtung Unterweißbach. Man geht ca. 1,2 km einen sehr schönen Waldweg entlang und kommt am **Märchenbrunnen** (s. Anhang) vorbei. Auf diesem Weg hat man einige reizvolle Blicke nach Unterweißbach.
Der Weg endet am Kirchhügel. Man geht rechts am Friedhof vorbei und biegt an der Kreuzung links ab, überquert rechts die kleine Brücke und gelangt so auf den Parkplatz von Unterweißbach.
Wenige Meter auf der Straße nach Sitzendorf biegt der Weg rechts am Wegweiser „Am Parkplatz" ab. Dem fast eben verlaufenden Waldweg folgt man und erreicht bald den Endpunkt unserer Wanderung, den Bahnhof Sitzendorf-Unterweißbach. Hier am Bahnhof treffen sich jeweils die Züge der eingleisigen Bahnstrecke zwischen Rottenbach und Katzhütte. Wir können also bequem zurück nach Oberweißbach fahren oder mit der Bahn die Heimreise antreten.

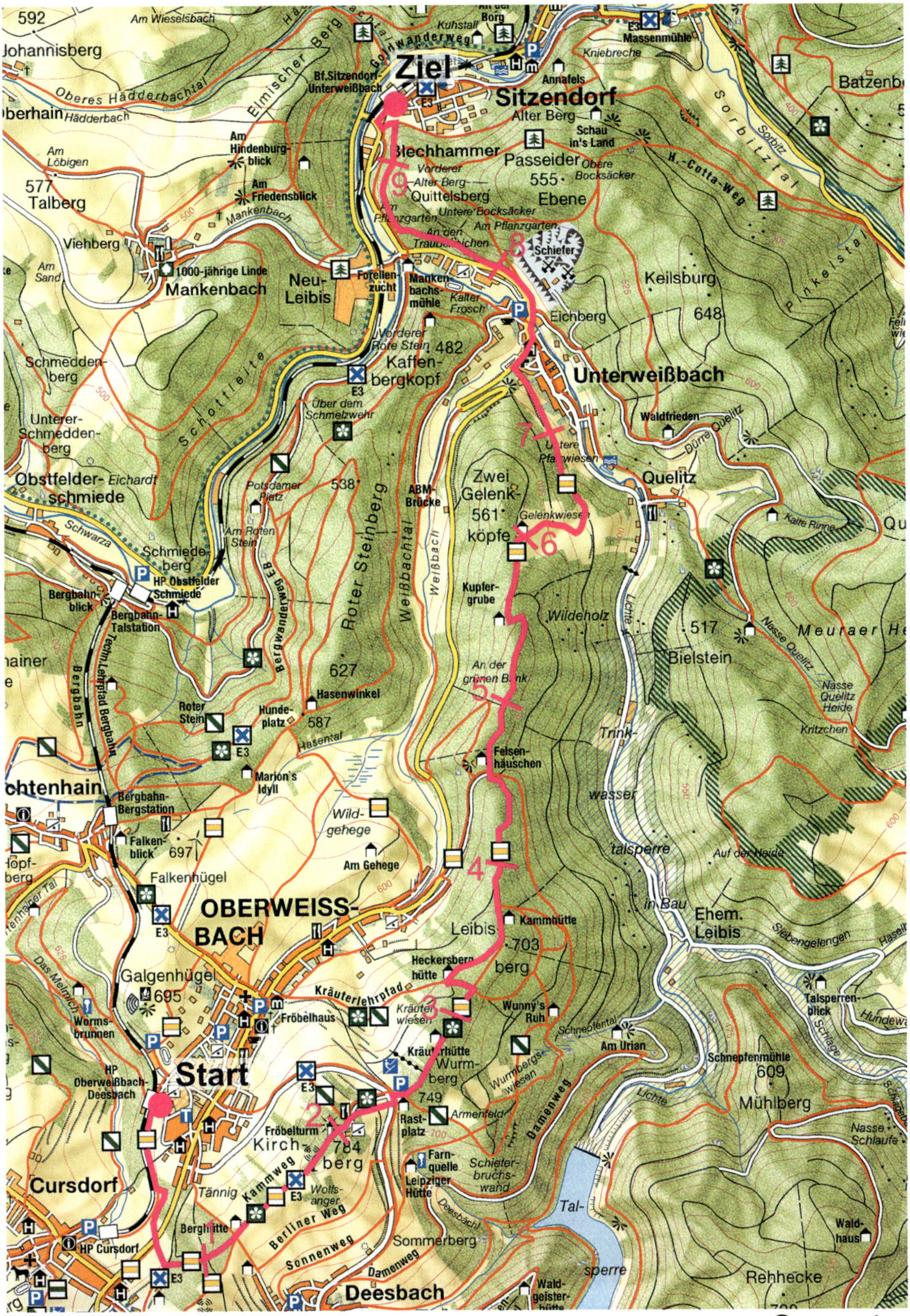

Abb. W15.7: Wanderkarte.

W16 Rund um Schloss Schwarzburg

Charakter:

Rundwanderung durch herrliche Natur mit prächtigen Ausblicken. Ein Trip durch den ehemaligen „Tiergarten".

Voraussetzungen:

Festes Schuhwerk und gute Kondition.

Wanderstrecke: 20,6 km

(Höhenprofil Abb. W16.1)

Anstiege:	595m
Abstiege:	595 m
Kalorienverbrauch:	1.650 kcal.

Start und Ziel:

Sitzendorf-Ortszentrum/Hauptwegweiser „Semmelpeter".

Per Bahn mit der Schwarzatalbahn bis Sitzendorf/Unterweißbach. Der Schwarza flussabwärts folgen bis Schwarzabrücke. Über die Brücke ins Zentrum.

ÖPVN: Buslinien 16 Rudolstadt-Oberweißbach/Meura, 502 Rudolstadt-Neuhaus, 503 Meura-Neuhaus, 504 Sitzendorf-Katzhütte.

Kfz: Von Bad Blankenburg Landstraße ins Schwarzatal aufwärts, Richtung Katzhütte/Neuhaus.

Wegemarkierung:

Der Weg ist mit Wegweisern und z.T. mit verschiedenen Wegezeichen gekennzeichnet (siehe Wegebeschreibung). Besondere Sehenswürdigkeiten und Wissenswertes wird auf zahlreichen Infotafeln dargestellt.

Wegeverlauf:

Wir laufen am Bach das Blambachtal aufwärts, vorbei an der auf einem Felsen stehenden denkmalgeschützten Bergkirche, unterqueren die Bahnlinie der Schwarzatalbahn und erreichen nach 400 m den HWW Blambach. Wir biegen rechts ab und gelangen über den Leichenweg bergauf (alle Verstorbenen der Gemeinde Sitzendorf wurden bis zum Jahre 1870 per Pferdewagen über den Berg zum Friedhof des Kirchspieles Allendorf gebracht). Nach 600 m erreichen wir die Schlangenbuche, deren gewaltiges Wurzelwerk den Wanderer beeindrucken kann. Dem Geländer folgend, laufen wir rechts an ihr vorbei und kommen zur Schutzhütte am Sommerberg. Hier haben wir einen ersten Blick auf Sitzendorf (s. Anhang) und in das Sorbitztal. Direkt unterhalb der Hütte liegt ein geschützter Halbmagerrasen, auf dem zahlreiche Blumen und Kräuter wachsen.

Weitere 100 m bergauf erreichen wir den HWW Sommerberg. Wer möchte, kann hier rechts 200 m im Wald die am besten erhaltenen Relikte des früheren Fürstlichen Tiergartens (s. Anhang) besichtigen.

Wir biegen links ab und folgen dem Wanderweg zum Bismarckturm (Abb. W16.2), erst parallel zum Berghang, dann über einen Zickzackweg steil bergauf.

Ein Blick vom renovierten, über 100 Jahre alten Turm lohnt sich: Von links, Schloss Schwarzburg (s. Anhang), Burkersdorfer Höhe, Sorbitztal, Quittelsberg, Fröbelturm, Meuselbacher Kuppe, selbst die Rennsteigwarte bei Masserberg ist zu erkennen. Ganz rechts durch die Bäume sehen wir den Barigauer Turm.

Unser Weg führt weiter am Fernsehumsetzer vorbei. Rechts abbiegend erreichen wir auf leicht abfallendem Weg die Verbindungsstraße Schwarzburg-Allendorf. Wir überqueren sie und wandern auf dem Naturlehrpfad „Heinrich Cotta" bei leichtem Anstieg durch einen schönen Nadelwald bis zum HWW Sonnewalde. Von hier, 100 m links, kann man einen Reiterhof erreichen. An gleicher Stelle stößt der Europäische Bergwanderweg (WZ blaues Kreuz) auf unsere Rundtour, der uns vom Bechstedter Tor bis zum Schweizer Haus begleiten wird.

Fast ohne Höhenunterschied laufen wir weiter, an der rechts vom Weg stehenden Kandelaberfichte (Abb. W16.3) vorbei, entlang einer 300 Jahre alten Lindenallee, parallel zur Fasaneriemauer, bis zum HWW Fasanerie

(s. Anhang). Leider ist dieses ehemals beliebte Ausflugsziel z.Zt. für die Öffentlichkeit nicht mehr zugänglich.
Links, der Fasaneriemauer folgend, gelangen wir am Waldrand zum HWW Gatterloh. Es bietet sich ein offener Blick ins Rinnetal und links zum Thüringer Wald um Ilmenau.
Unser Weg verläuft durch die Wiesen zum HWW Kalkberg. Wir haben jetzt das Schiefergebirge verlassen und wandern auf Zechsteingrund weiter. Eine veränderte Flora lässt das erkennen.
Am Schießstand vorbei (WZ gelber Querbalken) erreichen wir eine Schutzhütte mit schönem Ausblick. Bergab gelangen wir zur Straße und folgen dieser rechts 100 m bis zum Bahnhaltepunkt Bechstedt. Vor uns liegt der gleichnamige Ort, den wir weiter bergab am HWW „An der Linde" erreichen. In einer der Gaststätten in dieser kleinen schmucken Gemeinde empfiehlt sich eine Rast.
So gestärkt steigen wir wieder bergan, vorbei am HWW „Am Anger" und gelangen nach weiteren 1,2 km durch Wiesen und Felder zum HWW „Bechstedter Tor", wo wir wieder auf den Europäischen Bergwanderweg treffen. Rechts hinab schauend, sehen wir die Gleise der Schwarzatalbahn, die hier mit 431 m über NN ihren höchsten Punkt erreicht.
Wir biegen jetzt links ab, vorbei am HWW und Rastplatz „Tannenstock" und erreichen den Trippstein. Wir genießen einen der schönsten Ausblicke in den Talkessel mit dem Ort **Schwarzburg** (s. Anhang) und seinem auf einem Bergsporn liegenden Schloss (Abb. W16.4a und b). Schön ist auch der Anblick der umliegenden Berge und Dörfer. Leicht fallend führt unser Weg zur „Suppenschüssel", einem früheren Treffpunkt Jenaer Studenten.
Nun geht es bergab durch einen dichten Wald. Wir durchqueren einen Schmelzwassergraben und steigen dem mittleren Weg folgend zum Felsvorsprung „Rolle" auf, einem wildromantischen Steilhang. Eine Schutzhütte und eine Bank laden zum Verweilen ein, mit Blick auf das gegenüberliegende Burkersdorf (620 m ü.NN).
Immer am Hang entlang führt uns ein breiter Fahrweg bequem und leicht fallend zum HWW 156. Wir biegen links ab, durchqueren wieder eine Schmelzwassersenke und sind bald am HWW 155. Dort führt uns der Weg rechts abbiegend und steil abfallend zum HWW 154. Links weiter gehend erreichen wir auf einem Zickzackweg, am HWW 209 vorbei, die Landstraße am Schweizerhaus. Dieses Gebäude im alpenländischen Stil war früher Wohnung des Tiergarten-Aufsehers.
Wir überqueren die Straße und passieren nach 100 m die Schwarza über eine steinerne Bogenbrücke.
Unser nächstes Ziel ist das „Dürre Schild". Wir gehen geradeaus steil bergan, einem kleinen dunklen Tal folgend, das nur zur Schneeschmelze und bei starkem Regen Wasser führt. Nachdem wir eine Treppe erstiegen haben, biegen wir rechts ab und erreichen den Felsvorsprung Dürres Schild mit seiner Schutzhütte. Nur 50 m höher als das gegenüberliegende Schweizerhaus, steht man erhaben wie auf einer Kanzel über der Schwarza.
Einem schmalen Fußweg mitten durch den Wald folgend, gelangen wir auf den breiten Hauptweg. Ganz allmählich ansteigend läuft man angenehm durch einen abwechslungsreichen Hochwald. An mehreren Stellen ist der Weg hangseitig durch aufgeschichtetes Schiefergestein gesichert. An einer Biegung überqueren wir einen kleinen Wildbach und erreichen den HWW und Holzplatz „Viehruh". Gleichmäßig ansteigend gelangen wir nach fast 2 km zur Hirschtränke. Hier sollten wir eine Rast einlegen und uns auf der Bank vor dem Abhang ausruhen.
Hinter uns, etwas höher gelegen, befindet sich der Helenensitz. Die aus Schiefergestein errichtete Bank erinnert an Prinzessin Helene (1860-1937). Noch weiter darüber gibt es einen aufgelassenen Schieferbruch, der aber vor Jahren verfüllt wurde.
Wir verlassen die Hirschtränke geradeaus und gelangen zur Burkersdorfer Straße, der wir bergan folgen. Nach ca.150 m stoßen wir auf den HWW Naturlehrpfad Heinrich Cotta, dem mit 450 m NN höchsten Punkt unserer Wanderung auf der rechten Schwarzaseite.
Rechts ab führt uns ein bequemer Weg, vorbei am zerklüfteten Buschbach zum Zottelbach.

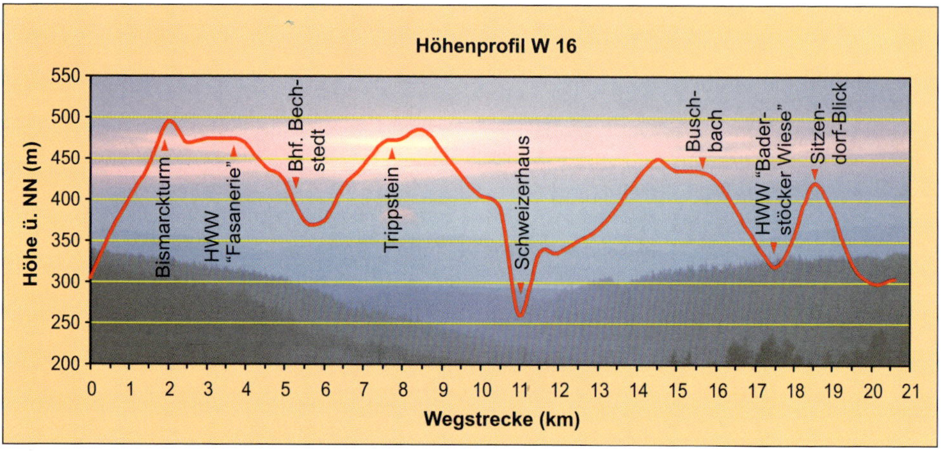

Abb. W16.1: Höhenprofil.

Abb. W16.2 (links): Bismarckturm (E. Krauß).

Abb. W16.3: Kandelaberfichte (E. Krauß).

Abb. W16.5: Sitzendorfblick (E. Krauß).

Abb. W16.6: Uferpromenade in Sitzendorf (E. Krauß).

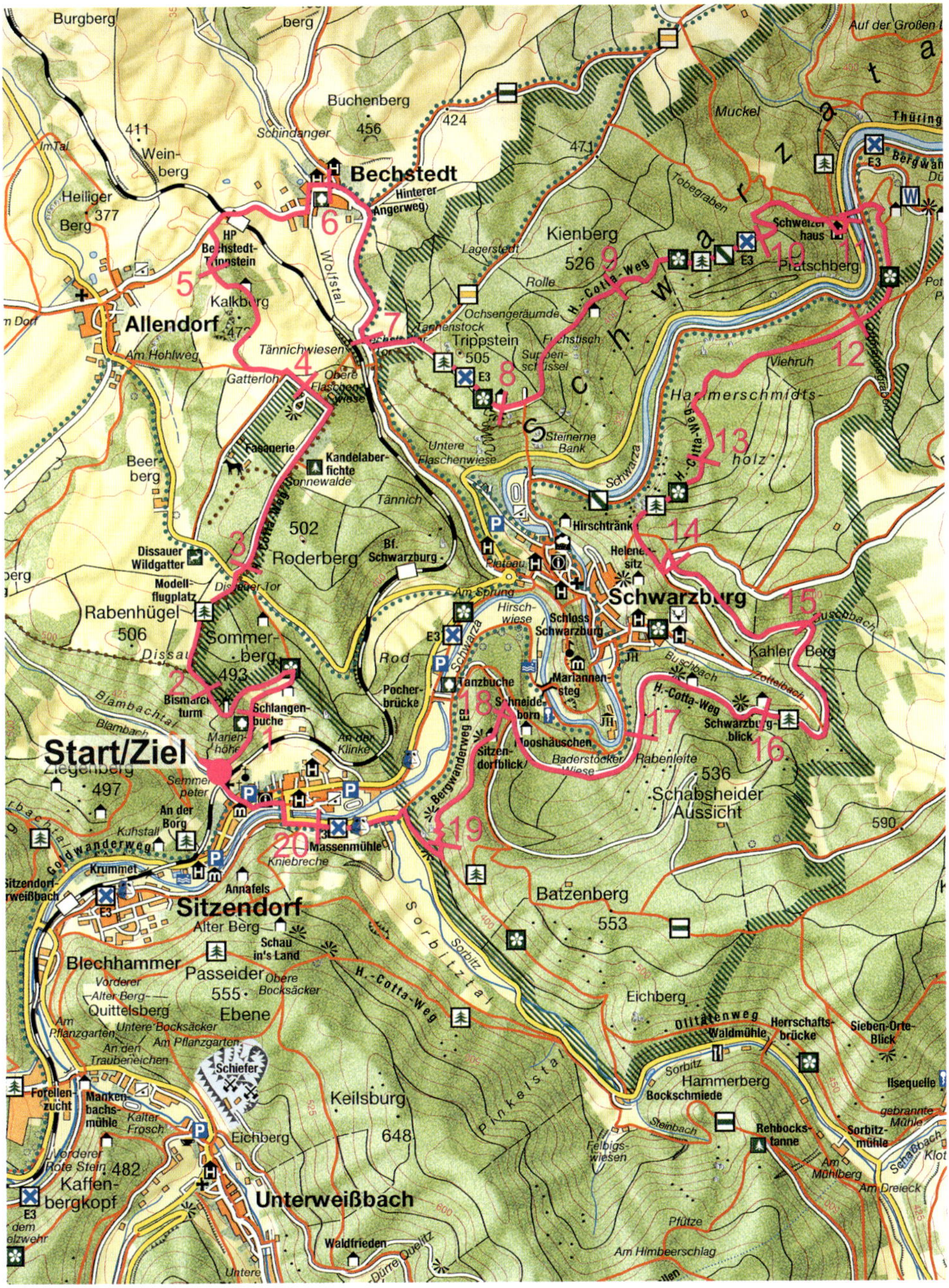

Abb. W16.7: Wanderkarte. © grünes herz

Abb. W16.4a: Trippsteinblick, historische Postkarte.

Abb. W16.4b: Blick vom Trippstein heute (J. Kränkel).

Durch die Trinkwassergewinnung führt er hier nur selten Wasser. Eine riesige Rotbuche zieht unsere Blicke an.
Wer jetzt einen Abstecher nach Schwarzburg machen möchte, hat hier die beste Gelegenheit. Er erreicht bereits nach 500 m die ersten Wohnhäuser.
Unsere Rundtour geht auf den sogenannten Chaisenweg weiter, bis zum gleichnamigen HWW, dann bergab durch einen herrlichen Buchenwald, wo vereinzelt Lärchen durchblinken. Das Schloss Schwarzburg ist hin und wieder durch die Bäume zu sehen.
Mitten im Wald gelangen wir nach 1 km zur Badestöckerwiese. Ein Rastplatz und Lehrtafeln laden zum Verweilen ein. Am Ende der Wiese angelangt, steht gleichnamiger HWW. Von hier geht es zum HWW „Beetgarten", dann rechts ab in Richtung Sitzendorf. Nach 500 m erreichen wir den Hauptweg.
Rechts erkennen wir Reste eines alten Duckelbergbaues auf Goldquarzgänge. Gut zu sehen ist auch eine alte Sauhütte, wo früher die Fürsten auf Schwarzwild geschossen haben.
Wir laufen links den Chaisenweg hinauf und gelangen zur Tanzbuche mit gleichnamigen HWW. Dort folgen wir rechts einem Weg, der uns nach steilem Anstieg zur Schutzhütte Sitzendorfblick (Abb. W16.5) führt. In 420 m ü.NN schauen wir nach Sitzendorf talaufwärts. Wir folgen dem kleinen Kammweg bis kurz vor den HWW und einer Bankgruppe. Hier wählen wir den unmarkierten Pfad rechts und erreichen eine Felsenkuppe mit einer urigen Holzbank. Rechts blicken wir auf das Schwarzburger Plateau und ins untere Schwarzatal. Das schöne und herrlich gelegene Bahnhofsgebäude von Schwarzburg ist hin und wieder durch die Bäume zu erkennen. Von der Felsenkuppe 20 m zurück geht es rechts über einen Fußweg im Zickzack zum Fürstin-Anna-Blick. Hier gegenüber steht verdeckt die ehemalige Schieferspalthütte der Grube Quittelsberg und das daneben liegende Hauptgebäude. Seit 2003 wird es wieder als Urlaubsquartier genutzt.
100 m weiter bergab gelangen wir zum Felsengeotop (Hinweistafel).
Ein kurzer Abstecher zum Felsvorsprung öffnet den Blick über die Regelschule Sitzendorf bis zum Ort. Auch der zu Beginn der Wanderung bestiegene Bismarckturm ist gut zu sehen.
Wir laufen parallel zum Hang weiter. Hier ist der Wald mit alten Eichen, Buchen, Kiefern und Fichten bestanden.
Wieder 100 m bergab und über ein paar Stufen gelangen wir zum Hauptweg. Wir laufen rechts weiter, vorbei an einer interessanten Felsbildung und gelangen nach 400 m ins Sorbitztal und zum gleichnamigen HWW.
In Richtung Sitzendorf überqueren wir die Sorbitz, die wenige Meter entfernt in die Schwarza mündet. Die Schule und den Konzertplatz links passierend, gelangen wir zum Schwarzawehr und über die steinerne Straßenbrücke zum Ort.
Hier verläuft auch der Goldlehrpfad, der besondere Orte der ehemaligen **Goldwäscherei** (s. Anhang) verbindet. Wir biegen links ab, die Uferpromenade (Abb. W16.6) aufwärts. Nach 200 m ist das Regionalmuseum „Dampfmaschine" erreicht. Hier befindet sich auch eine Tourismus-Informationsstelle. Ein Besuch des Museums und der nebenan liegenden Porzellanschauwerkstatt sind zu empfehlen. Gleiches gilt auch für das Sitzendorfer Bauernmuseum, das sich ca. 400 m flussaufwärts befindet. Rechts am Museum vorbei gelangen wir zu unserem Ausgangspunkt Semmelpeter (Abb. W16.8) zurück.

Abb. W16.8: Informationen am „Semmelpeter" (J. Kränkel).

W17 Im wildromantischen Schwarzatal - entlang des Naturlehrpfades „Heinrich Cotta" zwischen Schwarzburg und Bad Blankenburg

Charakter:

Rundwanderwege mit unterschiedlich wählbarer Länge und Schwierigkeit oder Streckenwanderungen bis zu 25 km in einem naturhaften Kerbtal mit hoher Reliefintensität auf Waldwegen und Steigpfaden.

Voraussetzungen:

Feste Schuhe mit Profil. Gute Fitness, zumal bei Steilanstiegen.

Wegemarkierung:

Wegzeichen ist die grüne Fichte im weißen Quadrat. An der Strecke stehen in dichter Folge Wegschilder, meist mit Forstortsnamen und vielen Entfernungsangaben versehen.

Start und Ziel:

Der Naturlehrpfad kann in verschiedenen Teilstrecken erwandert werden.

Im Unteren Schwarzatal bestehen durch Haltepunkte öffentlicher Verkehrsmittel oder durch Parkplätze empfehlenswerte Start- und Zielpunkte in Bad Blankenburg, am Schweizer Haus, in Schwarzburg, an der Pocherbrücke zwischen Schwarzburg und Sitzendorf sowie Richtung Allendorf am Dissauer Tor und an der Fasanerie. Auch von den benachbarten Höhenorten Burkersdorf, Braunsdorf, Dittersdorf bzw. Bechstedt und Fröbitz beidseitig des Tales sind interessante Anbindungen planbar. Die Dörfer Cordobang und Böhlscheiben liegen direkt am Naturlehrpfad.

Drei ausgewählte Wandervorschläge werden nachfolgend beschrieben.

Wissenswertes zum Naturlehrpfad „Heinrich Cotta":

„*Salus intrantibus*" – Wohl (Heil/Gesundheit) dem Eintretenden – so grüßt es in Goldlettern vom Felsen am Straßenrand des Ortsausganges von Bad Blankenburg nach Schwarzburg. Hier stürzt sich die Schwarza bei Schneeschmelze oder nach heftigem Sommergewitter tosend über zwei Stufen das Chrysopras-Wehr (von 228,9 auf 226,5 m NN) hinunter, dagegen rinnen in Dürrezeiten nur wenige Wasserschleier über die Schieferplatten des alten Stauwerkes. Und hier öffnet sich das Tor zum „Unteren Schwarzatal". Die Felsgruppen des Katzensteins rechts und des Wendelsteins mit anschließenden Ingoklippen links der Schwarza bilden die gewaltigen Torpfeiler. Der schnell strömende Gebirgsfluss hat sich mit vielen Windungen ein tiefes Kerbtal in das harte Schiefergestein gegraben. Die in jeder Jahreszeit reizvolle Landschaft mit ihren steilen Felszinnen und überraschenden Ausblicken

Abb. W17.1: Heinrich Cotta (Kupferstich).

entdeckten einst Maler der Romantik als faszinierende Naturschönheit. Nach den Befreiungskriegen 1813/15 verbreiteten vor allem wandernde Studenten aus Jena Ruhm und Ruf des Schwarzatales in der Öffentlichkeit. Die 1710 gefürsteten Grafen von Schwarzburg-Rudolstadt nutzten nachweisbar seit 1453 diesen Teil ihres Reichslehens als „Thiergarten" vor allem jagdwirtschaftlich, als Hegegatter für Rot- und Schwarzwild. Das Wildgatter bestand bis 1945 auf etwa 1200 ha Fläche.

Forststudenten und Dozenten der ehemaligen Ingenieurschule für Forstwirtschaft in Schwarzburg haben mit Unterstützung vieler Naturliebhaber der umliegenden Gemeinden ab1968 das Landschaftskleinod mit einem informationsreichen Naturlehrpfad erschlossen. Die Federführung dazu hatte der verdienstvolle damalige Waldbaudozent, Forstmeister Hubert Müller (1916-1995). Der Lehrpfad erhielt den Namen „Heinrich Cotta" (Abb. W17.1, Porträt Cottas s. Anhang).

Wanderung Cotta-Lehrpfad 1 Bad Blankenburg-Eberstein-Schweizer Haus- Bad Blankenburg

Charakter:

Rundwanderung, wenig anstrengend, für Kinder geeignet.

Wanderstrecke: 12,0 km

(Höhenprofil Abb. W17.2)

Anstiege:	175 m
Abstiege:	175 m
Kalorienverbrauch:	800 kcal.

Start und Ziel:

Parkplatz am Ortsausgang Bad Blankenburg in Richtung Schwarzburg auf der rechten Seite der Schwarza.

Anreise Bad Blankenburg:

ÖPVN: Buslinien B, D und 10 Stadtverkehr Rudolstadt-Bad Blankenburg; Linie 15 Rudolstadt-Ilmenau, Linie 16 Rudolstadt-Sitzendorf, Linie 17 Rudolstadt-Dittrichshütte, Linie 49 Unterwellenborn, Saalfeld, Bad Blankenburg, Watzdorf und Linie 502 Rudolstadt-Neuhaus

Bahn: Linie Saalfeld-Erfurt (stündlicher Verkehr)

Kfz.: B 88 - zwischen Rudolstadt/Schwarza und Ilmenau

Wegeverlauf:

Vom Parkplatz am rechten Schwarza-Ufer unterhalb des imposanten Chrysopraswehres (Abb. 16.7) folgen wir der Waldstraße nach Dittersdorf (als interessante Variante ist auch der Weg über den Katzenstein, dem sogenannten Schwindelweg, möglich. Die Wande-

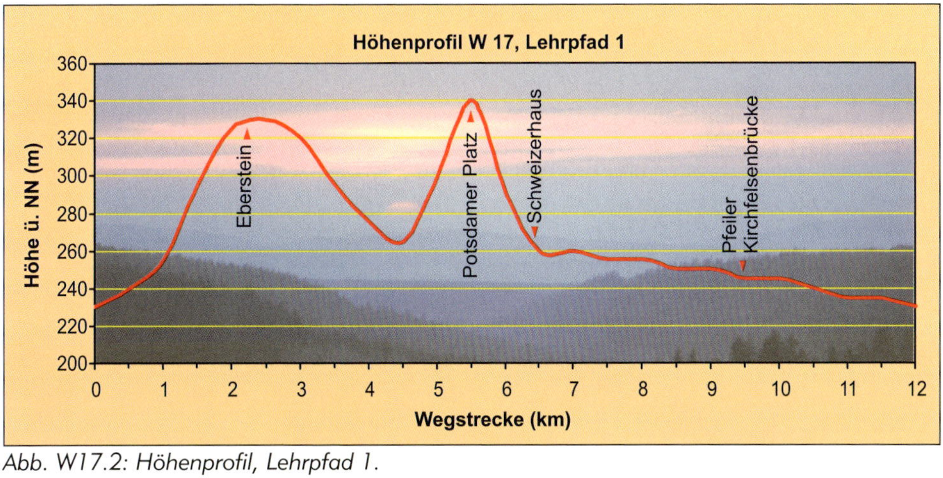

Abb. W17.2: Höhenprofil, Lehrpfad 1.

rung verlängert sich damit um ca. 600 m). Die Waldstraße führt allmählich in einem Linksbogen zum Werretal mit seinem naturnahen Bachtälchenwald. Unten am Werrebach liegt die Station zur Forellenaufzucht des hiesigen Anglervereins. An der steingesetzten Werrebrücke, dem Bachübergang zum Eberstein, stößt der Weg über den Katzenstein wieder auf den Naturlehrpfad. Hier stand früher das Eiserne Tor zum fürstlichen „Saugarten", dem Jagdgatter für Schwarzwild. Die Fundamentreste des Gatterzaunes ziehen sich steil den Berghang hinauf. Das im maurischen Ruinenstil 1844 errichtete **Jagdhaus Eberstein** (Abb. 15.5, s. Anhang) ist auf dem Chaisenweg nach 1,0 km erreicht. Die umliegenden Eichenbestände, teilweise mit Kiefern durchsetzt, stellen die natürliche Waldbestockung auf den südexponierten Felshängen des Schwarzatales dar. Vom Eberstein steigt ein Steilpfad zum **Elisabethfelsen** (Abb. W14.4, s. Anhang) in 420 m ü.NN. Der Anstieg wird nach 0,4 km mit einem phantastischen Blick talaufwärts belohnt. Noch weiter höher liegt die **Hünenkuppe** (485 m ü.NN, s. Anhang) mit Resten eines kleinen keltischen **Oppidums** (s. Anhang). Kupferschlacken bezeugen hier Bronzeherstellung.

Wieder zurück zum Chaisenweg geht es nun 3,4 km bequem leicht bergab und bergauf entlang bis zum Potsdamer Platz. Der Weg folgt den Talwindungen und wird bei den vorherrschenden Nordhanglagen zumeist durch Rotbuchenwälder, aber auch Fichtenforsten unterschiedlichen Alters gesäumt. Markante Felsgruppen und mehrere Bachrinnen, die nur nach hohen Niederschlägen Wasser führen, gestalten die Wanderstrecke abwechslungsreich.

Durchblicke zum Gegenhang sind selten, aber beeindruckend.

Nach 2,1 km gabelt sich der Wanderweg: Rechts führt eine Kurzverbindung zur Schwarza hinunter und auf dem Wassersteig (Abb. W17.4) weiter zum Schweizer Haus, links ist nach 1,3 km der Wegstern des Potsdamer Platzes erreicht. Vor Jahrzehnten stand hier ein gusseisener Wegweiser, der auch die Entfernung nach Potsdam angab. Bergabwärts wird durch abwechslungsreiche Mischbestände die Schwarzabrücke und das Schweizer Haus als Zwischenziel und Rastpunkt erreicht. Ursprünglich befand sich hier eine Hütte für Floßknechte. 1838 errichtete die fürstliche Tiergartenverwaltung für den Wildhüter Gotthelf Oppel ein Dienstgebäude im Stil eines alpenländischen Bauernhauses. Nach Erteilung der Schankgenehmigung entwickelte sich daraus eine der bekanntesten Ausfluggaststätten im Schwarzatal.

Am rechten Ufer der Schwarza geht es nun 5,6 km flussabwärts zurück zum Chrysopraswehr. Der Pegel der Schwarza fällt dabei von 258 m auf 228 m ü. NN. Das bewirkt auch bei Normalwasser abwechslungsreiche Flussbilder. Schon nach 0,4 km beginnt ein überwachsener, ehemaliger Floßgraben. Vor der Felseninsel befand sich früher ein Floßrechen im Flussbett. Die dort aufgefangenen Kurzholzstämme („Scheitholzflößerei") wurden auf dem benachbarten Floßplatz sortiert und vermessen (Abb. 15.2). Die Flößerei auf der Schwarza ist seit 1267 beurkundet, erfuhr ihren Höhepunkt im 18. Jh., ihre Einstellung erfolgte 1873. Beidseitig des Flusses befanden sich „Rennwege" für die mitlaufenden Floßknechte. Mit langstieligen Floßhaken hatten sie die Verkeilung der ungebundenen Floßhölzer im tragenden Wasserschwall zu verhindern. Um diese für die Holzversorgung wichtige Arbeit zu gewährleisten, mussten daher die Ufer über Jahrhunderte baumfrei gehalten werden. Für ausreichende Wasserführung in den Flößereiperioden sorgten 13 Floßteiche entlang der Schwarza bis hinauf zum Quellbereich bei Scheibe-Alsbach.

Die spaltenreiche Uferverbauung aus gesetzten Schieferblöcken ergibt für die Wasseramsel (Abb. 7.4) günstige Brutmöglichkeiten. Dieser Charaktervogel klarer Gebirgsflüsse kann häufig auf Steinen sitzend, dabei ständig knicksend, beobachtet werden. Dagegen steht der Graureiher meist nur in ruhigen Stunden zum Fischstechen im Flachwasser.

Nach 1,5 km Uferweglänge wird an der Wegeabzweigung zum Eberstein eine Schutzhütte erreicht. Bislang stocken meist Fichtenbestände unterschiedlichen Alters am Berghang, nun beginnen Rotbuchenwaldungen, häufig mit Verjüngungshorsten. An der 1945 gesprengten Kirchfelsenbrücke hat die Schwarza mit den Strudeltöpfen beeindruckende geohydrologische Naturgebilde geschaffen (Abb. W17.5). Weiter flussabwärts windet sich der Wanderweg um den Bergsporn des Ebersteins mit seinen Eichenwäldern. Hier hat das Wildwasser am Prallhang die 1798-1804 gesetzten Packlagen der Landstraße auf der anderen Uferseite unterspült. Die 1993 neu gebaute Schutzmauer enthält künstliche Nisthöhlen für Wasseramsel und Gebirgsstelze sowie Sommerquartiere für Wasserfledermäuse. Die Werre als letzter rechter Schwarzazufluss des Schiefergebirges wird auf einer Holzbrücke überquert, bevor das Rauschen des Chrysopraswehres das Ziel ankündigt.

Wanderung Cotta-Lehrpfad 2 Bad Blankenburg-Griesbachfelsen-Böhlscheiben-Cordobang-Trippstein-Schwarzburg

Charakter:

Streckenwanderung, z.T. steile An- und Abstiege, beeindruckende Aussichten.

Voraussetzungen:

Festes Schuhwerk, Trittsicherheit, Kondition. Wanderstöcke sind zu empfehlen.

Wanderstrecke: 13,8 km

(Höhenprofil Abb. W17.6)

Anstiege:	385 m
Abstiege:	265 m
Kalorienverbrauch:	1.100 kcal

Start:

Wiederum der Parkplatz am Ortsausgang Bad Blankenburg in Richtung Schwarzburg.

Ziel:

Schlosskomplex Schwarzburg.
Rückfahrt ab Schwarzburg mit dem Linienbus.
Buslinien: 16 Meura-Sitzendorf-Rudolstadt,
502 Neuhaus-Rudolstadt

Wegeverlauf:

Ausgangspunkt ist der Parkplatz am Chrysopraswehr. Über die Schwarzabrücke geht es in Richtung Ortsausgang Bad Blankenburg und rechts nach der Felsengruppe, vor der früher das Krankenhaus Bad Blankenburg stand, können wir uns an einer Orientierungstafel über den Verlauf des Cotta-Lehrpfades informieren.

Bei einem steilem Anstieg über einen schmalen Wanderpfad bieten einige Felsgruppen eindrucksvolle Ausblicke bis zum Saaletal. Auf Serpentinschleifen wird in Südhanglage ehemaliger Eichenniederwald durchstiegen. Nach 0,2 km zweigt der Weg zum Wendelstein rechts ab. Auf dem Steig etwa 0,3 km weiter findet sich in einem Taleinschnitt mit zeitweiligem Bachrinnsal ein Mischwaldhorst, der von Vogelkirsche und Feldahorn geprägt ist und als dendrologische Kostbarkeit einige Elsbeeren aufweist.

Weiter bei zunehmendem Höhengewinn können wir links über den Gustav-Freytag-Steig durch die Ingoklippen zu der früher beliebten, jetzt wüst liegenden Ausfluggaststätte „Waidmannsheil" gegenüber der Werremündung absteigen.

Nach 1,5 km Strecke und einer Höhendifferenz von über 200 m ist der Griesbachfelsen (440 m ü. NN) erreicht. Ein überwältigender Blick ins Schwarzatal und zum Gegenhang mit Hünenkuppe und Eberstein belohnt die Mühe des Aufstiegs. Die Gesteinsklippe aus Phycodenschiefer hat ihren Namen nach einem der ersten Urlauber von Blankenburg, dem berühmten Professor der Theologischen Fakultät zu Jena, Johann Jakob Griesbach (1745-1812), der an der Universität von 1775 bis zu seinem Tode lehrte.

Felsgebüschgesellschaften mit den Charakterpflanzen Felsenbirne, Pfingstnelke und Stengelloser Knäuel zeigen Wärme und Trockenheit infolge hoher Sonneneinstrahlung an.

Nun führt der Cotta-Lehrpfad entlang der Hangkante zur Teufelstreppe. Eine markante Folge von 7 Felsstufen von der Talsohle herauf bis zum Oberhang gab früher Anlass zu Namensgebung und Entstehung von romantischen Sagen.

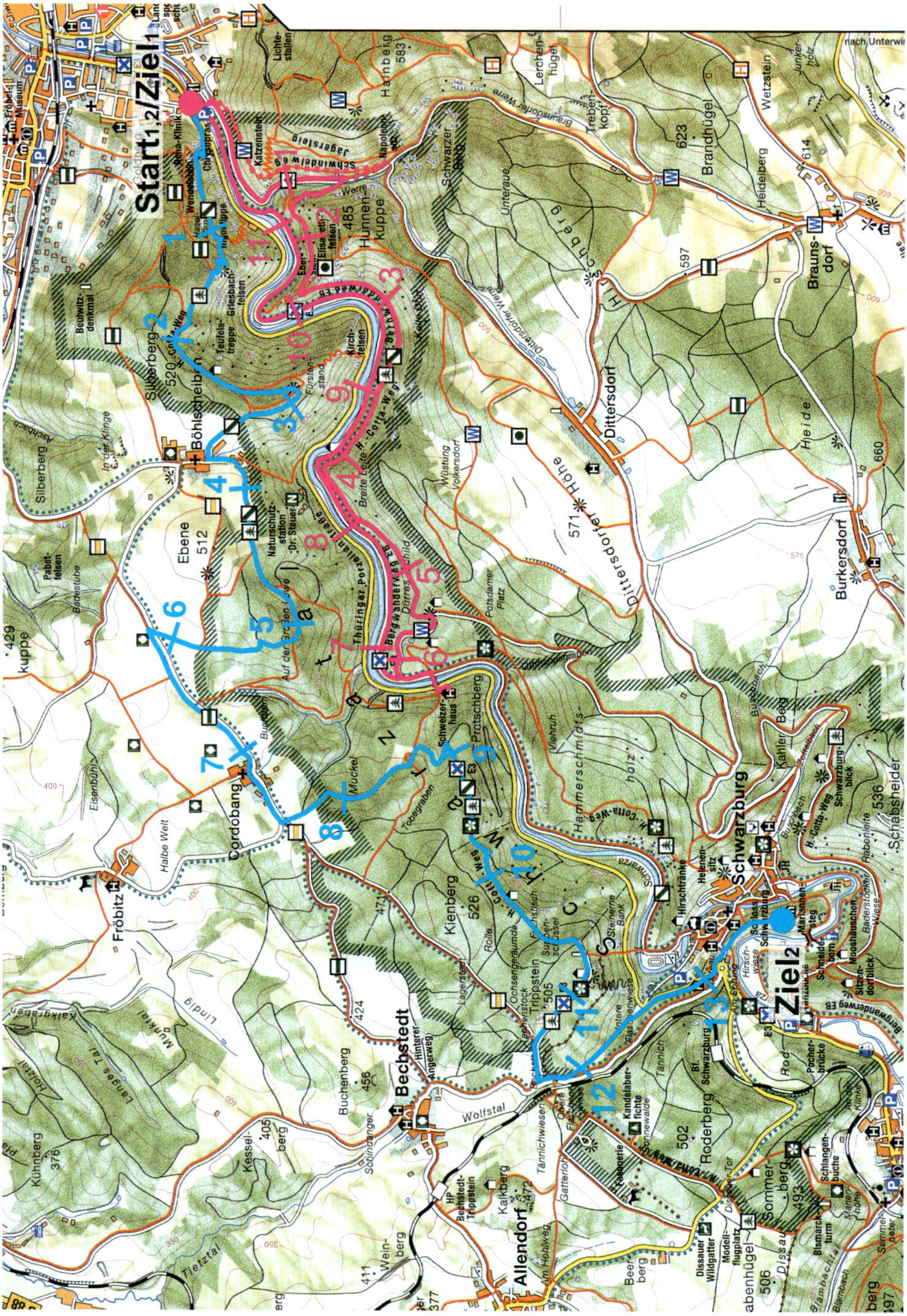

Abb. W17.3a: Wanderkarte, Lehrpfad 1 und 2.

© grünes herz

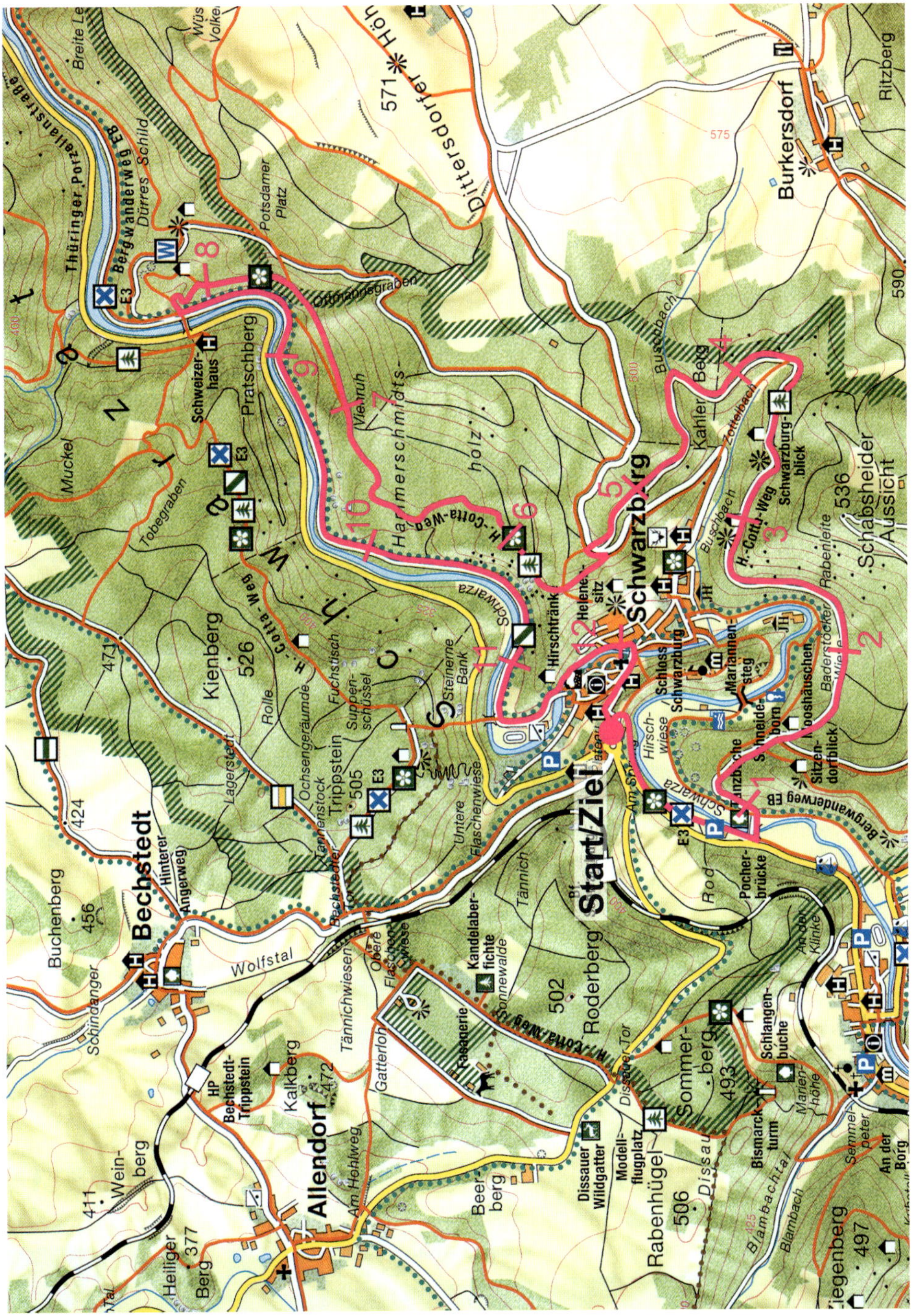

Abb. W17.3b: Wanderkarte, Lehrpfad 3.

Über die Obere Nassschleife ist der Fürstenstand zu erreichen. Einstmals ein berühmter Jagdstand zur Rotwildjagd, später ein bekannter Aussichtspunkt, der derzeit leider durch Waldwuchs eingeschränkt ist. Weiter hangabwärts liegt der Kirchfelsen, der eine bessere Aussicht bietet (Abb. W17.7).
Kurz nach dem Holzplatz ist Böhlscheiben in Sicht. In der Dorfgemarkung grenzt ordovizischer Schiefer an Zechstein (Silberberg 521 m ü. NN). Kupfer- und Silberflöze des Zechsteins haben den Ort als Bergmannsiedlung entstehen lassen. Weit unten im Hang des Schwarzatals ist in den letzten beiden Jahrhunderten Dachschiefer gewonnen worden. In den ehemaligen Schieferbrüchen bauten Naturfreunde eine sehenswerte **Naturschutzstation** (s. Anhang) auf, die nach dem Arzt und bedeutenden Entomologen Dr. Helmut Steuer aus Bad Blankenburg benannt ist. Ein Steilabstieg von 0,8 km ist zum Besuch notwendig.
Vom Feuerlöschteich Böhlscheiben führt der Lehrpfad an Wochenendhäusern vorbei entlang des Waldrandes zur „Großen Löwe". Wir folgen dem markierten Lehrpfad auf Graswegen durch den Wald und erreichen bald die landwirtschaftlich genutzte Höhenfläche zwischen den Orten Böhlscheiben und Cordobang. Eine schön gewachsene Linde an der Verbindungsstraße Böhlscheiben-Cordobang wird nach wenigen hundert Metern erreicht. Von hier führt uns die Straße in das schmucke Dorf Cordobang.
Nach der Ortsdurchquerung weist nach 0,4 km am Straßendreieck das Wegschild die Richtung zum Schweizer Haus. Dieser Richtung folgend, fesselt der Gegenhang des Schwarzatales mit seinen Waldbeständen und den tief einschneidenden Bergwiesen des Taubenborns und Nässelt den Blick. Es geht stetig bergab durch unterschiedlich strukturierte Nadelholzbestände, bis nach 1,4 km die Schießhüttenwiese auftaucht. Diese Bergwiese war eine wichtige Anlage im ehemaligen fürstlichen Jagdgatter und dient heute noch zum Jagdansitz. Auch der weitere Weg ist gut ausgeschildert. 0,4 km durch von Birken gesäumten Jungwald gewandert, müssen wir am Lehrpfadschild Nr. 155 dem Weg zum Trippstein folgen.
Ein steiler Abstieg nach links über den Tobergraben führt dagegen nach 1,5 km zum Schweizer Haus am Ufer der Schwarza.
Mit einem Linksbogen geht der Cottaweg weiter zum 0,3 km entfernten Wegschild Nr. 156. Nun geht es nach rechts immer am nördlichen Steilhang des Schwarzatales entlang, bei allmählich steigendem Weg erreichen wir nach 1,3 km die „Rolle". Eine Schutzhütte lädt zur Rast, ein herrlicher Blick in das waldbestockte Schwarzatal tut sich auf (Abb. W17.8). Jetzt schlängelt sich ein schmaler Steig über einige durch Holzrückung und zeitweilige (Schmelz) Wasserführung entstandene Schleifwege und Rinnen inmitten von Jungwald aus Fichte und Kiefer, bis nach 0,6 km die „Suppenschüssel" auftaucht. Der schlichte Gedenkstein erinnert an einen bevorzugten Rastplatz von Studenten aus Jena in den letzten zwei Jahrhunderten mit einstmals gerühmter Aussicht über das Schiefergebirge.
Schon 0,2 km weiter kann sich derzeitig jeder Wanderer am Trippsteinhäuschen (475 m ü. NN) von der Landschaft rund um Schwarzburg fesseln lassen (Abb. W17.9).
Gebirgsaufbau und Waldbestockung umrahmen die Perle des Schwarzatales, das ehemalige Jagdschloss Schwarzburg mit dem gleichnamigen malerischen Urlaubsort am Gebirgsfluss mit seiner beeindruckenden Mäanderschlinge.
Vom Trippsteinhaus führt der bequeme Weg am Tannenstock vorbei auf der Waldstraße zum Bechstedter Tor. Über die schmale Brücke der Schwarzatalbahn schwingt sich ein Pfad von 0,4 km zur Fasanerie hinauf. Wir überqueren die Bahnlinie nicht, sondern folgen den Weg in Richtung Schwarzburg wenige Meter, und biegen links in den Wald ein in Richtung Flaschenwiese. An der romantischen oberen Flaschenwiese laden eine schön gewachsene Rotbuche und eine Bankgruppe zur Rast ein, bevor es bergab in Richtung Schwarzburg geht. Am Ortsbeginn Schwarzburg erreichen wir die Fahrstraße Bad Blankenburg-Schwarzburg. Eine Abzweigung führt in den unteren Ort. Wir steigen leicht bergan und erreichen

das Schloss Schwarzburg mit den davor liegenden Hotels und Gaststätten. Am Straßenrondell kann das frühere fürstliche Zollhaus, 1883 im neobarocken Stil erbaut, bewundert werden. Nach 0,5 km können wir das ehemalige Jagdschloss der Fürsten zu Schwarzburg-Rudolstadt besuchen (Abb. 17.10).

Wanderung Cotta-Lehrpfad 3 Schwarzburg-Hirschtränke-Schweizer Haus-Schwarzburg

Charakter:

Rundwanderung.

Voraussetzungen:

Festes Schuhwerk, Trittsicherheit bei Abstiegen.

Wanderstrecke: 12,4 km

(Höhenprofil Abb. W17.11)

Anstiege:	255 m
Abstiege:	255 m
Kalorienverbrauch:	900 kcal.

Start und Ziel:

Schlossterrassen im oberen Ortsteil von Schwarzburg.

ÖPNV: Buslinie 16 Meura-Sitzendorf-Rudolstadt, 502 Neuhaus-Rudolstadt,

Kfz: Landstraße Bad Blankenburg Richtung Katzhütte bzw. Richtung Neuhaus durch das Schwarzatal, verschiedene Parkmöglichkeiten.

Bahn: Rottenbach-Katzhütte mit der Schwarzatalbahn.

Wegeverlauf:

Die Schlossterrassen im oberen Ortsteil von **Schwarzburg** („Plateau"; s. Anhang) sind nur wenige hundert Meter von der Bushaltestelle oder dem Parkplatz Kasperswiese entfernt. Vom höher gelegenen, wunderschönen Bahnhof muss dagegen 0,7 km abgestiegen werden (Abb. W17.12).

Der alte Zugangsweg zur Burg bietet einerseits einen Blick zum unteren Ort mit der **Fachhochschule für Forstwirtschaft** (s. Anhang), andererseits grüßen Talwiesen und die Laub- oder Mischwälder benachbarter Berghänge. Die Reiseprospekte um 1900 garantierten von hier zumindest für die Morgen- und Abendstunden äsendes Rotwild rund um Salzlecken und Fütterungen am Fuß des Schlosses, da wo jetzt das 1953/54 gebaute Sommerbad schimmert.

Auf der Schlossterrasse erinnert ein Großbild des Reichspräsidenten **Friedrich Ebert** an die Unterzeichnung der ersten demokratischen Verfassung Deutschlands am 11. August 1919 hier in Schwarzburg. Im benachbarten Hotel Schwarzaburg ist dazu ein Gedenkzimmer gestaltet. Von der Schlossterrasse führt ein anfangs asphaltierter Steig hangabwärts zur Schwarza und am Ufer weiter zum Parkplatz und zur Pocherbrücke. Hier wurde früher in einem Pochwerk mit Wasserkraft Eisenerz zur Schmelze kleingeschlagen.

Die Brücke überquerend, beginnt der Chaisenweg, der am Berghang langsam ansteigt. Nach 0,4 km zweigt der Aproché-Weg ab (franz. aproché = anschleichen/anpirschen). Es lohnt sich ein Abstecher zur Sauhütte, einem kleinen barocken Steinbau mit Schießscharten zur Schwarzwildjagd vom 18./19. Jh. Unweit davon eine der Salzlecken. Solche Sandsteintröge, mit einem Salz-Lehmgemisch gefüllt, wurden von allen Wildarten regelmäßig aufgesucht. Das eigenartige Gelände, heute mit Hain- und Rotbuchen bestockt, bezeugt mit seinen Seifenlöchern mittelalterliche **Goldwäscherei** (s. Anhang).

Zurück zum Chaisenweg, nach 0,3 km sind die Tanzbuchen erreicht. Die Dorfjugend traf sich hier zum Maientanz. Nun geht es durch Laubwälder, auch an einigen Fichtenbeständen vorbei, zur Baderstöckerwiese mit mehreren Anschauungstafeln zur Waldökologie.

Nach links abgebogen, kann über den Schneideborn die Jugendherberge am Ortsrand von Schwarzburg nach 1,0 km erreicht werden. Auch die weitere Wegstrecke ist mit Laubwäldern gesäumt. Im Steilhangbereich haben sich am Wegrand Reste früherer „Leitplanken" erhalten. Die hier aufgestellten großen Schieferplatten sollten das Abstürzen der Holzabfuhrgespanne und Jagdkutschen verhindern.

Abb. W17.5: Schwarza am Kirchfelsen (H. Witticke).

Abb. W17.4 (links): Fels mit Stollen am Wassersteig (H. Witticke).

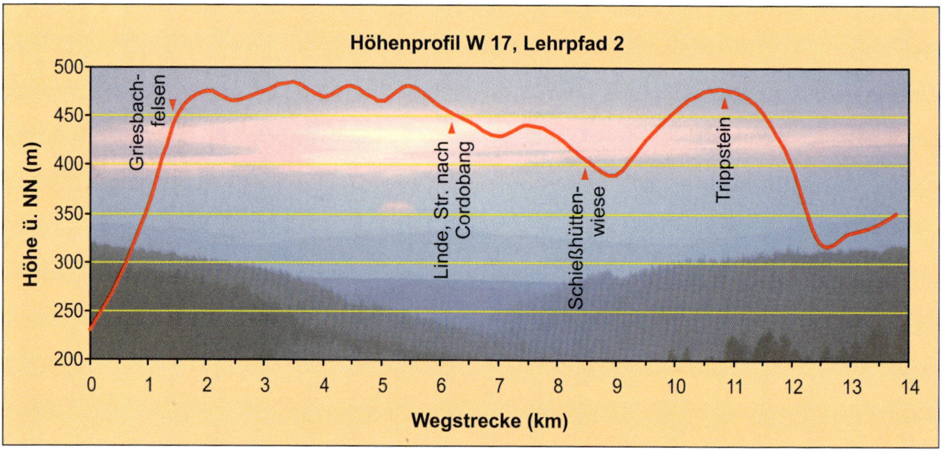

Abb. W17.6: Höhenprofil, Lehrpfad 2.

Abb. W17.7: Steinbank am Kirchfelsen (H. Witticke).

Abb. W17.8 (rechts): Steilhang, Revier Trippstein (K. Heil).

Abb. W17.9: Trippsteinblick (K. Heil).

Abb. W17.12: Schloss Schwarzburg, vom Rod aus, Hangseite unterhalb Bahnhof Schwarzburg (H. Witticke).

Abb. W17.10: Kaisersaal, Gelände Schloss Schwarzburg (H. Witticke).

Abb. W17.13: Schwarza oberhalb des Schweizerhauses (H. Witticke).

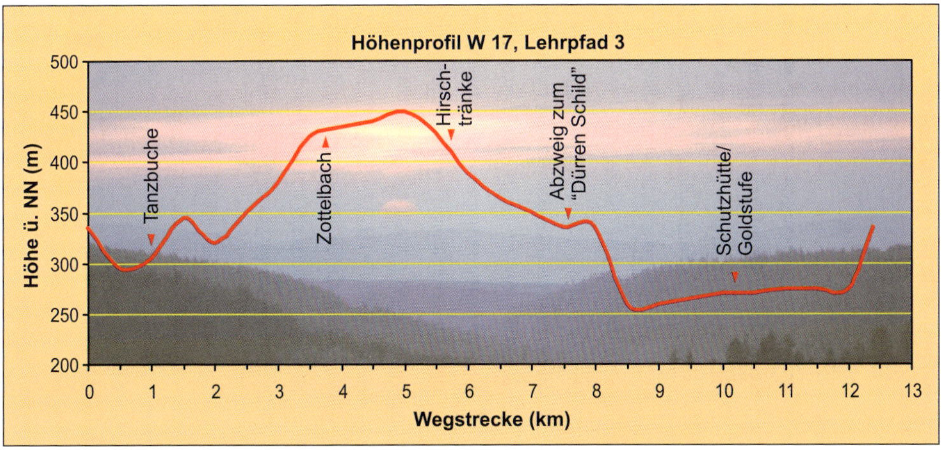

Abb. W17.11: Höhenprofil, Lehrpfad 3.

Durch die Kronen von Altbuchen sind Schloss und Bahnhof von Schwarzburg hin und wieder zu sehen. Am Theklasitz, einer Steinbank, wendet sich der Chaisenweg scharf nach rechts bevor 5 Minuten später der Steig zur Anna-Luisen-Höhe die Wanderstrecke kreuzt, auf dem man talwärts schnell nach Schwarzburg gelangen kann.

Jetzt zieht sich der Wanderweg durch verschiedenartige Waldbilder bis zur Zottelbachwiese. Auch hier ist wieder links ein Abstieg nach Schwarzburg möglich.

Am Gedenkstein zum Chaisenwegebau von 1838 mit den Initialen *FG* (Friedrich-Günther von Schwarzburg-Rudolstadt, 1793-1814-1867) und später dem Waidmannsheil-Felsen vorbei, rauscht nach 0,6 km der Buschbach zu Tal. Mehrere starke Altbäume, darunter einige Weißtannen, sind mit Wuchsleistungen vorgestellt. Durch anschließende Mischbestände, zumeist aus Eichen, trifft der Chaisenweg auf die Burkersdorfer Straße, die ein kurzes Stück hinab zu verfolgen ist. Das Wegschild „Cotta-Lehrpfad" an der Straße zeigt Richtungen und Entfernungen von hier an.

Nach 0,4 km kann an der Hirschtränke gerastet werden. Der Schwarzatalblick liegt 0,2 km weiter, aber etwas abseits links der Wanderroute. Beide Ausblicke wachsen leider immer stärker zu. Am folgenden Steckelberg ist eines der steilsten Hangstücke des Schwarzatales erreicht. Von hier senkt sich der Chaisenweg allmählich zur Viehruh. Der Name erinnert an die Waldweide früherer Jahrhunderte als notwendige Ernährungsgrundlage.

Geradeaus weiter wird der romantische Bach Ottmannsgraben überquert und danach links der Abzweig zum Dürren Schild erreicht, dem zu folgen ist. Die Schutzhütte steht nach 0,2 km Abstieg wie ein Balkon auf der dürren, wasserarmen und somit fast vegetationslosen Felsklippe und bietet einen schönen Blick auf das Schweizer Haus mit dem Tobergraben-Einschnitt am Gegenhang. Steil führt der weitere Pfad hinunter, bis die Schwarza an der Brücke zum Schweizer Haus erreicht wird (Abb. W17.13). Am rechten Uferweg flussaufwärts gelangt man zum Ottmannsgraben, der hier in die Schwarza mündet. Die Waldbilder mit dem rauschenden Gebirgsfluss wechseln in bunter Folge, bis rechts ein Wegweiser zum Ufer weist, wo die Schwarza markante Quarzstufen im Flussbett freigelegt hat. An den Grenzflächen der Quarzgänge zum Phycodenschiefer wurde durch vulkanische Vorgänge Gold abgesetzt – die Grundlage für die Goldwäscherei im Schwarzatal. Kurz danach lädt eine Schutzhütte und eine Bankgruppe zur Rast ein. Nun wird der Viehruhbach überschritten, darauf säumt die Steilwand des Steckelberges die Wanderung.

Bis zur Ortsmitte von Schwarzburg sind es noch 1,9 km. Am neu entstehenden Forstbotanischen Garten, der einen Abstecher wert ist, am Friedhof und Sportplatz vorbei, liegen Ort und **Schloss Schwarzburg** (s. Anhang) im Blick. Bald darauf sind Dorf- und Brunnenplatz rechts und links der Schwarzabrücke und damit das Zentrum des unteren Ortes mit seinen Gaststätten erreicht. Zum Ausgangspunkt der Wanderung gelangt man über den Rinneweg nach einem kurzen, aber steilen Aufstieg und kann – wieder auf den Schlossterrassen stehend – einen Großteil der Route mit den Augen nochmals abwandern und dabei die erlebten Eindrücke verinnerlichen!

W18 Internationaler Bergwanderweg Eisenach-Budapest („EB"), Abschnitt Neuhaus a.R.-Ziegenrück

Allgemeines:

Das Kürzel EB sind die Anfangsbuchstaben der beiden Endpunkte Eisenach und Budapest des 1983 auf der Wartburg bei Eisenach eröffneten, rund 2.700 km langen, internationalen Bergwanderweges, der damals als erster internationaler Wanderweg der sozialistischen Länder die DDR, die Tschechoslowakei, Polen und Ungarn miteinander verband. Das ursprüngliche Vorhaben, eine durchgehende Verbindung von der Ostsee (DDR) bis zum Schwarzen Meer (Bulgarien) zu schaffen, scheiterte an der fehlenden Bereitschaft der Sowjetunion und Rumäniens, den Weg durch ihre Länder zu führen, und an der politischen Situation im damaligen Jugoslawien. So konnte nur Bulgarien 1985 eine separate Fortsetzung auf dem Kamm des Balkangebirges als KE (Gipfel Kom kap Emine) eröffnen.

Anliegen des Weges war es, dass die Wanderer Land und Leute kennen lernen und sich mit Geschichte und Kultur der Länder vertraut machen sollten, auf Wegen durch reizvolle Mittelgebirgslandschaften. Die von Touristen überlaufene Hochgebirgsregion der Hohen Tatra wurde absichtlich ausgelassen. Es sollten möglichst bereits markierte Wege genutzt werden. Dafür bot sich aus dem Ende der 50er Jahre konzipierten Netz der rund 4000 km Hauptwanderwege der DDR der mit dem blauen Andreaskreuz auf weißem Grund markierte Hauptwanderweg Wernigerode-Zittau an, der weitgehend den Kämmen des Thüringer Waldes und des Erzgebirges folgte. Wegen der Waldschäden in der Kammregion und der bergbauhistorisch interessanteren Gebiete an der Nordabdachung des Erzgebirges wurde der EB im Abschnitt Plauen-Osterzgebirge auf den Erzgebirgs-Vogtland-Weg gelegt, der als „Gebietswanderweg" mit rotem Balken markiert ist. Von der „Hohen Sonne" bei Eisenach bis zum Bhf. Neuhaus a.R. folgt der EB dem traditionsreichsten deutschen Fernwanderweg, dem seit 1830 als Wanderweg beschriebenen Rennsteig des Thüringer und Frankenwaldes. Der EB ist inzwischen Teil des Netzes Europäischer Fernwanderwege als Variante oder Ergänzungs- bzw. Zugangsweg zum Weg E 3 (Atlantik-Ardennen-Erzgebirge-Karpaten-Schwarzes Meer), mit dem er im Erzgebirge verknüpft und in östlicher Richtung bis Polen nahezu identisch ist. Die weiteren Abschnitte bis Budapest sind durch den E 4 bzw. den E 8 überlagert. Für den EB gibt es Wanderhefte, in denen man sich an den EB-Kontrollpunkten seine Wanderung bestätigen lassen kann. Die Tagesetappen sollten bei maximal 25-30 km liegen, um den Aspekt der Heimatkunde zu fördern und nicht zur „Kilometerjagd" zu animieren.

Wie bereits dargestellt, beginnt der EB auf der Wartburg bei Eisenach und folgt von der Hohen Sonne bei Eisenach bis Bhf. Neuhaus a.R. dem Verlauf des Rennsteigs. Sein weiterer Verlauf durch den Landkreis Saalfeld-Rudolstadt, beginnend in Neuhaus (Landkreis Sonneberg) bis Ziegenrück (Saale-Orla Kreis) wird nachfolgend in Kurzfassung dargestellt. Auf eine detaillierte Beschreibung des Wegeverlaufs wird bis Reschwitz an der Saale verzichtet, da andere in dieser Publikation beschriebene Wanderwege über weite Strecken mit dem EB identisch verlaufen.

Wegeverlauf EB im Landkreis gesamt (Kurzfassung):

Straßenkreuzung am Bahnhof Neuhaus am Rennweg - Eisfelder Straße - Schneidersweg Obere Wulstmühle/Wulstteich - Alte Poststraße - Nähe der Schutzhütte „Drei Lärchen" - Naturlehrpfad - Ziegelhütte - Hang des Berges Himmelsleiter - Quelle - Schutzhütte „Berghütte" - Kamm des Kirchberges - Fröbelturm - Parkplatz Oberweißbach - Bahnhof Lichtenhain an der Bergbahn (Bergstation der Oberweißbacher Bergbahn) - Hang des Roten Steinberges - Potsdamer Platz - Querung der Lichte an der Mankenbachsmühle - Hangweg oberhalb von Blechhammer - Bahnhof Sitzendorf/Unterweißbach - Sitzendorf (Ortsteil rechts der Schwarza, Bergbaulehrpfad; aber Abstecher zum Heimatmuseum Dampfmaschine bzw. zur Schaustraße der Porzellanfabrik empfohlen) - Querung des Sorbitztales unterhalb der Massenmühle - Pocherbrücke - Parkplatz Schwarzburg im Schwarzatal - oberer Ortsteil Schwarzburg (Abstecher zum Schloss/Kaisersaal empfohlen) - Wüstung Sonnewalde - Fasanerie - Obere Flaschenwiese - Brücke über die Eisenbahnstrecke Rottenbach/Katzhütte - Tannenstock - Trippstein - Suppenschüssel - Rolle - Heinrich-Cotta-Lehrpfad - Schweizerhaus - Uferweg an der Schwarza - Mündung des Werretales - Chrysopraswehr - Kurpark Bad Blankenburg - Antoniusquelle - Überquerung der Schwarza - neben Straße entlang zur Post - Stadthalle - Uferweg links entlang der Schwarza - Durchquerung von Rudolstadt-Schwarza weitestgehend entlang der Schwarzburger Straße, dann Friedrich-Lundgreen-Straße und Werner-Seelenbinder-Straße sowie Friedrich-Engels-Straße - Haltepunkt Rudolstadt-Schwarza - Unterquerung der Umgehungsstraße und der Eisenbahn im Bahnsteigtunnel - neue Straße längs

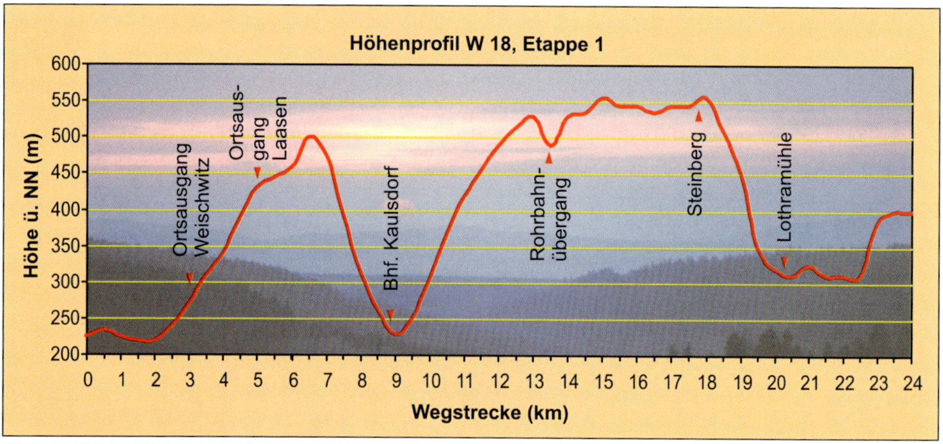

Abb. W18.1: Höhenprofil, Etappe 1.

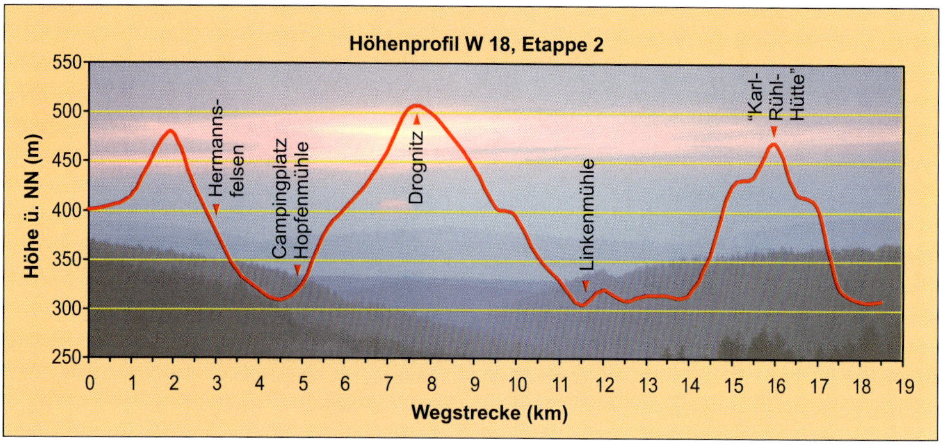

Abb. W18.2: Höhenprofil, Etappe 2.

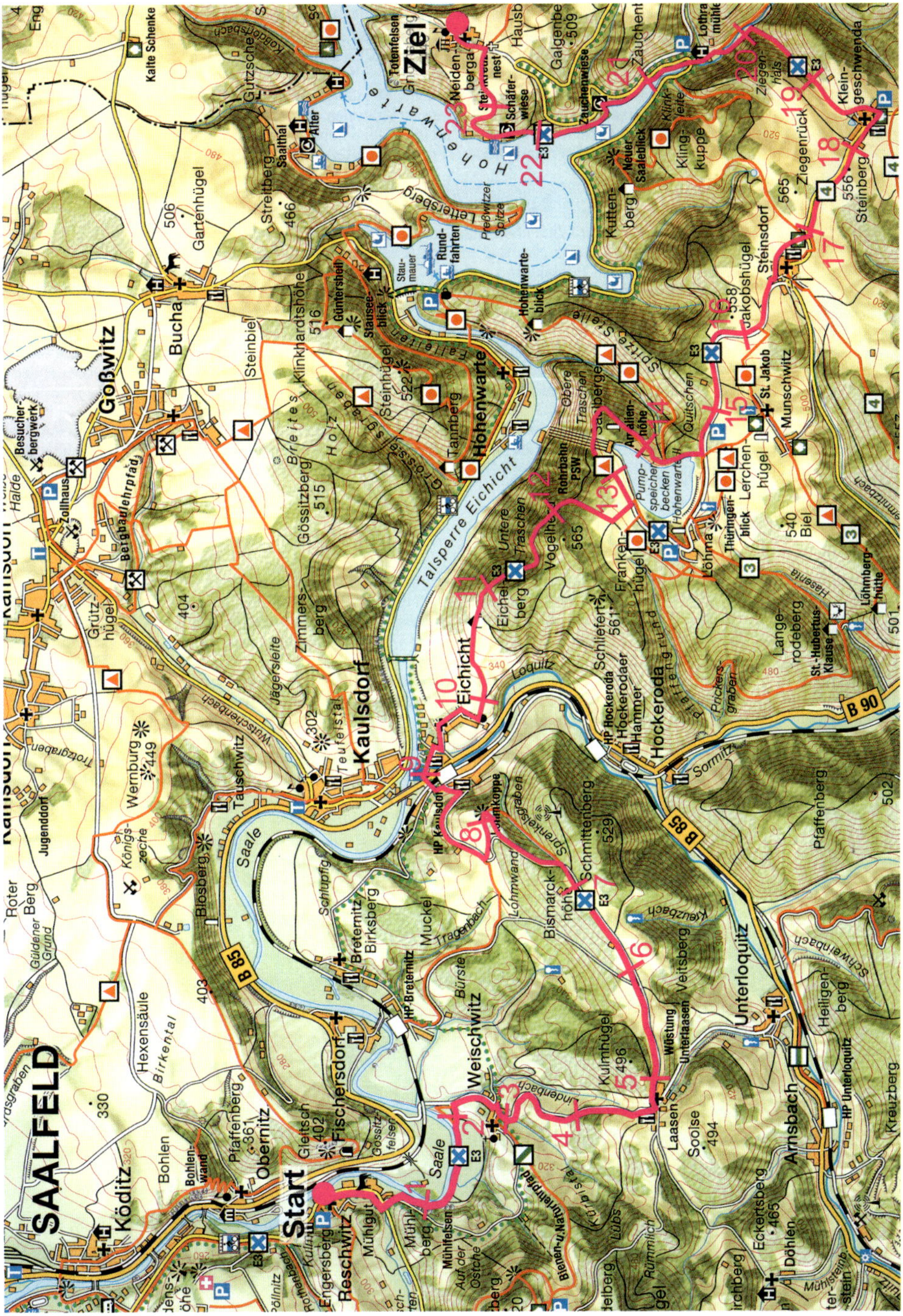

Abb. W18.3: Wanderkarte, Abschnitt 1. © grünes herz

durch das ehemalige Betriebsgelände der „Zellwolle" - Zellwollbrücke (es ist möglich, dass in diesem Bereich nach Fertigstellung der Umgehungsstraße B 85 eventuell eine kürzere und weniger Straßen benutzende Wegeführung markiert wird) - Saale-Radweg - Remschütz - Remschützer Brücke - neuer Weg entlang der Saale aufwärts - Unterqueren der Straße unterhalb des Saaltores in Saalfeld - weiter entlang an der Saale unterhalb von Schlösschen Kitzerstein und Hohem Schwarm - Fuchsstein - Reschwitzer Straße - Reschwitz - Mühlfelsenweg - Weischwitz - Laasen - Feldwege an der Lohmwand - Lohmkuppe - Eichicht - Bahnübergang am Bahnhof Kaulsdorf - Eichicht (Kirche, Schloss) - Wasserhochbehälter - Streuobstwiese (Kirschen) vor der Mauer des Oberbeckens Hohenwarte II.

Hier Verzweigung: Alte Variante entlang der Schwarzdecken- bzw. Granit-Kleinpflaster-Straße am ehemaligen Sanatorium vorbei und durch Löhma hindurch zum Wanderparkplatz am Oberbecken.

Neue Variante (schöner, deshalb wird diese beschrieben) über die Rohrbrücke des Pumpspeicherwerkes - Elternbank - Gedenkstein „Amalienhöhe" - unterhalb der Staumauer weiter zum Wanderparkplatz am Oberbecken (es wird aber empfohlen, nicht dem breiten Fahrweg zu folgen, sondern geradeaus weiter der Mauer und dem Zaun zu folgen bis zum Aussichtspunkt auf das Oberbecken an der Ostecke des Zaunes, dann die 100 m steil abwärts zum Wanderparkplatz). Weiter auf der Straße bis Steinsdorf, am Ortsanfang aber auf dem den Ort nördlich umgehenden Schotterweg weiter, nicht durch den Ort hindurch. Ab Ortsende bis Kleingeschwenda neu geschaffener Fußweg neben der Fahrstraße. Kleingeschwenda - Lothramühle - Zeltplatz Schäferwiese - Steinkreuznest bei Neidenberga - Hermannsfelsen - Hopfenmühle - Drognitz - Drachenschwanzhütte bis Fahrstraße nach Altenbeuten, diese bis Altenroth.

An der Fähre Altenroth trennt sich der Weg. Die „Sommermarkierung" führt unter Benutzung der Fähre hinüber zur Linkenmühle, dann durch das Gelände des Campingplatzes, weiter am Stausee entlang saaleaufwärts, dann hinauf zur Teufelskanzel - Fernsicht bei Paska - Conrodsberg - Schutzhütte Reißerts Ruh - Sormitzmündung nach Ziegenrück.

Die „Wintermarkierung" (wenn die Fähre nicht in Betrieb ist) folgt auf der Altenrother Seite weitestgehend dem Ufer des Hohenwartestausees, quert den Ottergrund und erreicht am Bad vorbei Ziegenrück über die Brücke bei Bad und Schule.

Länge der beschriebenen Strecke: 94,3 km (Winter 97,3 km), Anstiege ca. 1.500 m, Abstiege ca. 2.000 m.

Ausgewählte Wanderstrecke Reschwitz-Ziegenrück:

Charakter:

Streckenwanderung, die in zwei Tagesetappen unterteilt werden sollte: Reschwitz-Neidenberga und Neidenberga-Ziegenrück.

Anspruchsvoll mit ausgezeichneten Fernsichten.

Voraussetzungen:

Feste Wanderschuhe mit Profil, Wander- und Regenbekleidung. Wanderstöcke empfohlen. Trittsicherheit und gute Kondition.

Start:

Dorfplatz (Kirche) Reschwitz.

ÖPNV: Linie 58 Dorfkulm-Saalfeld-Reschwitz-Knobelsdorf

Kfz: Vom Bahnhof Saalfeld B 85 in Richtung Wurzbach, in Köditz rechts über die Brücke der Saale (Richtung Schwimmbad Saalfeld). An Gabelung nach links (1 km bis Reschwitz). In der Nähe des Dorfplatzes genügend Parkmöglichkeiten.

Ziel:

Ziegenrück

ÖPVN: Mit OVS-Buslinie 66 nach Ranis-Pößneck, von dort Anschluss DB.

Kfz: Landstraße Pößneck in Richtung Lobenstein.

Wegemarkierung:

Der Weg ist durchweg mit liegendem blauen Kreuz („Andreaskreuz") auf weißem Quadrat gekennzeichnet. Im Bereich zwischen Linkenmühle/Altenroth ist die Wegeführung identisch mit dem mit rotem Punkt markierten Wanderweg rund um die Hohenwartetalsperre (in den Wanderkarten sind in diesem Bereich teilweise nicht beide Markierungen nebeneinander verzeichnet).

Wanderstrecke: 42,5 km

(Höhenprofile Abb. W18.1 und W18.2)

Anstiege: 1.230 m
Abstiege: 1.145 m
Kalorienverbrauch: ca. 3.300 kcal

Wegebeschreibung, 1. Abschnitt:

Vom Ortszentrum Reschwitz folgen wir der Straße in Richtung Knobelsdorf. Hinter dem Mühlgut am Ortsende verlassen wir diese nach links aufwärts auf dem asphaltierten Saale-Radweg. Nach 100 m zweigt der EB vom Radweg abwärts über die Wiese ab und führt an den Felshängen des Mühlberges oberhalb des Wehres der ehemaligen Reschwitzer Mühle entlang, senkt sich in die Saaleaue, quert einen kleinen Wasserlauf und verläuft schließlich auf dem Hochwasserschutzdamm der Saale bis kurz vor der Eisenbahnbrücke. Scharf nach rechts auf der Fahrstraße aufwärts wird Weischwitz durchschritten. Am Ortsende endet auch die Teerdecke. Auf einem breiten Schotterfahrweg im Links-, dann im Rechtsbogen stetig aufwärts zwischen Wiesen und Feldern und durch ein Waldstück hindurch wird Laasen erreicht. Der Ausblick wird dabei immer eindrucksvoller: Saaletal mit Weischwitz, Reschwitz, Fischersdorf, Breternitz, Maxhütten-Wasserleitung, Knotenkalk-Steinbrüchen am Gleitsch. Gleich nach den ersten Häusern von Laasen müssen wir links abbiegen und auf dem Höhenrücken zwischen den Tälern der Saale und der Loquitz erst nach O, später NO weiter aufwärts wandern. Vom schattenlosen Feldweg sind neben den o.g. Orten auch Saalfeld mit dem Saalfelder Kulm, der Schornstein von Rudolstadt-Schwarza und die Höhen nördlich davon sowie auf der Saalfelder Höhe Arnsgereuth und im Süden die Steinerne Heide zwischen Loquitz- und Sormitztal zu sehen.

Mehr als 250 m Anstieg vom Saaletal aus sind überwunden, wenn jetzt der höchste Punkt dieses Wegstückes erreicht ist, an dem nach rechts ein Weg zum Schmittenberg abzweigt. Der EB senkt sich im Folgenden noch fast geradeaus in den Wald hinein, 200 m nach dem Waldrand ist an der Gabelung der Weg halb links einzuschlagen. Auf dem schmalen Kamm nach NO abwärts (nicht dem nach links steil abwärts abzweigenden Hohlweg folgen!) werden viele Bänke, die früher für Feste genutzt wurden, erreicht. Nur wenig unterhalb auf der Lohmkuppe steht das stählerne Gerüst des Lohmturmes (das allerdings gesperrt ist). Die einst lohnende Aussicht auf Kaulsdorf, Eichicht, die Sperrmauer des Ausgleichsbeckens Eichicht und auf den weiteren Verlauf des EB von Eichicht hinauf zum Oberbecken Hohenwarte II wächst allmählich zu.

Für den Abstieg gibt es zwei Möglichkeiten: Der offizielle, mit dem blauen Andreaskreuz markierte EB zweigt einige Schritte oberhalb der Aussicht nach NW abwärts ab, verläuft dann fast horizontal innerhalb des Waldsaums, ehe er auf den breiteren Feldweg nach NO abwärts einbiegt. Die nur noch spärlich mit blauem Balken markierte kürzere Variante führt im Zickzack auf einem schmalen Geröllpfad direkt steil hinunter und trifft dann wieder auf den offiziellen Abstiegsweg. An der Haarnadelkurve ist links zu gehen (geradeaus von den Wiesen aber Aussicht auf Eichicht und Kaulsdorf), dann wird nach rechts abwärts am Gasthaus „Zur Linde" der ehemalige Bahnhof Kaulsdorf (im Ortsteil Eichicht) erreicht. Nach links geht es zum beschrankten Bahnübergang am (neuen) Haltepunkt Kaulsdorf. Hier trifft der EB wieder auf den Saale-Radweg, der von Weischwitz über Breternitz ohne starke Steigung und kürzer verläuft und ersatzweise auch von Wanderern benutzt werden kann. Er bietet natürlich wegen der geringeren Höhe nicht so weite Ausblicke.

Nach dem Queren der Gleise und der Straße B 85 an der Fußgängerampel wird auf der

Straße „Am Anger" die Loquitz gequert und das Gasthaus „Zur grünen Eiche" (EB-Kontrollpunkt) erreicht. Nach dem Überqueren des Mühlgrabens nach rechts, dann im Linksbogen die „Schlossstraße" aufwärts, an der Kirche mit ihrer massiven Kirchhofmauer aus Schiefer vorbei wird Eichicht auf der Straße durchwandert. Am oberen Ende steht das nach 1920 wiedererrichtete Schloss. Davor biegt der EB nach links zum Wasserhochbehälter ab und führt an diesem vorbei im Linksbogen aufwärts auf einem breiten Schotterweg. Bis zum Waldrand weitet sich der Blick immer mehr, Verschnaufpausen zum Umschauen sind also angebracht. Querende Hochspannungsleitungen zeigen die Nähe zu den Kraftwerken der Saalekaskade an. Auch beim Aufstieg durch den Wald bieten sich Durchblicke ins Saaletal mit dem Ausgleichsbecken Eichicht für die Talsperre Hohenwarte und das Pumpspeicherwerk Hohenwarte II. Bei einem Rastplatz am Waldrand sind knapp 300 Höhenmeter seit dem Saaletal überwunden. An der folgenden Wegekreuzung im Sattel biegt der EB nach links auf die Streuobstwiese vor der Mauer des Oberbeckens ab. Hier am HWW „Sanatoriumstraße" gabelt sich der EB. Die Benutzung der Straße am ehemaligen Sanatorium vorbei und durch Löhma hindurch war nötig, weil früher die Rohrbahn nicht gequert werden durfte. Inzwischen ist die Brücke über die Rohrbahn wieder begehbar, und diese interessantere Wegevariante wird empfohlen.

Abb. W18.4: Ortszentrum von Kleingeschwenda (E. Krauß).

Abb. W18.5: Blick in die Lothrabucht (E. Krauß).

Abb. W18.6: Von der Teufelskanzel auf den Hohenwartestausee (E. Krauß).

Im weiteren Verlauf ist der EB streckenweise mit dem mit rotem Punkt markierten Rundwanderweg um den Hohenwartestausee und/oder mit dem mit rotem Dreieck markierten Saale-Orla-Wanderweg identisch.

Es sollte der breiten Schotterstraße nach links (N), parallel zur Betonmauer auf den Entnahmeturm zu, gefolgt werden. Bei der folgenden Gabelung geht es halb links am Rastplatz „Zur Rohrbahn" vorbei, leicht abwärts und dann im Rechtsbogen weiter. Von der Brücke über die Rohrbahn (Tafeln informieren über die 1966

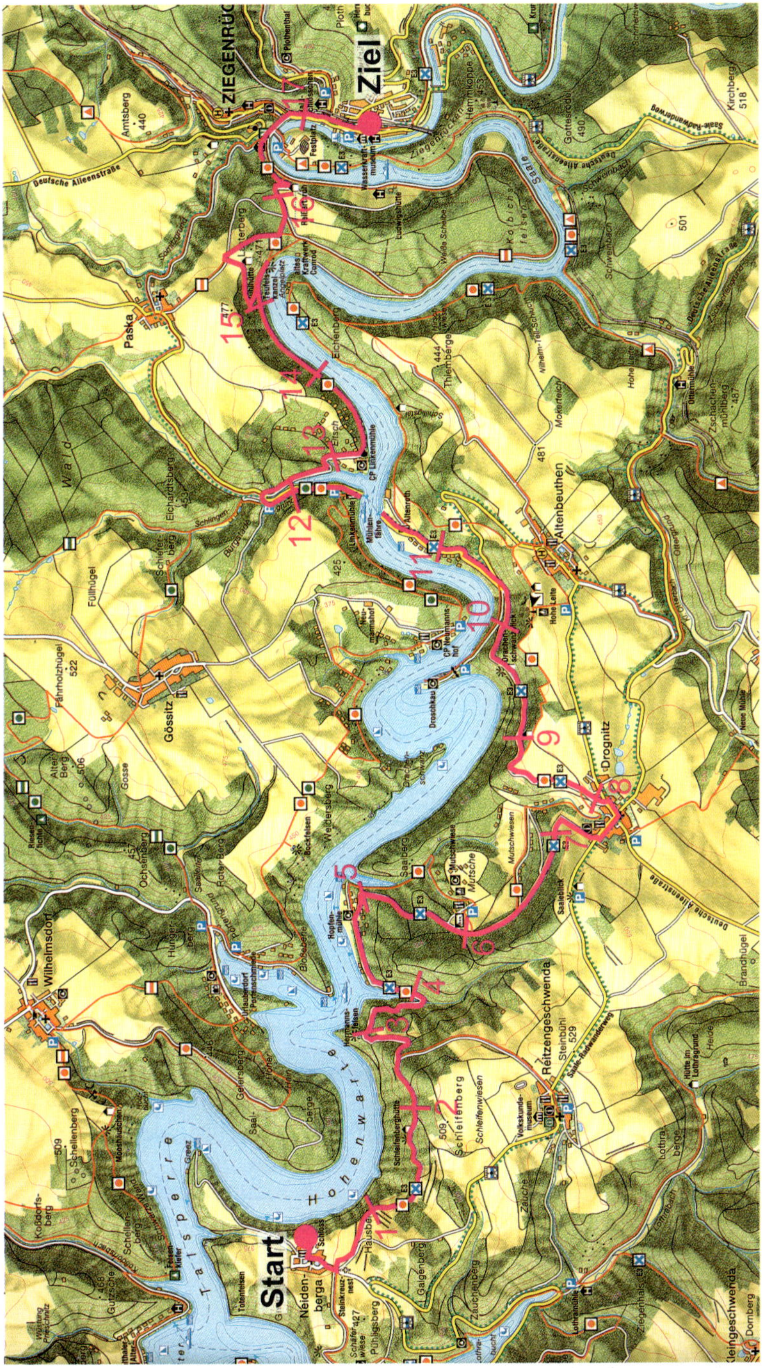

Abb. W18.7: Wanderkarte, Abschnitt 2.

© grünes herz

fertiggestellte Anlage) sind sowohl die acht Triebwasserrohre als auch das Unterbecken mit Kraftwerk und Verwaltungsgebäude sowie die jenseitigen Saalehänge zu sehen (Abb. 5.2). Über die „Elternbank" aufwärts wird die Ecke der Oberbecken-Mauer mit dem Entnahmebauwerk erreicht. Der Gedenkstein zur „Amalienhöhe" erinnert an die Geschichte. Abweichend von der Wegemarkierung sollte der Mauer des Oberbeckens bis zum Zaun auf der Anhöhe hinauf gefolgt werden, von der Ecke des Zaunes überblickt man das ganze Oberbecken. Steil hinunter zum Wanderparkplatz wird die Markierung wieder erreicht. Von rechts aus Löhma kommt die alte Wegvariante auf der Fahrstraße.

Bis Steinsdorf wird die wenig befahrene Straße benutzt (die Markierung roter Punkt führt über St. Jakob, erspart aber auch nicht viel Straße). Am Ortsanfang von Steinsdorf, 200 m nach Beginn des Granitkleinpflasters, führt die Markierung auf der Teerstraße halb links aufwärts. An der großen Kastanie 50 m weiter wieder halb links, um den (eigentlich sehenswerten) Dorfkern mit alter Kirche zu umgehen. Am HWW „Am Ziegenrück" trennt sich der EB vom Stauseerundwanderweg. Hier beginnt neben der Straße (erst links, dann rechts) ein gesplitteter Fußweg, der am Ortsanfang Kleingeschwenda endet. Bis zum Zentrum (Abb. W18.4) mit Dorfteich, Kirche und Bushaltestelle ist die Fahrstraße zu benutzen. Die Gaststätte liegt am südöstlichen Dorfende.

Am Teich nach links abwärts beginnt der 220 Höhenmeter umfassende, teils grasige, teils ausgewaschene und steinige Abstieg zum Hotel „Lothramühle" (bis dahin bei allen Abzweigungen im Zweifelsfalle abwärts gehen!). 200 m nach der Lothramühle wird an der Bushaltestelle die hier die Lothrabucht (Abb. W18.5) umgehende Fahrstraße von der Sperrmauer zu den Dörfern auf der Hochfläche erreicht. Sie muss nach rechts für 400 m benutzt werden (Vorsicht, Fahrrad- und Autoverkehr!), bis von rechts oben die alte Reitzengeschwendaer Straße einmündet. EB und mit rotem Punkt markierter Hohenwarte-Rundwanderweg verlaufen hier gemeinsam. Die alte Reitzengeschwendaer Straße zunächst links abwärts gehen. Nach 50 m auf den schmalen Horizontalweg oberhalb des Stausees einbiegen! Am HWW „Zauchenwiese" wird ein kleines Tälchen gequert, mit Beginn des Campingplatzes Schäferwiese wird der Weg breiter. Am HWW „Schäferwiese" ist nach rechts hoch auf den Schotterfahrweg zu wechseln, der am oberen Rand der Bungalows zum Haupteingang des Campingplatzes führt. Ab hier muss der geschotterten, teilweise mit Betongittersteinen ausgelegten Zufahrtsstraße aufwärts gefolgt werden, am HWW „Am Pühlingsberg" vorbei. Enden die Betongittersteine 50 m nach der unterquerten 110-kV-Leitung, zeugt links im Wald der Grenzstein HSA/KP/Nr. 36 von der einstigen Zersplitterung Thüringens (HSA=Herzogtum Sachsen-Altenburg, KP=Königreich Preußen, das mit dem Gebiet um Ziegenrück hier eine Exklave besaß. Orte jenseits der Saale um Pößneck gehörten zum Herzogtum Sachsen-Meiningen).

Vom HWW „Am Trog" führt der Weg zwischen Feldern und Wiesen hinunter zum Steinkreuznest bei Neidenberga. Der EB-Kontrollpunkt befindet sich in der Jugendherberge (Außenstelle der DJH Plothen) im „Schloss", dem ehemaligen Herrenhaus eines Rittergutes. Der kleine, nicht direkt am Weg liegende Ort bietet mit Teich und ummauertem Kirchhof im Mittelpunkt ein interessantes Dorfbild und besitzt eine Gaststätte. In der Jugendherberge kann übernachtet werden.

Wegebeschreibung, 2. Abschnitt:

Zunächst geht es wieder zum Steinkreuznest. Die Markierungen führen von dort an jungen Bäumen wieder aufwärts; am HWW „Am Galgenhügel" kann man auch im Rechtsbogen aufwärts auf breitem Weg zum EB-Kontrollpunkt im interessanten Volkskundemuseum Reitzengeschwenda wandern, was jedoch nicht direkt vom EB berührt wird. Dabei muss kaum die Straße benutzt werden.

Der EB verläuft fast horizontal weiter am HWW „Am Hausberg" vorbei, dann aufwärts zum HWW „Schleifenwiese Nord", quert die Wiese nach rechts aufwärts zum HWW

„Schleifenwiese Süd" und steigt noch etwas an zum HWW „Schleifenberg".
Von unbewaldeten Stellen aus bieten sich immer wieder eindrucksvolle Blicke über die von der Saale zerschnittene Hochfläche mit dem Wasserspiegel des Hohenwarte-Stausees, überragt vom Entnahmeturm des PSW Hohenwarte II mit seiner Rohrbahn.
300 m weiter steht am Weg die „Schleifenberghütte". Der Weg senkt sich an den HWW „Schleifenberghütte", „Am Buttersteg", „Am Steinbruch" und „Am Doberakenweg" vorbei auf breitem Fahrweg zum HWW „An den Bodenwiesen" und führt dann auf schmalerem Fahrweg abwärts zum HWW „Am Hermannsfelsen".
Der kurze Abstecher zum Aussichtsfelsen gestattet einen eindrucksvollen Stauseeblick. Weniger steil abwärts geht es zum HWW „Pommrichsbach", dann nahezu eben bis zur Zufahrtsstraße zum Campingplatz Hopfenmühle. Am HWW „Hopfenmühle" trennt sich der EB vom roten Punkt des Hohenwarte-Rundweges und führt auf der asphaltierten Straße aufwärts am Campingplatz Mutschwiesen (mit Gaststätte) vorbei zum Ortseingang Drognitz. In Drognitz wird nach links (SO) an der historischen Flößergaststätte „Zum Wolf" (mit unter Denkmalschutz stehendem Kamin) vorbei die Straßenkreuzung im Zentrum an der St.-Johannis-Kirche (barocke Ausstattung, gotischer Taufstein) und Bushaltestelle erreicht. 100 m nach links (NO) auf der Straße nach Altenbeuthen zweigt halb links (mangelhafte Markierung!) vor Haus Nr. 43 (gegenüber von Haus Nr. 4a) die alte Fahrstraße zur ehemaligen Brücke an der Linkenmühle ab, die nun bis zur Fähre Altenroth benutzt wird. Seit der Sprengung der Brücke an der Linkenmühle am Ende des 2. Weltkrieges wird sie nicht mehr befahren, die Zufahrt zur Fähre erfolgt von Altenbeuthen nur über das untere Stück dieser Straße. In der Nähe des Ortsausgangs von Drognitz mündet am HWW „Drognitz" der rote Punkt des Rundweges wieder ein, der auf längerer Strecke, aber mit weniger Asphaltstraße die Höhe erklimmt, aber das Dorf umgeht. Am Waldrand am HWW „Alte Altenrother Straße" trennt sich der mit rotem Punkt markierte Rundweg wieder vom EB. Der EB führt stetig abwärts an der „Drachenschwanzhütte" vorbei zur Einmündung in die Fahrstraße von Altenbeuten, wo auch die Zufahrt zum Campingplatz Drachenschwanz abzweigt. Auf der Fahrstraße weiter bergab wird die Gaststätte „Zum Vorwerk" in Altenroth erreicht.
Hier verzweigt sich der EB wieder. Die „Normalvariante" führt auf der Fahrstraße hinunter zur Anlegestelle Altenroth und nach Benutzung der Mühlenfähre zur Linkenmühle weiter. Wenn die Fähre außer Betrieb ist (Eis, Niedrigwasser), muss die Ersatzvariante genommen werden (bis Ziegenrück entspricht der Verlauf dem Hohenwarte-Rundwanderweg).
Von der Anlegestelle Linkenmühle geht es auf Asphaltstraßen an der Gaststätte „Linkenmühle" vorbei zum HWW „An der Autofähre", von wo wieder EB und Hohenwarte-Rundweg gemeinsam verlaufen. Bei fehlendem blauen Andreaskreuz kann also auch dem roten Punkt gefolgt werden. Am HWW „Dürre Schlinge" vorbei muss der Schlingengrund-Arm des Stausees umgangen werden. Am oberen Rand des Campingplatzes Linkenmühle entlang (am HWW „Eltsch" endet die Teerdecke) und weiter horizontal über dem Wasserspiegel wird die Wegegabelung am HWW „Saalhölzer" erreicht, an der der Aufstieg auf schmalem Gebirgspfad beginnt. Kritische Stellen mit Geröll und Steilabfällen sind mit Stahlseilen gesichert.
Am HWW „Teufelskanzel" (Abb. W18.6) gabelt sich der Weg. Es wird empfohlen, noch die etwa 200 m bis zur Felsformation der eigentlichen Teufelskanzel zu gehen und auf gleichem Weg wieder hierher zurück.
Dann gelangt man auf dem anderen Ast des Weges zur „Fernsicht" (Abb. W18.8), am Stahlbetonmast der ehemaligen Zeiss-Hochspannungsleitung vom Kraftwerk Conrod nach Jena und zur „Karl-Rühl-Hütte". Von dort eröffnet sich zusätzlich zum Blick auf den Wasserspiegel des Hohenwartestausees mit dem ehemaligen Kraftwerk Conrod (Abb. W18.9) die Aussicht über die Hochfläche in nördlicher Richtung. Die Gegensätzlichkeit der Landschaftsformen wird hier erst richtig deutlich.

Auf schmalen Wegen abwärts wird am HWW „Am Lasterberg" wieder der rote Punkt des Rundweges erreicht, dann kommt man zum Rastplatz am Waldrand an den HWW „Am Wurzelschlag". Unter der Hochfläche des Conrodsberges hindurch verläuft der Stollen des ehemaligen Kraftwerkes, der die große Saaleschlinge abschnitt.

Auf dem Schotterweg zwischen Wald und Feld nach Osten, dann an der Hangkante nach Süden wird die Schutzhütte „Reißerts Ruh" mit Blick auf Ziegenrück und seine Kemenate erreicht. Danach ist scharf links auf schmalem steilen Geröllpfad (im unteren Teil Stufen) an der Marienquelle vorbei zum Sornitzgrund abzusteigen, wobei rund 100 Höhenmeter zu überwinden sind. 50 m weiter verdient die auffallende Gesteinsbildung des geologischen Naturdenkmals „Kulmschieferfalte" am Schlossberg unterhalb der Kemenate Beachtung. An der Saale entlang aufwärts an der Brücke vorbei (über die die Ersatzvariante einmündet) wird an der Mündung des Drebabaches die ehemalige „Nähermühle" von Ziegenrück erreicht. Dann geht es an der Gondelstation und an der Bushaltestelle „Ziegenrück, Saalstraße" an der Mündung des Plothenbaches (imposanter Viadukt) vorbei zum sehr instruktiven Wasserkraftmuseum (Abb. W18.10) in der ehemaligen „Fernmühle" (EB-Kontrollstempel in Selbstbedienung an der Seitenwand des Gebäudes gegenüber der Gaststätte). Neben der originalen, mehr als 100 Jahre alten Kraftwerkstechnik sind vor allem das große Relief des Gebietes der oberen Saale und die Ausstellung zur gesamten Saalekaskade mit ihren insgesamt sieben Stauflächen interessant. Für eine Besichtigung sollte genug Zeit eingeplant werden!

Abb. W18.8: Blick von der Rühlhütte auf die Stauseeschleife am Eichberg (E. Krauß).

Abb. W18.9: Technisches Denkmal „Altes Conrod-Kraftwerk" (E. Krauß).

Abb. W18.10: Wasserkraftmuseum in Ziegenrück (E. Krauß).

W19 Bei den Buckelapothekern links und rechts der Schwarza

Charakter:
Rundwanderung, lange An- und Abstiege, schöne Aussichten.

Voraussetzung:
Feste Schuhe mit Profil.

Wanderstrecke: 16,1 km
(Höhenprofil Abb. W19.1)

Anstiege :	700 m
Abstiege:	700 m
Kalorienverbrauch:	1.480 kcal

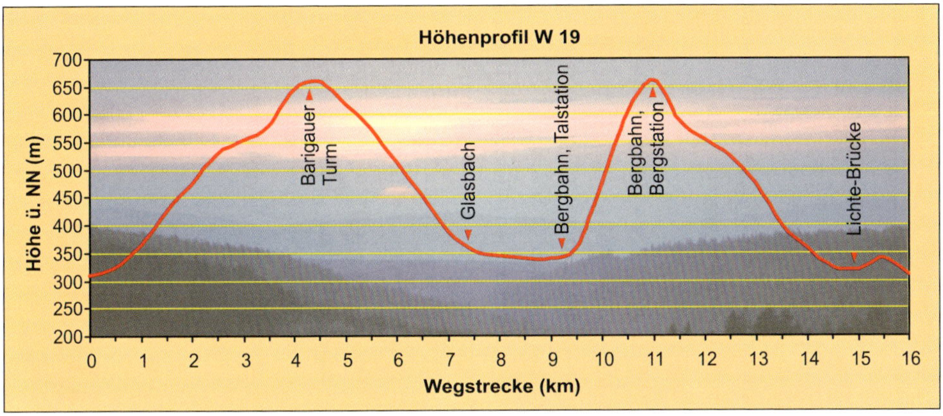

Abb. W19.1: Höhenprofil.

Start und Ziel:
Bahnhof Sitzendorf-Unterweißbach
Schwarzatalbahn ab Rottenbach in Richtung Katzhütte
ÖPNV: Buslinie 16 und 31
Kfz: von der B 88 Rudolstadt-Ilmenau in Bad Blankenburg ins Schwarzatal unmittelbar nach der Brücke über die Schwarza (Stadthalle) links abbiegen, ca. 400 m nach Ortsausgang Sitzendorf links über die Brücke in Richtung Oberweißbach, sofort wieder links zum Bahnhof.

Abb. W19.3: Blick von der Barigauer Höhe (E. Krauß).

Abb. W19.2: Barigauer Turm (E. Krauß).

Abb. W19.4: Im Reinhardstal (E. Krauß).

Wegemarkierung:

Der Wanderweg ist durchgehend mit Wegweisern (WW) gekennzeichnet. Ab Bergstation der Bergbahn in Lichtenhain folgen wir dem blauen Andreaskreuz. Wegverlauf mit Karte vergleichen!

Wegeverlauf:

Vom Bhf. in Richtung Unterweißbach gehen wir nach ca. 150 m über die Brücke der Schwarza, danach rechts ab in Richtung Sitzendorf. Vorbei an der OVS Haltestelle Linien 16 und 31. Wir folgen der Bitumenstraße ca. 330 m (Bergbau und Goldwanderweg) und biegen bei der zweiten Markierung unmittelbar am Hädderbach links in den Wald ein. Hier beginnt ein langgezogener Aufstieg, der uns von 310 m auf 665 m über NN am Barigauer Turm führen wird (WW Hädderbach-Oberhain, Barigauer Turm). Wir folgen dem Bachverlauf und wechseln nach ca. 400 m auf das andere Bachufer. Den Bach zur Rechten folgen wir dem Hädderbach einen guten Kilometer bachaufwärts bis zu einer kleinen Metallbrücke, die wir überqueren. An der nächsten Weggabelung folgen wir dem WW Oberhain, der uns nach Ende des Waldes vorbei an einem weiteren WW (Oberes Hädderbachtal) nach Oberhain führt. Im Ort Oberhain halten wir uns links und kommen zur Ortsmitte Oberhain. Bis hierhin haben wir insgesamt 3,3 km zurückgelegt und bereits 250 Höhenmeter bewältigt. Gleich 50 m links von unserem Standort befindet sich die Likörfabrikation und Destillerie A.O. Siegmund. Hier ist nach Absprache eine Führung für Gruppen möglich. Werksverkauf und Postversand werden angeboten.
Nach einem Probeschluck aus der „Buckelapotheke" wandern wir die Dorfstraße aufwärts, vorbei an der Dorfkirche. Am Ortsausgang verlassen wir die nach links abbiegende Hauptstraße und folgen dem Wanderweg durch die Felder auf die Barigauer Höhe (WW An der Feldscheune-Barigauer Turm). Nach weiteren 1,2 km haben wir den höchsten Punkt des ersten Teils unserer Wanderung, den Barigauer Turm (Abb. W19.2) erreicht. Der 9 m hohe Turm wurde 1912 errichtet und bietet eine Rundumsicht auf insgesamt 43 Dörfer und Städte, auf die Berge des Thüringer Waldes und bei ganz klarer Sicht sogar bis hin zum Brocken im ca. 130 km entfernten Harz (Abb. W19.3). In der gemütlich eingerichteten Gaststätte ist der Wanderer immer herzlich willkommen. Montag ist Ruhetag.
Am WW Barigauer Höhe vorbei halten wir uns links und folgen der Fahrstraße abwärts in den vor uns liegenden Ort Barigau. Nach 150 m sind wir in der Ortsmitte angelangt. Am Löschteich folgen wir dem WW Obstfelder Schmiede/Barigauer Tal bis zum Ortsausgang. Dort weist uns der WW Oberes Barigauer Tal-Obstfelder Schmiede - Bergbahn durch das Reinhardstal (Abb. W19.4) nach Glasbach, einem Ortsteil der Gemeinde Mellenbach-Glasbach. Der Weg links vom Bach führt uns in den Wald, nach ca. 1 km wechseln wir an einer kleinen Lichtung auf die andere Bachseite und erreichen nach weiteren 400 m an der Gemeindeecke den Ortsteil Glasbach. Wir folgen der Straße bis zum WW Kreuzweg-Bergbahn 1,5 km, überqueren die Hauptstraße und die Brücke über die Schwarza und biegen, uns links haltend, in die Straße in Richtung Bergbahn ein.

Wer allerdings schon hier die Wanderung beenden möchte, überquert nicht die Schwarza, sondern folgt der Hauptstraße flussaufwärts, erreicht nach ca. 700 m den Bahnhof Mellenbach-Glasbach und kann hier seine Wanderung beenden.

Die Talstation der **Oberweißbacher Bergbahn** (s. Anhang) erreichen wir nach weiteren 1,4 km (Achtung, am Bahnübergang nicht die Gleise überqueren, sondern sich links halten). Von hier bieten sich wiederum mehrere Varianten zur weiteren Gestaltung der Wanderung an.

1. Beendigung der Wanderung am Haltepunkt Obstfelder Schmiede der Schwarzatalbahn,

2. Fortsetzung der Tour mit der Bergbahn bis Lichtenhain,

3. Aufstieg nach Lichtenhain zu Fuß entlang des technischen Lehrpfades der Bergbahn

Wir wählen die Variante 3. und folgen dem Orientierungszeichen, welches uns in einer Schleife zum Rastplatz „Bergbahnblick" führt. Hier beginnt der ziemlich anstrengende Aufstieg direkt entlang der Gleise der Bergbahn, müssen doch von der Talstation der Bergbahn bis zur Bergstation auf insgesamt 1.390 m 323 Höhenmeter bewältigt werden. Die maximale Steigung beträgt immerhin 25 %, die wir im Gegensatz zur Bergbahn, die fast lautlos an uns vorbeigleitet (Abb. W19.5), sicher kaum ohne zu schnaufen bewältigen. An Schautafeln können wir uns über interessante Details der Bergbahn informieren und uns immer wieder erholen. Der mit einer Sondermarkierung markierte Pfad führt uns direkt bis in die Bergstation der Bergbahn (Abb. W19.6). Kurz bevor wir diese erreichen, kreuzen wir den Hauptwanderweg Eisenach-Budapest (E 3), der mit dem blauen Andreaskreuz markiert ist, und dem wir bis zum Tagesziel folgen.
An einem Rastplatz mit Schutzhütte vorbei (Sandmännchens Märchenhütte) führt dieser Weg, der auf der alten Poststraße der Fürsten von Schwarzburg-Rudolstadt verläuft, nun stetig bergab. Vorbei an der Schutzhütte Potsdamer Platz bis zum Ufer der Schwarza. Dieser folgen wir bis zur Forellenzuchtstation (WW „Am Sportplatz"). Neben einer Fuhrt überqueren wir auf einer Fußgängerbrücke den Bach Lichte, der aus der im Bau befindlichen Lichtetalsperre kommt und hier in die Schwarza mündet. Nach wenigen Metern erreichen wir die Straße nach Oberweißbach und überqueren sie. Nach ca. 1 km ist der Ortsteil Blechhammer erreicht, ein kurzer Abstieg führt uns hinab zum Bahnhof Sitzendorf-Unterweißbach, dem Ziel unserer Wanderung.

Abb. W19.5: Bergbahn Oberweißbach (E. Krauß).

Abb. W19.6: Bergstation (Archiv Bergbahn).

Abb. W19.7: „Buckelapotheker" (R. Martin).

Abb. W19.8: Wanderkarte.

W20 Auf dem Thüringenweg

Allgemeines:

Der Thüringenweg ist ein Fernwanderweg, der Thüringen in ost-westlicher Richtung von Altenburg bis nach Creuzburg an der Werra durchquert. Er erschließt Teile der Thüringer Ebene mit landschaftlich schönen, vielfältig gestalteten Gebieten, wie Sprotte- und Elstertal, das Holzland, die Ilm-Saale-Platte und das Vorland des Thüringer Waldes. Die Schönheit des Weges steht der des Rennsteigs nicht nach, im Gegenteil. Das Bestechende ist der stete Wechsel zwischen Tälern und Hügeln, Flussauen, sanft geschwungenen Wiesen und Feldern, der freien Natur und den Städten und Siedlungen Thüringens. Der Weg bietet so dem Wanderer ein Abbild Thüringens, wie es interessanter nicht sein kann. Er lässt Raum für gefühlvolle Hingabe und tiefes Erleben, zur sportlichen Betätigung in reizvoller Natur. Zahlreiche Burgen und Schlösser am Wege, sakrale Bauten und Kirchen bieten Anreize zur Vertiefung geschichtlicher Kenntnisse. Wirkungsstätten herausragender Persönlichkeiten laden zur Beschäftigung mit ihnen und ihren Werken ein.

13. Etappe von Großkochberg nach Bad Blankenburg

Charakter:

Streckenwanderung, gemäßigte Auf- und Abstiege, schöne Aussichten und viel Kultur.

Voraussetzungen:

Keine besonderen Anforderungen.

Wanderstrecke: 16,8 km

(Höhenprofil Abb. W20.1)

Anstiege:	335 m
Abstiege:	465 m
Kalorienverbrauch:	1.180 kcal.

Start:

Großkochberg, Schloss Kochberg

ÖPVN: Großkochberg Buslinie 21 Rudolstadt-Teichel oder Buslinie 14 Rudolstadt-Weimar.

Kfz.: B 85 Weimar Richtung Rudolstadt, nach Ortsausgang Teichel links in Richtung Großkochberg abbiegen.

Ziel:

Bad Blankenburg, Stadtzentrum - Aufgang zur Burg Greifenstein.

Wegemarkierung:

Durchgehend mit Wegweisern und Wegezeichen (blauer Punkt) gekennzeichnet. Auf einen unübersichtlichen Streckenverlauf wird in der Wegebeschreibung hingewiesen.

Wegeverlauf:

Wir starten die Wanderung in Großkochberg im **Schloss Kochberg** (Abb. W20.2, s. Anhang) mit dem beeindruckenden Garten. Hier ist Goethes Handschrift als Gartenarchitekt sowohl im französischen als auch im englischen Teil des Park nicht zu übersehen. Oft hat der Dichterfürst hier "... in dem Schloss hinter den Bergen geweilt ..." und das sicher mit großer Freude. Wartete doch jemand auf ihn, dem er zugetan war, der seine dichterischen Ambitionen verstand und seine Phantasie beflügelte - Frau Charlotte von Stein. Vielleicht hat er auch deshalb nach eigenen Angaben den Weg von Weimar in vier Stunden zu Fuß und zu Pferde in zwei Stunden bewältigt.
Über das Schloss, den Garten und das Liebhabertheater gibt es viel Interessantes und Erstaunliches zu berichten. Das würde aber den Rahmen einer Wanderbeschreibung sprengen. Lassen Sie sich auf jeden Fall neugierig machen und übernachten Sie im Schloss oder kommen Sie einmal mit auf eine Goethewanderung quer durch Thüringen, die von den örtlichen Wandervereinen angeboten wird.

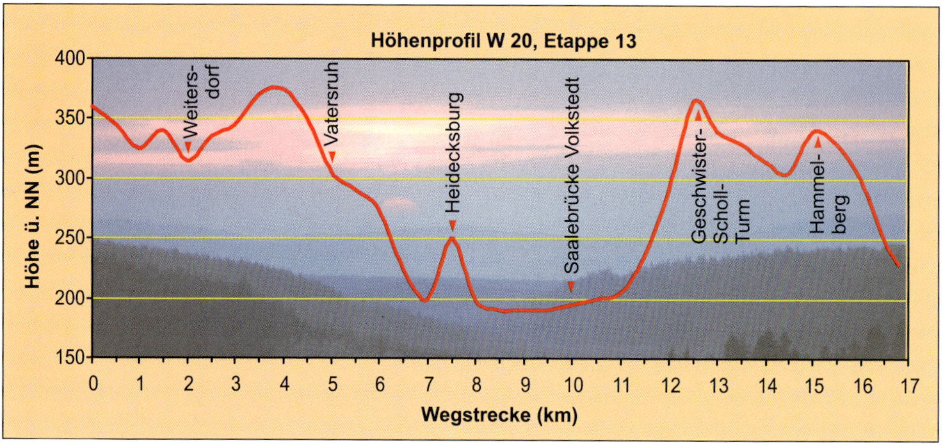

Abb. W20.1: Höhenprofil.

Abb. W20.2: Schloss Kochberg (B. Wiesel).

Abb. W20.3: Kapelle Weitersdorf (B. Wiesel).

Abb. W20.4 (rechts): Blick vom Bismarck- bzw. Geschwister-Scholl-Turm (B. Wiesel).

Abb. W20.5: Wanderkarte, Etappe 13.

© grünes herz

Wir durchqueren den Ort Großkochberg, immer dem blauen Punkt auf weißem Quadrat folgend. Es geht vorbei an der Ortskirche, einer interessanten Wehrkirche. Die Treppen zur Empore, die sich außerhalb der Kirche befinden, verdanken ihre Entstehung der Reformationszeit.

Wir folgen dem leicht abfallenden Weg zu einem Vorwerk und gelangen mit kurzem Anstieg nach Weitersdorf. Die Gutsgebäude sind geschichtlich bedeutsam, da sie den Fürsten von Schwarzburg-Rudolstadt gehörten. Die Einkünfte aus diesem Gut wurden zum Teil dazu genutzt, bedürftige Rudolstädter Gymnasiasten mit einem Stipendium zu unterstützen. Interessant ist ohne Zweifel auch ein Bildstock rechts des Weges, der aufgrund der Verwitterung nur schwer das Standbild eines stehenden Ritters vermuten lässt. Die Sage berichtet, dass hier in der Dämmerung vorbeikommende Lügner und Betrüger geohrfeigt werden...

Unscheinbar, aber von höchster Bedeutung ist die Kapelle in Weitersdorf (Abb. W20.3). Sie wurde im romanischen Stil erbaut und gilt als eine der ältesten Kapellen in Thüringen. Dank eines Freundeskreises finden in der Kapelle wieder Gottesdienste statt.

Über einen idyllischen Wiesenweg gehen wir weiter bergab und bergauf in Richtung Teichweiden.

Felder, ein Teich mit Birken, Wiesen, Bänke und Baumgruppen wechseln sich in harmonischer Folge ab. Kurz vor dem Erreichen des Ortes lohnt sich ein Blick zurück. Ein Teil des Abstiegs von der Ilm-Saale-Platte liegt hinter uns. Der Luisenturm, in Wälder eingebettete Dörfer und tief eingeschnittene Waldtäler bieten eine herrliche Ansicht.

Durch Teichweiden führt uns der Weg an der kunstvoll mit Schiefer verkleideten Dorfkirche vorbei. Wieder befindet sich der Zugang zur Empore außerhalb der Kirche.

Nach einem kurzen Anstieg liegt das Saaletal vor uns. In der Ferne, bereits am anderen Ufer der Saale grüßt der Marienturm. Ein Brauereibesitzer hat ihn seiner Frau zu Ehren errichten lassen.

Durch einen Hochwald steuern wir nun abwärts der Saaleaue zu. Und plötzlich bietet sich uns wieder ein phantastischer Blick: Unter uns die Heidecksburg in **Rudolstadt** (s. Anhang), neben uns ein steil abfallendes Wiesental, das Mummeltal, und linkerhand der Bergausläufer Debra. Der Platz „Vaters Ruh", nach einem Porzellanfabrikanten dieser Region benannt, lädt zum Verweilen und zu einer Brotzeit ein.

Gestärkt setzen wir den Weg fort, der uns nach einer ebenen Strecke - und übrigens vorbei an „Muttis Ruh" - steil bergab bis zur verkehrsreichen Straße B 85 führt, die in Richtung Weimar verläuft. Wir überqueren die B 85 und folgen weiter dem blauen Punkt auf weißem Grund. Durch ein mit Löwen versehenes Tor biegen wir in den Park am Fuß der Heidecksburg ein. Den Bach linker Hand überqueren wir auf einer kleinen Brücke. Nach einem mäßigen Aufstieg erreichen wir das **Schloss Heidecksburg** (s. Anhang).

Ursprünglich hat der Weg seinen Namen von den am oberen Ende befindlichen Kutscherremisen - der Volksmund hat dann Kutscherwiesen daraus gemacht.

Die Heidecksburg mit ihren Museen macht Geschichte lebendig: Der Schlossturm, erbaut von Krohne, einem Schüler Sempers, der schöne Burgbrunnen, die Pferdeschwemme, die Durchfahrt unter dem Schloss in Richtung Stadt, das Holzpflaster in den Durchgängen, die Dioskurenköpfe. Schiller und Goethe waren hier, Katharina die Heldenmütige und Herzog Alba der Niederlande haben Anteil an der Burggeschichte. Der Heidecksburg und der Stadt Rudolstadt sollte man etwas mehr Zeit schenken.

Nach einem Blick vom „Rudolstädter Balkon" geht es über den Rosenweg zur Altstadt. Rechterhand lugt ein unscheinbares Häuschen (leider in keinem guten Zustand) herüber. Richard Wagner diente es als Unterkunft, als er in Rudolstadt am Theater arbeitete. Vor uns liegt das Bernhardinenstift. Adelige Fräulein verbrachten hier ihren Lebensabend. Hier ist auch der Eingang zum Handwerkerhof. Liebevoll restauriert, lädt er zum Rasten und Träumen ein.

Wir durchqueren die Stadt über den Marktplatz in Richtung Bahnhof. Am Bahndamm entlang, Saale aufwärts, gehen wir bis zur Unterführung der Bahnstrecke Berlin-München und überqueren auf der Fußgängerbrücke die Saale. Der Fluss hat hier schon eine stattliche Breite. Wir wandern über die Große Wiese, genießen zurückschauend den Blick zur Heidecksburg.
In der Ferne vor uns, jenseits der Saale, erhebt sich eine Bergkuppe mit dem Geschwister-Scholl-Turm, früher Bismarckturm, den wir als nächstes Ziel ansteuern. Eingeweiht wurde er am 01. April 1899.
Nachdem wir die Saale ein zweites Mal (diesmal über zwei Brücken) überquert haben, gelangen wir zu dem jetzt eingemeindeten Ort Volkstedt. Hier verbrachte Schiller einen Erholungsaufenthalt bei Pfarrer Unbehaun. Angeblich war der so besorgt um seinen Logiergast, dass er ihm im Schlaf sogar die Fliegen weggewedelt habe. Die Gemeinde hat vor mehr als 100 Jahren am Ufer der Saale eine Schiller-Eiche gepflanzt und zwar dort, wo Schiller nach eigenen Angaben durch den Fluss gewatet sein soll. Volkstedt ist auch durch seine Porzellan-Manufakturen bekannt geworden, vor allem durch die Herstellung von Nippes-Figuren.
Wir halten uns links und biegen nach ca. 100 m rechts ab und gelangen in die Zeigerheimer Str., der wir bis zum Übergang über die Bahnlinie folgen. Sofort danach halten wir uns rechts und an der ersten Querstraße wieder links, um zu einer Unterführung unter der Bundesstraße B 85/B 88 zu gelangen. Danach gehen wir links, gleich darauf noch einmal rechts und dann stoßen wir wieder auf die Zeigerheimer Straße. Nun führt uns der Weg stetig bergan. Zunächst durch ein Neubauviertel, dann durch Gartenanlagen, kommen wir zu einem unscheinbaren Abzweig (Achtung! Leicht zu übersehen!). Wir steigen weiter über einen Kammweg, den wir später nach rechts verlassen. Von hier aus ist der Geschwister-Scholl-Turm nicht mehr zu übersehen. Wieder bietet sich ein besonderer Blick (Abb. W20.4): Vor uns das Saaleknie, die Fabrikanlage Schwarza, die Preilipper Kuppe, die Kame, der Kulm und natürlich die Städte Rudolstadt und Saalfeld an der Saale.
Wir verlassen den Aussichtspunkt, den Turm hinter uns lassend, und steigen durch Hochwald abwärts, bis wir auf eine Plattenstraße gelangen. Dieser folgen wir nach links und durchqueren den Ort Zeigerheim. Im Ortszentrum laden in unmittelbarer Nähe zwei Gaststätten zum Rasten ein. Nun ist es nicht mehr weit bis zum Tagesziel. Leider müssen wir hier ein Stück der Asphaltstraße folgen. In einer Senke verlassen wir diese und steigen zum letzten Mal auf der heutigen Tour bergan. Von der Höhe können wir nun schon den Eingang zum Schwarzatal erkennen, an dem auch **Bad Blankenburg** (s. Anhang) liegt. Hier ist der Weg sehr bequem. Vor uns erhebt sich die Burg Greifenstein. Wir biegen aber vorher nach links absteigend ab und erreichen unser Tagesziel, die Friedrich-Fröbel- und Lavendelstadt Bad Blankenburg. Viele Gebäude erinnern an Fröbel, den Begründer des Kindergartens.
Am Aufstieg zur Burg Greifenstein ist unser Etappenziel erreicht. Bis ins Stadtzentrum mit der Touristinformation und Zimmervermittlung sind es nur noch 100 m. Auch bis zum Bahnhof (Strecke Saalfeld-Erfurt) ist es nicht mehr weit.

14. Etappe von Bad Blankenburg nach Paulinzella

Charakter:
Streckenwanderung, nur im Anstieg Richtung Greifenstein und Fröbelblick anstrengend, schöne Aussichten und weitere geschichtliche und kulturelle Höhepunkte.

Voraussetzungen:
Festes Schuhwerk.

Wanderstrecke: 17,3 km
(Höhenprofil Abb. W20.6)

Anstiege:	505 m
Abstiege:	385 m
Kalorienverbrauch:	1.350 kcal.

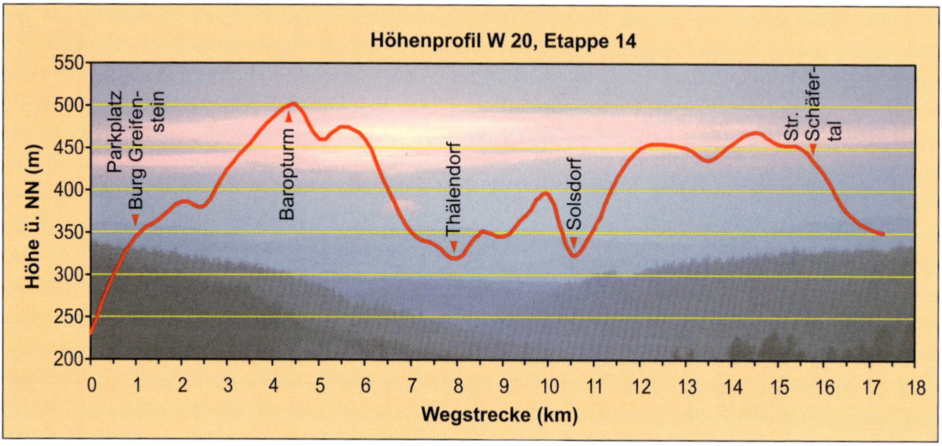

Abb. W20.6: Höhenprofil.

Abb. W20.7: Burg Greifenstein (B. Wiesel).

Abb. W20.9: Klosterkirchenruine Paulinzella (B. Wiesel).

Abb. W20.8: Baropturm (B. Wiesel).

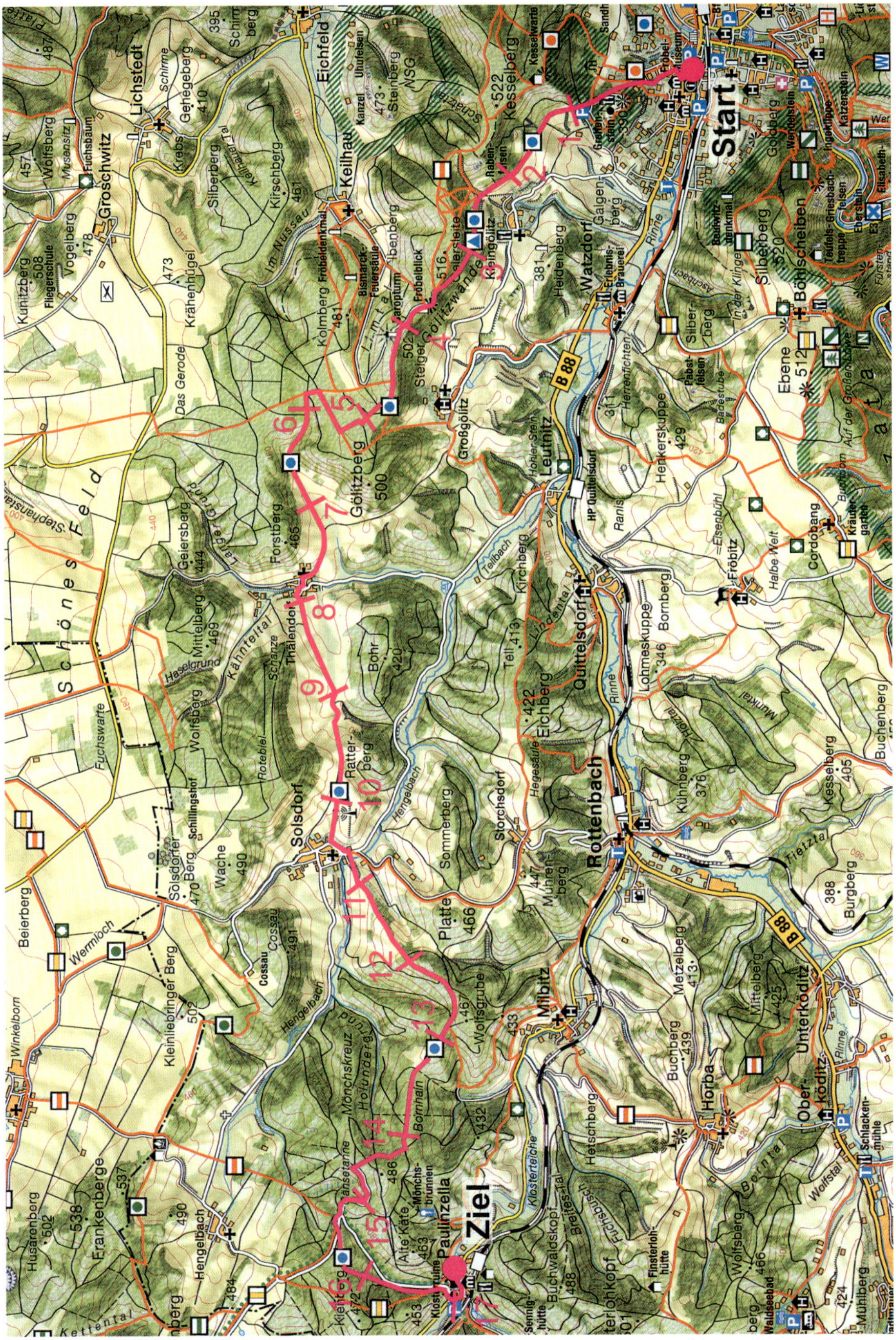

Abb. W20.10: Wanderkarte, 14. Etappe.

Start:
Zentrum Bad Blankenburg - Aufstieg zur Burg Greifenstein am ehemaligen Pestfriedhof.

ÖPVN: Buslinien B, D und 10 - Stadtverkehr Rudolstadt-Bad Blankenburg; Linie 15 Rudolstadt-Imenau, Linie 16 Rudolstadt-Sitzendorf, Linie 17 Rudolstadt-Dittrichshütte, Linie 49 Unterwellenborn, Saalfeld, Bad Blankenburg, Watzdorf und Linie 502 Rudolstadt-Neuhaus

Bahn: Linie Saalfeld-Erfurt (stündlicher Verkehr)

Kfz.: B 88 zwischen Rudolstadt/Schwarza und Ilmenau

Wegemarkierung:
Durchgehend mit Wegweisern und Wegezeichen (blauer Punkt) gekennzeichnet.

Wegeverlauf:
Die 14. Etappe des Thüringenweges beginnt am Rand der Altstadt von Bad Blankenburg. Hier verlief ursprünglich die Stadtmauer. Am ehemaligen Pestfriedhof, der außerhalb der Stadtmauer lag, geht es bergauf.
Der zunächst stark ansteigende, gut ausgebaute Weg zur Burg Greifenstein (Abb. W20.7) hinauf hat es in sich. Beim Abzweig zur Jugendherberge halten wir uns links und steigen in den Sattel zwischen der Burg Greifenstein und der Kesselwarte. Wir erreichen einen Parkplatz und können uns hier an der Wandertafel zum Thüringenweg über den weiteren Verlauf unserer heutigen Wanderung informieren.
Von hier ab geht es relativ leicht bergauf und bergab an den Hängen der Gölitzwände entlang. Streuobstwiesen säumen unseren Weg. Der Galgenberg liegt links von unserer Wanderung.
Vorbei an Kleingölitz steigen wir mäßig weiter hinan und passieren einen Kalksteinbruch. Die Flora ist für diese Kalksteinhänge im Thüringer Vorland typisch: Im Frühjahr kann man an einigen Stellen am Kesselberg Kuhschellen finden, im Herbst sind es der langstielige Enzian und die Silberdistel, die uns besonders erfreuen. Wer im Mai die Wanderung unternimmt und etwas abseits des Weges schaut, kann aber auch verschiedene Orchideenarten finden. Diese geschützten Pflanzen machen die Kalktrockenrasen an den Hängen ökologisch interessant.
Vom kleinen Steinbruch ist es nun nicht mehr weit bis zum Fröbelblick. Auf einem hervorspringenden Muschelkalkblock stehen als Denkmal die Spielgaben Fröbels: Würfel, Walze und Kugel (Abb. W21.2).

Nun sind es nur noch 60 Höhenmeter bis zum Baropturm (Abb. W20.8). Er wurde nach einem Mitarbeiter von Fröbel benannt. Manchmal ist der Turm geöffnet, dann ist eine Besteigung unbedingt zu empfehlen. Einen solchen Rundblick über das Thüringer Schiefergebirge und den Südlichen Thüringer Wald hat man selten.
Auf ebenen, weichen Waldwegen geht es auf der Höhe weiter. Wir müssen jetzt ein Uhu-Nistgebiet umrunden. Einen Wanderer wird dieser Umweg nicht stören. Im Spätsommer und Herbst findet man hier jede Menge Pilze.

Die Ruhe der uns umgebende Landschaft lässt uns Zeit zum Nachdenken. Von den Kesselwänden haben wir einen Blick auf die idyllischen Dörfer, in denen die Straßen enden, deren Bewohner noch ein unverfälschtes Dorfleben gestalten. Beim Durchqueren dieser Dörfer oder bei einer Rast in ihnen, erleben wir die Freundlichkeit und Aufgeschlossenheit der Thüringer.
Sind wir auf unserer bisherigen Wanderung hungrig und durstig geworden, kehren wir in den Harrashof in Solsdorf ein. Das gemütliche Landgasthaus, ein seit Gedenken in Familien-Tradition geführtes Unternehmen, verwöhnt uns mit Kaffee, Tee und dem bekannten Thüringer Kuchen.
Nun geht es weiter über eine Strecke bergauf, hier lohnt sich immer wieder der Blick zurück. Das typische Thüringer Dorf mit seiner wuchtigen Kirche und den imposanten Kalksteinbergen im Hintergrund - ein beeindruckendes Bild. Wir verlassen den ansteigenden Hohlweg und gelangen durch Nadelwald zum Kamm-

weg. Hier befindet sich die so genannte Wolfsgrube, eigentlich aber lediglich eine Wegkreuzung. Angeblich ist hier vor vielen Jahren der letzte Wolf in dieser Region geschossen worden.
Nun führt uns unser Weg 2 km fast eben immer durch den Hochwald bis zur Gänsetanne und dann zum Fahrweg nach Paulinzella. Er ist mit dem blauen Punkt auf weißem Quadrat markiert.

Auf Wunsch der Förster wurde in den zurückliegenden Jahren der Weg hier entlang gelegt, um im Gebiet des Mönchsbrunnens das Auerwild nicht zu stören. Als aktive Naturschützer verhalten wir uns deshalb ganz ruhig. Zu sehen bekommen werden wir die scheuen Tiere aber wohl kaum.
Am Mönchsbrunnen, er liegt etwa 150 m abseits vom Weg (Hinweisschild beachten) haben in der Vergangenheit Mönche während der Trockenzeit für das nahe gelegene Kloster Wasser geholt.
Ein schmaler und weicher Hangweg führt uns hinab ins Tal und zur Klosterruine Paulinzella.

Wir betreten die Ruine vom Altarraum her. Die dreischiffige Säulenbasilika liegt vor uns. Wuchtige Monolithe streben gegen den Himmel. In diesem Ambiente finden an lauen Sommerabenden Konzerte statt - ein guter Grund wieder zu kommen.
Sehr beeindruckt von der Klosterruine war offensichtlich auch Friedrich Schiller, da er dem Bau sogar eines seiner Gedichte widmete.
Wir verlassen das Kirchenschiff auf der gegenüberliegenden Seite. Ein vierfach gestuftes Säulenportal diente als Eingang zu dem sakralen Bau. Vor uns liegt der Zinsboden, in dem die Abgaben der Bauern aus den umliegenden Dörfer gelagert wurden. Links beeindruckt das Thüringer Forstamt mit seiner Fachwerkbauweise. Halblinks fällt der Blick auf das renovierte Jagdschloss der Fürsten von Schwarzburg-Rudolstadt. Es beherbergt ein Museum zur Geschichte des Klosters, der Forstwirtschaft und des Jagdwesens.
Die Gästebücher belegen, dass schon Goethe, Schiller und die Gebrüder Humboldt diesen Ort besucht haben. Goethe verbrachte, von Stadtilm kommend, hier übrigens seinen 68. Geburtstag. Eine Tafel an dem leider sehr maroden Gasthof an der Straße Richtung Bahnhof verweist darauf.

Nicht weit vom Kloster finden wir den Bahnhof von Paulinzella und über Rottenbach erreichen wir nach 16 Minuten Fahrt wieder den Ausgangspunkt unserer Wanderung, die Stadt Bad Blankenburg.

W 21 Kugel, Walze und Würfel - der Fröbelwanderweg

Charakter:
Rundwanderung mit wunderschönen Aussichten und einem besonderen Bildungsangebot.

Voraussetzungen:
Feste Schuhe mit Profil, Trittsicherheit und Kondition.

Wanderstrecke: 14,5 km
(Höhenprofil Abb. W21.1)

Anstiege:	501 m
Abstiege:	501 m
Kalorienverbrauch:	1.225 kcal

Start und Ziel:
Rathaus Bad Blankenburg

ÖPVN: Buslinien B, D und 10 - Stadtverkehr Rudolstadt-Bad Blankenburg; Linie 15 Rudolstadt-Imenau, Linie 16 Rudolstadt-Sitzendorf, Linie 17 Rudolstadt-Dittrichshütte, Linie 49 Unterwellenborn, Saalfeld, Bad Blankenburg, Watzdorf und Linie 502 Rudolstadt-Neuhaus

Bahn: Linie Saalfeld-Erfurt (stündlicher Verkehr)

Kfz.: B 88 zwischen Rudolstadt/Schwarza und Ilmenau

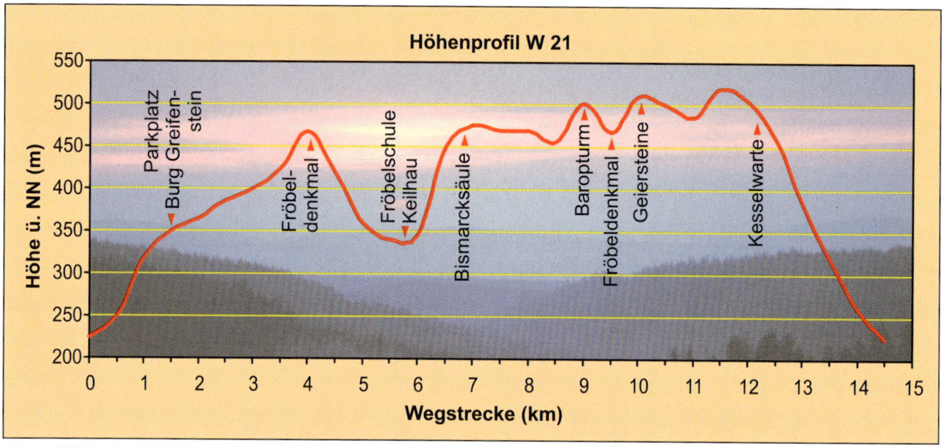

Abb. W21.1: Höhenprofil.

Abb. W21.2: Fröbeldenkmal auf dem Kesselberg (E. Krauß).

Abb. W21.3: Keilhau mit Fröbelschule vom Kirschberg aus gesehen (E. Krauß).

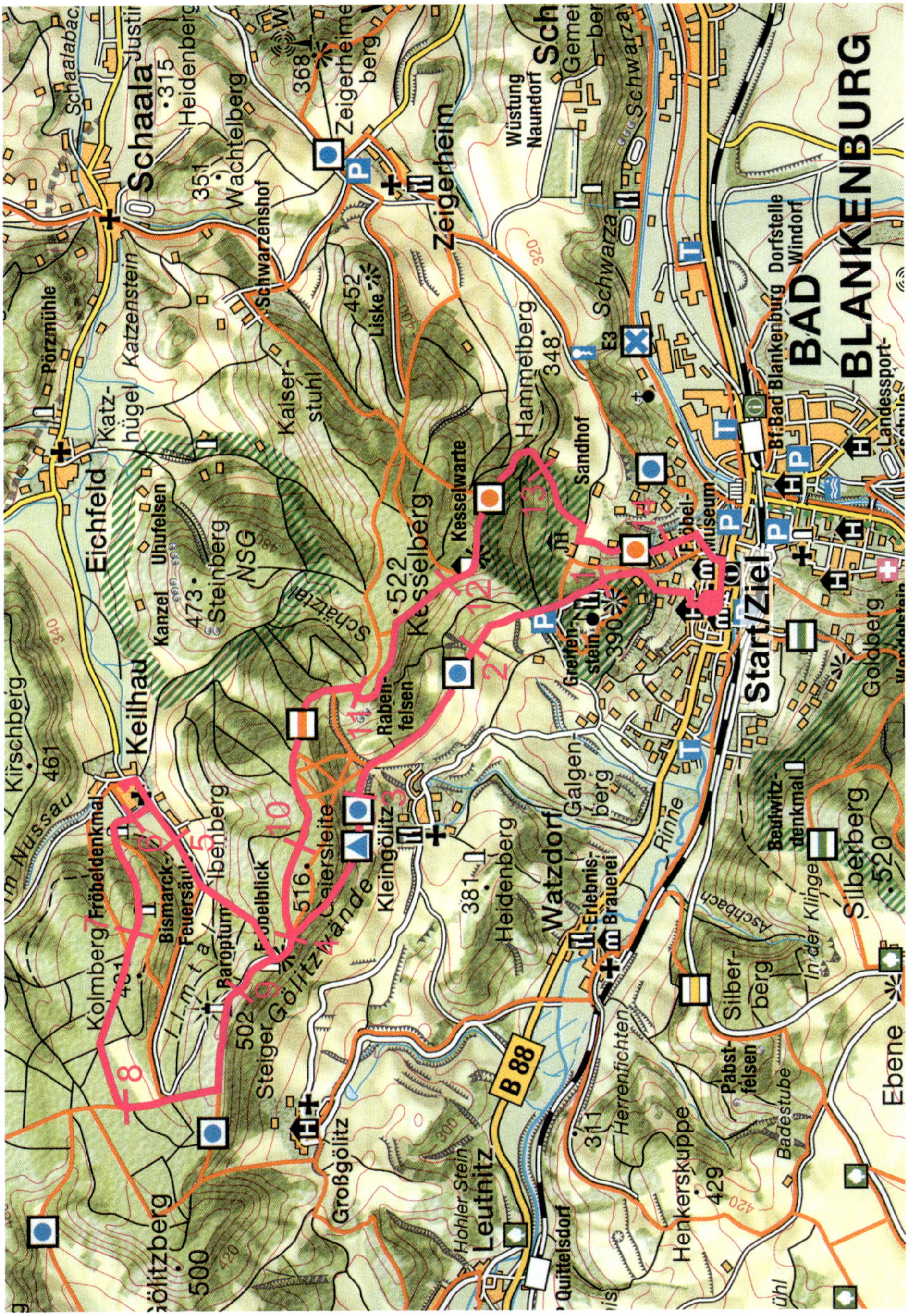

Abb. W21.4: Wanderkarte.

Wegemarkierung:
Von Bad Blankenburg bis Keilhau: Kugel, Walze und Würfel (rot auf weißem Grund), später wechselnde, z.T. unzureichende Markierung (siehe Wegebeschreibung und Wanderkarte).

Wegebeschreibung:
Wir beginnen unsere Wanderung am denkmalgeschützten Rathaus von Bad Blankenburg. Eine Besichtigung lohnt sich, denn unter dem gläsernen Fußboden am Treppenaufgang sind noch Fundamente des Rathauses zu sehen, die aus dem 15. Jahrhundert stammen und bei der Rekonstruktion des Rathauses nach der Wende gefunden wurden. Der alte Rathaussaal, in dem am 28.06.1840 in einer Feierstunde der erste deutsche Kindergarten durch **Friedrich Fröbel** (s. Anhang) begründet wurde, ist weitestgehend originalgetreu rekonstruiert worden. Er wird heute für Tagungen und Konzerte genutzt.

So eingestimmt, führt unser Weg zum „Haus über dem Keller", welches Friedrich Fröbel ab 1839 als Spiel- und Beschäftigungsanstalt nutzte und dem er 1840 den Namen Kindergarten gab. 1982 wurde hier das Fröbelmuseum eingerichtet. In seinem Archiv finden wir zahlreiche Handschriften von Fröbel, Erstausgaben einiger seiner Bücher und Schriften, Briefe und Notizen. In diesem Haus revolutionierte Fröbel die Kleinkindererziehung mit dem Ziel, Grundlagen zu schaffen für die Entwicklung freier, selbständig denkender Menschen.

Wir verlassen das Museum und folgen der Markierung mit den Fröbelschen Spielgaben. Vorbei am **Evangelischen Allianzhaus** (s. Anhang) gelangen wir auf den Burgweg, der uns steil bergan führt. Vorbei an der **Burg Greifenstein** (s. Anhang), weiter zum Fröbelblick oberhalb der Gölitzwände. Dieser Weg ist identisch mit dem ersten Teil des Thüringenweges von Bad Blankenburg nach Paulinzella.
Nach Überqueren der Straße, die zur Jugendherberge von Bad Blankenburg führt, bringt uns der Weg jetzt leicht ansteigend durch Streuobstwiesen und Felder, am Waldrand unter den steil aufragenden Kalkschichten der Kesselwände entlang. Bänke und die Aussichten auf die gut gepflegten Dörfer, die zumeist Ortsteile von Bad Blankenburg sind, laden zur Rast ein. Hier über den Ortschaften Klein- und Großgölitz finden wir noch gewaltige Walnussbäume, die im 18. Jahrhundert gepflanzt wurden, als der Weinanbau nicht mehr lohnend war. Hangaufwärts im Wald sind noch beachtenswerte Bestände der Eiben zu finden. Im Herbst bis in den Winter hinein leuchten hier Silberdisteln im Sonnelicht.
Auf dem Kamm des Kesselberges stoßen wir wieder auf Fröbels Spuren. Mit Blick über die Dörfer Großgölitz und Fröbitz, über die Barigauer Höhe und den Kirchberg bei Oberweißbach (Geburtsort von Fröbel mit dem Fröbelturm), zum Eselsberg mit dem Rennsteig und ganz im Westen zum Kickelhahn bei Ilmenau (auf dem Goethe sein berühmtes „Wanderers Nachtlied" schuf) prägte hier Friedrich Fröbel den Begriff „Kindergarten". Diese Landschaft ist ein Garten für Kinder - der Begriff Kindergarten widerspiegelt somit gleichsam die Liebe Fröbels zur Natur und zu den Kindern, für die er sein Leben lang schöpferisch tätig war. Das Denkmal (Abb. W21.2) unter den Kiefern auf der Höhe - bestehend aus den Spielgaben Kugel, Walze und Würfel, erinnert uns Wanderer an jenen Mann, der mit seinem Werk sicher auch Anteil an unserer Erziehung genommen hat.

Wir überqueren den Rücken des Berges und steigen hinab ins Ilmtal. Bis zum kleinen Ort Keilhau folgen wir der Markierung der Spielgaben. Im ehemaligen Rupertschen Gut in Keilhau (Abb. W21.3) gründete Fröbel 1817 die Keilhausche Erziehungsanstalt. Hier versuchte er die Einheit von charakterlicher Erziehung, Vermittlung theoretischer Kenntnisse und praktischer-manueller Fertigkeiten umzusetzen. Hier schrieb er auch sein Hauptwerk „Die Menschenerziehung", welches 1826 erstmals verlegt wurde. Auch nach seinem Weggang aus Keilhau 1831 wurde die Schule im Fröbelschen Sinne weitergeführt. Von der Verbundenheit der Schüler mit dieser Einrichtung

zeugen heute mehrere Denkmale in der unmittelbaren Umgebung, die vom „Bund der alten Keilhauer" (ehemaliger Schüler) gestiftet wurden.
In den in den letzten Jahren liebevoll restaurierten Gebäuden wurde 1956 eine Sonderschule für Sprachbehinderte eingerichtet, deren Arbeit heute durch die „Freie Fröbelschule Keilhau" fortgesetzt wird.

Nach dem Besuch des Schulmuseums steigen wir der Markierung grüner Punkt folgend steil bergan, am Fröbeldenkmal, das Fröbel im Kreise seiner Zöglinge zeigt (Abb. W21.5),

Abb. W21.5: Fröbeldenkmal in Keilhau (E. Krauß).

vorbei bis zur Bismarckfeuersäule. Sie wurde 1898 hier errichtet und war somit eine der ersten Feuersäulen in Deutschland.
Wir folgen dem Weg, der als Sichtachse auf die Feuersäule angelegt war, leicht bergan vorbei an den Resten eines Rondells. Ein Schild mit der Eule weist uns darauf hin, dass wir uns hier in einem Flächen-Naturdenkmal befinden (Weg nicht verlassen). Auch hier ist auf kleinem Raum die typische Vegetation der Muschelkalkgebiete zu finden.

Ein schlecht markierter Weg (WZ gelber Strich - man muss sehr aufmerksam sein, um die Markierung zu finden) führt uns in westliche Richtung über den Kolmberg. Nach einem guten Kilometer treffen wir auf einen in nord-südlicher Richtung verlaufenden Karrweg. Hier steht ein Wegweiser, der in Richtung Bismarcksäule und Keilhau weist. Wir biegen auf den Karrweg nach links ein, der nach wenigen Metern an einem Feld zur linken Hand vorbei auf eine Kreuzung führt. Hier geht es links ins Ilmtal nach Keilhau ab, geradeaus führt der Karrweg auf den Bergrücken der Gölitzwände und rechts führt ein mit einem grünen Punkt schlecht markierter Weg steil bergan. Ihm folgen wir bis zu den Abbrüchen der Gölitzwände. Hier stoßen wir wieder auf gut markierte Wanderwege - den Thüringenweg und den Olitätenrundwanderweg, die uns über den Baropturm (Abb. W20.8) wieder zum Fröbeldenkmal (Fröbelblick) führen. Der Turm wurde anlässlich des 50-jährigen Dienstjubiläums des ehemaligen Direktors der Keilhauer Erziehungsanstalt, Johannes Arnold Barop, von seinen ehemaligen Schülern geschaffen und 1878 eingeweiht.

Ab dem Fröbeldenkmal bleiben wir auf dem Kammweg am Rand der Wandabbrüche. Dieser Weg trifft nach ca. 1 km wieder auf den Karrweg, auf dem wir zuerst bergab, dann steil bergauf den Weg fortsetzen. Am Ende des Steilstücks biegt ein Pfad rechtwinklig in den Wald rechts ein und führt uns zurück an den Rand des Bergabbruchs. Wieder folgen wir diesem Pfad bis hin zur Kesselwarte, einer Schutzhütte hoch über der Stadt Bad Blankenburg. Noch einmal haben wir einen phantastischen Ausblick, diesmal vor allem auf die Stadt Bad Blankenburg, mit der 1952/1953 für Bergleute der „Wismut" gebauten Siedlung, dem Gelände der Landessportschule, dem Villenviertel und der Altstadt, auf den Burgberg mit der Burg Greifenstein und auf den Taleinschnitt, den die Schwarza in die dunklen, steil ansteigenden Berge des Thüringer Schiefergebirges als Pforte ins Schwarzatal geschaffen hat.

Von der Kesselwarte folgen wir den Kammweg weitere 300 m bis ein Pfad hinein in einen Bestand aus alten Rotbuchen in Serpentinen talabwärts führt (Achtung: Die Wegweiser sind leicht zu übersehen, da sie sehr hoch angebracht sind!). Der zur Stadt führende Weg ist mit einem roten Punkt markiert und führt uns auf einen Feldweg, der an der Jugendherberge von Bad Blankenburg vorbei verläuft. Kurz vor der Jugendherberge biegen wir steil abwärts in einen unmarkierten Weg nach links ein. Er führt uns am Jesuborn vorbei in die Stadt. Das Zentrum erreichen wir wieder über die Zeigerheimer Straße. In einer der gemütlichen kleinen Gaststätten lassen wir den erlebnis- und lehrreichen Wandertag ausklingen.

W22 Der Olitätenrundwanderweg

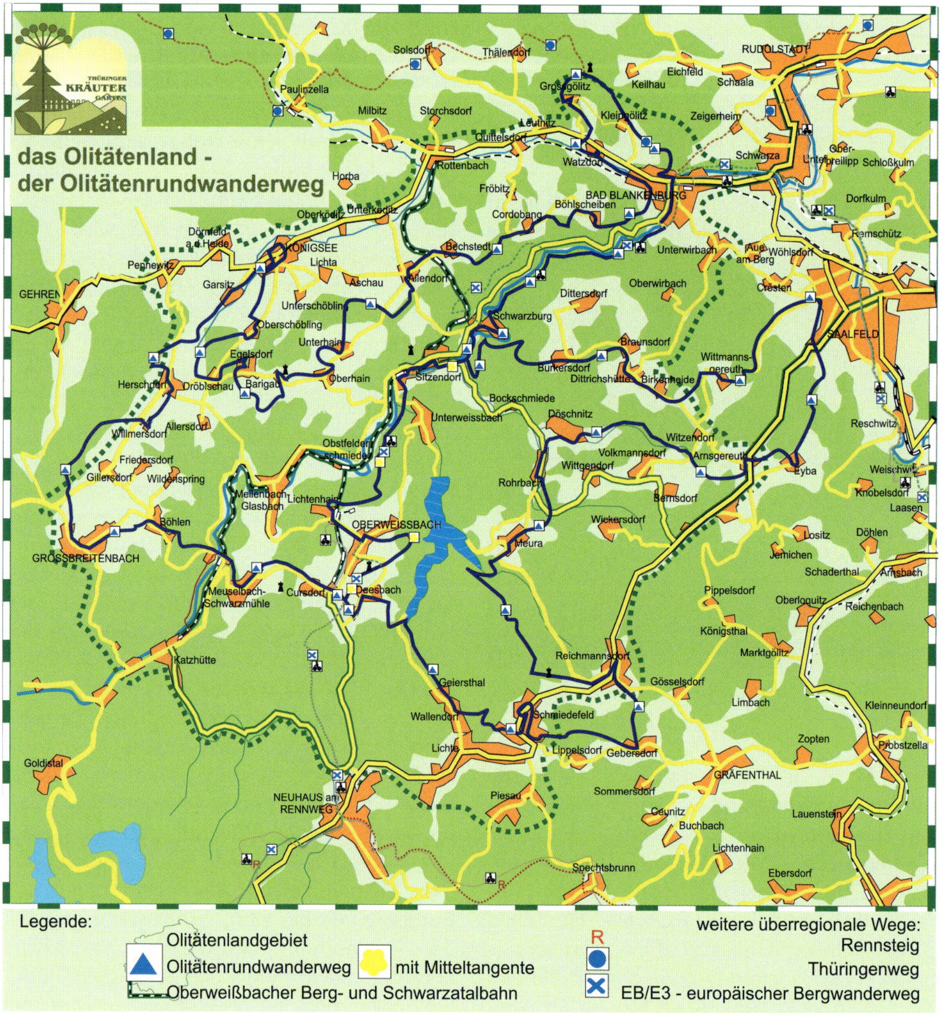

Abb. W22.1: Überblick über das Olitätenland und den ganzen Olitätenrundwanderweg (R. Martin).

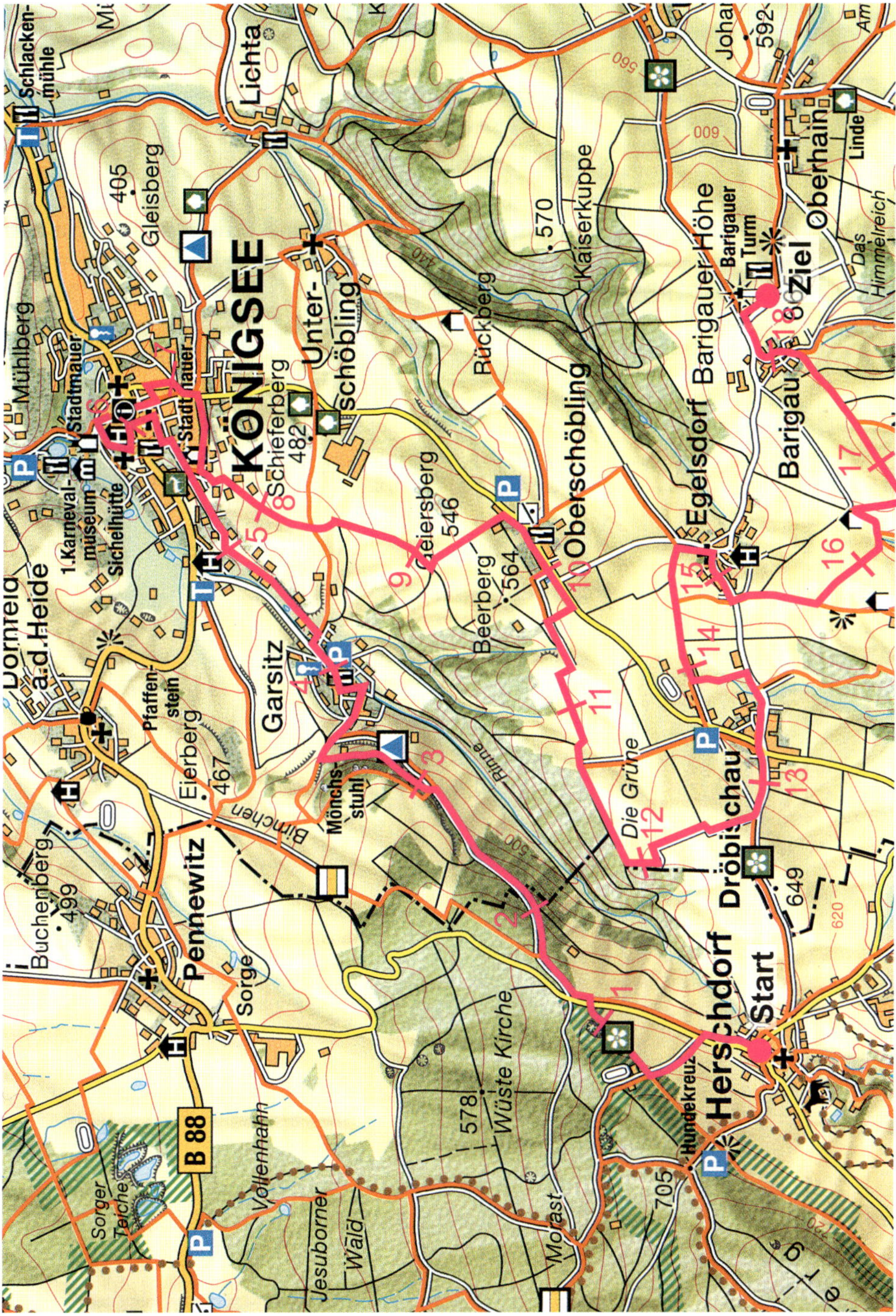

Abb. W22.2: Wanderkarte.

Allgemeines

„Olitäten - alle Arten von Ölen und Essenzen und wohlriechenden Wässern etc., welche in Waldgegenden als Arzneimittel und Parfümerien fabriziert und von umherziehenden Olitätenhändlern in den Handel gebracht werden." – so steht es in Meyers Konversationslexikon (Bd. 12, Ausgabe 1877). Heute verzeichnet kein Lexikon der Gegenwart diesen Begriff. Die vielfältigen Kräuter, wie sie damals und heute im Olitätenland - auch Thüringer Kräutergarten genannt - wachsen, gewinnen für Heilzwecke wieder zunehmend an Bedeutung. Kräutergärten wurden angelegt und Drogerien und Apotheken führen ein vielfältiges Angebot an wirksamen Kräutern. Einige Betriebe haben sich erhalten und stellen noch heute Arzneien nach den traditionellen Rezepturen unserer Vorfahren her. Der Förderverein „Olitätenwege im Thüringer Kräutergarten" griff dieses Thema auf und schuf gemeinsam mit den Kommunen den Olitätenrundwanderweg, auf dem sich der Besucher mit der „Natur am Wegesrand" gründlich vertraut machen und die Traditionen der „Buckelapotheker" bzw. der „Raanzerte" und „Königseer" hautnah erleben kann.

Das Olitätenland umfasst das gesamte Gebiet des Schwarzatales mit seinen schattigen Nebentälern, den zumeist bewaldeten Bergkuppen und landwirtschaftlich genutzten Höhen (Abb. W22.1).

Vom Rennsteig mit über 800 m über NN, mit den heimischen Kräutern Bärwurz und Arnika, erstreckt sich die wechselvolle Landschaft bis zu den Muschelkalkhängen des Rinnetals bei 230 m über NN, wo u.a. der Lavendel typisch ist. Durchzogen wird das Gebiet von der Oberweißbacher Berg- und Schwarzatalbahn, die geradezu zur naturverträglichen Nutzung des Gebietes durch Wanderer und Erholungssuchende einlädt. Unter dem Titel „Bahnfahren und Wandern im Olitätenland" steht ein ausführlicher Freizeitführer für das Olitätenland mit seinen Traditionen und besuchenswerten Veranstaltungen zur Verfügung. Das Buch bietet Anregungen zur Gestaltung von Wanderungen in einem Gebiet, das zu Recht zu den schönsten im Wanderland Thüringen zählt.

Der Olitätenrundwanderweg, von dem nachfolgend eine Etappe beschrieben wird, bildet mit seinen ca. 170 km markierter Strecke eine Klammer über 44 Ortschaften im Olitätenland. Hier kann man die Handelsgeschichte der Buckelapotheker und ihrer Heilkräuter live erleben und sich auf Begegnungen mit Land und Leuten, mit Olitätenhändlern und Buckelapothekern, mit Kräuterfrauen und Schwarzatalhexen, mit der Lavendel- oder Olitätenkönigin freuen.

Eine Etappe auf dem Olitätenweg: ...wo abgestempelt wird - mit dem Reisepass aus Königsee ins Olitätenland

Charakter:

Streckenwanderung. Natur-, Kultur- und Geschichtserlebnis durch Orte und auf Pfaden und Wegen der Buckelapotheker und Kräuterhexen.

Voraussetzung:

Festes Schuhwerk mit Profil, offene Nase, weite Ohren, große Augen, weites Herz.

Start:

Herschdorf an der Bushaltestelle.

ÖPNV: Linie 30 Königsee-Herschdorf (nur montags-freitags)

Kfz: B 88 von Königsee in Richtung Ilmenau, in Pennewitz links abbiegen in Richtung Großbreitenbach/Neuhaus.

Ziel:

Barigauer Turm.

ÖPVN: Zurückwandern nach Barigau. Linie 30 Herschdorf-Königsee, oder nach Oberhain absteigen und von dort mit der Linie 33 Mankenbach-Königsee (beide Linien nur montags-freitags).

Kfz: von Barigau Landstraße bis Dröbischau (zur B 88 in Königsee) bzw. Herschdorf (zur B 88 in Pennewitz).

Für Gruppen empfiehlt sich das Umsetzen einiger PKW's vor Wanderungsbeginn von Herschdorf zum Barigauer Turm (Entfernung ca. 5,5 km).

Wegemarkierung:
Grün/weiße Wanderwegschilder mit gelber Aufschrift: Olitätenrundwanderweg, markiert mit blauem Dreieck.

Wanderstrecke: 18,4 km
(Höhenprofil Abb. W22.3)

Anstiege:	425 m
Abstiege:	395 m
Kalorienverbrauch:	ca. 1.350 kcal.

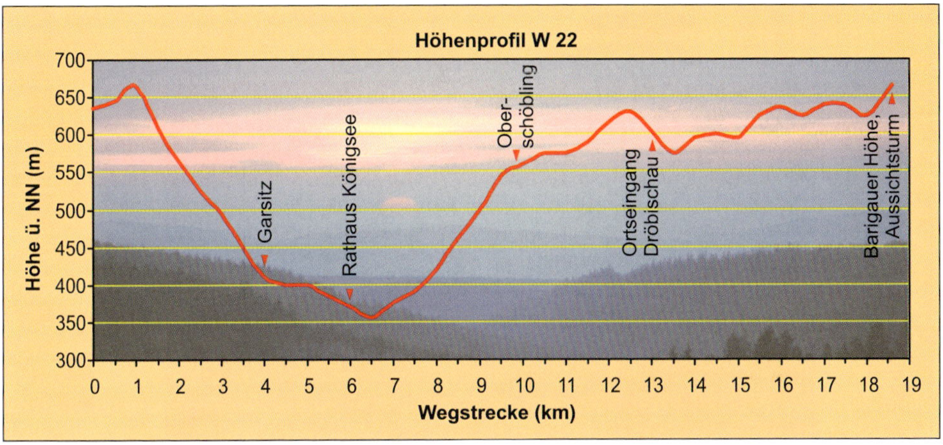

Abb. W22.3: Höhenprofil.

Abb. W22.4 W22.5: Willkommen im Olitätenland (R. Martin).

Wegebeschreibung:

Von der Lange-Berg-Region wandern wir, aus Herschdorf kommend, ins idyllisch gelegene Rinnetal. Dieses Tal gab dem Gebiet um Königsee bis Rottenbach und Bad Blankenburg seinen Namen. Entdecken, erleben und genießen können wir hier die intakte Natur mit würzigen, duftenden Kräutern, Blumen und anderen seltenen Pflanzen - ein märchenhafter Ort. Dazu passen die Sagen um das Garsitzer Gebörne, dem Zechsteinriff links neben uns, das schon den Urmenschen Behausung bot. Auf dem liebevoll angelegten, Infoweg „Natürlich Königsee" (2,2 km) erfahren wir mehr über die Geschichte dieser Region und können die wechselnde Aussicht auf Garsitz, Königsee, Dörnfeld, ja sogar bis zu den Muschelkalkhängen in Richtung Bad Blankenburg genießen (Abb. W22.6). Bänke laden zum Verweilen ein. Im Blick auf Garsitz dominiert ein altes Backsteingebäude, die ehemalige Porzellanfabrik Riedeler mit interessanter Betriebsgeschichte. Als Mokkabecher hämmernder Goldschmied, der auf Wanderschaft am Hof von Achmed III. in Konstantinopel eine „Marktlücke" aufspürte, fertigte Firmengründer August Riedeler an dieser Stelle ab 1892 Becher aus Porzellan und schickte sie vergoldet in den Orient. Bereichert mit Kännchen, Sahnegießer und Zuckerdose entstand das Mokkaservice, später fertigte man Kinderporzellan.

Wir merken uns das Gebäude als Orientierung. Jetzt befindet sich dort ein naturhistorischer Schauraum, der uns die Entstehung des Riffs, seine Nutzung als Rast- oder Kultplatz durch die Urmenschen und seine Pflanzen anschaulich näher bringt.

Im Wegverlauf durch Garsitz bietet sich jedoch zuerst die Möglichkeit, die Thüringer Trachtenwerkstatt „Heckenrose" in diesem Gebäude kennen zu lernen. Besichtigung, Vorführung, Einblick in alte traditionelle Handarbeitstechniken, Verkauf - alles ist möglich.

Über die Treppe neben der Gaststätte gelangen wir am schön gestalteten Dorfplatz auf die Ortsstraße. Nachdem wir an der Kreuzung „Unteres Dorf" rechts und nach 40 m links abgebogen sind, wandern wir weiter in Richtung Dreiecksteich. Haselbüsche in lustiger Reihe mit Holunder, Kirsche, und Vogelbeere begleiten bis **Königsee** (s. Anhang). Schon bald ist die beeindruckende, mit Turmbauten geschmückte Kirche zu sehen. Entlang der Wasserluft gelangen wir zur Kreuzung Otto-Nuschke-Straße, die Start für unseren Rundweg in die Altstadt ist. An der gepflegten Parkanlage mit Goldfischteich, reizvoll angelegtem kleinem Tiergarten und Spielplatz vorbei, kommen wir an die Ecke Hospitalstraße/Straße „Am Wasser". Nach ca. 60 m gelangen wir rechts in die Hainstraße. Diese Straße entlang führt uns der Weg nach links in die Weberstraße, deren letztes Gebäude rechts das alte Amtshaus bildet, eine Hochburg in der **Olitätengeschichte** (Abb. W22.7, s. Anhang). Wir befinden uns jetzt im historischen Stadtkern, in dem noch heute zahlreiche gut erhaltene Bauwerke an den spätbarock-frühklassizistisch geprägten Baustil erinnern. Im Rathaus, vor uns aber auch im Heimatmuseum in der Schwarzburger Straße, an dem uns unser Weg noch vorbeiführt, können wir unser wichtigstes Dokument für den Aufenthalt im Olitätenland, den „Wander-Reisepass" abholen. Wie die Buckelapotheker von einst für ihre Auslandstouren (s. Anhang).

Vom Rathaus gelangen wir über den seit eh und je schiefen, heute schön rekonstruierten Marktplatz der Stadt (Abb. W22.8) in die Kirchstraße, in der linken Marktecke gelegen. Von hier aus sehen wir bereits den Kirchberg, der mit seiner 1872 eingeweihten imposanten neugotischen Stadtkirche eine markante Erhebung in der Stadt darstellt. Am Nordhang des Kirchberges befinden sich mehrere alte Kelleranlagen, die vermutlich im vorigen Jahrhundert angelegt wurden. Die mit 77 Metern längste Anlage ist bis zu 6 Meter breit und teilweise bis 3 Meter hoch. Die ehemalige Königseer Brauerei war Hauptnutzer der Keller, deren Durchschnittstemperatur von 6-10 °C ideal für die Gärung und Lagerung des Bieres ist.

Weiter dem Oberen Langen Graben abwärts folgend, sehen wir nach ca. 100 m auf dem Hang der rechten Seite den originalgetreuen

Nachbau (15 m) der einstigen Königseer Stadtmauer. Sie veranschaulicht den früheren Schutzschildring aus Feldsteinen, der 3-4 m breit und 5 m hoch war.
Unser Olitätenrundwanderweg schwenkt in die Brunnenstraße nach rechts. Von da aus gelangen wir zum ehemaligen Rübenmarkt, dem jetzigen Platz der Jugend. Nach dem Gang durch das sich anschließende schmale Gässchen, kommen wir in die Schwarzburger Straße und hier in das Königseer Heimatmuseum. Hier erfahren wir von sehr engagierten Mitgliedern des Heimatvereins viel Wissenswertes über die Geschichte von Königsee. Im chronologisch angeordneten Archiv können wir auch alles zum Thema Königseer Amtsgericht, Olitäten und den dazugehörigen „Königseern" nachlesen. Geschichltich informiert und mit dem amtlichen Reisepass „aufgewertet" stehen wir, nachdem wir das Bernhardtsgässchen oberhalb des Museums überquert haben und ca. 25 m rechts die Bahnhofstraße eingebogen sind, vor dem Gebäude der Firma Hofmann & Sommer Königsee. Ihre Wurzeln liegen in der Buckelapothekergeschichte. Die Naturheilmittel dieser Firma sind altbewährte Hausmittel.
In der angrenzenden Lindenstraße finden wir links die Kinderporzellanfabrik Roehler, jetzt Familienbetrieb in der 5. Generation. Hier können wir im Werksverkauf vom Puppengeschirr über porzellangefüllte Picknickkörbe bis hin zu persönlich kreierten Porzellangeschenken eine breite Palette echt Thüringer Handarbeit bewundern und erwerben.
Der Olitätenweg biegt hier nach rechts. Wir folgen dem Kreuzungsverlauf der Lindenstraße in die Straße „Am Schiefer", die flankiert wird von den Neurenaissance-Gebäuden der Post und des Ärztehauses. Nach weiteren 100 m biegen wir rechts in die Wohngebietsstraße „Am Schiefer". Sie führt uns bis zum Dr. Max-Näder-Gymnasium. Vorbei am Schulneubau verlassen wir die gastfreundliche „Amtsstadt des Olitätenlandes".
Über den folgenden geteerten Feldweg gelangen wir von Königsee nach Oberschöbling. Es ist ein typisches Straßenangerdorf, das zwischen Straße und den sauberen Häusern im steigenden Hangverlauf Teich, Grünflächen und Sitzgelegenheiten hat. Das Ortsende passierend, begleiten wir ca. 100 m (Verkehr beachten) die Hauptstraße und gelangen zu dem oberhalb des Teiches liegenden Rastplatz, an dem ein Gedenkstein zur Erinnerung an das 50 jährige Regierungsjubiläums (1864) des Fürsten Friedrich Günther von Schwarzburg-Rudolstadt aufgestellt wurde. Er stellt die Verbindung her zu unserem nächsten Wanderabschnitt, der historischen Fürstentumsgrenze. Unser Weg dorthin führt uns zunächst über freies Feld, zuerst nach ca. 200 m links, nach weiteren 250 m rechts abbiegend, dem Wald entgegen. Hier laufen wir auf der historischen Fürstentumsgrenze Schwarzburg-Rudolstadt und Schwarzburg-Sondershausen, entdecken alte Grenzsteine und werden auf der vom Heimatverein Dröbischau aufgestellten Tafel informiert. Am Wildacker und der Schutzhütte vorbei, begrüßt uns schon von weitem der für seine malerische Aussicht bekannte „Trompeterhügel". Er ist Vorbote des „Dröbischauer Kräutergarten" (Abb. W22.9, W22.10), des umfangreichsten Anschauungsgarten des Olitätenlandes, dem ein Arboretum angeschlossen ist. In **Dröbischau** (s. Anhang) können wir das Heimatmuseum besichtigen und uns über die Olitäten- und Ortsgeschichte informieren. Im Außengelände des Museums lassen alte Ackergeräte ahnen, wie mühevoll früher die Feldarbeit war. Das Heimattiergehege, die Parkanlage, das Brunnenhaus und eine Gaststätte laden zum Betrachten und Verweilen ein.
Wir verlassen Dröbischau in Richtung Egelsdorf und nutzen den links über die Wiesen zu den Stallanlagen führenden Weg. Ab hier wechseln wir auf den nach rechts abbiegenden Feldweg. Von weitem sehen wir Egelsdorf mit seiner „Grünen Villa" (ehem. Fabrikantendomizil), die Kirche der Orte Egelsdorf und Dröbischau (diese gehören verwaltungsmäßig zusammen) und links einen Erdhügel. Hier plant der Heimatverein die Wiedererrichtung einer Windmühle.
Unser markierter Wanderweg schwenkt zur Kirche und wieder aus dem Ort führend, die Verbindungsstraße Dröbischau-Barigau quer-

end, hinaus ins Feld. Der Trinkwasserhochbehälter des Ortes ist zu sehen, er ist unsere Orientierung. Wir biegen erst dort auf den linksschwenkenden Feldweg ein, genießen den Blick von der dort aufgestellten Schutzhütte aus. Unser Weg verläuft weiter auf gleicher Höhe und führt uns dann leicht fallend in einem Bogen an einem weiteren Trinkwasserbehälter (für den Ort Mellenbach) vorbei. Wenige Höhenmeter gewinnend, kurz vor der Gabelung mit zwei weiteren Feldwegen, biegen wir scharf rechts am Ackerrand in Richtung Wald. Dieser reicht rechts von uns steil abwärts ins Schwarzatal. Wir bleiben auf der Höhe und können bald schon den Barigauer Turm erkennen. Wir durchqueren den kleinen Ort **Barigau** (s. Anhang), der dem Turm seinen Namen gab. Dann steigen wir noch einmal auf der Straße zwischen Barigau und Oberhain steil bergan, bevor wir die Höhe und auf ihr den Turm erreicht haben (Abb. W22.11). Nachdem wir auch die Stufen des Turms bezwungen haben, können wir hinter den schützenden Turmfenstern das in alle vier Himmelsrichtungen unter uns liegende Olitätenland überblikken. Bis Ilmenau, Erfurt und Kahla geht unser Blick. Dennoch können wir auch bei ausgezeichneter Fernsicht nicht alle 43 Orte erkennen, die auf der Orientierungstafel verzeichnet sind.

In der Gaststätte am Turm endet unsere Wanderung durch einen Teil des Thüringer Kräutergartens bei Hausmannskost aus dem Olitätenland und einem echten Siegmundiner Kräuterlikör.

Abb. W22.6: Blick auf Königsee vom Infoweg am Gebörne bei Garsitz (R. Martin).

Abb. W22.7: Königsee 1782 mit Rathaus und Amtshaus - Registrier- und Passstelle der Buckelapotheker (Eckgebäude vorn, rechts) (Heimatmuseum Königsee).

Abb. W22.8: Markt von Königsee mit Rathaus und Hans-im-Glück-Brunnen im Vordergrund (R. Martin).

Abb. W22.9: Kräutergarten Dröbischau (R. Martin).

Abb. W22.10: Landschaft am Kräutergarten (R. Martin).

Abb. W22.11: Barigauer Turm (R. Martin).

W23 Von Uhlstädt zur Burgruine Schauenforst

Charakter:
Rundwanderung durch einsame Wälder und Fluren.

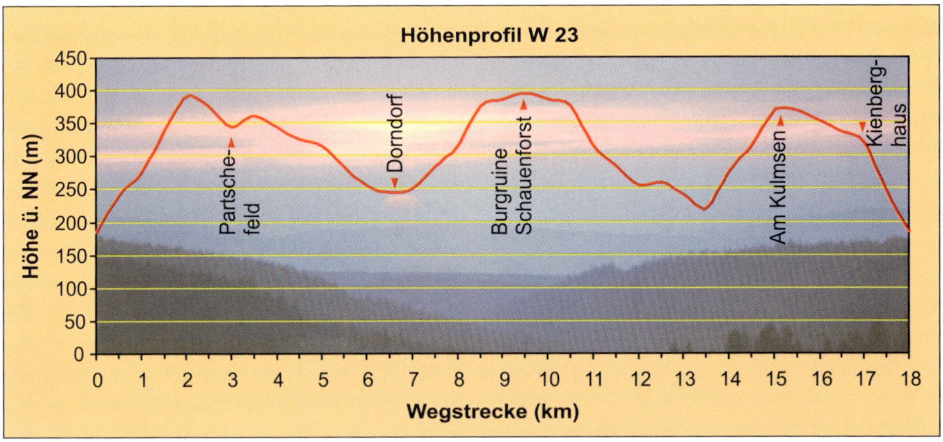

Abb. W23.1: Höhenprofil.

Voraussetzungen:
Festes Schuhwerk mit Profil, Kondition für Auf- und Abstiege.

Wegstrecke: 18 km
(Höhenprofil Abb. W23.1)

Anstiege:	525 m
Abstiege:	525 m
Kalorienverbrauch:	1.450 kcal

Start und Ziel:
Zentrum von Uhlstädt an der Kirche
ÖPNV: Linie 22 Rudolstadt-Uhlstädt-Engerda, Linie 23 Rudolstadt-Uhlstädt-Partschefeld
DB: Strecke Jena-Rudolstadt-Saalfeld
Kfz: B 88, zwischen Kahla und Rudolstadt gelegen.

Wegemarkierung:
Keine einheitliche Markierung. Wegweiser und z.T. Wegzeichen vorhanden (siehe Wegbeschreibung).

Wegebeschreibung:
Wir starten in **Uhlstädt** (s. Anhang) an der Kirche und wandern auf der Straße in Richtung Partschefeld. Nachdem die Straße den Uhlsbach überquert hat, biegen wir links in die Weinbergstraße ab und folgen dem Wegweiser „Kurzer Weg zur schönen Aussicht". Der Wanderweg ist mit einem blauen Punkt auf weißem Grund markiert. Im unteren Bereich ist dieser Weg etwas steil und schmal, aber wir haben eine gute Sicht auf Uhlstädt und das Saaletal.
Bald erreichen wir einen breiteren Weg, der zusätzlich mit einem blauen Balken auf weißem Grund markiert ist. Wir gehen hier nach links und etwa nach 5 min biegt der Wanderweg nach rechts ab. Wir gehen weiter aufwärts, dem Wegzeichen folgend. Nach 45 min erreichen wir die „Schöne Aussicht" mit einer Schutzhütte. Hier haben wir eine prachtvolle Aussicht nach Orlamünde, zur Leuchtenburg und zum Jagdschloss Hummelshain.
Nach einer kurzen Pause folgen wir nun dem Weg Richtung Dorndorf, der mit grünem Balken auf weißem Grund markiert ist. Bald verlassen wir den Wald und genießen wieder eine prachtvolle Aussicht nach Norden. Vor uns liegt der kleine Ort Partschefeld, den wir nach ca. 1 Std. Gesamtwanderzeit erreichen. Hier besteht die Möglichkeit einer Einkehr. Im Ort folgen wir dem Wegweiser nach links in Richtung Dorndorf.
Hinter Partschefeld erreichen wir eine Anhöhe mit dem Wasserhäuschen. Von hier verläuft der befestigte Fahrweg bis nach Dorndorf immer abwärts durch Felder und Wiesen. Wir treffen auf eine Weggabelung am Waldrand, an der wir nach links gehen.
Bei den weiteren Weggabelungen gehen wir bis Dorndorf geradeaus weiter. Nach ca. 2 Std. insgesamt erreichen wir Dorndorf. Der Ort hat seinen ursprünglichen Charakter, wie alle Dörfer im Hexengrund, weitgehend erhalten. In der Dorfmitte biegen wir nach links und treffen am Ortsrand auf die Fahrstraße, die durch den Hexengrund (Abb W23.2) führt. Wir gehen auf dieser Straße ca. 100 m in Richtung Engerda und verlassen sie in der nächsten Linkskurve wieder.
Hier folgen wir dem Wegweiser bzw. der Wegemarkierung (grüner Balken auf weißem Grund) in Richtung Schlossberg mit der **Burgruine Schauenforst** (s. Anhang). An der Rotkehlchenquelle biegen wir nach links ab in Richtung Ruine Schauenforst (Abb. W23.3). Bis hier sind wir ca. 3 Std. und 15 Minuten unterwegs.
Für die Erhaltung der Burgruine sorgt seit vielen Jahren der „Burgenverein Schauenforst e. V.". Vom Verein wurde auch neben der Burg eine sehr schöne Baude errichtet. Wandergruppen, die hier eine längere Rast zum Grillen, einen Baudenabend planen oder nur den Bergfried besteigen möchten, können das bei Herrn Heinz Peupelmann (036742/ 6 08 91) anmelden.
Vom Schlossberg gehen wir den gleichen Weg bis zur Landstraße zurück. Hier wenden wir uns nach links über den Piskenhügel in Richtung Heilingen. Hinter dem Piskenhügel treffen wir wieder auf die Landstraße. Wir überqueren sie und wählen den Feldweg. Nach 4 Std. kommen wir nach Heilingen, in dem

wieder eine Möglichkeit zur Einkehr besteht. Im Zentrum des Ortes ist die Gerichtslinde mit dem Dingplatz besonders interessant. Diese Gerichtslinde wird auf ein Alter von ca. 550 Jahren geschätzt. In Heilingen folgen wir dem Wegweiser in Richtung Kienberg bzw. Uhlstädt, der wiederum mit grünen Balken auf weißem Grund markiert ist.

Dieser Wanderweg führt immer geradeaus und bergauf zu den beiden Kulmsen (oder auch Culmsen, 418 m). Bis zum Waldrand lohnt sich immer wieder ein Blick zurück auf Heilingen und den Hexengrund. Wir steigen jetzt jedoch nicht auf die bewaldeten Gipfel, sondern bleiben zwischen ihnen und treffen auf eine idyllische Waldwiese.

Im weiteren Verlauf kommen wir dann zum Fahrweg in Richtung Kienberg, dem wir vorbei an einem Denkmal für Hermann Löns folgen. Nach 5 Std. 30 min kommen wir am Kienberghaus „Jägerhof" an. Nachdem wir die herrliche Aussicht genossen haben, können wir in dieser schönen Baude einkehren.

Für den Abstieg nach Uhlstädt benötigen wir auf dem beleuchteten Weg nur noch ca. 20 min bis wir unseren Ausgangspunkt, die Kirche von Uhlstädt, wieder erreicht haben.

Abb. W23.3: Burgruine Schauenforst (B. Wiesel).

Abb. W23.2: Im Hexengrund (B. Wiesel).

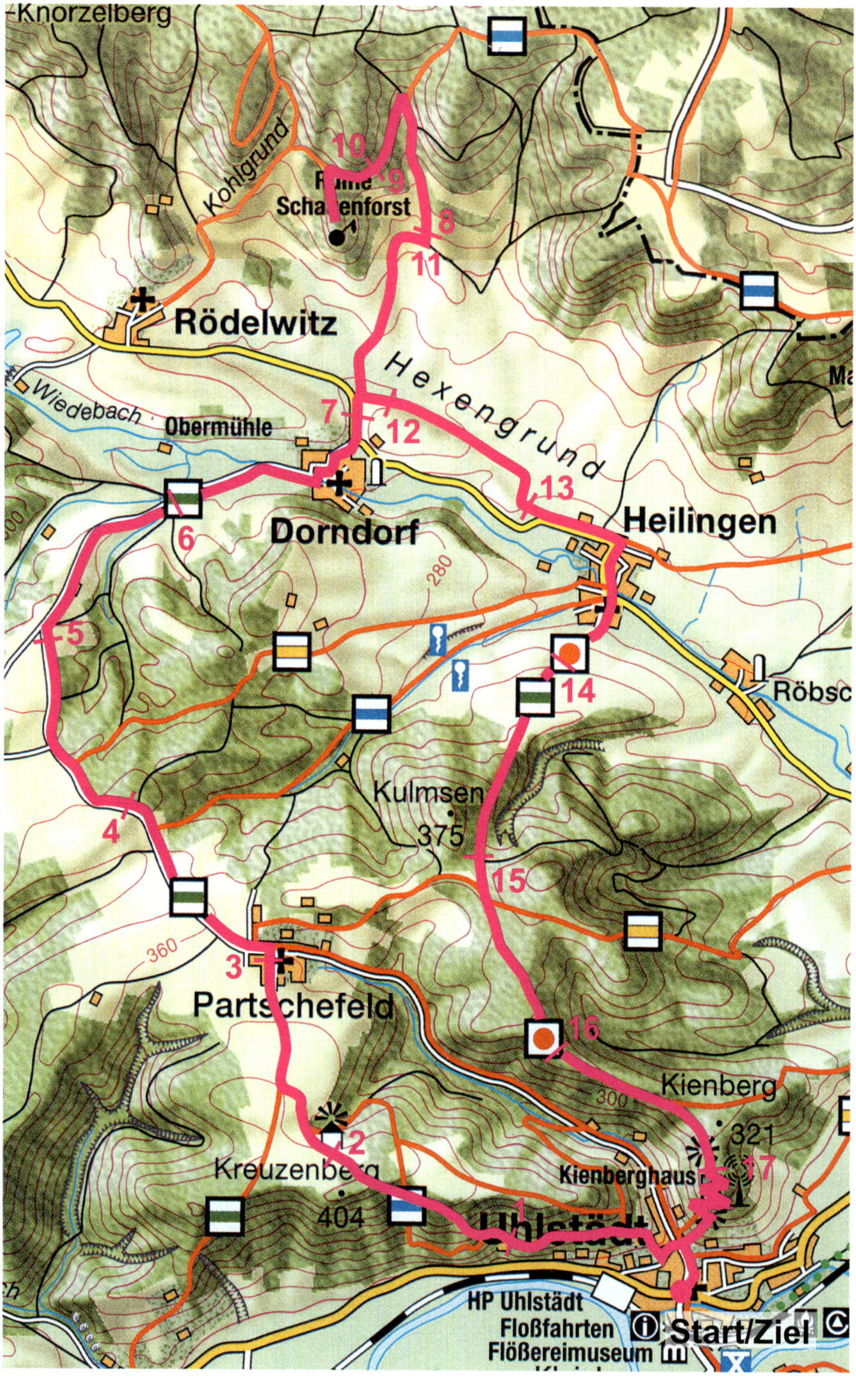

Abb. W23.4: Wanderkarte (Grünes Herz). © grünes herz

W24 Mit Goethe zu dem „Schloss hinter den Bergen"

Charakter:

Kultur- und Bildungswanderung, auf der man die Schönheiten des Vorlandes des Thüringer Waldes erleben und zugleich viel aus Vergangenheit und Gegenwart erfahren kann. Wechsel von Wald, Felder, Wiesen. Anstrengend durch seine respektable Länge und der Summe der An- und Abstiege.

Voraussetzungen:

Schuhe, in denen man gerne wandert, Regenbekleidung bei unsicherem Wetter, Kondition.

Wanderstrecke: 26, 2 km

(Höhenprofil Abb. W24.1)

Anstiege: 650 m
Abstiege: 510 m
Kalorienverbrauch: ca. 2.000 kcal.

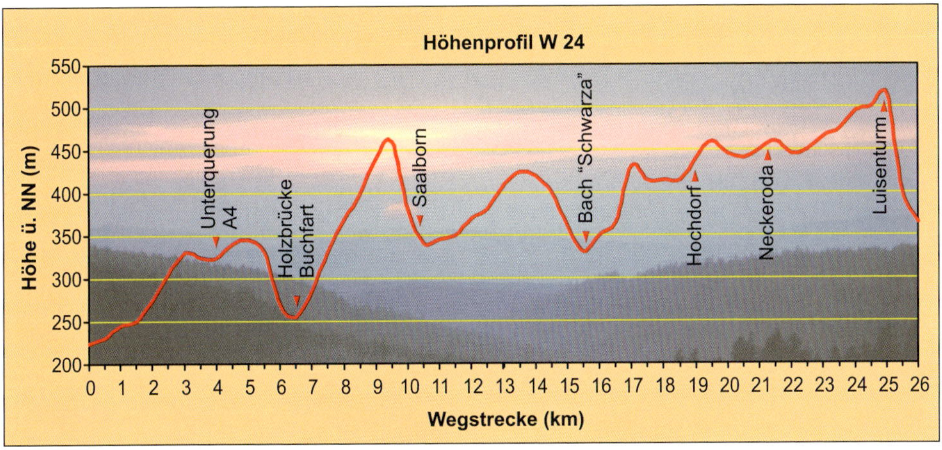

Abb. W24.1: Höhenprofil.

Abb. W24.2 (links): Informationstafel auf dem Goetheweg (B. Wiesel).

Abb. W24.3: Hausbrücke in Buchfart (B. Wiesel).

Start:

Am Wielandplatz in der Stadt Weimar.

DB: Bahnlinie Erfurt in Richtung Berlin, Dresden oder Leipzig.

Kfz: A4, Abfahrt Weimar, Ausweisung in Richtung Zentrum bis Belvederer Allee (Goethepark). Dort links abbiegen, nach 500 m ist der Wielandplatz erreicht. Parkmöglichkeiten in der Umgebung.

Ziel:

Gemeinde Großkochberg.

ÖPVN: Buslinie 21 Rudolstadt-Großkochberg-Teichel bis Teichel, mit Buslinie 14 Rudolstadt-Teichel-Weimar nach Weimar zurück.

Wegemarkierung:

Sondermarkierung: Weißes „G" auf grünem Untergrund. Ausreichend und übersichtlich markiert.

Allgemeines:

Muss man begründen, dass Goethe eigentlich Thüringer war - wohl kaum. Von 1775 bis zu seinem Tode im Jahre 1832 hat er hier gelebt, also 57 Jahre. Es ist nur natürlich, dass mehrere Wanderwege nach dem Dichterfürsten benannt sind. Eine Wanderung führt von Weimar nach Großkochberg. Viele Male hat Goethe zu Fuß und zu Pferde diese oder Teile dieser Strecke zurückgelegt. Sei es, um in das Badestädtchen Bad Berka zu kommen oder einen Brand in Neckeroda zu betrachten. Am häufigsten dürfte aber seine höfische Freundin Charlotte von Stein ihn zu dieser Tour bewegt haben. Angeblich hat er die Strecke in vier Stunden bewältigt.

Wegeverlauf:

Wir beginnen den Weg in Weimar am Wielandplatz. Der Prinzenerzieher hat unweit des Goethehauses am Frauenplan gewohnt und hier ist deshalb ein idealer Startplatz für unsere Wanderung. Bis dorthin lassen wir uns mit dem Linienbus bringen. Am ersten Maiwochenende findet von hier aus jährlich eine öffentliche, geführte Wanderung zum „Schloss hinter den Bergen" statt.

Geschichte und Geschichten links und rechts des Weges lassen uns nicht los: Ein ortskundiger Wanderleiter wird über das Wildenbruch-Denkmal, das Museum für Ur- und Frühgeschichte, den historischen Friedhof mit seiner orthodoxen Kirche und der Fürstengruft, das Louis-Fürnberg-Haus u.v.m. berichten.

Durch Gärten mäßig bergauf steigend, lohnt sich ein Blick zurück. Mächtig erhebt sich über Weimar der Ettersberg mit seinem Glockenturm, mahnend an ein dunkles Kapitel deutscher Geschichte. Hier befand sich das KZ Buchenwald.

Nach einer Senke unterqueren wir die Autobahnbrücke der A4 und erreichen Vollersroda. In der Dorfmitte zieht eine wuchtige Wehrkirche den Blick auf sich. Vielen Dorfbewohnern hat sie sicher in der Vergangenheit als Schutz gedient. Eine Hinweistafel vor der Kirche weist auf Lionel Feiniger hin. Er hat diese und viele andere Dorfkirchen der Umgebung gemalt, bevor er in die USA auswanderte. Die Baudenkmale, die Motive Feiningers wurden, kann man sich übrigens auch auf einem ausgeschilderten ca. 40 km langen Radweg erschließen.

Wir verlassen das schmucke Dorf und biegen am Ortsausgang in einen Feldweg nach links ab: Sollte der Weg zu schlammig sein, bleiben wir lieber die wenigen 100 Meter auf dem relativ wenig befahrenen Asphaltweg. Beide Wege treffen sich an der Waldgrenze wieder. Das Wegezeichen des Goeheweges leitet uns sicher, es ist nicht zu verfehlen.

Es geht nun über Waldwege bis zur „Balsamine". Das ehemalige Ausflugs-Gasthaus wartet leider noch auf einen neuen Besitzer. Unmittelbar vor uns befindet sich ein verwitterter Sandstein des Thüringerwald-Vereins.

Der Goetheweg führt nun nach rechts bergab in Richtung Buchfart. Auf der Hälfte der Strecke führt nochmals nach rechts ein Weg zu den Höhlenburgen. Die vor vielen 100 Jahren bewohnten Felsenhöhlen dienten später wohl nur als Zufluchtsorte, wenn Feinde nahten. Das Betreten ist nicht ungefährlich, weil der Muschelkalk brüchig ist.

Bald kommen wir in das Dorf Buchfart. Beachtenswert sind zum einen die Kirche, zum anderen das attraktive alte Mühlrad der Buchfarter Mühle und die restaurierte überdachte Holzbrücke (Abb. W24.3). Durch die Thüringer Sintflut (1613) war sie stark in Mitleidenschaft gezogen worden.
Noch weit ist der Weg: Herr Goethe hat bis hierher erst etwa 6-7 Kilometer zurückgelegt. Nun geht es gemächlich aber stetig bergauf. Besonders im Frühjahr begleitet uns hier das helle Grün der Buchen (Abb. W24.5) mit ihren silbergrau glänzenden Stämmen und Teppiche von Buschwindröschen.
Nach 2-3 Kilometern sind wir an der Tafelbuche angelangt. Angeblich hat hier Carl August nach seinen Jagden getafelt. Hier haben wir die Höhe des Bergzuges erreicht.
Nun ist der Weg nur noch kurz bis nach Saalborn. Zur offiziellen Goethewanderung werden die Wanderer hier von der Gaststätte verwöhnt, aber auch sonst können wir hier eine Rast einplanen. Eine interessante kleine Dorfkirche lädt ebenfalls zum Verweilen ein.
Leider müssen wir nun ein Stück auf der Asphaltstrasse gehen, Herr von Goethe hatte es eilig und deshalb offensichtlich diese Route gewählt. An der B 85 angekommen, überqueren wir diese, gehen parallel zur Fernverkehrsstraße ca. 200 m weiter und biegen dann in den Dammbachsgrund ein. Ein gut beschilderter Weg führt uns im Zickzack durch den Wald zur Grenzallee. Es geht etwas mühsam immer geradeaus, aber hier erreichen wir den Punkt, der unsere Strecke halbiert. 13 km liegen hinter uns. Hier stießen auch zwei Kleinstaaten im reich zerstückelten Thüringen aneinander.
Der Goetheweg biegt dann unvermittelt nach links ab. Er ist zwar ausgeschildert, aber ins Gespräch vertieft, kann man hier schnell die Richtung verfehlen. Ein Labsal für die Wanderbeine ist nun der moosige Untergrund des Weges, der uns zu idyllisch gelegenen Rasenbänken führt.
Nun geht es leicht bergab durch den Wald und bald schon hören wir die Waldhörner erschallen, vorausgesetzt natürlich, es ist gerade der Tag der offiziellen Goethewanderung. An der Riedeler Eiche (gepflanzt zu Ehren eines verdienten Forstmanns) können wir aber auch sonst eine Rast einlegen. Bei der jährlichen Goethewanderung bietet die Ortsgruppe Rudolstadt des Thüringer Gebirgs- und Wandervereins hier neben Getränken und Würstchen, den von Goethe geschätzten Kartoffelsalat an.
Wir verlassen den gemütlichen Rastplatz und gehen durch den Wald in Richtung Schwarza. Vorher führt uns der Weg an einem Steinbruch vorüber, in dem der für das Weimarer Porzellan benötigte Sand seit Jahren gewonnen wird. Die Firma gleichen Namens befindet sich in Blankenhain, unweit unserer Wanderstrecke.
Nach Überquerung der Schwarza und der Durchquerung des Ortes steigen wir zunächst auf Feld- und später auf Wiesenwegen bergan. Eine Hütte bietet uns noch einmal die Möglichkeit zum Verweilen und zur Rückschau. Dann sind es nur wenige 100 m Aufstieg und wir befinden uns auf der Ilm-Saale-Platte. Diese Muschelkalkformation ist sehr wasserarm. Alle Tümpel und Teiche werden als „Himmelsteiche" lediglich durch das Regenwasser gespeist. Hier lagerte die preußische Armee bevor sie nach Jena weiter zog und in der Doppelschlacht von Jena und Auerstedt durch Napoleon und sein Heer 1806 vernichtend geschlagen wurde.
Immer näher kommen wir dem fast 900 jährigen Hochdorf, überwinden einen letzten Hügel und sehen vor uns Neckeroda liegen. Das Rundangerdorf ist mit einer noch fast vollständigen Wallanlage umgeben. Bekannt ist es aber auch wegen seines Rufes als Färbe- und Waiddorf. Der blaue Pflanzenfarbstoff des Mittelalters wurde hier angebaut. Diese Tradition wurde aufgegriffen und kulminiert im Färberfest Anfang September jeden Jahres, wenn die Bauern ihre Höfe öffnen und der Besucher Thüringer Gastlichkeit pur erleben kann. Die echten Thüringer Klöße können wir auch in der Gaststätte an der Dorfstraße probieren. Direkt gegenüber befinden sich eine Waidmühle und eine Kirche mit einem seitlich versetzten Kirchturm. Die Mitglieder des Heimat- und Spinnverein des Ortes können dazu so manches erzählen. Haben wir Glück, werden wir mit leckerem Steinofenbrot, mit Kräutern bestreut, verwöhnt.

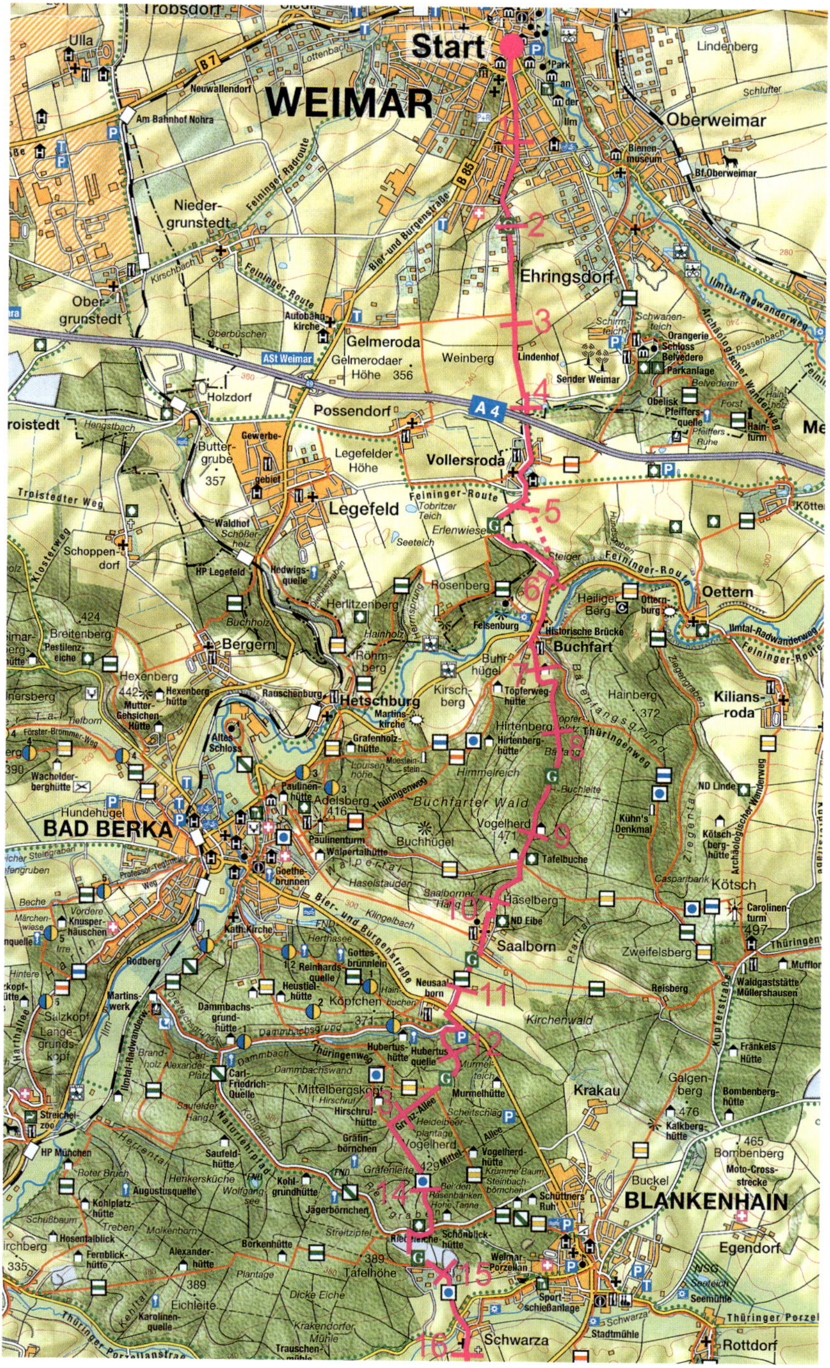

Abb. W24.4a: Wanderkarte, Abschnitt 1.

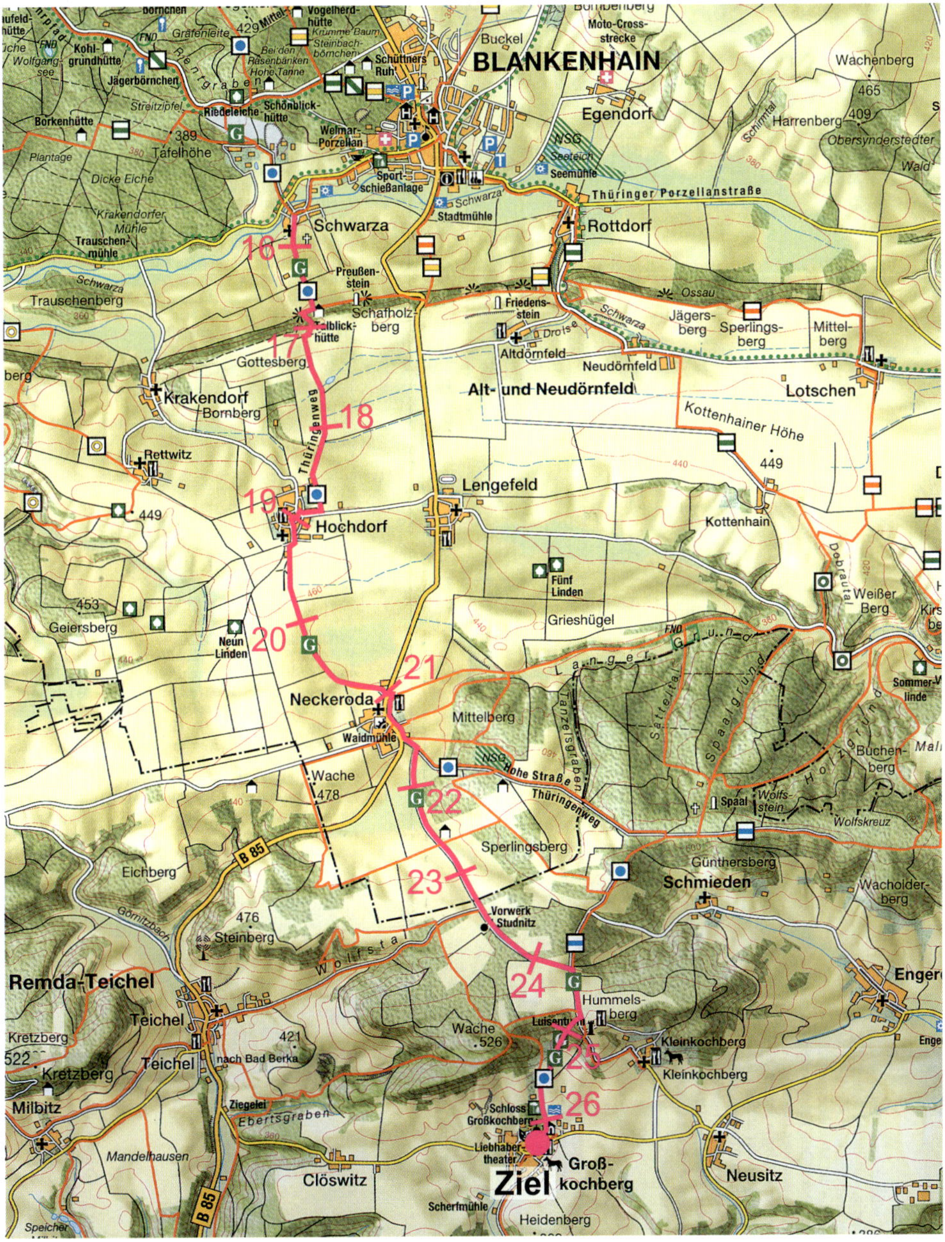

Abb. W24.4b: Wanderkarte, Abschnitt 2.

© grünes herz

Die letzten 6 Kilometer sind nun keine Schwierigkeit mehr (Abb. W24.6). Wir bleiben weiter auf der Saale-Ilm-Platte, folgen ein kurzes Stück der Straße und biegen dann auf einen Feldweg nach links ein. Vorbei an einem prächtigen einzeln stehenden Baum streben wir dem Wald zu.
Die rechterhand befindliche Wüstung ist kaum noch zu erkennen. Nach ca. 4 km grüßt uns bereits der Luisenturm. Er steht am Rande der Saale-Ilm-Platte und bietet einen hervorragenden Rundblick ins Saaletal. Der Goetheverehrer von Parry ließ ihn zu Ehren seiner verstorbenen Frau Luise, einer Enkelin Charlotte von Steins, erbauen.
Über ein Wiesental nähern wir uns dem Endpunkt unserer Wanderung: Wie ein Amphitheater öffnet sich die Landschaft mit immer neuen Aus- und Einblicken ins Saaletal. Unmittelbar vor uns grüßt das „Schloss hinter den Bergen", das Schloss Kochberg.
26 Kilometer seit Weimar liegen hinter uns. Wer möchte, schließt gleich noch einen Parkrundgang an. Inspiriert durch Goethe wurde er zu einem kleineren Teil im französischen und zum größeren Teil im englischen Stil angelegt. Wir nähern uns dem Schloss von der Rückseite und gelangen zuerst zum Liebhabertheater, das nach Plänen eines Sohnes des Hauses von Stein erbaut wurde. Über eine überdachte Holzbrücke queren wir den Wassergraben des Schlosses und lassen uns ganz gefangen nehmen von der Intimität und der Geschichte des Ortes.

Abb. W24.5: Wanderweg im Buchenwald (B. Wiesel).

Abb. W24.6: Wandergruppe bei Großkochberg (B. Wiesel).

Anhang

Bad Blankenburg

Die Kleinstadt Bad Blankenburg, unter der Burg Greifenstein gelegen, schmückt sich mit vielen Namen: Fröbelstadt, Lavendelstadt, Tor zum Schwarzatal, Sportstadt. Obwohl erst 1267 erstmalig urkundlich erwähnt, erhielt sie bereits 3 Jahre vor Rudolstadt das Stadtrecht (1323). Mit der Verlegung des Amtssitzes der Schwarzburger im 16. Jh. nach Rudolstadt konnte sie jedoch mit der weiteren Entwicklung von Rudolstadt nicht mehr Schritt halten. Die Ruhe der Stadt, die idyllische Lage am Rande der aufsteigenden Berge des Thüringer Schiefergebirges mit einem der schönsten Täler Thüringens, dem Schwarzatal, die saubere Luft und das milde, regenarme Klima waren jedoch Ursache dafür, dass hier bereits um 1840 mit einer Kaltwasser Heilanstalt der Kurbetrieb aufgenommen wurde, der zu Beginn des 20. Jh. eine breite Entfaltung fand. Mit seinen 8 Ortsteilen, einer besonderen Heilquelle, dem Kurpark und den umfangreichen und modern ausgestatteten Sportanlagen der Landessportschule hat Bad Blankenburg auch heute den aktiven und gesundheitsbewussten Touristen viel zu bieten.

Barigau

Oberhain, Barigau, Unterhain und Mankenbach gehören verwaltungsmäßig zusammen, wurden auch gemeinsam 1370 erstmals erwähnt. Vergangener Bergbau nach Eisen, Kupfer, Silber und Gold prägte die Region. Landwirtschaft und Tourismus formten sie. Mit ihrem ländlichen Charme bieten diese Höhenorte beste Möglichkeiten für Erholung und Erlebnis im Olitätenland.

Bohlenwand

Der Bohlen ist ein geologischer Aufschluss. Der Felsen bietet Einblicke in erdgeschichtliche Abläufe und hat als brilliantes Beispiel Eingang in die geologischen Lehrbücher gefunden. Die Saale hat hier durch ihre abtragenden Kräfte im Laufe der Zwischeneiszeiten einen steilen Felshang geschaffen, an dem Sedimentschichten von Devon, Karbon und Perm einzigartig sichtbar werden. Faltengebirge, Deckgebirge und quartäre Flusserosion sind hier zu erkennen. Man sieht deutlich, wie die Erdbewegungen die Schichten verschoben haben. Der Fels wurde ursprünglich waagerecht herausgedrückt. Durch Bewegungen unterhalb kam es zu Abbrüchen, Faltungen, Anhebungen und Verwerfungen, sodass Schichten stellenweise senkrecht gestellt sind. Die Bruchstellen und die senkrechten Anhebungen sind deutlich zu sehen. Dieses 700 m lange und 120 m hohe Felsgebilde ist auf einer Anschauungstafel bei Obernitz an der B 85 im Schnitt dargestellt.

Brandiskirchen

Im frühmittelalterlichen Ort Brandiskirchen wurde wahrscheinlich im Übergang des 12. zum 13. Jh. an einem alten heidnischen Höhenheiligtum am Osthang des Kirchberges bei Reichmannsdorf die Dorfkirche St. Brandis errichtet, über die 1452 erstmals berichtet wird. Nachdem der Bergbau, der zur Gründung der Siedlung Brandiskirchen geführt hatte, nicht mehr ergiebig war, zerfiel der Ort. Die Kirche wurde als Wallfahrtsort, später wahrscheinlich auch als heimlicher Heiratsmarkt genutzt. Mit der Reformation wurden die Wallfahrten eingestellt und das heimliche Treiben unterbunden. Die Kirche wurde nicht mehr benötigt und zerfiel zu Beginn des 17. Jh. Die Mauern wurden abgerissen, um Steine für den Bau von Häusern im nahegelegenen Reichmannsdorf zu gewinnen. 1924 wurden die Reste der Grundmauern wieder entdeckt und ab 2000 freigelegt und befestigt. St. Brandis bleibt somit als Zeugnis der frühen Besiedlung der Saalfelder Scholle erhalten.

Braunsdorf

Ersterwähnung als brunsdorff 1441, seitdem Pfarrdorf für Dittrichshütte, Birkenheide, Burkersdorf, Dittersdorf und Oberwirbach. Um 1664 waren die Gewerbe zweier Zimmermänner, eines Schneiders, eines Leinewebers, eines Steinmetzen und eines Schubkarrners hier ansässig. 1787 hatte Braunsdorf 20 Häuser mit 94 Einwohnern. Im Pfarrhaus wurde 1799 Heinrich Leo geboren, ein bekannter Historiker. Die Braunsdorfer Schneidemühle wird in einem schwarzburg-rudolstädtischen Verzeichnis 1867 erwähnt. Der Name des Müllers: Zimmermeister Wilhelm Zeuner. Der Abriß des Wasserrades erfolgte 1927. Von 1935 bis 1939 wurde ein Badeteich errichtet.

Burg Greifenstein

Auf den Burgberg befand sich bereits im 12. Jh., wie Bodenfunde beweisen, eine mittelalterliche Burganlage, die im 13. und 14. Jh. ihre Blütezeit erlebte und sich damals Schloss Blankenburg nannte. Sie gehört zu den größten deutschen Feudalburgen und befand sich im Besitz der Schwarzburg-Blankenburger Grafen. Der bekannteste von ihnen, Günter der XXI., wurde 1304 auf der Burg geboren. Am 30. Januar 1349 zum deutschen König gewählt (Gegenkaiser Karl IV.), stirbt er nach wenigen Monaten am 14. Juni im gleichen Jahr. Nach wechselvoller Geschichte (teilweiser Verfall bereits im 16. Jh., Wiederaufbau und erneuter Verfall im 18. Jh.) erfolgt im 19. und 20. Jh. ihr schrittweiser Wiederaufbau. 1965 wird der „Freundeskreis Burgruine Greifenstein" gegründet, der sich der Erhaltung der Burg annimmt und heute als Verein Greifenstein-Freunde e.V. der Burgherr ist. Burgfeste und die Walpurgisnacht ziehen jährlich tausende Besucher an. Auf der Burg befindet sich ein Adler- und Falkenhof. Die im Sommerhalbjahr täglich stattfindenden Flugschauen stellen eine besondere Attraktion dar.

Burgruine Schauenforst

Die Burgruine Schauenforst wurde wahrscheinlich im 13./14. Jh. errichtet und gehörte zum Besitz der Grafen von Orlamünde. Die Eigentumsverhältnisse wechselten sehr häufig (Sachsen-Weimar, Schwarzburg-Rudolstadt, Sachsen-Meiningen). Unweit der Handelswege durch das Saaletal und entlang der Hohen Straße gelegen, war die gut befestigte Burg sicherer Ort für Raubritter. Zahlreiche Geschichten und Legenden berichten aus dieser Zeit. Seit dem 17. Jh. war die Burg nicht mehr bewohnt und damit dem Zerfall preisgegeben.
Heute kümmert sich der Burgenverein Schauenforst um den Erhalt des Wahrzeichens vom Hexengrund.

Burkersdorf

In herrlicher Lage am Waldrand unterhalb des „Keil" mit faszinierendem Panoramablick auf den Thüringer Wald und dessen Vorland. Schon lange ob seiner guten Luft und exponierter Lage ein Erholungsort mit vielen Stammgästen. Neuer Tipp für Wanderfreunde: Winterwandern im Schnee auf geschobenen Waldwegen, aber auch Skilanglauf ist möglich.

Cotta, Heinrich (1763-1844)

Bedeutender Forstmann in Thüringen und Sachsen. In Fachkreisen weltberühmter Forstklassiker, der sowohl in der Forstpraxis (Forstvermessung, Holzvorratsinventur, Waldeinteilung, Forsteinrichtung), als auch in der Lehre und Forschung als Gründer forstlicher Ausbildungsstätten, herausragender Hochschullehrer, anerkannter Forstschriftsteller und Verfasser weltweit verbreiteter Forstlehrbücher Vorbildliches geleistet hat.
Lebensdaten:

30.10.1763	als Sohn eines Unterförsters von Sachsen-Weimar-Eisenach im Forsthaus „Kleine Zillbach" bei Wasungen/Werra geboren
1778-80	Jägerlehre bei seinem Vater
1784-85	Studium in Jena (Natur- und Kameralwissenschaften). Hört forstliche Vorlesungen bei Prof. L.D. Suckow (1722-1801)
1786	Flurvermessung in Zillbach, gibt Unterricht in Forstvermessung
1789	Anstellung als Herzoglich weimarischer Forstläufer
1794	Genehmigung einer staatlichen Forstschule durch Herzog Carl-August
1795	Forstschule im Jagdschloss Zillbach eingerichtet
1801	Forstmeister, Mitglied des Forstkollegiums in Eisenach
1811	Übersiedlung nach Tharandt, Direktor der Forstvermessungsanstalt. Die Forstlehranstalt von Zillbach wird ebenfalls mit nach Sachsen überführt
1816	Oberforstrat und Direktor der nunmehr staatlichen Königlich sächsischen Forstlehranstalt Tharandt, die heute noch als forstakademische Ausbildungsstätte besteht und seit 1929 zur TU Dresden gehört
25.10.1844	stirbt Heinrich Cotta in Tharandt

Conrod-Kraftwerk

Das Kraftwerk wurde 19220-1922 durch die Firma Carl Zeiss-Jena erbaut. Seine Besonderheit ist, dass das Kraftwerk das Wasser zum Antrieb der Turbinen durch einen Tunnel erhielt, der die Saaleschleife zwischen Ziegenrück und Teufelskanzel durchbohrte und den unterschiedlich hohen Wasserstand der Saale zwischen diesen 2 Orten mit einer Wasserfallhöhe von 16 m ausnutzte.
Mit dem Bau der Talsperre war nur noch eine eingeschränkte Nutzung des Kraftwerkes möglich (bis zu einer Stauhöhe von 59 m). Heute wird das Kraftwerk nicht mehr genutzt.

Cursdorf

der Ort Cursdorf wurde 1537 erstmals urkundlich erwähnt. Er gehörte bis 1710 zur Grafschaft Schwarzburg, danach bis 1918 zum Fürstentum Schwarzburg-Rudolstadt. Mit dem Olitätenhandel im 18. Jh. erlebte Cursdorf seine Blütezeit.
Später waren es die Glasbläser, die teilweise in Heimarbeit tätig, den Haupterwerbszweig bildeten. Cursdorf ist der Geburtsort von H. Macheleidt, der unabhängig von Böttger das Porzellan erfand und die Grundlage für eine erblühende Porzellanindus-

trie in der Umgebung schuf. Heute ist Cursdorf ein kleiner Ferienort, der durch seine gute Erreichbarkeit mit der Bahn und durch die herrliche Umgebung vor allem von Wanderern geschätzt wird.

Dittersdorf

Seit 1411 bekannt, damals als Dieterichsdorff. Der Ort liegt in einer Senke, dessen Bächlein, die Werre, bei Bad Blankenburg in die Schwarza mündet. Die Ortschaft gehörte einst zum Schloss Blankenburg. Heute ein Dorf mit 55 Häusern und etwa 200 Einwohnern. Die Abgeschiedenheit des Ortes, aber vor allem die Nähe des Elisabethfelsens, der Hunnenkuppe, des Jagdschlösschen Eberstein, sowie die Landschaft um die Dittersdorfer Höhe mit den vielen Lesesteinwällen aus alter Zeit, machen Dittersdorf zu einem beliebten Wanderziel. Weitere Wanderwege führen von hier nach Schwarzburg, zum Schweizerhaus im Schwarzatal und zum Dürren Schild.

Dittrichshütte/Saalfelder Höhe

Dittrichshütte ist heute der Verwaltungssitz der Einheitsgemeinde Saalfelder Höhe mit ca. 3.600 Einwohnern. Zur Einheitsgemeinde gehören Dittrichshütte mit den Ortsteilen Braunsdorf und Birkenheide, sowie die Orte Dittersdorf, Burkersdorf, Unterwirbach, Volkmannsdorf, Bernsdorf, Wickersdorf, Witzendorf, Wittgendorf, Wittmannsgereuth, Hoheneiche, Kleingeschwenda, Lositz-Jehmichen, Knobelsdorf und Reschwitz. Der Ort Dittrichshütte selbst wird erstmals in einer Urkunde vom 19.11.1370 erwähnt.

Dröbischau

Die beiden Orte Dröbischau und Egelsdorf bilden eine Verwaltungsgemeinschaft, Gemeindesitz ist Dröbischau, Kirchort ist Egelsdorf. Dröbischaus Ursprung geht auf das Jahr 1252 zurück, der von Egelsdorf ist mit 1316 datiert.
Die Kirche kann besichtigt werden nach Anmeldung unter 03 67 38/4 25 68.

Eberstein

Auch Jagdschlösschen oder Ruine genannt. Ein viereckiger Turm, 1844 in historisierendem Geschmack mit maurischen Architekturelementen errichtet. Die zinnenbekrönte Burgimitation diente der Schwarzburger Herrschaft als Jagddomizil. Der Untergrund besteht hier aus Phycodenschiefer mit eingeschlossenen Versteinerungen. Der Eberstein ist Mittelpunkt des ehemals umzäunten Wildgatterteiles „Saugehege" oder „Saugatter" im fürstlichen „Thiergarten".

Elisabethfelsen

Eine Felsformation an steilem Hang über der Schwarza mit überwältigenden Blick talaufwärts. Bänke laden zur Rast ein. Die schöne Prinzessin Elisabeth (1833-1896) Tochter des Fürsten Albert (1798-1867-1869), war Namensgeberin für diesen romantischen Ausichtspunkt.

Evangelisches Allianzhaus

In Bad Blankenburg hat die Evangelische Allianz ihren Sitz, die 1846 als Zusammenschluss evangelisch gesinnter Christen verschiedener Gemeinde- und Gruppenzugehörigkeit gegründet wurde. Ihr Ziel ist es, die Einheit der Christen im Gebeet, im Glauben an Jesus und in der Beschäftigung mit der Bibel zu stärken. Im Allianzhaus in Bad Blankenburg, einem Gästehaus mit großem Konferenzsaal, treffen sich alljährlich Anfang August Tausende, vor allem junge Christen, zu ihren gemeinsamen Veranstaltungen.

Fachhochschule für Forstwirtschaft in Schwarzburg

1946 als Landesforstschule für Thüringen gegründet. Ab 1950 Fachschule, ab 1968 Ingenieurschule für Forstwirtschaft mit jährlich etwa 50 Absolventen nach dreijährigem Direktstudium, zumeist in Forstrevieren der Mittelgebirge und des Hügellandes der DDR eingesetzt. Außerdem von 1945 bis 1992 insgesamt 13 Fernstudentenkurse mit vierjähriger Studienzeit. Nach 1990 Umwandlung in eine verwaltungsinterne Fachhochschule, die von den Fachministerien der Freistaaten Sachsen und Thüringen getragen wird und Diplom-Forstingenieure (FH) in einer vierjährigen Gesamtstudienzeit für den gehobenen Forstdienst ausbildet. Einzige FH im Landkreis.

Fasanarie bei Schwarzburg

Ursprünglich ein Fasanengarten mit Wohnhaus für den Fasanenwärter (angelegt 1715), wurde die Anlage nach Aufgabe der Fasanenzucht ab 1820 zu einem Jagdschlösschen umgebaut. Schankerlaubnis ab 1840. Entwicklung zu einer sehr beliebten Ausflugsgaststätte, die bis 1990 in Betrieb war.

Fischerhütte

Eine kleine Gaststätte in sehr schöner Lage im unteren Ortsbereich von Burkersdorf am Waldrand gelegen, ausgestattet und gestaltet als maritimes Kleinod und natürlich etwas für die Freunde von Fischgerichten. Man fühlt sich in großer Höhe von etwa 600 m wie auf hoher See.

Freie Schulgemeinde Wickersdorf
Eine Elite-Bildungseinrichtung bis 1945. Guten Ruf durch neue Wege in der pädagogischen Arbeit. In der DDR eine Oberschule mit verstärktem Russischunterricht. Nach 1990 aufgelöst, heute Sitz einer Lebensgemeinschaft für behinderte Menschen.

Friedrich Wilhelm August Fröbel
Bedeutender Pädagoge, Initiator der Kindergärten, geb. am 21.4.1782 in Oberweißbach, gest. 21.6.1852 in Marienthal bei Bad Liebenstein. Schüler und Anhänger Pestalozzis. Fröbel gab besonders der Vorschulerziehung richtungweisende Antriebe. Er erforschte die erziehende und bildende Wirkung der Spieltätigkeit des Kindes und errichtete in Bad Blankenburg den „Allgemeinen deutschen Kindergarten". Fröbel schuf dem Betätigungstrieb der verschiedenen Altersstufen angepasste Spiel- und Beschäftigungsmittel - die Sielgaben („Fröbelbausteine"). Er förderte den Sinn der Kinder für die Gemeinschaft, für Heimat und Natur, Gartenbau und Tierpflege, Musik und Sport. Gründete 1816/17 in Keilhau ein später berühmtes Kindererziehungsheim.

Fröbelturm bei Oberweißbach
Dieser Turm wurde zu Ehren von Friedrich Fröbel erbaut. Die Turmeinweihung fand am 27. Juli 1890 statt. Der Aussichtsturm ist bewirtschaftet und bietet mit seiner großen Gaststube und den umfangreichen überdachten Tischen und Bänken im Außenbereich einer großen Zahl von Wanderern und Touristen beste Möglichkeiten zur ausgiebigen Rast.

Fürstlicher Tiergarten
Als Wildgehege 1453 erstmalig erwähnt, diente der Jagd. 1790 wurde die aufwändige Umzäunung abgebrochen, aber 1804 wieder aufgebaut. Der Tiergarten erfuhr 1835 wesentliche Erweiterung durch Umsiedlung von Rotwird aus dem aufgehobenen Tiergarten in Katzhütte. Im Gehege gab es einen Bestand von 300 Stück Rot- und 80 Stück Schwarzwild. Das Wildgatter bestand bis 1945 als Pachtjagd.

Gleitsch
Zwischen Obernitz und Fischersdorf liegt der Gleitsch, eine steile Kuppe in der Nähe des Roten Berges. Mit 403 m ü. NN überragt der Gipfel die Saaleaue um 180 m. Aus dieser Höhe genießt man einen herrlichen Blick auf das tief eingeschnittene Saaletal. Direkt am Aussichtspunkt befindet sich die sogenannte Teufelsbrücke, der Rest des Höhlendaches, einer in der Altsteinzeit besiedelten Höhle im Zechsteinkalk. Die Grabung unter dem Felsentor brachte bis zu fünf Fundhorizonte hervor. Aus dem Gebiet des heutigen Frankreich kommend, siedelten hier Menschen der Magdalenien-Kulturstufe der Altsteinzeit (15 000 bis 10 000 v.u.Zt.) Sie benutzten schon das Feuer, lebten von der Jagd und vom Sammeln verschiedener Früchte. Sie fertigten Schaber, Speerspitzen, Faustkeile und andere einfache Werkzeuge aus Stein und Tierknochen. Auf dem Roten Berg gab es verschiedene Wildtiere, die gejagt wurden, u.a. Wildpferde und Antilopen. Dies alles ist durch mehrjährige Ausgrabungen in den siebziger Jahren bewiesen worden. Der größte Teil der Funde wird im Museum für Ur- und Frühgeschichte in Weimar aufbewahrt.
Oberhalb der Höhle und in den umliegenden Tälern haben dann viel später Kelten gesiedelt. Die Hügelgräber auf dem Gleitsch stammen aus dieser Zeit. Die Kelten kannten schon die Herstellung von Keramik und die Verarbeitung von Bronze. Die Keltensiedlung befand sich auf dem Plateau über der Höhle. Gesichert war die Siedlung einerseits durch die steil abfallende Felswand, andererseits wurden in Richtung Roter Berg drei Erdwälle aufgeschüttet. Auf ihnen befanden sich Palisaden aus Baumstämmen. Die Erdwälle sind leider durch Bewuchs nur noch schlecht zu erkennen. Außerdem vermutet man, dass die großen, auf kleineren Steinen ruhenden Steinplatten als Grabstätten genutzt wurden. Dieses Landschaftsschutzgebiet verbirgt noch manches Interessante.

Goldwäscherei
Um Sitzendorf und Schwarzburg wurden seit dem Mittelalter die Goldseifen ausgebeutet. Am Tännigshaupt bei Schwarzburg betrieb man bis etwa 1750 Goldbergwerke. Heute gibt es in Sitzendorf, Schwarzburg und Bad Blankenburg touristische Angebote zum Goldwaschen in der Schwarza.

Grenztanne
Uralte Grenzmarke. Bereits im Jahre 1056 ist dieses Wegekreuz als Landesgrenze in einer Grenzbeschreibung einer Schenkungsurkunde der Richeza von Polen nachgewiesen. Im 17. und 18. Jh. verlief hier die Grenze zwischen mehreren deutschen Fürstentümern, u.a. Schwarzburg-Rudolstadt, Sachsen-Meiningen und Sachsen-Saalfeld-Coburg. Heute ist sie Grenzlinie zwischen den Gemarkungen von Lichte, Schmiedefeld und Meura.
Eine neugepflanzte Weißtanne soll die schon seit vielen Jahren nicht mehr vorhandene Tanne ersetzen.

Grenzturm auf dem Hopfberg

Die ehemalige „Führungsstelle Sattel" ist seit Oktober 1995 Gedenkstätte der benachbarten Gemeinden Probstzella und Ludwigstadt. Auf mehreren Tafeln findet man viele Informationen zur Funktion und Bedeutung des Turmes, sowie zur innerdeutschen Grenze. Stumme Zeitzeugen berichten über das Geschehen an der deutsch-deutschen Grenze. Der Turm ist verschlossen. Führungen bei Voranmeldung möglich: Gemeinde Probstzella, Tel.: 036735/4 61 11 oder Gaststätte Friedrichshoffnung, Fam. Hotka, Tel.: 036735/7 01 88.

Haflinger Gestüt und Reiterhof

Auf den saftigen Wiesen der sanft ansteigenden Berghänge zu beiden Seiten von Meura finden die ca. 350 Haflinger des größten Haflinger-Gestüts Europas beste Bedingungen vor. Die Haflinger, kleine hellbraune Pferde mit heller Mähne und hellem Schweif, stammen eigentlich aus den Alpen, haben aber in Meura seit über drei Jahrzehnten ihre zweite Heimat gefunden. Diese anspruchslosen und widerstandsfähigen Pferde, die sich durch ihr gutwilliges Verhalten und durch ihre Belastbarkeit auszeichnen, werden hier erfolgreich gezüchtet und sind zugleich auch besonderer Anziehungspunkt für Urlauber aus der gesamten Ferienregion „Thüringer Schiefergebirge". Zum Angebot des Gestüts gehört, den Traditionen der Thüringer Naturheilkunde folgend, Stutenmilchanwendung als wirksames Mittel bei Haut- und Stoffwechselerkrankungen, Immunproblemen, Allergien und auch in der Krebsvorbeugung und -nachsorge. Zahlreiche Produkte aus Stutenmilch dienen darüber hinaus der Hautpflege. Täglich finden von 11.00-12.00 Uhr und von 14.00-17.00 Uhr Führungen durch das Gestüt statt. Zu den gleichen Zeiten bestehen Möglichkeiten für das Kinderreiten. (Tel.: 036701/3 11 52).

Heiratskarusell Meura

Die unter der Linde etwas abseits gelegenen Bank war ein beliebter Treffpunkt für junge Pärchen. Ob es die Romantik dieses Ortes war, die dazu beitrug, dass sich die jungen Menschen ineinander verliebten und folgerichtig heirateten, ist heute nicht mehr ermittelbar.

Historisches Glasapparatemuseum

Die Gasentladungsröhre wurde 1875 durch Heinrich Geißler, geboren in Neuhaus a.R., in die Wissenschaft eingeführt. Seitdem fand die Gasentladung in vielen technischen Bereichen Anwendung. 1876 machte sich der Schüler Heinrich Geißlers, der in Cursdorf geborene und aufgewachsene Robert Götze, in der Universitätsstadt Leipzig selbständig. Er holte seine Neffen, die Gebrüder Pressler, aus Cursdorf nach und bildete Sie aus. Um die Jahrhundertwende gründeten Otto Pressler in Leipzig und Rudolf Pressler in Cursdorf eigene Unternehmen. Diese drei Firmen erlangten auf den Gebieten der Thermometrie, der Röntgentechnik, der Gasentladungsphysik und Fotoelektronik sowie durch die Herstellung hochwertiger physikalischer Lehrmittel weltweit einen guten Ruf. Die in Cursdorf gefertigten Röhren sind in einem eigenen Museum im neugestalteten Dorfgemeinschaftshaus ausgestellt.

Hohenwartestausee

Der Hohenwartestausee gehört zu den 5 Talsperren der Saalekaskade und ist mit seinem Stauvolumen von 182 Mio m³ die drittgrößte Talsperre Deutschlands. Erbaut wurde er 1935-1942. Die gekrümmte Gewichtsstaumauer hat eine Länge von 412 m, sie ist 75 m hoch und staut das Wasser der Saale auf einer Länge von 27 km. Die Staumauerbreite beträgt am Fuß 54,7 m und an der Krone 6 m. Über die Staumauer führt die Verbindungsstraße zwischen Hohenwarte und Reitzengeschwenda. Die Hohenwartetalsperre dient der Stromerzeugung (jährlich 80 GWh), dem Hochwasserschutz und der Erholung.

Hünenkuppe/Hunnenkuppe

Besiedlung schon in der La Téne-Zeit durch Kelten. Ausgrabungen erbrachten Reste eines kleinen Oppidiums, einer befestigten Bergsiedlung, sowie Kupferschlacken.

Kinder- und Jugenddorf Dittrichshütte

Hier werden die Reste einer Wohnstadt der SDAG Wismut, die auf Grund des Uranerzabbaus in der Zeit von 1949-1954 für die Bergleute erbaut wurde, genutzt. (Um 1953 waren hier im Gebiet etwa 7.500 Menschen beschäftigt.) Durch die Entdeckung wesentlich ergiebigeren Uranerzes im Raum Ronneburg kam der Abbau in Dittrichshütte zum Erliegen. Bis 1985 folgte die Nutzung des Objektes als militärische Einrichtung. Danach wurde der noch vorhandene Teil der einstigen Bergarbeitersiedlung Betriebsferienheim und Kinderferienlager der Maxhütte Unterwellenborn. Seit 1991 besteht der Verein Kinder- und Jugenderholung Dittrichshütte e.V., Mitglied des Vereins der Kieze (Kindererholungszentren) und Mitglied des Verbandes der Thüringer Schullandheime. Heute sind noch einige Gebäude von damals erhalten und genutzt. Es wurden vier große Häuser modernisiert mit insgesamt 240 Betten, dem Haus der Generationen, einst Kulturhaus mit Saal, Bistro, Tagungsraum und der Dauerausstellung des Naturparkes Thüringer Schiefergebirge/Obere Saale zum Thema Fließgewässer. Highlights sind die einzige Allwetterrodelbahn Thüringens, das größte Märchenbuch der Welt, das Adventure-Labyrinth (ein großer Irrgarten mit über 2200 Thujapflanzen) einer Bundeskegelbahn, Sport- und Spielplätze, der Lernort Natur und viele weitere Möglichkeiten, wie Kinderfahrschule, Tschu-Tschu-Bahnen, kreatives Gestalten, Waldwanderungen... Wandergruppen sind im Kinder- und Jugenddorf immer gern gesehene Gäste.

Klosterruine Paulinzella

Vor ca. 900 Jahren (zwischen 1102 und 1106) wurde das Kloster im heutigen Ort Paulinzella, zunächst als kleine Ansiedlung mit einer kleinen Kapelle, von Paulina gegründet. Zwischen 1106 und 1124 wurde die Klosterkirche erbaut, die heute als Ruine zu den bedeutendsten romanischen Bauwerken in Deutschland zu rechnen ist.
Nach der Reformation zerfiel das Kloster. Erst mit Beginn des 19. Jh., verbunden mit dem erwachenden Nationalgefühl der Freiheitskriege gegen Napoleon und der romantischen Verklärung der eigenen Vergangenheit geriet das Kloster wieder ins Blickfeld der Öffentlichkeit. Der Kirchenruine kommt kulturhistorische Bedeutung weit über die Grenzen Deutschlands zu.
Den Grafen von Schwarzburg-Rudolstadt diente Paulinzella als Amt. Im daneben errichtetem Jagdschloss feierten sie nach erfolgreichen Jagden in den wildreichen Wäldern rings um Paulinzella. Dieses Gebäude dient heute nach seiner umfassenden Renovierung als Museum zur Geschichte des Klosters und zur Entwicklung der Forstwirtschaft und der Jagd um Paulinzella (geöffnet dienstags bis sonntags von 10-19.00 Uhr; November bis März nur bis 17.00 Uhr).

Königsee

Der im Jahr 1199 ersterwähnte Ort war als wichtige Gewerbe-, Handwerks- und Amtsstadt bekannt, u.a. als Schuhmacher- mit 90 Schuhmachern, Sichelschmiede- und natürlich Olitätenstadt. Orthopädie, Porzellan und Pharmazeutische Produkte/ Olitäten stehen heute im Vordergrund. Als Naturbad im Olitätenland lädt das Waldseebad ein, Waldlehr- und Erholungspfade locken.
Zu Königsee gehören die Orte Dörnfeld an der Heide, Horba, Ober- u. Unterköditz, Ober- und Unterschöbling, Lichta.

Kupfergrube bei Unterweißbach

Der Ort, der heute so bezeichnet wird, ist in Wirklichkeit ein gefluteter Steinbruch. Die tatsächliche ehemalige Kupfergrube liegt von hier ca. 200 m Richtung Weißbachtal. Sie stammt aus dem 16. Jh. und wurde nachweislich noch bis 1862 betrieben.

Leibis

Ehemalige kleine Ortschaft im unteren Lichtetal im Stauraum der Lichte-Talsperre. 1994 erfolgte die Umsiedlung der hier wohnenden Menschen in den neu errichteten Ortsteil Neu-Leibis im 6 km entfernten Schwarzatal.

Leibis/Lichte-Talsperre

Nach der Fertigstellung staut sich die Lichte hinter einer Betonmauer mit einer Höhe von 102,5 m ab Gründungssohle, einer Kronenlänge von 369 m, einer Kronenbreite von 9 m und einem Eigengewicht von 1,5 Mill. t das Wasser auf einer Länge von 3,5 km. Der Stausee, der überwiegend aus den Überschüssen der Schneeschmelze und starken Regenfällen gespeist werden wird, hat ein Stauvolumen von 39,2 Mio. m^3 und eine Staufläche von 1,20 km^2. Die geplante tägliche Trinkwasserentnahme beträgt maximal 43.700 m^3, die installierte elektrische Leistung wird mit 790 KW beziffert. Die Talsperre ist aus heutiger Sicht die letzte große Talsperre, die in Deutschland errichtet wird.
Mit den Planungsarbeiten für das Talsperrenprojekt wurde bereits Mitte der Siebziger Jahre in der DDR begonnen. Von 1979-1989 wurde die Vorsperre Deesbach errichtet, die seitdem bereits zur Trinkwasserversorgung der Region genutzt wird. Zwischen 1981 und 1995 wurden drei Stollen durch die Berge geführt, die das Trinkwasser zur Wasseraufbereitungsanlage in Zeigerheim führen bzw. die der Wasserversorgung der Talsperre dienen sollten (Katzestollen).
Der Bau der Talsperre, die 1996 eigentlich fertig gestellt werden sollte, ruhte mehrere Jahre wegen der Einsprüche von Umweltschutz-Organisationen. Erst als am 17. Oktober 2001 das Verwaltungsgericht Gera entschied, dass der Planfeststellungsbeschluss für den Talsperrenbau rechtskräftig ist, konnte der Bau fortgesetzt werden. Die Grundsteinlegung der Staumauer erfolgte am 02. September 2002, 2005 soll der Bau der Staumauer abgeschlossen sein.
Bis allerdings die Talsperre erstmalig randvoll sein wird, werden noch einige Jahre vergehen. Je nach Niederschlagsmengen wird mit einer Füllzeit von 3-8 Jahren gerechnet.

Leipziger Turm

Gemeinsam vom Thüringerwald-Verein Leipzig, welcher den Hauptteil der Finanzierung übernahm, und dem Schmiedefelder Thüringerwald-Verein errichtete Turmhütte (Einweihung am 19.06.1932). 1966 wurde der Turm an die Deutsche Post veräußert, seit dem war er für die Öffentlichkeit nicht mehr zugängig.1994 Rückübertragung an den drei Jahre vorher wiedergegründeten Thüringerwald-Verein Schmiedefeld. Vom Turm imposanter Panoramablick über die Gipfel des Thüringer Waldes, Frankenwaldes, Fichtelgebirges bis hin zum Erzgebirge.

Leutenberg

Die Ersterwähnung des Ortes erfolgte 1187. Die Entwicklung der Kleinstadt ist eng mit der Geschichte der Burg verbunden, die etwa 100 Höhenmeter über dem Stadtzentrum liegt. In ihr befindet sich heute ein Fachkrankenhaus für Hautkrankheiten.

Im Jahr 1326 wurde in einer Urkunde über Leutenberg erstmals das Stadtrecht erwähnt. Viele Jahrhunderte existierte die „Herrschaft Leutenberg" über 36 umliegende Orte mit dem Zentrum Schloss Friedensburg als Linie der Grafen von Schwarzburg-Rudolstadt. Nach 1880 entwickelte sich die Stadt zu einem bekannten und gern besuchten Erholungsort, heute ein „Staatlich anerkannter Erholungsort" im Freistaat Thüringen. Seit dem 01. Januar 1997 besteht die Einheitsgemeinde Stadt Leutenberg, ihr gehören 9 Ortsteile an. Heute leben in der Einheitsgemeinde etwa 2.500 Einwohner; in Leutenberg direkt davon 1.500. Das gesamte Stadtgebiet hat eine Fläche von 5.717 ha, davon sind 3.672 ha Wald.

Das sehenswerte Marktensemble mit Rathaus, Marktbrunnen, Markttreppenanlage mit Bühne und der Stadtkirche im Hintergrund war schon mehrfach Filmkulisse.

Bei der Einrichtung eines Orientierungs- und Wegeleitsystems in der Stadt Leutenberg wurden an vielen historischen und zum Teil denkmalgeschützten Gebäuden und Anlagen Hinweistafeln angebracht.

Märchenbrunnen Unterweißbach

Den Märchenbrunnen gibt es schon lange, er wurde 1998 von ABM-Kräften der Gemeinde Unterweißbach erneuert. Das Terrain präsentiert sich mit neuen Sitzgruppen und verschiedenen kleinen Märchenfiguren, welche in der hiesigen Porzellanmanufaktur hergestellt wurden. Eine Quelle speist den Brunnen mit Wasser. Schon früher kamen die Kindergartenkinder hierher, es wurden Märchen erzählt und man saß gemütlich beisammen. Vielleicht entstand dadurch der schöne Name „Märchenbrunnen".

Meura

Die Gemeinde Meura liegt im Taleinschnitt zwischen der Quittelsdorfer Heide im Nordwesten und dem Naturschutzgebiet Assberg-Hasenleite im Südosten in einer Höhe von 500-700 m. Die Entstehung des Ortes fällt in die Zeit der großen Waldrodungen im 11. bis 13. Jh. Der Name geht wahrscheinlich auf die Meurasteine zurück und wurde aus dem Lateinischen murus – die Mauer – abgeleitet. Der Ort entwickelte sich anfänglich durch seinen Holzreichtum, durch Landwirtschaft, Bergbau und die Herstellung sowie den Handel mit natürlichen Arzeneimitteln (Olitäten). Meura hat heute rund 550 Einwohner. Das Hafliner-Gestüt und der Tourismus bilden die wirtschaftliche Basis der Gemeinde. Sehenswürdigkeiten sind neben dem Hafliger-Gestüt und der Dorfkirche der historische Dorfbackofen, an dem noch heute jährlich das Backofenfest gefeiert wird und die „Kleine Galerie am Wald" – das letzte Haus an der Straße nach Reichmannsdorf – die mit wechselnden Ausstellungen zur Malerei, Grafik, Bildhauerkunst und Keramik einlädt. Öffnungszeiten: Di-Fr 15.00-20.00 Uhr und Sa/So 14.00-18.00 Uhr; Tel.: 036071/3 00 27. Die weiße, barocke Dorfkirche von Meura, erbaut 1728-1731, ist das von allen Seiten gut sichtbare Wahrzeichen der Gemeinde. Sehenswert ist vor allem die im Stil des Bauernbarocks gestaltete Innenausstattung. Sie legt Zeugnis vom einstigen Wohlstand der Gemeinde ab, der mit dem Olitätenhandel und dem Laborantengewerbe verbunden war.

Meurasteine

Eine größere Zahl von bis über10 m hohen Felsen auf dem Bergrücken verstreut, bieten dem Wanderer ein besonderes Erlebnis. Sie bestehen aus Phycodenquarzit und stellen eine geologische Besonderheit dar und sind deshalb als geologisches Naturdenkmal geschützt.

Meuselbacher Kuppe

Gaststätte mit Aussichtsturm. Der Kuppenberg hat eine Höhe von 789 m (mit Turm 804 m). 1887 erbauten Mitglieder des Thüringerwald-Vereins die erste Schutzhütte. 1911 erfolgte ein Umbau zur jetzigen Höhe und 1934 ein Erweiterungsbau zur jetzigen Form mit Gaststätte. An klaren Tagen hat man vom Turm eine Fernsicht bis zu 60 km.

Naturschutzstation „Dr. Helmut Steuer" im Schwarzatal

Eine Forschungs- und Weiterbildungseinrichtung im Gelände des ehemaligen Schieferbruches unterhalb von Böhlscheiben. Betreut und gepflegt durch die Fachgruppe Ornithologie und Artenschutzbund des Kulturbundes im Landkreis unter langjähriger Leitung von Ralf Hiller aus Rudolstadt-Schwarza. Hier im Schieferbruch hat der Arzt Dr. Helmut Steuer, Ehrenbürger von Bad Blankenburg, fast 50 Jahre Lichtfang, besonders auf Schmetterlinge, betrieben. Seine Langzeituntersuchungen erbrachten Erstentdeckungen von Mikrolepidopteren-Arten und wichtige ökologische Erkenntnisse zur Insektenfauna des Unteren Schwarzatales. 1996 erhielt die Naturschutzstation den Ehrennamen des verdienstvollen Freizeitentomologen.

Oberweißbacher Bergbahn

Die Oberweißbacher Bergbahn wurde als Verbindung zwischen der 1900 gebauten Schwarzatalbahn Rottenbach-Katzhütte und der 1923 in Betrieb genommenen Strecke Lichtenhain-Cursdorf als Standseilbahn 1920-1923 errichtet. Sie diente dem Güter- und Personenverkehr zu den auf der Hochebene liegenden Ortschaften. Nach umfangreicher Modernisierung und Sanierung wurde sie Ende 2002 wieder eröffnet und dient heute vor allem der touristischen Entwicklung der Region, indem sie die Talstrecke (Schwarzatal) mit der Flachstrecke auf der Hochebene (Lichtenhain-Cursdorf) verbindet und mit ihren technischen Besonderheiten eine eigenständige touristische Attraktion darstellt.
Diese eingleisige Standseilbahn mit Abt'scher Ausweiche bewältigt auf 1387,8 m Fahrbahnlänge eine Höhendifferenz von 323 m in einer Fahrzeit von 18 Minuten. Die Fahrgeschwindigkeit beträgt 1,6 m/s. Sie kann, je nach Fahrzeug (Personenwagen oder Güterbühne mit Aufsetzwagen) 100 bzw. 72 Personen oder als Güterwagen eine Nutzlast von 27.000 kg befördern. Die Steigung der Strecke ist sehr gleichmäßig und liegt zwischen 23,92 und 25,00 %.

Olitäten

Im Königseer Amtsgericht wurden die Buckelapotheker des Fürstentums Schwarzburg-Rudolstadt registriert, erhielten einen Reisepass. Der Königseer Amtseid ist überliefert – Unterlagen verwahrt und präsentiert das Königseer Heimatmuseum. Die Königseer Firma Hofmann & Sommer steht noch heute für die Kräutertradition.
Die Königseer Kräuterhexe lebt mit und für die Kräuter (und die Wildschweine). Sie ist erreichbar unter: 0175/8 69 37 76.
Alle 5 auf der Tour erwähnten Dörfer Oberschöbling, Dröbischau, Egelsdorf, Barigau und Oberhain sind Buckelapothekerorte, hier wurde laboriert und gehandelt. Letzter Olitätenbetrieb in diesem Sinne war bis 1950 Firma Tischer aus Dröbischau. Im Heimatmuseum finden sich Utensilien und Zeugnisse der Arbeit mit den Kräutern und Elexieren der Olitätenfirma Tischer. Herr Tischer selber erzählt von seinen Olitätentouren mit der Großmutter, wenn man ihn im Gasthaus Kempter antrifft.
Die Firma O. A. Siegmund in Oberhain ist eine noch existierende Likörfabrik, die auch nach den alten Olitätentraditionsrezepten brennt.
Die rührigen „Hexen" im Dröbischauer Kräutergarten freuen sich auf Besucher – nicht nur zum Dröbischauer Kräutergartentag mit echter Kräuter-Schippelsuppe – jederzeit sind Wanderer und Gäste willkommen.

Oppidum

Mit Palisaden und Mauern befestigte keltische Stadt/Bergsiedlung, meist im Wald gelegen; siehe auch Hünenkuppe und Gleitsch. Größtes Oppidum in Thüringen ist die „Kleine Steinsburg" auf dem kleinen Gleichberg bei Römhild.

Roter Berg

Der Rote Berg ist eine Zechsteinplatte, die nicht sehr mächtig ist. Darunter befindet sich Rotschiefer. Die Bezeichnung Roter Berg bezieht sich auf den unterliegenden Schiefer, den man an einigen Stellen gut sieht. Bis vor ca. 170 Jahren waren viele Grabhügel auf der Hochfläche zu finden, die auf eine urgeschichtliche Besiedlung hinweisen. Die Funde werden in den Museen Saalfeld und Römhild aufbewahrt. Der Rote Berg und die östlich anschließende Orla-Senke (Pößnecker Gebiet) dürften zu den ältesten ackerbaulich genutzten Gebieten des Saalfelder Raumes gehören. Auf dem Roten Berg wurde vom 15. Jh. bis Anfang des 20. Jh. Bergbau betrieben. Die Abbauprodukte wurden in der Region weiter verarbeitet. Es gibt in diesem Gebiet noch viele alte Schächte und Grubenlöcher. In Kamsdorf wurden ein Besucherbergwerk und ein Bergbaulehrpfad eröffnet.

Rudolstadt

Vor über 1225 Jahren wurde die am Saalebogen gelegene Siedlung erstmalig urkundlich erwähnt. Nach Verleihung des Stadtrechtes 1326 kam die Stadt in Besitz der Grafen von Schwarzburg. Als ihre

Residenzstadt erlebte sie, unweit von Weimar und Jena gelegen, gemeinsam mit diesen Zentren der deutschen Kultur eine Blütezeit, die eng mit den Namen Goethe und Schiller, Humboldt und Fichte, Wagner, Liszt und Paganini verbunden war. Das Schloss Heidecksburg, Porzellanmanufakturen, die Ankerbausteine, synthetische Textilfasern, das Theater, die Tanzfeste und das Volksfest „Vogelschießen" haben Rudolstadt weit über die Grenzen Thüringens hinaus bekannt gemacht.

Saale

Auf dem Weg durch Thüringen hat die Saale eine der schönsten Flusslandschaften geformt. Sie entspringt am Hang des Großen Waldsteins im Fichtelgebirge und mündet bei Barby in Sachsen-Anhalt in die Elbe. Der Flusslauf ist insgesamt 427 km lang. Längst ist die Zeit vorüber, als Flößer im wildromantischen Saaletal das Holz in langen Flößen zusammengefügt flussabwärts nach Jena oder Halle brachten. Nur wenige Kilometer kann der Besucher dieses Gebietes heute noch in der Ursprünglichkeit erwandern, weil die Saaletalsperren mit ihren Staumauern die Landschaft verändert haben. Die Bleilochtalsperre ist die größte Talsperre Deutschlands.

Saalfeld

Die Stadt liegt an der Flussaue der Saale und ist zwischen dem Thüringer Schiefergebirge und der Heide eingebettet. Berge und Wasser verleihen der Stadt und ihrer Umgebung landschaftliche Reize. Saalfeld wurde 899 erstmals urkundlich erwähnt und ist ein geschichtsträchtiger Ort. Die Stadt trägt auch wegen ihrer historischen Bauwerke den Namen „Steinerne Chronik Thüringens". Durch die farbenprächtigsten Grotten der Welt - die Feengrotten - wurde Saalfeld über die Grenzen Deutschlands hinaus bekannt. Im Süden der Stadt befindet sich ein international bekanntes geologisches Bodendenkmal, die Bohlenwand.

Schaubergwerk „Morassina":

Ein altes Alaunschieferbergwerk aus dem 17. Jh. im romantischen Schwefelloch, einem tiefen Kerbtal ca. 1 km unterhalb von Schmiedefeld. Sehenswerte Tropfsteinhöhlen mit vielfältiger Formen- und Farbenpracht sowie Heilstollen „Sankt Barbara" gegen Atemwegserkrankungen. 1996 Aufnahme ins Guinnesbuch der Rekorde als „einzigartiges Schaubergwerk – eine Kombination aus Naturschönheit und technischem Denkmal, mit Zeugnissen bergbaulicher Tätigkeit von hohem kulturhistorischen Wert".

Öffnungszeiten: Mai bis Oktober 10.00-16.00 Uhr; November bis April nur Sa, So, Feiertage und Ferien geöffnet; Gruppen individuell zu jeder Zeit über Anmeldung (Tel.: 036701/2 06 90).

Schiefergriffelherstellung

In Dittrichshütte, Volkmannsdorf, Döschnitz, Wittgendorf, Bernsdorf, Oberwirbach, Birkenheide, Wickersdorf und weiteren Orten der näheren Umgebung wurden aus dem relativ weichen Schiefer die Griffel (Schreibstifte) zum Schreiben auf Schiefertafeln hergestellt. Der Griffelschiefer wurde in vielen heute noch zu erkennenden Griffelbrüchen abgebaut, gebrochen, gesägt, gespalten, durchgetreten, gespitzt, papiert und in Holzkästchen verpackt. Meist waren es Familien, die gepachtete Brüche bewirtschafteten und das Endprodukt in mühsamer Heimarbeit herstellten. In Döschnitz befand sich die erste Thüringer Schiefergriffelfabrik. Die Griffelherstellung erstreckte sich auf das Gebiet von Bad Blankenburg über oben genannte Orte und das Gebiet um Steinach, mit der später größten Fabrik dieser Art. Die Anfänge der Griffelherstellung sind im Sonneberger Raum seit etwa 1470 nachweisbar. Der Handel wurde im 19. und der ersten Hälfte des 20. Jh. weltweit betrieben. (Im Kinder- und Jugenddorf Dittrichshütte werden thematische Wanderungen „Auf den Spuren der Griffelmacher" angeboten.)

Schiefermuseum Ludwigstadt

Einige Zeit sollte man schon einplanen, um dieses Museum zu besichtigen, das dem Besucher einen Überblick über die Geologie der Schieferregion und über die Geschichte der Schiefertafelproduktion vom Hausgewerbe bis hin zur industriellen Fertigung gibt. Auf 450 qm wird von der Tafelmacherstube bis zur Schiefertafelfertigungsstraße der geschichtliche Werdegang der Schiefertafel dargestellt. Weitere Abteilungen: Arbeit im Schieferbruch und in den Spalthütten, Schiefergriffelherstellung, Wetzsteingewinnung, Schieferwerksteine, Grabsteine und Kunstgewerbeartikel aus Schiefer, Sozialgeschichte der Schieferindustrie, Schieferdeckerhandwerk und vieles mehr. Das Schiefermuseum befindet sich rechts der B 85 in der Lauensteiner Str. 44.

(Schiefermuseum Ludwigsstadt: geöffnet Di-So 13-17.00 Uhr sowie nach Vereinbarung, Tel.: 09263/9 49-30).

Schloss Heidecksburg

Das gegen Ende des 14. Jh. erbaute Schloss entstand nach Bränden von 1573 und 1735 als prunkvolles Barock-Residenzschloss der Grafschaft Schwarzburg-Rudolstadt neu. Reich ausgestaltete Prunkräume, wie der Rokoko-Festsaal, der zu den schönsten in ganz Deutschland gehört, eine Gemälde- und eine Porzellan-Galerie, Ausstellungen und Sammlungen von Waffen und naturkundlichen Exponaten laden zur Besichtigung ein.

Schloss Kochberg

Das Renaissance-Wasserschloss Kochberg war der Landsitz des Oberstallmeisters J. von Stein und seiner Frau Charlotte, die Goethe zwischen 1775 bis 1788 hier häufig besuchte.
Das Schloss gehört deshalb zu den Goethe-Gedenkstätten. Sehenswert ist das zum Schlossensemble gehörende kleine Theater, das Charlottes Sohn vor ca. 200 Jahren errichten ließ und in dem in den Sommermonaten sehens- und hörenswerte Aufführungen stattfinden.

Schloss Schwarzburg

1071 erstmals urkundlich als „Swartzinburg" erwähnt. Diente über Jahrhunderte als Stammsitz, nach Ausbau des Schlosses Heidecksburg in Rudolstadt, als Sommersitz und Jagdschloss der Grafen und Fürsten von Schwarzburg-Rudolstadt.
Nach 2 Bränden 1695 und 1726 entstand im 18. Jh. aus der Wehrburg ein Barock- und Rokokoschloss.
Die hochtrabenden Pläne der Naziregierung, die altehrwürdige Anlage ab 1940 in einen „Reichsgästehof" umzubauen, scheiterten an Geldmangel, Mangel an Material und Arbeitskräften schon im Kriegsjahr 1942. Seitdem thront eine Ruine auf dem geschichtsträchtigen Bergsporn. Bis zur 900-Jahrfeier 1971 gelang es, mit aufwändigen Restaurationsarbeiten zumindest das Kaisersaalgebäude der Öffentlichkeit wieder zugänglich zu machen. Außenanlagen und Schlosszufahrt sind in den letzten Jahren grundlegend erneuert worden.
Der Kaisersaal wurde 1695 als Orangerie und Gartenhaus erbaut. Im Obergeschoss des Gebäudes befindet sich der eigentliche Kaisersaal. 76 Medaillons römischer und byzantinischer Kaiser sind zu sehen. Mit 40 weiteren lebensgroßen Kaiserbildern, unter ihnen auch Günter der XXI. von Schwarzburg, der 1349 für wenige Monate deutscher König war, sollte die Bedeutung des Schwarzburger Fürstengeschlechts unterstrichen werden.

Schmiedefeld

Diese Gemeinde mit ihren Ortsteilen Taubenbach und Neuschmiedefeld liegt am Südosthang des Rauhhügelmassivs im Thüringer Schiefergebirge in einer Höhenlage zwischen 600 m und 800 m über NN. Der Bergbau war es, der zur Gründung der Siedlung im 12. Jh. als „Feld voller Schmieden" führte. Insbesondere die Eisenerzvorkommen wurden zuerst übertage und später untertage in mehreren Sohlen bis 1973 abgebaut, aber auch Alaunschiefer und Farberden wurden gewonnen.
Attraktionen und Naherholungsziele im Ort sind neben der „Morassina"-Grotte, der Leipziger Turm, die Bergmannskapelle, die Minigolfanlage, der Bergbaulehrpfad und das Kräuter- und Olitätenmuseum „Beim Giftmischer". Schmiedefeld zählt 1.260 Einwohner und gehört zur Verwaltungsgemeinschaft Lichte-Piesau-Schmiedefeld.

Schokoladenwerk Saalfeld

Die in Saalfeld produzierte Schokolade ist nicht nur in Deutschland, sondern in vielen Ländern der Erde beliebt. Die Brüder Alfred und Felix Mauxion erwarben 1901 die Neumühle im Saaletal bei Saalfeld und errichteten eine Produktionsstätte für Schokolade. 10 Jahre später übernahm Ernst Hüther, ein Pößnecker Kaufmannssohn, die Fabrik. Hüther erweiterte die Produktionsstätte. Mauxion wurde ein Musterbetrieb. Es heißt, Hüther habe stets einen Zollstock bei sich getragen. Bald war Hüther der größte Grundbesitzer Saalfelds. So wie der 1. Weltkrieg, legte auch der 2. Weltkrieg die Schokoladenfabrikation fast lahm. Es wurde die gesamte Produktion auf Kriegswirtschaft umgestellt. Die Arbeiter erzeugten Kriegsnahrungsmittel und kriegswichtige Zulieferteile für die Militärindustrie. 1945 wurde die Firma beschlagnahmt. Der Firmenchef war zu dieser Zeit bereits ein Jahr tot. Die Familie wurde enteignet. Von 1954 bis 1990 wurde Schokolade unter dem Namen „Rotstern" produziert. Mit 1660 Mitarbeitern lief hier die größte Schokoladenfertigung der DDR. Die Produktion fand mit der Wende ein jähes Ende. Im September 1990 übernahm die Stollwerk AG die Fabrik. Es ging wieder aufwärts an der Saale. Computer regieren die neue Technik. Bis zur Verpackung berührt keine Hand mehr das Produkt. Von einem an das Werk grenzendem vollautomatischen klimatisierten Hochregallager nehmen die Süßigkeiten ihren Weg in die Welt. Das Sortiment umfasst annähernd 425 Artikel. Sehr beliebt sind die Saalfelder Nougattütchen.

Schwarzburg

Staatlich anerkannter Erholungsort. Touristischer Modellort im Freistaat Thüringen mit ca. 165 jähriger Tradition im Fremdenverkehr. Heute ca. 680 Einwohner. 275-340 m ü.NN gelegen, durch fehlende Industrie in der Umgebung besonders reine

Luft und gesundheitsförderndes Klima. Sitz der Fachhochschule für Forstwirtschaft Schwarzburg.

Sitzendorf

Urkundliche Ersterwähnung 1370. Der Ort ist heute ein staatlich anerkannter Erholungsort mit ca. 1080 Einwohnern. 300-340 m ü. NN gelegen, bietet er günstige klimatische Voraussetzungen für die Erholung. Auf Grund seiner zentralen Lage im Schwarzatal ist er bei Wanderern besonders beliebt. Sitzendorf ist Sitz der Verwaltungsgemeinschaft mittleres Schwarzatal. Zu empfehlen ist ein Besuch des Regionalmuseums mit der historischen Dampfmaschine von 1913, des Bauernmuseums und der Vorführstraße der Sitzendorfer Porzellanmanufaktur.

Steinkreuz Fischerdorf

Von der B 85 aus am Fischersdorfer Weinberg steht rechts am Weg ein mittelalterliches Steinkreuz. Nach Überlieferung hat dieses Kreuz früher auf dem Roten Berg gestanden. In der Mitte ist ein Jagdspieß (bzw. eine Saufeder) in den Stein eingeritzt. Solche Kreuze wurden meist als Sühnekreuz für einen begangenen Totschlag zwischen dem 13. und 16. Jh. aufgestellt. Die auf den Armen des Kreuzes eingeritzte Jahreszahl 1806 wurde nachträglich angebracht, um das vorhandene alte Kreuz wohl als Grabkreuz für gefallene Soldaten zu benutzen. In der Nähe des Kreuzes sollen beim Wegebau Überreste von dort begrabenen französischen Soldaten gefunden worden sein.

Steinkreuznest Neidenberga

Kurz vor dem Ortseingang Neidenberga finden wir an der Wegkreuzung 3 alte Steinkreuze.
An der dort angebrachten Informationstafel können wir uns über die Legende der Steinkreuze informieren. Sie besagt, dass der Ritter von Niedenburg, der im Erbstreit seine 2 Brüder mit dem Schwert getötet hatte, hier seine Grabstätte errichten ließ und mit den 3 Steinkreuzen ein Zeichen zur Versöhnung mit seinen Brüdern setzen wollte.

Thüringer Schieferpark Lehesten

Die Blütezeit der beiden Großbetriebe „Oertelsbruch" bei Schmiedebach und dem Herzoglich-Sachsen-Meinigischen Schieferbruch (ab 1920 „Staatsbruch") bei Lehesten lag um die Jahrhundertwende (1900) mit 2.500 Beschäftigten. Seit 1999 wird hier kein Schiefer mehr abgebaut und aus den Produktionsanlagen des „Staatsbruches" und dem Technischem Denkmal „Historischer Schieferbergbau Lehesten" entsteht der „Thüringer Schieferpark Lehesten", ein einzigartiges technisches Denkmalensemble der Schieferindustrie in Thüringen. Ein Besucherbergwerk wird derzeit aufbereitet, die oberirdischen Anlagen des Schachtes 4 kann man bereits besichtigen. Für länger verweilende Besucher und für hungrige Gäste gibt es ein Hotel mit Gaststätte. In einer Reitanlage für Besucher kann man Reiten lernen, Ausritte unternehmen oder sich ganz bequem mit der Pferdekutsche um den landschaftlich herrlich gelegenen Schieferbruch fahren lassen (Pferdesportzentrum im Schieferpark Tel.: 036653/2 19 47).
Der Besuchermagnet ist derzeit das auf dem Gelände etwas weiter unten gelegene Technische Denkmal „Historischer Schieferbergbau Lehesten", das man erreicht, wenn man dem Lehrpfad abwärts folgt. Wirklich beeindruckend sind der Blick in das Bruchgelände, diesen riesigen künstlichen Talkessel, eingerahmt durch hohe steile Schieferschrämwände („Geologische Schaufenster") und auf der anderen Seite durch stufenweise Abbaue, die im Laufe der Jahrzehnte mit den vielfältigsten Flechtenarten und mit kleinen Birkenwäldchen bewachsen sind. Auch viele wertvolle Tiere und Pflanzen kommen hier vor: Geschützte Vogelarten wie Uhu, Sperlings- und Raufußkautz, Fledermäuse wie die vom Aussterben bedrohte Große Bartfledermaus, Flechten-, Moos- und Pilzarten, die landesweit z.T. nur hier im Staatsbruch vorkommen. Insgesamt sind es über 1.100 Arten, die diesen „Lebensraum Schieferbruch" besiedeln. Der Staatsbruch ist seit 2001 Naturschutzgebiet, um die Biotopvielfalt zu erhalten, die aus dem kleinräumigen Wechsel der Standortverhältnisse resultiert und die die Grundlage für den Artenreichtum bildet.
Im Empfangsgebäude des Schieferparks kann man in der Naturpark-Information eine Ausstellung zum Thema Schieferbruch als Lebensraum finden. Unter dem Motto „Ursprung des blauen Goldes" erlebt der Besucher die Welt der Bewohner der stillgelegten Schieferbrüche bei Tag und bei Nacht.
Inmitten dieser großartigen Kulisse steht das Herzstück des technischen Denkmals, die Göpelschachtanlage, auf einem Schieferfelsen. Ihr Förderschacht reicht weit in den Schieferfelsen hinein. Etwas weiter sieht man die große Spalthütte, wo der geförderte Schieferstein gespalten und bearbeitet wurde, so dass Dachschiefer in verschiedenen Formen und Größen entstanden. Eine kleine Transportbahn sowie weitere Gebäude und Schieferdachmodelle vervollständigen das Bild des alten Schieferbruchs. Mehrere Lehrpfadtafeln informieren im Schieferpark über Sehenswertes und über das Naturschutzgebiet.

(Technisches Denkmal Historischer Schieferbergbau Lehesten: Tagebau, Göpelschachtanlage und Spalthütte, Führungen März bis Oktober Di-Do 10 Uhr und 13 Uhr, Fr 10 Uhr, Sa/So 10 Uhr und 14 Uhr, Gruppenführungen auch Nov. bis Febr. nach Anmeldung, Tel.: 036653/2 22 12).

Uhlstädt

Uhlstädt ist der größte Ort der Gemeinde Uhlstädt-Kirchhasel, die insgesamt 27 Ortsteile im Saaletal und den umliegenden Höhen und Tälern östlich von Rudolstadt umfasst. Links und rechts der Saale steigen hier die bewaldeten Berge über 200 m an, so dass sich dem Wanderer eine abwechslungsreiche Landschaft fern der größeren Städte und überlaufener Tourismuszentren bietet. Genau das Richtige, um hier im staatlich anerkannten Erholungsort einen Aktivurlaub oder einen Urlaub auf dem Bauernhof zu verbringen.
Die Saale mit ihrem zahlreichen Windungen, in der Friedrich Schiller gerne geschwommen ist und von der er sagte, dass er sie „wie die Inder den Ganges" liebe, lädt heute insbesondere zum Bootfahren und Flößen ein. Ein besonderes Erlebnis für Urlauber und Wanderer bietet der vor 20 Jahren gegründete Flößerverein mit seinen Flößerfesten und Floßfahrten auf der Saale. Er pflegt damit Traditionen der Langholz-Flößerei, die hier bereits seit 1258 urkundlich nachweisbar sind. Floßfahrten für Touristen organisiert die Uhlstädter Touristische Saaleflößerei GbR, Tel.: 036742/6 23 46.

Unterweißbach

Der Drei-Täler-Ort liegt mit seinen Ortsteilen im Weißbachtal, Lichtetal und Schwarzatal. Es ist ein touristisch geprägter Ort mit folgenden Attraktionen und Zielen: Erlebnisbad, Lichtetal-Bahn, Minigolfanlage, Inline Scater-Bahn und Tennisanlage.

Volkskundemuseum Reitzengeschwenda

Das Museum ist in einem original erhaltenen 300 Jahre alten Bauerngehöft untergebracht. In vier Gebäuden werden thematische Ausstellungen gezeigt zu den Komplexen:
- bäuerliche Wohnkultur
- Thüringer Trachten
- Naturkunde, Mineralien
- Landwirtschaft, Landmaschinen.

Das technische Denkmal „Sägemühle" und die barocke Dorfkirche können ergänzend besichtigt werden.

Vorsperre Deesbach

Von 1981-1989 wurde die Vorsperre Deesbach für das Lichte-Talsperrensystem gebaut und der Lichtestollen aufgefahren. Von Anfang an war sie als Vorsperre und nicht für die Endversorgung mit Trinkwasser konzipiert. Hieraus werden aber seit 1992 über 100 000 Einwohner vorrangig in den Landkreisen Saalfeld/Rudolstadt und dem Saale-Orla-Kreis mit Trinkwasser versorgt. Die Vorsperre Deesbach weist zwangsläufig Gewässergüteprobleme auf. Dieses qualitative Defizit führt zu einem hohen Aufwand bei der Wasseraufbereitung. Die Verschlechterungen des Rohwasserzustandes führen dazu, dass ohne den Bau der Hauptsperre der Zustand auf Dauer nicht beherrschbar ist.

Weinanbau bei Fischersdorf/Kaulsdorf

Die Anfänge des Weinbaus reichen hier bis ins Mittelalter zurück. Es wurde Wein für den eigenen Bedarf, zum Verkauf und zum größten Teil für die Feudalherren angebaut. Allerdings vom 16. bis 19. Jh. ist der Weinanbau ständig zurückgegangen. Nicht nur Veränderungen der Trinkgewohnheiten zugunsten von Bier, Kaffee und Tee und die immer besser werdenden Transportmöglichkeiten zur Einfuhr südlicher Weine, auch Kriegseinwirkungen und eine Klimaverschlechterung hatten manchen Weinberg veröden lassen. Da Wein nicht mehr genügend Gewinn brachte, wurden die Rebanlagen vernachlässigt. Am Ende des 19. Jh. ergab eine Untersuchung, dass die meisten Weinberge von der Reblaus befallen waren. Zu deren Bekämfung wurden die Rebstöcke mit Petroleum übersprüht, der Weinbau blieb bis 1906 verboten. Seit 1920 sind einige Weinberge wieder neu mit Propfreben angelegt worden und werden bis heute gepflegt.

Weischwitz

Das Dorf liegt in einer Talmulde am Saaleufer. Es war bis vor wenigen Jahrzehnten, nur durch eine Furt durch die Saale bzw. über Saalfeld oder Kaulsdorf auf weiten Wegen zu erreichen. Im Saalfelder Wochenblatt wurde 1861 berichtet, dass die Post in Weischwitz am Dienstag, Donnerstag und Samstag zugestellt wird. Erst nach dem 2. Weltkrieg wurde bei Weischwitz über die Saale eine Holzbrücke errichtet. Seit 1983 gibt es eine Betonbrücke, die unabhängig vom Wasserstand befahrbar ist. Die 1871 errichtete Eisenbahnlinie von Gera über Saalfeld nach Eichicht überquert zwar die Saale in der Weischwitzer Flur, aber ohne Halt. Der ab 1904 eingerichtete Haltepunkt für Personenverkehr in Breternitz brachte natürlich auch für Reisende aus Weischwitz Verbesserungen mit sich.

Die örtliche Wasserleitung wurde 1906 gebaut. Damit war Weischwitz den anderen Dörfern voraus. Auch brachte die Elektrifizierung im Jahr 1911 im Laufe der Zeit merkliche Verbesserungen der Lebensumstände. Im südwestlich gelegenen Bergbaugebiet wurde hauptsächlich Kupfer abgebaut. Haupterwerbszweig war jedoch die Landwirtschaft, die aber nur geringe Erträge brachte. In den Dörfern südlich von Saalfeld, Saale aufwärts, hat der Anbau von Obst eine alte Tradition. Anfang des 19. Jh. hatte jeder Bürger die Pflicht, zwei Obstbäume auf Gemeindegrundstücken zu pflanzen. Hochzeitspaare hatten zwei, bei jeder folgenden Kindtaufe ebenfalls zwei Obstbäume zu pflanzen. Wer der Pflicht versagte, erhielt eine Geldstrafe. Die breite Saaleaue zwischen Weischwitz und Reschwitz nennt man auch Weichholzaue.

Wetzelstein bei Saalfeld

Auf der linken Saaleseite ragt gegenüber der steilen Wand des Bohlens ein etwa 20 m hoher Fels über das Saaletal, der Wetzelstein. Er wird von einem größeren schlossartigen Wohnhaus im neugotischen Stil gekrönt. Am Wetzelstein steht mitteldevonischer Schwarzschiefer an, der etwa 10% Pyrit (FeS_2) enthält. Diese hohen Schwefelgehalte waren die Ursache dafür, dass an dieser Stelle die rentabelste und früheste (1544) Produktion von Alaun und Eisenvitriol begann. In der Folgezeit entwickelte sich diese Prouktionsstätte sowie die an den Feengrotten zum größten Alaunwerk in Ostthüringen. Alaun wurde zum Gerben verwendet. Die Alaungewinnung wurde im vorigen Jahrhundert eingestellt, weil der Siedeprozess unrentabel wurde.

Wickersdorf

Ortsteil der Gemeinde Saalfelder Höhe. Hat ca. 250 Einwohner. Erste urkundliche Erwähnung im Jahre 1435. Entwickelte sich rund um das Rittergut des Adelsgeschlechts von Könitz. Das 1817 gebaute Gemeindebackhaus steht heute unter Denkmalschutz.

Windmühle Dittrichshütte

Eine dreigeschossige Turmwindmühle mit drehbarer Schweifkuppel, 1865 als gemeinsame Unternehmung der Orte Dittrichshütte, Braunsdorf und Dittersdorf erbaut. Mahlbetrieb bis Anfang der 50er Jahre, danach Verfall. Wiederherstellung ab 1974 durch den Freundeskreis „Windmühle Dittrichshütte", Eröffnung als Technisches Denkmal am 6.9.1981. Besichtigung nach Voranmeldung ist möglich. In der Windmühle kann man sich auch über die Herstellung von Schiefergriffeln informieren.

Sachwortverzeichnis/Personenregister

Ortsregister

Literatur

AUTORENKOLLEGIUM (1993): Talsperren in Thüringen. – Hrsg. Thüringer Talsperrenverwaltung Tambach-Dietharz.

BRÜCKNER, G. (1851/53): Landeskunde des Herzogthums Meiningen. Erster Theil (1851) und Zweiter Theil (1853). – Meiningen: Verlag Brückner und Renner.

DECKER, H. & P. LANGE (1999): Der Montanlehrpfad Kamsdorf. – Kamsdorfer Verein zur Pflege der Bergbautradition. 80 S.

DEUBLER, H., F.-D. GRIMM & L. GRUNDMANN (Bearb.; 1998): Rudolstadt und das Mittlere Saaletal. Ergebnisse der landeskundlichen Bestandsaufnahme im Raum Remda, Rudolstadt und Orlamünde. - Weimar: H. Böhlaus Nachfolger. (Werte der deutschen Heimat, Bd. 58).

DEUBEL, F. (1926): Die Versickerung der Ilm und ihre geologischen Ursachen. Beitr. z. Geologie von Thüringen **1**, H. 3: 17-35.

FINKE, L. & H. BREITRÜCK (1996): Orchideen im Landkreis Saalfeld-Rudolstadt (Thüringen). - Rudolstadt: Arbeitskr. Heim. Orchideen Thüringen.

v. FREYBERG, B. (1932): Die geologische Erforschung Thüringens in älterer Zeit. – Berlin: Verl. Gebr. Bornträger.

GÖRNER, M. (Hrsg., 2003): Thüringer Tierwelt. – Jena. Arbeitsgruppe Artenschutz Thüringen

GRUNDMANN, L. & G. WERNER (2001): Saalfeld und das Thüringer Schiefergebirge. Eine landeskundliche Bestandsaufnahme im Raum Saalfeld, Leutenberg und Lauenstein. – Köln Weimar Wien: Böhlau Verlag. (Werte der deutschen Heimat, Bd. 62).

HIEKEL, W. (1989): Die Schwarza und ihr Abflussverhalten. Veröff. Museen Gera **16**: 25-30.

HOPPE, W. & G. SEIDEL (1974): Geologie von Thüringen. – Gotha: VEB Hermann Haack.

HEINRICH, W. & L. FINKE (2002): Reinhard Richter (1813 - 1884), Franz Ferdinand Meurer (1809 - 1882) und weitere Floristen – Betrachtungen über die Pflanzenwelt und die Landschaft um Saalfeld und Rudolstadt. – Rudolstädter Naturhist. Schriften Suppl. **5**: 132 S.

HERZ, H. (1999): Regierende Fürsten und Landesregierungen in Thüringen 1485-1952. – Erfurt: Landeszentrale für politische Bildung Thüringen. 54 S.

KORSCH, H. & W. WESTHUS (2002): Rote Liste der Farn- und Blütenpflanzen (Pteridophyta et Spermatophyta) Thüringens. 4. Fassung, Stand 09/2001. – Naturschutzreport **18**(2001): 273-296

KORSCH, H., W. WESTHUS & H.-J. ZÜNDORF (2002): Verbreitungsatlas der Farn- und Blütenpflanzen Thüringens. – Jena: Weissdorn-Verl.

LANDESANSTALT FÜR GEWÄSSERKUNDE (1914): Die Wasserkräfte des Berg- und Hügellandes in Preußen und benachbarten Staatsgebieten. – Berlin.

LIEBMANN, P. (1903): Die geschichtliche Entwicklung und wirtschaftliche Bedeutung des Forstwesens im Fürstentum Schwarzburg-Rudolstadt. – Rudolstadt: Fürstlich private Hofdruckerei F. Mitzlaff.

LUDWIG, O. (1995): Der Thüringer Kräutergarten. Von Heilkräutern, Hexen und Buckelapothekern. – Rudolstadt & Jena: Hain Verlag.

MÜLLER, H. (1989): Der Schwarzburger Tiergarten – Geschichte und Folgen einer früheren Jagdanlage im Schwarzatal. Veröff. Museen Gera. **16**: 5-21.

o.V. (1997): Die forstlichen Wuchsbezirke Thüringens - Kurzbeschreibung. Mitteilungen der Landesanstalt für Wald und Forstwirtschaft, Heft 13/1997, Gotha.

SCHÖNHEIT, F. C. H. (1850): Taschenbuch der Flora Thüringens, zum Gebrauche bei Excursionen, die wildwachsenden und allgemein cultivierten phanerogamen Gefäßpflanzen nach der Ordnung von Koch´s Synopsis enthaltend. – Rudolstadt: L. Renovanz-LXXII, 562 S.

SCHWARZ, O. (1954): Thüringen, Kreuzweg der Blumen. Eine kleine Pflanzengeographie. – 2. Aufl., Jena: Urania.

SIGISMUND, B. (1862/63): Landeskunde des Fürstenthums Schwarzburg-Rudolstadt. I. Theil (1862) und II. Theil (1863). – Rudolstadt: In Commission der F. Hofbuchhandlung.

STEUER, H. (1995): Die Schmetterlingsfauna um Bad Blankenburg (Thüringen). – Rudolstädter nat. hist. Schr., Supplement 1, 176 S.

TRINIUS, A. (1900): Thüringer Wanderbuch. 7. Bd. Minden/Westfalen.

WERNER, G. (1995 – 1998): Geschichte der Stadt Saalfeld. Bd. 1- 4. Stadt Saalfeld/ Thüringer Heimatmuseum Saalfeld.

Genutzte Periodika:

Jahrbücher des Landkreises Rudolstadt (1992-94) „Wir in Thüringen". Landratsamt Rudolstadt.

Jahrbücher des Landkreises Saalfeld-Rudolstadt (1995 ff.) „Wir in Thüringen". Landratsamt Saalfeld-Rudolstadt.

Rudolstädter Heimathefte. Bd. 1-50. 1955 ff.

Sonderheft 1997: Von Goethe bis Greifenverlag. 144 S.

Sonderheft 2001: Persönlichkeiten aus Wissenschaft und Technik

Landkreis Saalfeld-Rudolstadt. 135 S.

Rudolstädter Naturhistorische Schriften. Bd. 1-11.1987 ff. Thüringer Landesmuseum Heidecksburg Rudolstadt.

Kartenmaterial:

Rad- und Wanderkarte Landkreis Saalfeld-Rudolstadt, Nordhausen: Kartografische Kommunale Verlagsgesellschaft mbH (ISBN 3-933494-79-6).

Rad- und Wanderkarte Rennsteig, Nordhausen: Kartografische Kommunale Verlagsgesellschaft mbH (ISBN 3-933494-67-2).

Wanderkarte mit Radrouten Hohenwartestausee, Illmenau: Verlag grünes herz (ISBN 3-929993-61-9).

Wanderkarte mit Radrouten Mittleres und Unteres Schwarzatal, Illmenau: Verlag grünes herz (ISBN 929993-08-2).

Wanderkarte Saalestauseen, Illmenau: Verlag grünes herz (ISBN 3-935621-02-7).

Wanderkarte Saalfeld-Rudolstadt und Schwarzatal, Illmenau: Verlag grünes herz (ISBN 3-935621-03-5).

Wanderkarte Weinmarer Land und Jena, Illmenau: Verlag grünes herz (ISBN 3-935621-01-9).